中等职业教育机电类专业规划教材

质量控制与检测技术

第2版

主　编　于万成　王桂莲

副主编　王福刚　尹存涛

参　编　许鹏飞　安　柯　苏　伟　罗建新

于　振　藤丽红　贺文雪　张文娜

刘军睿　刘巨栋

主　审　练军锋

机 械 工 业 出 版 社

本书是在《质量控制与检测技术》第1版的基础上修订而成的。随着质量控制与检测技术的发展，本书引入了当代质量管理与控制技术理论，删减了检测传感器部分内容，紧紧围绕当前职业教育改革发展的思路，以企业需求为导向，以培养学生综合能力为目标，通过引入案例讲述有关知识和技能。全书共分为6个单元：ISO 9000（2008版）标准简介、质量管理基础知识、质量控制、机械加工质量的控制方法、测量仪器及应用、检测技术的应用。

本书既可作为中等职业学校机电类专业教材，也可作为机械、机电企业质检员岗位培训教材。

图书在版编目（CIP）数据

质量控制与检测技术/于万成，王桂莲主编. —2版. —北京：机械工业出版社，2013.10（2017.7重印）
中等职业教育机电类专业规划教材
ISBN 978-7-111-44394-0

Ⅰ.①质… Ⅱ.①于…②王… Ⅲ.①质量控制—中等专业学校—教材②质量检验—中等专业学校—教材 Ⅳ.①F273.2

中国版本图书馆CIP数据核字（2013）第244620号

机械工业出版社（北京市百万庄大街22号 邮政编码100037）
策划编辑：汪光灿 责任编辑：汪光灿 李 超
版式设计：常天培 责任校对：张晓蓉
封面设计：张 静 责任印制：李 昂
三河市宏达印刷有限公司印刷
2017年7月第2版·第3次印刷
184mm×260mm·14.5印张·354千字
标准书号：ISBN 978-7-111-44394-0
定价：34.80元

凡购本书，如有缺页、倒页、脱页，由本社发行部调换

电话服务
服务咨询热线：010-88379833
读者购书热线：010-88379649

网络服务
机 工 官 网：www.cmpbook.com
机 工 官 博：weibo.com/cmp1952
教育服务网：www.cmpedu.com
金 书 网：www.golden-book.com

第2版前言

随着我国企业质量意识的不断增强，产品质量的不断提高，质量控制与检测技术是中等职业学校机械、数控、机电类等专业技能人才必须掌握的知识之一。本书在原书的基础上，对内容进行了较大幅度的增加和删减。根据当前职业教育改革发展的要求，结合学生毕业后工作岗位的特点，本书介绍了国内外企业先进的质量管理理念、方法以及常用的检测技术，通俗易懂，内容详略得当。主要特色如下。

1）以课题导入为主线展开内容，使理论与实践紧密结合起来，做到通俗易懂。

2）教学目标清晰，突出重点难点，引导学生思考，注重培养学生的综合职业能力，通过学习培养学生养成良好的质量意识和严谨认真的工作作风以及爱岗敬业的精神。

3）在编写内容上以企业现代管理制度为依据，以检测控制技术为主线，紧密结合企业生产过程中质量检测和控制方法，由浅入深，层层推进，增加了知识拓展内容。

4）每个单元后都配备了单元小结和单元训练，帮助学生加深理解。

本书由青岛市工贸职业学校于万成老师、山东省轻工工程学校王桂莲老师担任主编，青岛市职业教育公共实训基地王福刚、四川信息职业技术学院尹存涛老师担任副主编，参加编写的还有青岛第二中学许鹏飞，淄博信息工程学校安柯，吉林航空工程学校苏伟，广东佛山南海信息技术学校罗建新老师，山东理工大学于振，山东省轻工工程学校藤丽红、贺文雪、张文娜、刘军睿老师，青岛市技师学院刘巨栋等老师。本书由山东省技师学院练军峰担任主审。

本书在编写过程中参阅了相关参考文献，这些文献对本书的编写起到了重要的作用，在此对相关编著者致以衷心的感谢！

由于本专业领域没有成熟的经验借鉴，也没有现成模式套用，尽管我们竭尽全力，但书中难免存在错误和不妥之处，敬请广大读者批评指正！

编　者

第1版前言

《质量控制与检测技术》是根据教育部数控技术应用专业领域技能型紧缺人才培养培训指导方案的要求来编写的。

随着市场经济的发展，产品的质量管理与控制问题已被提到了一个战略的高度。如何把质量管理与控制引入到机械加工中来，把质量问题消灭在萌芽中，已经成为亟待解决的问题。本书是在仔细分析了企业对机械专业人才的知识和技能要求，特别是质量管理对一线操作人员要求之后，有针对性地将质量控制与管理的知识引入到机械加工中来，力图形成一本针对数控技术应用专业的专门化的教材。

本书在编写的过程中，充分考虑学生的认知水平，结合生产实际，以实例为载体，以能力培养为主线，重视对学生分析问题、解决问题和综合职业能力的培养。

本书共分七章：第一章质量管理基础知识；第二章生产过程的质量控制；第三章机械加工质量的控制方法；第四章检测技术基础；第五章传感器技术及其应用；第六章机械常用测量器具；第七章检测技术在数控机床中的应用。每章及重点小节后均附有案例，以加深学生对知识的理解。加注“*”内容可作为选讲内容。

本书由山东省轻工工程学校于万成老师任主编，王桂莲老师任副主编。第一章由山东省轻工工程学校蔡希刚老师编写，第二章由山东省轻工工程学校王文华和王桂莲老师合作编写，第三章由青岛理工大学马莉老师编写，第四章由山东省轻工工程学校刘伟老师编写，其余各章由于万成、王桂莲老师编写。全书由于万成、王桂莲老师统稿。

本书由吉林航空工程学校苏伟老师任主审，主审以严谨的科学态度和高度负责的精神认真审阅书稿，提出了很多宝贵意见，在此表示感谢。

由于编者水平所限和编写时间仓促，书中错误和不妥之处在所难免，恳请广大读者批评指正。

编　者

目　　录

单元一　ISO 9000（2008 版）标准简介

课题一　ISO 9000 认证的发展

【教学目标】

1）知识目标：了解 ISO 9000 认证的产生和发展。

2）能力目标：能明白 ISO 9000 标准的构成及核心标准。

【教学重点和难点】

ISO 9000 族标准的 4 个核心标准。

【课题导入】

假设你的汽车制动装置坏了，需要修理，获知一家汽车 5S 修理站刚通过 ISO 9000 认证，并且专门修理制动装置。

当你来到该修理站的柜台前，你的 ISO 9000 旅行就开始了。修理站的服务员首先听你介绍有关车子制动装置的使用情况和细节并予以记录，在快捷地与修理车间人员沟通后，通知你的车子需要改换金属制动片，并给你一张费用表，他承诺车子将在 1 小时内修理完毕。

此时，你会仔细考虑你主要关心的问题：他们会在 1 小时内修理完毕吗？修理工的修理技术如何？给你换装的金属制动片是否具备应有的质量？制动装置修完后是否能确保安全？修理不好怎么办？修理时能否发现其他潜在故障？售后服务如何？这些都是 ISO 9000 要为你解决的问题。ISO 9000 的主要目的之一就是给顾客提供按承诺完成任务的保障。

你可以了解汽车修理站的内部运作流程，该站的负责人早已将员工的职责很明确地规定下来，谁该为车子的维修质量负具体责任，谁该负领导责任，都已在书面的职位说明书中表述得非常清楚。

该修理站每个人都有一份或多份用于指导其工作的书面文件，他们必须严格依照书面文件的要求进行工作。柜台的职员对产品非常了解，并已及时与修理车间人员联系，了解完成这项工作需要多长时间。该职员受过培训并有工作指导文件，他清楚地知道你的车应放在哪儿、你的车钥匙应该在哪里保存，以及当你回来取车的时候，他应该做些什么。他还非常乐意回答你进一步的问题和所关心的事。

修理工已接受过适当的培训，并经过严格考核证实能胜任所承担的修理工作。修理工试用你的车子时，若发现其他一些部件的潜在问题，会在检查单中予以反映并告诉你具体的情况。该修理站的所有零配件都是从经过严格评定的合格供货商采购，并经过严格的进货检验后才入库的，这能保证给你换装的配件是合格的。

仓库的储藏环境是适宜的，可以有效地预防用于维修的金属制动片生锈、老化。库存品都经过登记、入账，所以数量是准确的，修理车间可以清楚地知道与你的汽车规格配套的制动片是否还有货。

修理工有适当的有效文件，能决定哪种规格的制动片适合你的车子，并且能从有正确标识的制动片箱子中取出所需的制动片，所以不会误用。

修理完毕后，检查员将按一定的标准测试制动装置的力矩。力矩测试合格之后，检查员还将驾驶你的车绕街区一周进行测试。修理工和检查员会共同开出一个标准的检查单，对所完成的过程作一些附注，以便你了解维修过程做了哪些工作以及是否符合要求。

修理站经常进行内部审核，在进行内部审核时，内审员会深入地察看各部门和各个区域的工作记录，保证各岗位拥有正确的材料和文件，并且按照文件正确地完成任务，内审员还将检查所需要的质量记录。你的制动装置修理检查单也在内审员的抽查范围之内，以确保修理工和检查员的工作与工作规范相符。

一个小时后，你来到柜台前。柜台职员告诉你："您的车马上就到，我们发现您的车的挡风玻璃的自动雨刷坏了，因此我们免费为您作了替换，因为我们的管理人员认为您的安全是最重要的。这是您的车钥匙和我们所完成的检查单。这是给您的售后服务卡，服务卡上有我们的电话号码，万一有什么问题或想修理其他任何车辆，或者您的朋友需要维修车辆，请打电话给我们。感谢您的惠顾，并请您小心开车。"这就是你在汽车修理站的 ISO 9000 之旅。

【知识储备】

认证制度是国际通行的规范市场和促进经济发展的主要管理机制之一。它是国家从源头上保证产品质量、规范市场行为、指导消费、保护环境、保障人民生命健康、保护国家经济利益和安全、促进对外贸易发展的重要手段；也是促进企业或组织提高管理和服务水平、提高市场竞争力的可靠方式，在国家经济建设和社会发展中起着日益重要的作用。国内现行的认证活动主要包括管理体系认证和产品认证两大类。管理体系认证包括了质量、环境、职业健康安全、食品安全等管理体系的认证，产品认证活动主要包括了强制性产品认证、食品农产品认证及其他自愿性产品认证。关于服务认证，国际上并没有把它单独列为一个认证大类，而是纳入在产品认证的范围之内。

提示：质量管理体系是国际标准化组织（ISO）用其颁布的 ISO 9000 族标准向世界所推荐的一套实用的管理方法模式。

这种管理模式总结了工业发达国家先进企业的质量管理成功经验，使各国的质量管理和质量保证活动统一在 ISO 9000 族标准的基础上。

一、ISO 9000 族标准产生的历史背景

第二次世界大战期间，美国的质量管理和质量保证的成功经验在全世界产生了巨大的影响。一些工业发达国家，如英国、法国和加拿大等国，先后制订和发布了用于军品和民品生产的质量管理和质量保证标准。随着世界各国经济的相互合作和交流的扩大，对供方质量体系的评审已逐渐成为国际贸易合作的先决条件，世界各国也先后发布实施了一些本国、本地区的质量体系标准。

ISO 9000 系列质量管理和保证标准起源于英国 BS 5750 标准。国际标准化组织质量管理和质量保证技术委员会（ISO/TC176）于 1987 年正式颁布了第一版 ISO 9000 标准，此后 ISO 标准经过世界各国的广泛应用得到了发展和完善，相继推出 1994 版、2000 版标准。2008 年 11 月又颁布了 2008 版 ISO 9001《质量管理体系要求》标准。迄今 ISO 9000 标准已被全球近 150 多个国家或地区等同或等效采用，全世界共有 45 万多家企业组织获得了质量管理体系认证证书。

ISO 9000 标准不是凭空产生的，它吸取了百年来世界质量管理理论和实践的精华，它是市场经济的产物，它为提高质量管理水平、降低成本、提高市场竞争能力、消除贸易技术壁垒、增加经济和社会效益方面做出了积极的贡献。

二、认识 ISO 9000 族标准

企业为了规范自己的质量管理行为，就必须依据标准建立一个质量管理体系。目前国际上最流行、最认同的应属 IS0 9000 族质量管理体系标准。

1. 基本概念

（1）ISO　ISO 是国际标准化组织“国际标准化委员会”的简称，是世界上最大的国际标准化组织之一。IEC（国际电工委员会）是另一个国际标准化组织。

（2）国际标准　凡由 ISO 和 IEC 等国际标准化组织制定的标准就是国际标准。

（3）ISO 9000 族标准　由 ISO/TC176 技术委员会制定的所有国际标准称 ISO 9000 族标准。

2. ISO 9000 族标准的 4 个核心标准

1）ISO 9000 质量管理体系基础和术语。

2）ISO 9001 质量管理体系要求。

3）ISO 19011 质量及（或）环境管理体系审核指南。

4）ISO 9004 质量管理体系业绩和改进指南。

3. 我国的 GB/T 19000 标准

企业为了实现质量方针、目标，开展质量活动，以稳定提供满足顾客要求和法律法规要求的产品，取得顾客满意，就必须建立一个符合标准要求的质量管理体系，并使之有效运行和持续改进。

1988 年 12 月我国正式发布 GB/T 10300，等效采用 ISO 9000 标准。

1992 年 5 月我国开始等同采用 ISO 9000 系列标准。

1994 年 12 月发布 1994 版 GB/T 19000（ISO 9000）标准。

2000 年 12 月发布 GB/T 19000—2000（ISO 9000：2000）标准。

2008 年 12 月发布 GB/T 19000—2008（ISO 9000：2005）和 GB/T 19001—2008（ISO 9001：2008）标准。

4. ISO 9000 族标准的变化

ISO 9000 族标准自 1987 发布以来，已得到世界上许多国家的响应。作为质量体系认证的依据，ISO 9000 族标准已对国际贸易产生了巨大的影响。但是由于 ISO 9000 族标准是在协调各国的基本概念、管理方法以及对质量保证要求的差异的基础上产生的，所以随着科学技术和社会经济的发展以及标准的广泛应用，必须及时总结使用中的经验和所发现的不足，及时修订标准，使标准不断完善，以适应不断发展的社会需求。从 ISO 9000 族标准问世至今 26 年，已经历了三次修订。表 1-1 说明了 ISO 9000 族标准的变化。

表 1-1　ISO 9000 族标准的变化

<table>
<tr><th>标准版次
标准简称</th><th>1987 版系列标准</th><th>1994 版系列标准</th><th>2000 版、2008 版标准</th></tr>
<tr><td>术语</td><td>8402</td><td>8402</td><td>ISO 9000：2005《质量管理体系　基础和术语》</td></tr>
<tr><td>选择指南</td><td>9000
1. 选择与使用
2. 实施
3. 软件与应用</td><td>9000</td><td>转到其他 TC</td></tr>
<tr><td>质量保证
模式标准</td><td></td><td>9001
9002
9003</td><td>ISO 9001：2008《质量管理体系要求》</td></tr>
<tr><td>质量管理标准</td><td>9004</td><td>9004
1. 指南与服务
2. 流程性材料
3. 质量改进</td><td>ISO 9004：2000《质量管理体系　业绩改进指南》
ISO 9004：2009《可持续性管理　质量管理方法》</td></tr>
<tr><td rowspan="6">技术性标准及
技术标准</td><td rowspan="6">无</td><td>10005 质量计划
10006 项目管理质量
10007 技术状态管理</td><td>技术报告</td></tr>
<tr><td>10008 质量管理原则</td><td>小册子</td></tr>
<tr><td>10011
1. 审核
2. 审核员评定准则
3. 审核工作管理</td><td>ISO 19011：2002《质量和（或）环境管理体系审核指南》</td></tr>
<tr><td>10012
1. 测量计量确认体系
2. 测量过程控制指南</td><td>ISO 10012：2003《测量管理体系》</td></tr>
<tr><td>10013 质量手册编制指南
10014 质量经济性管理指南
10015 培训指南
10017 统计技术指南</td><td>技术报告</td></tr>
<tr><td>《小型企业使用指南》</td><td>《质量管理原则》、《选择和使用指南》、《小型组织实施指南》</td></tr>
</table>

【知识拓展】 质量管理的代表人物及其主要思想

1. 朱兰及其质量管理思想

朱兰（Joseph M · Juran，1904—2008）博士是世界公认的现代质量管理的领军人物。他是朱兰学院和朱兰基金会的创建者，前者创办于 1979 年，是一家咨询机构；后者为明尼苏达大学卡尔森管理学院的朱兰质量领导中心的一部分。进入 20 世纪 90 年代后，朱兰仍然担任学院的名誉主席和董事会成员，以 90 多岁的高龄继续在世界各地进行讲演和从事咨询活动。

朱兰博士在质量管理领域声名显赫。他协助创建了“美国马克姆 · 波里奇国家质量奖”，同时也是该奖项监督委员会的成员。他获得了 100 多项荣誉，包括 20 多个国家政府、专业协会、大学和企业授予的奖章、荣誉会员资格、荣誉学位等。如同戴明博士一样，朱兰对于日本经济复兴和质量革命的影响也受到了高度的评价，因此，裕仁天皇于 1981 年授予他“天皇神圣财富”二等勋章。1992 年，时任美国总统布什为表彰他在为企业提供管理产品和过程质量的关键原则和方法，表彰其在全球市场上的竞争力方面所做的毕生努力，授予其美国国家技术勋章。1993 年，他被授予欧洲质量组织奖章，以奖励他对欧洲质量做出的杰出贡献。

朱兰对实行组织内部质量策划的主要观点有：识别客户和客户需求、制订最佳质量目标、建立质量衡量方式、设计策划在运作条件下满足质量目标的过程、持续增加市场份额、优化价格及降低工厂中的错误率。他首先将人力与质量管理结合起来，如今，这一观点已包含于全面质量管理的概念之中。

朱兰闻名于世的主要观点有：最高管理层的参与、质量知识的普及培训、质量实用性的定义、质量改进逐个项目的运作方法、“重要的少数”与“有用的多数”及“质量管理三部曲”之间的区别等。

提示： 朱兰认为，在质量管理活动中应用着三个管理过程，即质量计划、质量控制和质量改进，又称为“质量管理三部曲”。

质量计划是公司内部实现质量管理的第一步，旨在明确组织的质量方针和质量目标，并对实现这些目标所必需的各种行动进行规划和部署；质量控制也就是实现质量目标、落实质量措施的过程，广泛应用统计方法来解决质量问题是质量控制的主要特征之一；质量改进作为持续发展的过程，包括建立形成质量改进循环的必要组织基础设施，朱兰建议使用团队合作和逐个项目运作的方式来努力保持持续改进和突破改进两种形式。朱兰“质量管理三部曲”的具体内容见表 1-2。

表 1-2 朱兰“质量管理三部曲”具体内容

质量计划	质量控制	质量改进
（1）设定质量目标 （2）辨识顾客是谁 （3）确定顾客的需要 （4）开发符合顾客需要的产品特征 （5）开发能够生产这种产品特征的过程 （6）建立过程控制措施，将计划转入实施阶段	（1）评价实际绩效 （2）将实际绩效与质量目标对比 （3）对差异采取措施	（1）提出改进的必要性 （2）做好改进的基础工作 （3）确定改进项目 （4）建立项目小组 （5）为小组提供资源、培训和激励，以便提出： ①诊断原因 ②设想纠正措施 ③建立控制措施以巩固成果

2. 戴明及其质量管理思想

戴明（W·Edwards Deming，1900—1993）是20世纪管理领域中最具有影响力的人物之一，他是一位全球公认的质量管理专家、统计学家、管理顾问。戴明博士的贡献可分为三个阶段，其质量管理发展历程见表1-3。

表1-3　戴明质量管理发展历程

对美国初期SQC（Statistical Quality Control，统计质量控制）推行的贡献	对日本的质量管理贡献	对美国及全世界推行TQM的贡献
为了人口调查而开发新的抽样法，并证明统计方法不但可应用于工业，在商业方面同样适用 到了第二次世界大战期间，将统计的质量管理应用到工业以外的住宅、营养、农业、水产、员工的雇用方面，其涉及面极为广泛	对日本进行了长达四十年的质量管理指导工作，并于第二次世界大战后在日本实践他的质量经营理念，奠定了日本TQC（Total Quality Control，早期的全面管理）与CWQC（Company Wide Quality Control，公司全面质量管理）的基础	20世纪80年代，美国企业家重新研究戴明的质量管理经营理念，同时戴明博士继续在美国及世界各地积极讲授他的质量经营经典14个管理原则，在美国大力推行TQM（Total Quality Management，后期的全面质量管理），并取得成功

戴明于1986年在他的《走出危机》一书中指出，为了向以顾客满意为宗旨的质量型组织转变，管理者必须关注14个要点。戴明认为，接受这14点并采取具体的行动是管理者对组织的生存及投资者和雇员的利益负责任的标志。这14点管理原则就是美国在1980年开始盛行至今的TQM的基础，所有全面质量经营所包含的重点几乎都可以在戴明博士的这14点里找到类似或相同的诠释。其具体内容见表1-4。

表1-4　戴明质量管理理念14要点

管理原则	说　明
（1）改善要有目标	企业组织必须有长期的质量目标，并借以提高产品与服务的质量
（2）采用新观念	企业组织应采用新的经营哲学与理念，并通过沟通、管理与制度运作，使所有员工对质量达成共识
（3）停止靠检验达成质量	最终检验无法提升质量，改善质量应从最根本的做起
（4）废除最低价竞标制度	应慎选供应商，购买高质量的材料与零组件，而不是以价格作为选商基础
（5）持续改善	持续不断地改善生产与服务系统
（6）建立职训制度	不断对员工实施教育训练，促使其做对事情
（7）建立领导体系	管理者应建立领导风格，致力于消除妨碍生产率的各种有形与无形的因素
（8）扫除恐惧	管理者协助员工面对问题，排除恐惧。不应该让员工单独面对问题
（9）破除部门间的隔阂	管理者应建立部门间的沟通管道，扫除部门间的障碍，为改善质量而努力
（10）避免过多的口号	管理者应对改善质量身体力行，而不是一直向员工喊口号、训诫或定目标
（11）废除数字及目标，代之以领导	要以优秀的领导达成工作要求，而不是以数字目标达到要求
（12）鼓励员工	表扬员工的工作绩效，使他们以工作为荣
（13）教育训练	拟订教育训练与自我改进计划
（14）致力于转型	企业组织内的每一个人都应参与质量活动，并促成其工作态度的转变

表1-4中的14点可以归纳为以下四个方面的内容：

1）管理代表必须树立明确的使命和方向以领导整个组织进行变革，从而保证和促进组织的生存与发展。

2）企业管理要以一个良好的系统为基础，要不断地通过改进系统来改进质量、提高生产率，同时降低成本，这个系统是超越企业边界的，要通过与供应商和顾客的合作来实现系统的综合效应，这就是著名的“系统驱动行为”的观点。

3）重视每个人的作用，通过教育培训来提升每个人的能力，使员工愿意并且能够为组织的发展充分地贡献自己的聪明才智。

4）重视企业文化和领导的作用，要营造一种氛围来积极地影响员工，充分调动员工的积极性和创造力。

3. 费根堡姆及其质量管理思想

费根堡姆是美国通用系统公司总裁，曾在通用电气公司工作近十年，担任全球生产运作和质量控制的主管。20 世纪 50 年代，费根堡姆在他的《全面质量管理》一书中最早提出了全面质量管理的概念。他提出，对质量的责任应当依赖做这项工作的人。在全面质量管理中，产品质量比生产速度重要得多，无论什么时候出现质量问题，都应当允许工人停止生产。他认为，质量并非意味着最佳，而是客户使用和售价的最佳。他提出了全面质量管理的四个基本原则：

1）竞争意味着不存在永久的质量水平。

2）良好的管理应努力通过调动组织的质量知识、技能，使每个人相信改进会使事情变得更好。

3）成功的创新要有高质量的支持，特别需要有更快、更好的新产品的支持。

4）成本和质量是相互补充而不是相互矛盾的。

4. 克劳士比及其质量管理思想

质量管理大师菲利普·克劳士比（Philip B · Crosby）对世界有着卓越贡献和深远影响，被誉为当代“伟大的管理思想家”、“零缺陷之父”、“世界质量先生”，终身致力于质量管理哲学的发展和应用，推动全球质量活动由生产制造业扩大到工商企业领域。1995 年，世界最大的专业组织之一“美国竞争力协会”专门设立了“克劳士比奖章”，用于奖励全球在质量与竞争力方面做出杰出贡献的企业和个人。IBM、GE、可口可乐、SCI 系统、朗讯科技等都曾因此而获得该奖章。

克劳士比坚持认为，绝对没有理由在任何产品和服务中存在错误和缺陷，即零缺陷，所以公司应该接受“质量疫苗”以预防不合格，这种“疫苗”的成分分别是决定、教育和实施。克劳士比的“零缺陷”理论经历了以下四个发展阶段：

探索期：1952—1957 年，提出“缺陷预防”的概念。

形成期：1957—1965 年，提出“零缺陷”的概念和“过程管理”的方法，并付诸实践。

发展期：1965—1979 年，从文化变革的战略层面提出了“质量组织”、“质量学院”的基本概念和理论，并一一付诸实践。

成熟期：1979—2002 年，提出了“避免质量”的原理，“四项基本原则”、“质量完全性”“质量领导力”等概念，以及“创建质量文化”、“永续成功的组织”和“可信赖的组织”的理论与方法。他所著的《质量免费》、《质量无泪》、《达成目标的艺术》等在质量管理领域有很大的影响力。克劳士比提出了质量管理四项基本原则：

1）质量即符合要求，而不是好。

2）预防生产质量，检验不能产生质量。

3）产品和工作标准是“零缺陷”，而不是差不多就好。

4）不符合要求的代价是金钱而不是其他。

5. 其他代表人物

（1）休哈特（W·A·Shewhart，1891—1967） 休哈特是一位美国的统计学家，被人们尊称为“现代质量控制之父”。20世纪纪初，休哈特在西方电器公司工作期间，成功地将统计学、工程学和经济学结合起来，开创了统计质量控制这一新的领域。他的关于抽样和控制图的著作吸引了质量问题领域相关人士的兴趣并对这些人产生了影响。休哈特的“计划—执行—检查—行动循环”的观点被戴明和其他人广泛应用，用于进行质量改进项目的管理。此循环包括计划你想要做的事，执行计划，研究结果，进行纠正，然后再开始新的循环。休哈特在1936年发表的《产品制造质量的经济控制》（Economic Control of Quality Of Manufactured Product）一书中全面阐述了质量控制的基本原理，为现代意义上的质量管理奠定了坚实的理论基础，对以后质量管理的研究和实践做出了重大贡献。

（2）石川馨 1968年，石川馨出版的《质量控制指南》（Guide to Quality Control）广为人知。石川馨提出了质量控制（Quality Control，QC）小组的概念，并强调有效的数据收集和演示。他以促进质量工具，如帕累托图和因果（石川或鱼骨）图，用于优化质量控制而著称。

石川馨的名字是与在戴明和朱兰访日后的1955～1960年间发起的“全面质量控制”运动相联系的。在此系统运动下，日本从高层管理人员到底层员工都形成了质量控制的观点。质量控制的概念和方法可用于解决生产过程中出现的问题，用于进料和新产品设计控制，用于分析、帮助高层管理人员制定和贯彻政策，用于解决销售、人员、劳动力管理和行政部门问题。此项活动还包括内部和外部质量审核。

（3）田口 田口最有名的贡献是建立起了田口函数。这一函数的重要特征就是一个决定不良质量损失的公式。公式的含义是与标准相比较，某一部件偏差能引起一定的损失。而且把与标准相比所有部件的偏差造成的影响加起来将会引起很大的影响，不管各自的偏差是多么小。与田口相比，戴明认为要确定质量缺陷所造成的实际损失是不可能的，而克劳士比则认为难以把田口的概念用于大部分美国公司。不过田口的方法却帮助福特汽车公司通过提高变速器的质量降低了担保损失，从而赢得了一定的声誉。

质量问题与人们的衣、食、住、行，与人们的生命安全和环境安全息息相关。质量是一个国家经济发展的战略问题，质量管理是兴国之道、治国之策。

课题二 2008版ISO 9000族标准的构成及核心标准

【教学目标】

1）知识目标：掌握2008版ISO 9000族标准的构成及核心标准。

2）能力目标：能知道2008版ISO 9000族标准的构成及核心标准。

【教学重点和难点】

2008版ISO 9000族的核心标准。

【知识储备】

2008版ISO 9000族标准中，包括四个核心标准和一个其他标准（ISO 10012：2003）。

2008版ISO 9000族标准的4个核心标准：

1）ISO 9000：2005《质量管理体系基础和术语》。

2）ISO 9001：2008《质量管理体系要求》。

3）ISO 19011：2002《质量和（或）环境管理体系审核指南》。

4）ISO 9004：2009《可持续性管理——质量管理方法》。

一、GB/T 19000—2008（idt ISO 9000：2005）《质量管理体系 基础和术语》

这个标准取代ISO 9000：2000标准。GB/T 19000—2008等采用ISO 9000：2005《质量管理体系 基础和术语》，于2008年10月29日发布，2009年5月1日实施。

该标准分三个主要内容。它们是：

1）质量管理原则。

2）质量管理体系基础。

3）术语和定义。

在术语和定义部分规定了84个词条，分别是：

1）质量的术语6个词条。

2）管理的术语15个词条。

3）组织的术语8个词条。

4）过程和产品的术语5个词条。

5）特性的术语4个词条。

6）合格（符合）的术语13个词条。

7）文件的术语6个词条。

8）检查的术语7个词条。

9）审核的术语14个词条。

10）测量过程质量保证的术语6个词条。

二、GB/T 19001—2008（idt ISO 9001：2008）《质量管理体系 要求》

2008版的ISO 9001与2000版的结构是一样的，由八章（不含引言）、四大过程构成，它们是：

1）引言。

2）范围。

3）引用标准。

4）术语和定义。

5）质量管理体系（总要求、文件要求、总则、质量手册、文件控制、记录控制）。

6）管理职责（管理承诺、以顾客为关注焦点、质量方针、目标、体系策划、职责、权限与沟通、管理评审）。

7）资源管理（资源提供、人力资源、基础设施、工作环境）。

8）产品实现（产品实现的策划、与顾客有关的过程、设计和开发、采购、生产和服务提供的控制、生产和服务提供过程的确认、标识和可追溯性、顾客财产、产品防护、监视和测量设备的控制)。

9)测量、分析和改进(总则、监视和测量、顾客满意、内部审核、过程监视和测量、产品监视和测量、不合格品的控制、数据分析、持续改进、纠正措施、预防措施)。

三、GB/T 19004—2011(idt ISO 9004:2009)《追求组织的持续成功 质量管理方法》

ISO 9001:2008 和 ISO 9004:2009 是质量管理体系标准的两类模式:

一类为以 ISO 9001:2008 为代表的质量管理体系要求标准(含各行业的质量管理体系要求标准,如 ISO 22000 等),其特点是对质量管理体系具体活动提出通用性或专业性要求,思路是“以最少的一致要求提供产品符合性保证和信任”,其评价手段是符合性评价。

另一类则是以 ISO 9004:2009 标准及各类卓越绩效评价准则为代表的指南标准,其特点是应用质量管理的原则,为提升组织整体绩效和可持续性提供公认有效途径的信息,评价手段是用成熟度度量。其典型作用是帮助已按 ISO 9001 或其他管理体系标准建立管理体系的组织,在推进组织整体持续发展方面发挥作用,ISO 9004:2009 除特别关注改进一个组织的总体业绩与效率外,还将源于八项管理原则的组织成熟度描述为:初学者组织、前瞻型组织、弹性组织、革新型组织和可持续组织五种类型。对于最高管理者希望超越 ISO 9001 要求,通过业绩持续改进,追求成熟的组织,ISO 9004:2009 推荐了指南。

四、GB/T 19011—2003(idt ISO 19011:2002)《质量和(或)环境管理体系审核指南》

该标准遵循“不同管理体系,可以有共同管理和审核要求”的原则,为质量管理、环境管理、职业健康安全管理和食品安全管理的体系审核基本原则,审核方案的管理、管理体系审核的实施以及对管理体系审核员的资格要求提供了指南。它适用于所有已建立管理体系的组织,指导其内审和外审的管理工作。该标准在术语和内容方面,兼容了质量管理体系和环境管理体系的共同点。值得注意的是:标准对内审员的资格要求提出了与外审员相类似的要求;在对审核员的基本能力及审核方案的管理中,均增加了了解及确定法律和法规的要求。该标准的七章构成如下:

1)范围。

2)规范性引用文件。

3)术语和定义(给出 14 个词条,其中有 12 个已列入 ISO 9000 术语和定义中)。

4)审核原则:与审核员有关和与审核有关的原则。

5)审核方案的管理:总则,审核方案的目标和内容,审核方案的职责、资源和程序,审核方案的实施,审核方案的记录,审核方案的监视和评审。

6)审核活动:总则、审核的启动、文件评审、现场审核的准备、现场审核的实施、审核报告的编制、批准和分发、审核的完成、审核后续活动的实施。

7)审核员的能力与评价:总则、个人素质、知识和技能、教育、工作经历、审核员培训和审核经历、能力的保持和提高、审核员评价。

五、GB/T 19022—2003(idt ISO 10012:2003)《测量管理体系 测量过程和测量设备的要求》

测量管理体系是管理由于测量设备和测量过程可能产生的不正确结果而影响该组织的产品质量的风险。用于测量管理体系的方法包括从基本的测量设备的验证到测量过程控制中统计技术的应用。该标准八个章节的构成如下：

1）范围。

2）引用文件。

3）术语和定义（包括计量方面的几个词条）。

4）总要求。

5）管理职责：计量职能、以顾客为关注焦点、质量目标、管理评审。

6）资源管理：人力资源、信息资源、物质资源、外部供方。

7）计量确认和测量过程的实现：计量确认、测量过程、测量不确定度和溯源性。

8）测量管理体系分析和改进：总则、审核和监视、不合格控制、改进。

测量管理体系的模式与 ISO 9001 的过程模式类似，主要区别是条款内容侧重点不同。

【知识拓展】 质量管理的八项原则

质量管理八项原则是 ISO/TC 176 在总结质量管理实践经验的基础上，用高度概括、易于理解的语言所表述的质量管理最基本、最通用的一般规律，它是质量管理的理论基础，也是组织的领导者有效地实施质量管理工作必须遵循的原则。八项质量管理原则已经成为改进组织业绩的框架，其目的在于帮助组织达到持续成功。

在 2008 版标准中，GB/T 19001—2008《质量管理体系 要求》标准以八项质量管理原则为基础，着重考虑过程方法原则，对建立质量管理体系、实施质量管理提出了系统的要求。GB/T 19004 标准更全面、系统地应用了八项质量管理原则，帮助组织改进过程，完善质量管理体系，提高组织的业绩。

下面分别论述以顾客为关注焦点、领导作用、全员参与、过程方法、管理的系统方法、持续改进、基于事实的决策方法和互利的供方关系八项质量管理原则。

1. 原则一：以顾客为关注焦点

组织依存于其顾客，因此组织应理解顾客当前和未来的要求，满足顾客的要求，并争取超越顾客的期望。任何组织均提供产品，产品的接受者、使用者即为顾客。组织和顾客是相互依存的。任何一个组织均应争取顾客，以使顾客满意作为首要的工作来考虑，并依此安排所有的活动，超越顾客的期望，为组织带来更大的效益。为此，组织应围绕以顾客为关注焦点，开展一系列活动。

1）了解并掌握顾客的要求和期望。

2）确保组织的目标与顾客的需求和期望相结合。“以顾客为关注焦点”明确地阐述了这一要求，这也是 2008 版 ISO 9000 族标准的核心思想之一。

3）确保在组织内沟通顾客的要求和期望。

4）测量顾客的满意程度并根据结果采取相应的活动或措施。

5）管理好与顾客的关系。

2. 原则二：领导作用

领导者即最高管理者将本组织的宗旨、方向和内部环境统一起来，并创造使员工能够充分参与实现组织目标的环境。最高管理者在质量管理体系中有九大作用。根据本原则的要求，最高管理者应采取如下的措施：

1）考虑所有相关方的需求和期望。

2）为组织的未来描绘清晰的远景。

3）确定富有挑战性的目标。

4）在组织的所有管理层次上建立价值共享和道德伦理观念。

5）建立信任，消除忧虑；鼓舞和激励员工并承认员工的贡献。

6）为员工提供所需的资源、培训，并赋予其职责范围内的自主权。

3. 原则三：全员参与

各级人员是组织之本，只有他们的充分参与，才能使他们的才干为组织带来最大的收益，为此要开展的工作有：

1）让职工了解自身贡献的重要性及其在组织中的角色。

2）识别自己活动的约束。

3）接受所赋予的权力和职责并解决各种问题。

4）每个人根据各自承担的目标评估其业绩。

5）主动寻找机会增强员工的能力、知识和经验。

6）自由地分享知识和经验。

全员参与将使组织达到管理水平较高的境界。

4. 原则四：过程方法

将相关的资源和活动作为过程进行管理，可以更高效地得到期望的结果。

所谓过程方法，就是组织系统地识别并管理所采用的过程及过程的相互作用。

1）识别质量管理体系所需要的过程及其在组织中的应用。具体为：

① 列出过程。

② 对每一过程规定输入和输出。

③ 规定过程的顾客及其要求。

④ 规定过程的责任人。

2）确定这些过程的顺序和相互作用。具体为：

① 列出全流程和过程网络的构架。

② 规定过程的接口。

③ 将过程形成文件。

3）确定为确保这些过程的有效运作和控制所需的准则和方法。具体为：

① 规定期望和非期望结果的特性。

② 规定测量、监视和分析的方法。

③ 考虑经济因素（成本、时间、浪费等）。

④ 规定数据收集的方法。

4）确保可以获得必要的资源和信息，以支持这些过程的运作和监视。具体为：

① 为每一过程配备资源。

② 建立沟通渠道。

③ 提供内、外信息。

④ 获取反馈。

⑤ 收集数据。

⑥ 保存记录。

5）监视测量和分析这些过程。具体为：

① 正确测量过程并监视其性能（过程能力，顾客满意）。

② 分析所收集的信息（统计技术）。

③ 评价分析结果。

6）实施必要的措施，以实现这些过程所策划的结果和对这些过程的持续改进。具体为：

① 实施纠正措施和预防措施（改进过程）。

② 验证纠正措施和预防措施实施的有效性。

5. 原则五：管理的系统方法

针对设定的目标，识别、理解并管理一个由相互关联的过程所组成的体系，有助于提高组织的有效性和效率。

系统方法的特点：

1）它围绕某一个设定的方针和目标。

2）确定实施这一方针和目标的关键活动。

3）识别由这些活动所构成的过程。

4）分析这些过程间的相互作用和相互影响的关系。

5）按某种方式或规律，将这些过程组合成一个系统。

6）管理由这些过程构筑的系统，使之能协调地运行。

7）通过测量和评估并保持改进体系。

6. 原则六：持续改进

持续改进是组织的一个永恒的目标。持续改进的措施是：

1）在整个组织内使用某种一致的方法推行持续改进。

2）为员工提供有关持续改进的方法和手段的培训。

3）组织的每个成员都应将产品、过程和体系的持续改进作为目标。

4）确定目标并指导、测量、追踪持续改进。

5）识别并通报持续改进的情况。

7. 原则七：基于事实的决策方法

对数据和信息的逻辑分析或直觉判断是有效决策的基础。成功的结果取决于活动实施之前的精心策划和正确的决策。基于事实的决策方法主要有：

1）依据分析确保数据和信息足够、精确、可靠。

2）让需要者都能得到数据和信息。

3）基于事实分析、权衡经验与直觉，作出决策并采取措施。

8. 原则八：互利的供方关系

通过互利的供方关系，增强组织和供方创造价值的能力。某一件产品不可能由一个组织从最初的原材料加工直至形成最终顾客使用的产品，往往是通过多个组织分工协作来完成的。因此，任何一个组织都有其供方或合作伙伴。对互利的供方关系采取的措施是：

1）识别选择关键的供方。

2）权衡短期利益与长期效益，确立与供方的关系。

3）与关键的供方或合作伙伴共享专门技术和资源。

4）确立清晰和开放的沟通渠道。

5）确定联合改进活动。

6）鼓励、激发改进及承认成果。

这样做的结果将增强供需双方创造价值的能力，灵活、迅速、联合一致地对市场变化作出反应，优化成本与资源。

提示：八项原则之间的关系是："以顾客为关注焦点"和"持续改进"是基本点，"领导作用"是关键，"全员参与"是基础，其他原则是手段和方法。

【单元小结】

本单元主要介绍有关 ISO 9000 族标准的认证和发展的过程，以及 2008 版 ISO 9000 族标准的内容和 4 个核心标准及质量管理八项原则。

【单元训练】

一、填空题

1. 质量管理的代表人物有：________、________、________、________等。

2. 质量管理的八项原则之间的关系是："以________为关注焦点"和"持续改进"是________，"领导作用"是________，"________"是基础，其他原则是手段和方法。

3. ________是国际电工委员会，另一个国际标准化组织。

二、问答题

1. 什么是 ISO？
2. ISO 9000 族 4 个核心标准是什么？
3. 简述 ISO 9000 族标准的变化过程。
4. 质量管理的八项原则是什么？

单元二　质量管理基础知识

课题一　质量与产品质量

【教学目标】

1）知识目标：掌握质量的概念及内涵，熟悉产品质量的概念及形成过程，了解工作质量的概念。

2）能力目标：能知道质量的概念和内涵，能描述产品质量的形成过程。

【教学重点和难点】

教学重点：掌握质量的概念及内涵。

教学难点：产品质量的形成过程。

【课题导入】

2008年，震惊全国的三鹿毒奶粉事件，造成294 000名患儿出现异常，51 900名患儿住院，4人死亡。2009年2月12日，石家庄市中级人民法院正式宣布三鹿集团破产。

2008年奶制品污染事件是一起食品安全事件。事件起因是很多食用三鹿集团生产的奶粉的婴儿被发现患有肾结石，随后在其奶粉中被发现化工原料三聚氰胺。根据公布数字，截至2008年9月21日，因使用婴幼儿奶粉而接受门诊治疗咨询且已康复的婴幼儿累计39 965人，正在住院的有12 892人，此前已治愈出院1 579人，死亡4人，另截至9月25日，香港有5人、澳门有1人确诊患病。事件引起各国的高度关注和对乳制品安全的担忧。国家质检总局公布对国内的乳制品厂家生产的婴幼儿奶粉的三聚氰胺检验报告后，事件迅速恶化，包括伊利、蒙牛、光明、圣元及雅士利在内的多个厂家的奶粉都检出三聚氰胺。9月24日，国家质检总局表示，牛奶事件已得到控制，9月14日以后新生产的酸乳、巴氏杀菌乳、灭菌乳等主要品种的液态奶样本的三聚氰胺抽样检测中均未检出三聚氰胺。2010年9月，多地下达最后通牒：若在2010年9月30日前上缴2008年的问题奶粉，不处罚。2011年中央电视台《每周质量报告》调查发现，仍有7成中国民众不敢买国产奶。

质量是企业的生命，企业要参与竞争，求得生存与发展，就要控制好产品质量。质量问题是经济发展中的一个战略问题，质量水平的高低，是一个国家经济、科技、教育和管理水平的综合反映。

【知识储备】

一、质量（Quality）

质量是企业发展的根基；质量是满足消费者需求的标准；质量是符合产品自身尺度；质量是生产者通过不懈努力而制造出尽可能符合消费者期望、需求的产品组成元素，包含消费者需要、标准化、性能提升等。

> **提示**：ISO 9000：2005 标准对质量作了如下定义：质量——一组固有特性满足要求的程度。

1. 质量的特点

1）质量“固有特性”是产品、过程和体系的一部分，它与产品本身密不可分，如螺盘的直径、仓库的容量等，但产品的价格、供货时间及运输过程等，就属于产品质量的“赋予特性”。

2）质量不仅是指产品质量，它还包括某项活动或过程的工作质量以及质量管理体系运行的质量。

3）质量反映的是“满足要求的程度”，并非产品的“特性总和”。因为顾客要求的满足程度才是反映质量好坏的重要标准。

4）质量标准和质量要求受到环境、地区、国家、消费者、时间等因素影响，所以说质量具有相对性。

2. 质量的内涵

质量包含了“符合规格”和“符合期望”两层内涵：

1）产品流动过程需要的各种资源和技术是完全可以控制的，很容易确定质量规格和操作标准，所以，“符合规格”就成为质量的一个内涵。

2）在物品流动过程中，为创造形式效用、时间效用和地点效用，需要根据顾客的不同要求提供不同的服务，而服务质量是由顾客根据自己的期望来评价的，所以，“符合期望”也构成了质量概念的另一内涵。

二、产品质量

质量概念的范畴可分为狭义的和广义的。狭义的质量是产品的质量，广义的质量除了产品质量以外，还包括工作质量。

1. 产品质量的概念

在ISO 9000：2005 标准中规定：产品是“过程的结果”，它包括服务（如运输）、硬件（如发动机机械零件）、流程性材料（如润滑油）、软件（如计算机程序、字典）或其组合。

> **提示**：产品质量是指“产品的一组固有特性满足要求的程度”。

就是指产品的使用价值，即产品适合一定用途，能够满足国家建设和人民生活所具备的质量特性，即产品的有用性。凡是对产品的使用目的所提出的各项要求都属于这种特性。因此，在产品生产之初，应充分识别顾客的需要和期望，把这种需要和期望转化为产品的质量特性，通过产品设计、生产、包装、运输、交付和售后服务等产品实现环节，将质量特性以技术、经济、环境、心理、生理的参数或指标固化在产品中，从而形成产品的固有特性。

2. 产品质量的特性

产品质量特性的含义很广泛，大体可分为以下几个方面：物质、操作运行、结构、时间、经济、外观、心理和生理等方面。也可归纳为：产品的性能、寿命、可靠性、安全性、经济性等五个方面。

（1）性能　是指对产品使用目的所提出的各项要求，就是产品适合使用的性能，即使用适宜性。比如，机床的转速和加工精度、电动机的功率等。“产品适用于不同目的、不同条件下使用的性能”，这就是它的适用性。如加工机床有各种类型，根据加工零件的要求不同选用机床：数控车床、数控铣床、加工中心、线切割机床等。

（2）寿命　是指产品能够使用的期限。例如，灯泡的使用时数、钻井机钻头的进尺数、轴承使用的时间长短等。又如汽车、拖拉机这类需要经常维修保养才能保持其性能的产品，也可把两次大修的时间间隔期限作为它们的使用寿命。

（3）可靠性　是指产品在规定的时间内、规定的条件下，完成规定工作任务而不发生故障的概率。一般来讲，就是产品不仅出厂时各项性能指标须达到规定要求，而且还要做到“经久耐用”，即产品的精度稳定性、性能持久性、零部件耐用性好，能够在规定的使用期限内保持规定的功能。可靠性属于产品内在的质量特性。

（4）安全性　是指产品在操作或使用过程中保证安全的程度，对操作人员是否会造成伤害事故，影响人身健康、产生公害、污染周围环境等可能性。

（5）经济性　不仅指产品的结构、重量、用料等制造成本，还包括产品使用过程的运转费用、维护修理费用、维持费用、运营费用等使用成本，即产品寿命期的总成本。这一点随着经济的发展已为人们越来越重视。

产品质量，就是从上述五个方面的质量特性来综合考虑的。产品性能即符合使用目的，是产品质量最基本的性能要求，而寿命、可靠性、安全性、经济性等其他几项特性，都是产品性能的引申和发展，是随着生产力发展逐步提出的要求。产品五个方面的质量特性之间有时是有矛盾的，协调不好就可能厚彼薄此或顾此失彼。

产品质量还可从它的设计质量、制造质量、检验质量、使用质量这四个方面来考核。

1）设计质量：是设计阶段所体现的质量，也就是产品设计符合上述各项质量特性要求的程度，它最终通过图样和技术文件的质量体现出来。

2）制造质量：是按设计要求制造产品时实际达到的实物质量，它是制造过程中操作工人、技术装备、原材料、工艺方法以及环境条件等要素的综合产物。

3）检验质量：是对制造出的产品通过检测手段实际测得的产品质量。

4）使用质量：是产品在实际使用过程中所表现的质量。它主要是通过产品性能的适用性、有效性、经济性表现出来的。

以上四个方面的质量，应该完全统一、前后一致。由于技术上、管理上的种种原因，却经常会发生矛盾。往往在设计质量符合要求的情况下，制造质量却不符合设计质量要求，检验质量又难以真正反映制造质量，因而最终影响使用质量。

3. 产品质量形成的过程

产品质量是经过生产的全过程一步步产生、形成和实现的。好的产品质量是设计和生产出来的，不是单纯检验出来的。一般来说，产品质量产生和形成的过程，大致经过市场调查研究、新产品设计和开发、工艺策划和开发、采购、生产制造、检验、包装和储存、产品销售以及售后服务等重要环节，其详细过程可以用一个螺旋形上升循环示意图来表示，如图 2-1 所示，此螺旋称为朱兰质量螺旋。

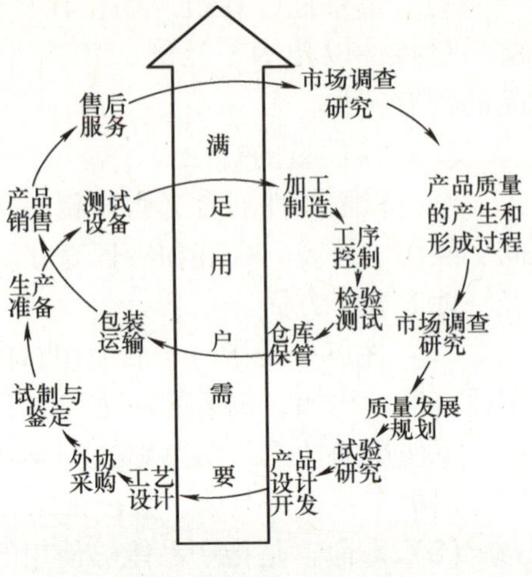

从图 2-1 中可以看出，产品质量在产生、形成和实现的过程中，各个环节之间存在着相互依存、相互制约、相互促进的关系，每经过一次循环，产品质量就提高一步。

图 2-1　朱兰质量螺旋示意图

三、工作质量

工作质量指的是企业（或部门）的经营管理工作、技术工作及组织工作对达到产品质量标准、提高产品质量的保证程度。工作质量能反映企业的组织和管理工作的水平，其显著特点之一是它不像产品的服务质量那样直观地表现在人们面前，而是体现在生产、技术和经营活动中，并最终通过产品质量和经济效益表现出来。工作质量主要取决于人的素质，包括质量意识、责任心及业务水平等。所以，要提高工作质量，就必须高度重视提高人的综合素质。在工作质量的诸多因素中，人的工作目标和态度、知识及技能，甚至精神和身体状况，往往是最直接的、最具能动性的。所以，必须抓好职工队伍的建设，经常性地按照不同的层次目标，多渠道、多形式地进行质量意识教育和知识技能培训。

工作质量的特点是难以直接地、定量地描述和衡量。一般来说，工作质量的好坏可以通过工作的成果（或效果）来直接考察。如广泛使用的合格率、错漏检率、返修率、投诉率、满意率等就是这一类工作质量的考察指标。

四、工作质量与产品质量的联系

工作质量与产品质量是有区别的两个不同的概念。但它们又有密切的联系，不可分割。产品质量是企业各方面工作的综合反映，产品质量的好坏取决于企业工作质量水平高低，工作质量是产品质量的保证和基础。提高产品质量，不能孤立地就产品抓质量，而必须从改进工作质量入手，在提高工作质量上下工夫。离开了工作质量的改善，提高产品质量是不可能的。

【知识拓展】　忽视产品质量与服务质量使日本家电等产品痛失中国市场份额的教训

在 20 世纪 80 年代，因为日本的家电产品性能与质量远高于国产的，所以日本家电在中国市场上卖得很红火。有的中国消费者把有无日本货作为“身份和地位的象征”。但是，自 20 世纪 90 年代以来，由于日本企业错误的战略与投资政策，特别是由于提供给中国顾客的产品与售后服务质量差，使日本货原有的形象迅速在中国消费者心里瓦解，被中国消费者排除市场。日本商家错在把三流的产品拿到中国销售，且服务质量极差。特别是某些日本汽车、笔记本电脑厂商的产品出现成批质量问题，中国消费者对于日本产品的质量持怀疑态度，这使日本家电等产品在中国地区的销售受到很大影响。

综上所述，可以看出一个公司向客户提供的产品与服务质量如何，决定了它在产品和服务的竞争中能否从提供相同或相似产品和服务的竞争对手中脱颖而出，从而得到客户的青睐，赢得或保住市场份额。因此，提供给顾客的产品和服务的质量是一个与公司生死存亡相关的重大问题。而产品质量和服务质量的目标只能是“使顾客完全满意”。

课题二 质量管理与全面质量管理

【教学目标】

1）知识目标：掌握质量管理与全面质量管理的概念，以及 PDCA 循环。

2）能力目标：能把质量管理与全面质量管理以及 PDCA 循环应用于企业管理实践中。

【教学重点和难点】

掌握质量管理与全面质量管理以及 PDCA 循环。

【课题导入】

河北环宇集团从 1973 年开始生产电视机，曾在全国较有名气，获得过几十种荣誉：“全国彩电评比一等奖”、“国家银质奖”、1985 年“全国十大名牌”等，可谓名噪一时。但到 1995 年年底，明亏 1.48 亿元，潜亏 4915 万元，负债 2.96 亿元，宣告破产。

环宇的彩电 1974 年就送进了中南海，1984 年又引进了彩电生产线，产品进军欧洲市场，在英国成立了英环公司，生产环宇电视机，此举吸引了 23 个国家的驻华大使、参赞来厂参观，1988 年生产了 40 万台电视机，当时已初见规模。但到了 1989 年国内电视机市场开始疲软，工厂领导对市场的发展前景作了错误的估计，认为前途无望，对这个产品不重视。从 1989 ~ 1995 年的 6 年间仅投入 3000 万元，该厂电视机从 1984 年到 1989 年的五年，只销售了 47C – 2 型一种机型，1989 年后虽然开发了 54cm 的几个品种，但别的厂家 64cm、74cm、画中画等新产品迭出，而环宇彩电还是老面孔，当然没有市场。

从市场开拓来说，环宇根本没有开辟与形成自己的销售渠道与网络。电视机走俏时，该厂的销售只考虑先卖给谁，后卖给谁就行了，根本不去抓市场，市场疲软时，又不知道产品往哪里销，没有自己的销售系统，在全国的经销单位只有 20 多个。

从集团内部运作机制上看，内部运作不规范，内部结构变化频繁。1987 年后机构每年一变或几变，1987 ~ 1991 年的 4 年间进行了 6 次大调整和若干次小调整。1991 年后集团内又作了 3 次分与合的调整。电视机厂的厂长平均一年换一次，最长的为 1 年 7 个月，最短的 8 个月，连中层干部还没认识就下台了。同时这些机构的调整，并没有把责、权、利理顺，厂长具体管企业，但没有权，公司总经理有权，但不直接管企业，企业很不好运作。环宇集团最终于1995年7月宣告破产，1996年被宝石集团收购。

【知识储备】

一、质量管理的基本概念

质量管理是企业管理的中心环节，其职能是质量方针、质量目标和质量职责的制订和实施。

1. 基本概念

（1）质量管理（Quality Management） ISO 9000：2005《质量管理体系基础和术语》中，将质量管理定义为：在质量方面指挥和控制组织的协调一致的活动。这些活动通常包括制订质量方针和质量目标、质量策划、质量控制、质量保证和质量改进。

（2）质量方针（Quality Policy） 是指“由组织的最高管理者正式发布的该组织总的质量宗旨和质量方向”，是企业管理者对质量的指导思想和承诺。企业管理者应确定质量方针并形成文件。

质量方针是组织在较长时期中经营活动和质量活动的指导原则及行动指南，是组织内各职能部门全体人员质量活动的根本准则。质量方针的基本要求应包括供方的组织目标和顾客的期望及需求，也是供方质量行为的准则。

（3）质量目标（Quality Aim） 是组织在质量方面所追求的目的，是组织质量方针展开的具体体现。质量目标应建立在组织的质量方针的基础上，在组织内的不同层次规定质量目标。在作业层次，质量目标应是定量的。质量目标要体现先进性和可行性，也要便于实施和检查。

（4）质量策划（Quality Planning） 是质量管理的一部分，用于制订质量目标并规定必要的运行过程和资源以实现质量目标。质量策划的目的是保证最终的结果能满足顾客的需要。

质量策划包括质量管理体系策划、产品实现策划以及运行过程策划。产品实现策划即对质量特性进行识别、分类和比较，并建立其目标、质量要求和约束条件；管理体系策划即为建立质量体系进行准备，包括组织与安排、编制质量计划和作出质量改进的规定。质量策划的工作内容主要有：向管理者提出组织质量方针和质量目标的建议、分析顾客的质量要求并形成设计规范、对产品设计进行质量和成本方面的评审、制定质量标准和准备产品规格、控制策划过程和制订保证质量合格的程序、研究质量控制和检验方法、进行工序能力研究、分析质量成本、研究并实施对供应商的评估和质量控制、对组织进行质量审核及开展动员和培训活动。

（5）质量控制（Quality Control） 是指为达到质量要求所采取的作业技术和活动。质量控制是质量管理的一部分，用于满足质量要求的过程。质量控制是一个根据质量要求设定标准、测量结果，判定是否达到了预期目标，对质量问题采取措施进行补救，防止再发生的过程。质量控制的范围涉及产品质量形成全过程的各个环节，涉及组织内几乎所有的活动，对影响质量的人、机、物、法、环、测量六大因素进行控制，并对质量活动的成果进行分阶段论证。质量控制的目的在于监视过程并排除质量环节中所有阶段中导致不满意的原因，以取得经济效益。质量控制应贯穿产品形成和体系运行的全过程。

（6）质量改进（Quality Improvement） 是指为向本组织及其提供更多的收益。在整个组织内所采取的旨在提高活动和过程的效益以及效率的各种措施，使组织和顾客双方都能得到更多的效益，不仅是质量改进的根本目的，也是质量改进在组织内能够持续发展并取得长期成功的基本动力。是质量管理的一部分，致力于提高有效性和效率。质量改进的基本途径是在组织内采取各种措施，不懈地寻找改进机会，预防质量问题的出现，提高活动和过程的效益和效率。质量改进活动涉及质量形成全过程的每一个环节，和过程中每一项资源有关，用于增强组织满足质量要求的能力。

质量控制和质量改进是相辅相成的，两者之间既有联系又有区别。质量控制是质量改进的基础和前提，质量改进是质量控制的延伸和发展，服从于组织质量方针和目标。

（7）质量保证（Quality Assurance）　是指为了提供足够的信任，表明实体能够满足质量要求，而在质量体系中实施并根据需要进行证实的全部有计划和有系统的活动。质量保证其目的是对产品、体系或过程的固有特性已经达到规定要求提供信任。质量保证的基本思想是强调对用户负责，其核心问题是为用户、第三方和本组织最高管理者对实体能够满足质量要求提供足够的信任。

质量保证的主要工作是促使完善质量控制，以便准备好客观证据，根据相关方的要求有计划、有步骤地开展提供证据的活动。质量保证是在有两方的情况下，由一方向另一方提供信任。质量保证分外部质量保证和内部质量保证两种，前者向组织外部提供保证，以取得用户和第三方（质量监督管理部门、行业协会、消费者协会）的信任；后者是使组织的管理者确信组织内各职能部门和人员对质量控制的有效性。

（8）质量体系（Quality System）　指建立质量方针和质量目标并实现这些目标的体系，是为实施质量管理所需的组织结构、程序、过程和资源。质量体系是质量管理的核心。质量体系又是质量管理的载体，是为实施质量管理而建立和运行的。质量体系有两种形式：质量管理体系和质量保证体系。质量管理体系是供方根据本组织质量管理的需要而建立的用于内部管理的质量体系。质量保证体系（Quality Assurance System，QAS）是指企业以提高和保证产品质量为目标，运用系统方法，依靠必要的组织结构，把组织内各部门、各环节的质量管理活动严密组织起来，将产品研制、设计制造、销售服务和情报反馈的整个过程中影响产品质量的一切因素统统控制起来，形成的一个有明确任务、职责、权限，相互协调、相互促进的质量管理的有机整体。质量保证体系相应分为内部质量保证体系和外部质量保证体系。

质量体系作为一个组织管理系统，不能直观地展现。因此，建立质量体系时，要形成必要的体系文件。质量体系文件通常包括质量手册、程序性文件（包括管理性程序文件和技术性程序文件）、质量计划及质量记录等。

2. 几个重要概念之间的关系

质量管理、质量保证、质量控制和质量体系等重要概念之间的关系可用图 2-2 表示。图 2-2 中的正方形区域表示质量管理工作，包括制订质量方针，是对所有质量职能和活动的管理，涵盖了内部质量保证、质量控制和质量体系。质量方针制订后，需要在组织措施上加以保证，这就是质量体系。质量体系的内容包含两个方面：一是质量控制，二是内部质量保证，这两者是实施质量管理时在组织内采用的具体实施方式和手段。图 2-2 中虚线大圆内画一虚线小圆，并用 S 曲线将质量控制与内部质量保证分开。这里用 S 曲线而不用直线，表示两者是相互渗透的，不宜截然分开。图中右下角与两个虚线圆交叉的阴影部分，表示企业的外部质量保证活动，即在合同环境下，需方认为供方企业内部的质量管理活动还不足以保证生产出满足质量要求的产品，从而要求供方在内部质量保证、质量控制以及其他环节方面再增加措施。

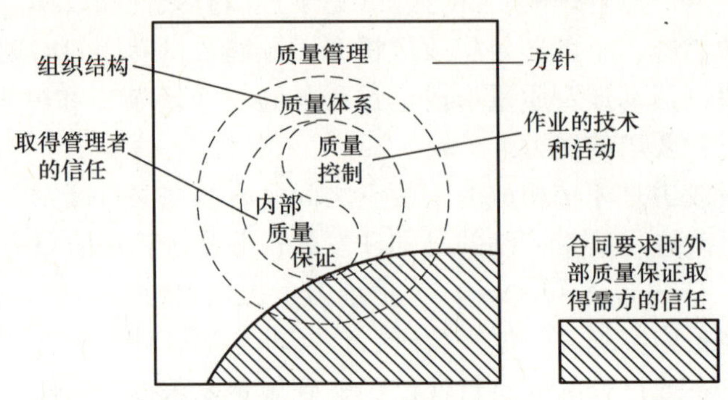

图 2-2　几个概念之间的关系

二、全面质量管理（Total Quality Management，TQM）

1. 全面质量管理的概念

全面质量管理（Total Quality Management）简称 TQM，起源于美国。是一个组织以质量为中心，以全员参与为基础，目的是通过顾客满意和本组织所有成员及社会受益而达到长期成功的管理途径，是质量管理发展的最新阶段。

全面质量管理（TQM）是基于组织全员参与的一种质量管理形式。具体地说，全面质量管理就是以质量为中心，全体职工以及有关部门积极参与，把专业技术、经营管理、数理统计和思想教育结合起来，建立起产品的研究、设计、生产、服务等全过程的质量管理体系，从而有效地利用人力、物力、财力、信息等资源，以最经济的手段生产出顾客满意的产品，使组织、全体成员及社会受益，从而使组织获得长期成功和发展。

2. 全面质量管理的特点

全面质量管理具有以下几个特点：从过去的以事后检验和把关为主转变为以预防为主，即从管结果转变为管因素；从过去的就事论事、分散管理，转变为以系统的观点为指导，进行全面的综合治理；突出以质量为中心，围绕质量开展全员的工作；由单纯符合标准转变为满足顾客需要，满足顾客需要是全面质量管理的基本出发点；强调不断改进过程质量，从而不断改进产品质量。

提示：全面质量管理是一个具有丰富内涵的理论，其特点可以概括为“三全一多”。

（1）全员参加的质量管理　产品质量是企业各方面、各部门、各环节全部工作的综合反映。企业中任何一个环节、任何一个人的工作质量都会不同程度直接或间接地影响产品质量，因此，产品质量人人有责，必须把企业所有人员的积极性和创造性充分调动起来，不断提高人的素质。

提示：全员的质量管理就是要“以质量为中心，领导重视，组织落实，体系完善”。

（2）全过程的质量管理　全过程的质量管理包括从市场调查、产品设计开发、生产、销售直到服务的全过程的质量管理。把产品质量形成全过程的各个环节和有关因素控制起来，做到以预防为主，防检结合，重在提高。为此，全面质量管理必须体现如下两种思想：

首先，预防为主，不断改进的思想。优良的产品质量是设计和生产制造出来的，而不是靠事后检验决定的，事后检验面对的是既成事实的产品质量。根据这一基本道理，应把不合格产品消灭在它的形成过程之中，做到防患于未然。

其次，为顾客服务的思想。顾客有内外之分，内部顾客指的是企业内部的各个工作环节。实行全过程的质量管理，要求企业各个工作环节都必须树立为用户服务的思想，每个环节在质量上都坚持高标准，都为下个环节着想，为下个环节提供最大的便利，企业才能生产出符合规定要求的、满足用户期望的产品。可见，全面质量管理要“始于识别顾客的需要，终于满足顾客的需要”。

（3）全面质量的管理　即全面质量管理的对象。它不限于狭义的产品质量，而是广义的质量。即：不仅包括产品质量，而且还包括工作质量，甚至工作质量还是全面质量管理的重点对象。只有将工作质量提高，才能最终提高产品和服务质量。此外，管理对象的全面性的另一个含义是：对影响产品和服务质量的因素要加以全面控制，如人员、机器设备、材料、工艺、检测手段和环境等方面。只有对这些因素进行全面控制，才能提高产品和工作质量。

（4）多方法的质量管理　随着现代科学技术的发展，顾客对产品质量的要求越来越高，影响产品质量的因素也越来越复杂；既有物的因素，又有人的因素；既有技术因素，又有管理因素；既有企业内部的因素，又有企业外部的因素。要把这一系列因素系统地控制起来，全面管好，就必须根据不同的情况，区别不同的影响因素，广泛、灵活地运用多种多样的现代管理方法来解决质量问题，其中要特别注意运用统计方法。在运用这些方法时，应注意以下几点：

1）尊重客观事实，尽量用数据说话。在质量管理活动中，要坚持实事求是，科学分析，尽量用数据说话。

2）遵循 PDCA 循环的工作程序。进行任何活动都必须遵循计划（Plan）、执行（Do）、检查（Check）、总结（Action）的工作程序。这一行之有效的方法，不仅适用于质量管理，而且适用于其他方面的管理。

3）广泛地运用科学技术的新成果。全面质量管理是现代科学技术和现代化大生产发展的产物，所以应该广泛地运用科学技术的最新成果，如先进的专业技术、检测手段、电子计算机和系统工程、价值工程、网络计划等先进的科学管理方法。

上述“三全一多”，都是围绕着“有效地利用人力、物力、财力、信息等资源以最经济的手段生产出顾客满意的产品”这一企业的目标，是我国企业推行全面质量管理的出发点和落脚点，也是全面质量管理的基本要求。坚持质量第一，把顾客的需要放在第一位，树立为顾客服务、对顾客负责的思想，是我国企业推行全面质量管理应贯彻始终的指导思想。

3. 全面质量管理的基本观点

全面质量管理是企业管理的中心环节，是现代质量管理的有效方法，企业要把生产经营管理与质量管理有机地结合起来。这和企业的经营目标是一致的，只有这样才能得到更好的发展。全面质量管理的基本观点可概括为以下几点：

（1）质量第一的观点　市场的竞争归根结底就是质量的竞争，企业的竞争能力和生存能力主要取决于它满足社会质量需求的能力。贯彻“质量第一”就要求企业全体职工，尤其是领导层，要有强烈的质量意识；要求企业在确定经营目标时，首先应根据用户或市场的需求，科学地确定质量目标，并安排人力、物力、财力予以保证。当质量与数量、社会效益和企业效益、长远利益与眼前利益发生矛盾时，应把质量、社会效益和长远利益放在首位。“质量第一”并非“质量至上”，应该重视质量成本的分析，把质量与成本加以统一，确定最适宜的质量。

（2）用户至上的观点　全面质量管理的核心是满足用户的需求，“用户至上”就是要树立以用户为中心、为用户服务的思想，要使产品质量与服务质量尽可能满足用户的要求。产品质量的好坏最终应以用户的满意程度为标准。

（3）重视设计、制造过程的观点　在生产过程中，尽管检验很重要，因为它可以起到不允许不合格品出厂的把关作用，但影响产品质量好坏的真正原因在于设计和制造。设计质量是先天性的，在设计时就已决定了质量的等级和水平；而制造是实现设计质量的过程，是保证产品质量的重要过程。

（4）一切凭数据说话的观点　要求在全面质量管理工作中具有科学的工作作风，在研究问题时不能满足于一知半解和表面现象，对问题除了有定性分析外，还应尽量采用定量分析方法，做到心中有“数”，这样可以避免主观盲目性。

（5）重视人的积极因素的观点　在开展质量管理活动的过程中，人的因素是最积极、最重要的。与质量检验阶段和统计质量控制阶段相比较，全面质量管理阶段格外强调调动人的积极性的重要性。这是因为现代化生产多为大规模系统，环节众多，联系密切、复杂，远非单纯靠质量检验或统计方法就能奏效的。它是全面质量管理的特点之一，是全体人员参加的管理，即“质量第一，人人有责”。

（6）以预防为主的观点　在企业的质量管理工作中，要认真贯彻预防为主的原则，凡事要防患于未然，要把质量管理工作的重点从“事后把关”转移到“事先预防”上来，从管“结果”变为管“因素”、管“过程”，强调将产品的质量问题消灭在产品形成的过程之中。

（7）以质量求效益、提高质量经济性　提高经济效益的巨大潜力蕴藏在产品质量之中。提高产品质量，既可带来市场收益的增加（表现在提高了产品销量、价格和企业信誉度），又可降低成本（返工和废品成本减少，产品担保成本减少），这两个方面对企业的赢利能力影响很大，而且这种赢利与单靠增加产品销量获得的利润迥然不同。

全面质量管理强调质量，以质量求效益，但无论是质量保证的水平还是预防不合格的力度都是无止境的，这就必须要考虑质量的经济性，建立合理的经济界限，这也就是所谓的质量经济原则。

（8）以零缺陷为目标

1）以零缺陷为目标是观念上的革命。在全面质量管理中，人们强调“尽善尽美”，强调以零缺陷作为工作目标。诚然，人们可能永远不会把一件事情准确无误地做好，但是，这种追求尽善尽美的精神却是至关重要的。

2）以零缺陷为目标是降低成本、及时交货、提高效益的保证。著名的质量管理专家克劳斯比曾经说过：“要第一次就把事情做好。返修的费用是很高的，会带来极大的损失，并延误交货期。”事实上，如果企业没有实现零缺陷管理，就必须通过测试、检验、返修、售后服务、退货处理来挽回可能为用户造成的损失，由此却会给自己带来巨大的损失。以零缺陷为目标对企业的成本、交货期和效益都是非常重要的。

3）以零缺陷为目标是“预防为主”观念的集中体现，质量管理的目的就是在企业的各个环节建立一个防止缺陷发生的机制。要实现这个目标，就必须抓住将来可能出现的问题并开展预防工作，以便通过现在的努力实现事先预防，在将来获得高效益的回报。

（9）系统管理、全面协作　全面质量管理是以系统的观点为指导的管理体系。它要求人们在处理和解决一切问题时，都要运用系统的方法、观点，从宏观、微观、技术、管理、设备、心理、方法、环境等方面对质量进行综合分析和系统考察，以实现整体最优。协作是大生产的必然要求。生产和管理分工越细，就越要求协作。一个具体单位的质量问题往往涉及许多部门，如无良好的协作，是很难解决问题的。

（10）按照 PDCA 循环（“计划—执行—检查—处理”质量管理工作程序）开展活动　PDCA循环是全面质量管理的工作方法之一，它反映了质量管理活动应遵循的科学程序。PDCA 循环是由美国质量管理专家戴明首先提出来的，所以又称“戴明环”，如图 2-3 所示。

1）PDCA 循环的步骤。PDCA 循环是英文 Plan（计划），Do（执行），Check（检查），Action（总结、处理）四个词首的组合。PDCA 循环就是按照这四个阶段的顺序来进行质量管理工作的。PDCA 循环不仅是一种质量管理方法，也是一套科学的、合乎认识论的通用办事程序。在全面质量管理中，PDCA 循环需遵循的四个阶段、八个步骤（图 2-4）如下：

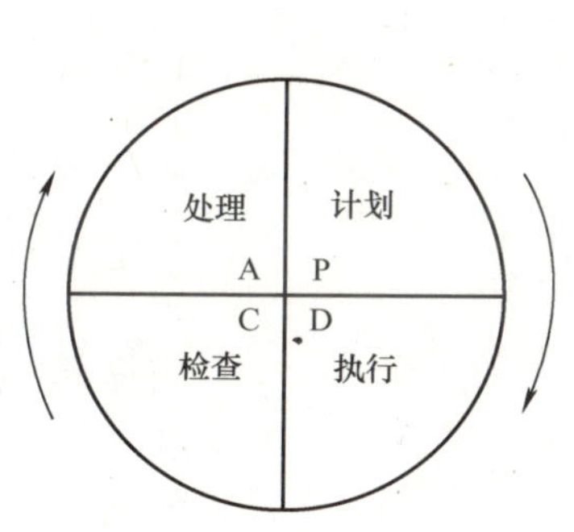

图 2-3　PDCA 循环示意图

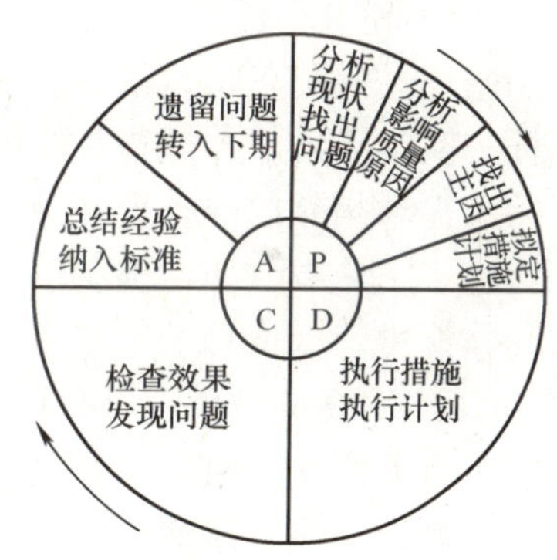

图 2-4　PDCA 循环的八个工作步骤示意图

① 第一阶段：P（计划）阶段，就是以满足用户需求、取得最大经济效益为目的，制订质量目标和质量计划，选定要突破的质量问题点，并围绕实现目标、计划和要解决的质量问题，制订相应的实施措施。一般来说，在计划阶段需要明确为什么要制订措施和计划（Why）、预期达到什么目标（What）、在何处执行计划和措施（Where）、由什么人执行（Who）、什么时候执行（When）、何时完成及怎样执行（How）等问题，即计划阶段应考虑的是 5W1H。具体来说，计划阶段可分为以下四个步骤。

第一步，分析质量现状，找出存在的质量问题。首先应树立不断发现质量问题、改善质量的意识。在分析质量现状时，要强调用数据说话，运用“统计分析表”“排列图”“直方图”和“控制图”等数理统计分析工具，来分析和发现质量问题。

第二步，分析产生质量问题的各种原因和影响因素。运用因果图、排列图等手段从影响产品质量的六大方面，即人员、设备、材料、工艺方法、检测方法和环境等因素来分析。

第三步，找出影响质量的主要原因，在第二步的基础上，应用排列图、相关图、因果图等工具，从影响质量的各因素中找出主要原因，解决主要矛盾。

第四步，针对影响质量的主要原因，拟订管理、技术和组织等方面的措施，提出质量改进活动的计划和预期要达到的效果。可以采用目标管理方法，明确目标、进度、负责人、参加人、检查人和具体措施等。

② 第二阶段：D（执行）阶段，就是按照所制订的计划、目标和措施去具体实施。这是 PDCA 循环的第五步，可以应用质量管理新的七种工具进行分析。

③ 第三阶段：C（检查）阶段，就是根据计划和目标，检查计划的执行情况和实施效果，并及时发现和总结计划执行过程中的经验和教训。这是 PDCA 循环的第六步，可以应用排列图、直方图和控制图等工具进行分析。

④ 第四阶段：A（处理）阶段，就是根据检查的结果进行总结，巩固成绩，吸取教训。它包括以下两个步骤。

第一步，总结经验教训，并根据成功的经验和失败的教训对原有的制度和标准进行修正，以巩固取得的成绩，同时防止再度出现同样的问题。

第二步，将本次 PDCA 循环没有解决的问题作为遗留问题转入下一次 PDCA 循环，同时为下一次循环的计划阶段提供资料和依据。

2）PDCA 循环的特点：

① 大环套小环，小环保大环，相互促进。整个企业质量目标计划和实施的过程是一个大的 PDCA 循环，各个车间、科室、班组乃至个人都要根据企业总的方针和目标，制订自己的工作目标和实施计划，并进行相应的 PDCA 循环。

企业的大循环是靠内部各个环节的小循环来保证的，小循环又是由大循环来带动的，如图 2-5a 所示。通过各级 PDCA 循环的不停转动，把企业各个环节、各项工作有机地组织在一个统一的体系中，保证总的质量方针目标的实现。

② 不断转动，逐步提高。PDCA 循环每转动一次，质量就提高一步，质量改进就如同爬楼梯般地螺旋上升的一个过程。如图 2-5b 所示，每循环一次，解决一批问题，质量水平就会上升到一个新的高度，从而下一次循环就有了更新的内容和目标。这样循环往复，不断解决质量问题，企业的工作质量、产品质量和管理水平就会不断得到提高。

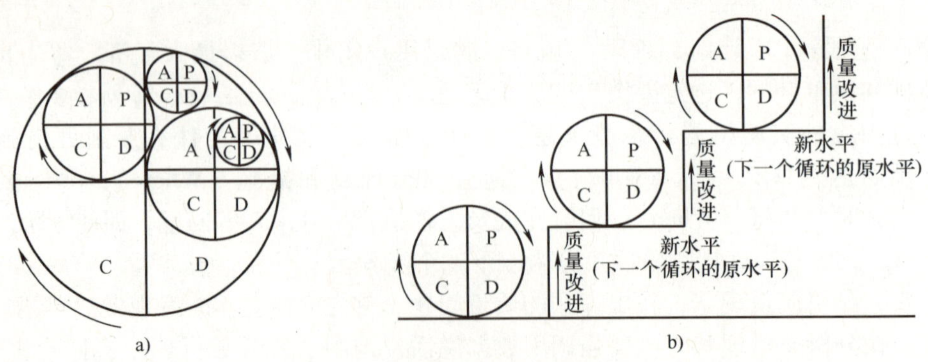

图 2-5　PDCA 循环特点示意图

③ 推动循环的关键是 A（总结、处理）阶段。只有经过总结、处理的 A 阶段，才能将成功的经验和失败的教训纳入到制度和标准中，才能进一步指导实践。否则，只有 PDC 阶段，而 A 阶段没有发挥应有的作用，就不能发扬成绩，也不能防止同类问题的再度发生，PDCA 循环也就失去了意义。

3）PDCA 循环的案例：佛罗里达电力公司的质量改进。

佛罗里达电力公司为南佛罗里达的大部分地区服务，它是国际戴明奖的第一个获得者，它在质量改进中采用 7 个步骤程序来解决质量问题，这种方法已经被很多企业所使用，其中也包括服务企业。

这种方法的 7 个步骤中有一些是借鉴了日本的管理经验。这 7 个步骤可以改成一种更简洁的形式，即被称为戴明循环 PDCA 的形式。戴明循环是戴明在质量控制图的基础上进一步发展起来的，它的概要见表 2-1。

表 2-1　戴明循环

7 个步骤		戴明循环	
改进的原因	确认问题存在的领域，以及为什么值得改进	（1）计划	就问题的数据实验作计划，就流程的改进作计划
现状	选择要研究的具体问题，设定解决问题的目标。这里可以使用帕累托图（Pareto chart）或其他形式的图表	（2）实施	小规模地进行实验或流程改进
分析	找出问题的根源。这一步骤可以使用鱼骨图（fishbone diagrams）和帕累托图，为此需要收集和分析各种数据	（3）检查	观察上述实验或改进的效果
对策	采取行动消除问题的根源。有很多种解决方案，但并不是每一种方案在任何情况下都可以解决问题	（4）行动	研究上述实验或改进的结果，得出结论，决定是否有必要进一步收集数据、进一步实验以及进一步改进。不断重复以上步骤使流程得到连续改进
结果	试验所采取对策的结果		
标准化	如果所采取的对策有效，则正式确认、采用。这里需要进行流程能力分析（process capability studies），并开发控制图（control charts）		
进一步的计划	对任何遗留问题作进一步的行动计划，评价问题，解决团队自身的有效性和效率		

4. 全面质量管理的内容

提示：全面质量管理内容主要包括设计试制过程的质量管理、制造过程的质量管理、辅助生产过程的质量管理和产品使用过程的质量管理等。

（1）设计试制过程的质量管理　设计试制过程是指产品（包括未开发新产品和改进老产品）正式投产前的全部开发研制过程，包括调查研究、制订方案、产品设计、工艺设计、试制、试验、鉴定以及标准化工作等内容。

搞好开发、研究、试验、设计、试制，是提高产品质量的前提。产品设计质量“先天”

地决定着产品质量，在整个产品质量产生、形成过程中居于首位。设计质量是以后制造质量必须遵循的标准和依据，又是最后使用质量必须达到的目标，而使用质量则是设计质量、制造质量完善程度的综合反映。因此，设计试制过程的质量管理，是全面质量管理的起点，是企业质量体系中带动其他各个环节的首要一环。

为了保证设计质量，设计试制过程的质量管理工作一般要着重做好以下工作：

1）根据市场调查与科技发展信息资料制订质量目标。

2）保证先行开发研究工作的质量。先行开发研究是属产品前期开发阶段的工作。这阶段的基本任务是选择新产品开发的最佳方案，编制设计任务书，阐明开发该产品的结构、特征、技术规格等，并作出新产品的开发决策。特别在选择新产品开发方案时，要进行科学的技术经济分析，在权衡各方案利弊得失的基础上作出最理想的抉择。

3）根据方案论证，验证试验资料，鉴定方案论证质量。

4）审查产品设计质量（包括性能审查、一般审查、计算审查、可检验性审查、可维修性审查、互换性审查、设计更改审查等）。

5）审查工艺设计质量。

6）检查产品试制、鉴定质量。

7）监督产品试验质量。

8）保证产品最后定型质量。

9）保证设计图样、工艺等技术文件的质量等。

企业应组织质量管理部门专职或兼职人员参与上述方面的质量保证活动，落实各环节的质量管理职能，以保证最终的设计质量。在保证产品设计质量的前提下，还应尽量节约设计质量费用，提高经济效益。

（2）生产制造过程的质量管理　产品正式投产后，能不能保证达到设计质量标准，这在很大程度上取决于制造部门的技术能力以及生产制造过程的质量管理水平。

生产制造过程的质量管理，重点要抓好以下几项工作：

1）加强工艺管理。严格工艺纪律，全面掌握生产制造过程的质量保证能力，使生产制造过程经常处于稳定的控制状态，并不断进行技术革新，改进工艺。为了保证加工工艺质量，还必须认真搞好文明生产、均衡生产，合理配置工位和器具，保证工艺过程有一个良好的工作环境。

2）组织好技术检验工作。为了保证产品质量，必须根据技术标准，对原材料、在制品、半成品、产成品以至工艺过程的质量都要进行检验，严格把关。保证做到不合格的原材料不投产，不合格的制品不转序，不合格的半成品不使用，不合格的零件不装配，不合格的产成品不出厂，也不计算产值、产量。质量检验的目的不仅要挑出废品，还要收集和积累大量反映质量状况的数据资料，为改进质量、加强质量管理提供信息和情报。

3）掌握好质量动态。为了充分发挥生产制造过程质量管理的预防作用，就必须系统地掌握企业、车间、班组在一定时期内质量的现状及发展动态。掌握质量动态的有效工具是对质量状况的综合统计与分析。这种综合统计与分析，一般是按规定的某些质量指标来进行的，这种指标有两类：

① 产品质量指标，如产品等级率、寿命等。

② 工作质量指标，如废品率、返修率等。

为了有效地做好质量状况的综合统计与分析，要建立和健全质量的原始记录。合格品的转序、缴库，不合格品的返修、报废，都要有记录、有凭证，并由质量检验人员签证。根据原始记录定期进行汇总统计，有关部门应作出质量变动原因分析，使企业各级领导和员工及时掌握质量动态。

4）加强不合格品管理。产品质量是否合格，一般是根据技术标准来判断的，符合标准的为合格品，否则为不合格品。在不合格品中，又可以分为两类：一类属于不可修复的，另一类属于可以修复的。不可修复的不合格品就是废品，可修复的不合格品中包括返修品、回用品、代用品（即只能降级使用或作另外用途的产品）等，它也会造成工时、设备等的浪费。从质量管理的观点看，不仅要降低明显的废品数量，而且更要降低整个不合格品的数量。

加强不合格品管理，重点要抓好以下工作：

① 对不合格品的不同情况分别进行妥善处理，要建立健全的原始记录。

② 定期召开不合格品分析会议。通过分析研究，找出造成不合格品的原因，从中吸取教训，并采取措施，以防再度发生。

③ 做好不合格品的统计分析工作，要根据有关质量的原始记录，对于不合格品中的废品、返修品、回用品等进行分类统计。并对废品种类、数量、产生废品所消耗的人工和原材料，以及产生废品的责任者等，作分门别类的统计，并将各类数据资料汇总编制成表，以便为必要时进行单项分析和综合分析提供依据。

④ 建立包括废品在内的不合格品技术档案，以便发现和掌握废品产生变化的规律性，从而为有计划地采取防范措施提供依据，还可成为企业进行质量管理教育、技术培训的反面教材。

⑤ 实行工序质量控制。全面质量管理要求在不合格品发生之前发现问题，及时处理，防止不合格品发生，为此必须进行工序质量控制。工序质量控制的主要手段有两个：一个是建立管理点，所谓管理点，就是把在一定时期内和一定条件下，需要特别加强监督和控制的重点工序（或重点部位），明确列作质量管理的重点对象，并采用各种必要的手段、方法和工具，对它加强管理；另一个手段是运用控制图，它是进行工序质量控制的一种最重要而有效的工具。

（3）辅助生产过程的质量管理　为保证基本生产过程实现预定的质量目标，保证基本生产过程正常进行，还必须加强对辅助生产过程的质量管理。辅助生产过程的质量管理，一般说来包括：物料供应的质量管理、工具供应的质量管理和设备维修的质量管理等。

1）物料供应的质量管理。与基本生产过程直接联系的物料，包括原材料、辅助材料、外购件、外协件等本身质量的好坏，直接影响到产品质量。因此，物料供应质量管理的任务，就是要保证所供应的物料符合规定的质量标准，做到供应及时、方便。同时要在保证能够满足生产需要的前提下，减少储备量，以利于加速资金的周转。物料进厂入库要按质量标准进行检查和验收，要加强运输和仓库管理，防止物料的错放、混放和变质，从而造成使用中的质量事故。

对于外购或外协物料，要进行入厂检验，或委托检验。不合格的物料，要实行退货或索赔。对于大宗的重要物料，在确定订货或采购之前，要到货源单位去调查了解该项物料的质量情况以及该单位质量保证体系情况。对于定点供应和固定的外协单位，可以建立经常性的、固定的质量管理联系。

2）工量具供应的质量管理。工量具包括各种外购的标准工具和自制的非标准工具等，如：工、模、卡、量、刃具等。工量具不同于原材料之处，在于它不是一次性的消耗品。有的工量具使用的时间很长，因此在使用期间如何保证质量，是质量管理的一项重要内容。特别是量具（包括各种测试工具）直接影响制造过程的质量检验工作，应在当地计量部门统一组织下进行定期的检验，以保证示值准确。为了统一企业的量值，企业应有专门的部门负责量具的验收、保管、发放、鉴定、校正和修理工作。

生产中所需的大量非标准工具和各种工艺装备，一般由制造部门自行制造。在制造过程中的质量管理，应按前面所讲的产品制造过程中的质量管理要求进行。自制非标准工装，经过完工检验合格后，应送入仓库保存备用。使用时间长的工装，也有一个在使用期间如何保证质量的问题，对这类工装，一般应采用“借用”办法，由仓库统一管理。要建立工装卡片，记录使用部门、使用负责人以及使用消耗情况、借还日期。

3）设备修理的质量管理。设备质量的好坏直接影响产品的质量。保持设备的良好状态，首先要依靠生产员工正确使用和认真维护保养并及时消除隐患，使设备完好率保持在90%以上；其次，要有专门的设备检修队伍来为生产服务，企业的设备维修部门在维修设备时，要像保证产品质量一样保证修复的设备达到规定的质量标准。

（4）产品使用过程的质量管理　产品的使用过程是考验产品实际质量的过程，它既是企业质量管理的归宿点，又是企业质量管理的出发点，产品的质量特性是根据客户使用的要求而设计的，产品实际质量的好坏，主要看客户的评价，因此，企业的质量管理工作必须从生产过程延伸到使用过程。

产品使用过程的质量管理，主要应抓好以下三个方面的工作。

1）积极开展技术服务工作，对客户的技术服务工作通常可采用以下几种形式：

① 编制产品使用说明书。

② 采取多种形式传授安装、使用和维修技术，帮助培训技术骨干，解决使用技术上的疑难问题。

③ 提供易损件制造图样，按客户要求供应客户修理所需的备品、配件。

④ 设立维修网点，有的要做到服务上门。

⑤ 对复杂的产品，应协助客户安装、试车或负责技术指导。

2）进行使用效果与使用要求的调查。为了充分了解产品质量在使用过程中的实际效果，企业必须经常进行客户访问或定期召开客户座谈会，加强工商衔接、产销挂钩。通过各种渠道，对出厂产品使用情况进行调查，了解本企业产品存在的缺陷和问题，及时反馈信息，并和其他企业、其他国家的同类产品比较，为进一步改进质量提供依据。

3）认真处理出厂产品的质量问题。对客户反映的质量问题、意见和要求，要及时处理。即使是属于使用不当的问题，也要热情帮助客户掌握使用技术。属于制造的问题，不论外购件或自制件，统一由客服部门负责包修、包换、包退。由于质量不好，保用期内造成事故的，企业还要赔偿经济损失。

5. 全面质量管理的基础工作

搞好全面质量管理必须做好一系列的基础工作，全面质量管理的基础工作是企业建立质量体系、开展质量管理的立足点和依据，也是质量管理工作取得成效、质量体系有效运转的前提和保证。它包括：标准化工作、统计计量工作、质量信息工作、质量教育工作、质量责任制和质量管理小组活动等。

（1）标准化工作 标准是从事生产、建设等各项工作的一种共同的技术依据，是综合了生产实践、科技成果，加以研究制订并经过一定程序批准，在一定范围内共同遵守的技术规定。

（2）统计计量工作 是保证计量的量值准确和统一，确保各种质量标准的贯彻执行，保证零部件互换和产品质量的重要方法和手段。计量工作成为全面质量管理的重要基础工作之一。基础计量管理包括计量标准的贯彻、精密测量技术的推广、理化试验鉴定和技术分析等工作。

（3）质量信息工作 质量信息是指有关产品质量、原料供应、市场供求、售后服务等方面的信息、数据、原始记录等技术经济资料。及时、正确的质量情报是企业制订质量政策、目标和措施的依据。

（4）质量教育工作 质量管理活动中最重要的因素是人。质量管理活动既是一个工作过程，也是一个教育过程，要“始于教育，终于教育”。为了动员和组织企业全体成员积极自觉地参加全面质量管理活动，关心和提高产品质量，应从企业领导人员到每个班组员工，都必须接受全面质量管理的教育和训练。

（5）质量责任制 全面质量管理要求企业每一个成员都要参加管理，建立质量责任制，就是为每一个部门各级质量管理人员规定其在质量管理工作上的具体任务、责任、要求标准和权限，做到人人有专责、事事有人管、办事有程序、检查有标准。把同产品质量有关的各项工作和广大职工的主人翁精神结合起来，以便形成一个严密的质量责任体系。

（6）质量管理小组活动 质量管理小组是全面质量管理的群众基础。它是以保证和提高质量为目的，围绕现场存在的问题，由班组工人或科室人员在自愿的基础上所组成的开展质量活动的小组。

质量控制小组（Quality Control，即 QC 小组）是指在自愿的原则下，由工作性质相同或接近的员工，以小组形式组织起来，通过定期的会议及其他活动进行质量改进的一种组织，QC 小组是企业员工参与全面质量管理的重要方法。

【知识拓展】 全面质量管理应用案例

全面质量管理——丰田公司的生存之道

日本丰田公司的全面质量管理（TQC）取得顾客的满意和信赖。丰田人认为“没有顾客的满意和信赖，就没有丰田的明天”。这样一种经营意识体现了丰田公司的战略远见。正是这样的经营意识，使得许多人在研究丰田公司的全面质量时，常将它与丰田公司的质量经营战略自然地联系在一起，但是把全面质量管理与丰田公司的准时化生产方式结合起来进行深入的研究，似乎没有受到人们的重视。

全面质量管理是美国的质量管理权威费根鲍姆博士（A·V·Peigenbaum）于 1957 年提出的。全面质量管理却是在日本，特别是在丰田公司得到了扩展和升华，使其作用发挥得淋漓尽致。“注重质量，只有理念或意识是远远不够的，还必须有一些强制机制”。特别是生产系统（或者生产方式）本身应该具有对产品（包括零部件制品）质量的强制性约束机制，即强迫生产过程中的每一道工序和每一个环节必须产出质量合格的产品，从而在产品质量形成过程的基本点为质量的可靠性提供保证。丰田公司在实行全面质量管理过程中，有以下几条经验可供借鉴。

1. 质量来自生产现场

丰田公司在传统和现代质量管理的方法基础上，想出了“在现场作业人员这一级对生产过程和产品质量进行控制”的方法。质量管理的工作重心深入到了工序作业水平而形成具有丰田特色的质量管理，可以视为是质量管理的一个重大变革。

许多人都认为，工厂产品质量的责任是质量管理部门的事，而丰田公司在推行全面质量管理时则改变了这种观念，认为“质量的责任在零件制造人员的肩上”。这样，“责任”二字就把质量管理和质量保证变成了生产现场作业人员的基本工作目标，并且把质量责任心从质量管理部门转移到了生产管理部门，这就从根本上改变了质量管理的思维模式。使员工认同“质量在工序中创造”和“质量在源头”的观点，从而有效地开展质量管理小组的活动。

丰田公司的管理者认为“好产品是制造出来的，不是检查出来的”。丰田公司的质量管理制度规定，生产现场的管理人员和作业人员对产品质量负基本责任。公司还要求，零部件生产出来之后，马上对其进行质量检查的是作业人员，而不是质检人员，如果零件的质量有缺陷，那么它就会立刻被作业人员发现，随即作业人员就会迅速查找产生质量缺陷的原因，并迅速着手消除这些原因，防止进一步产生出不合格的制品。因为“质量在源头”，所以丰田公司规定，任何一位作业人员都有权停止全线生产，以便纠正质量偏差，消除产生质量缺陷的原因，这体现了“质量优先”和“预防为主”的原则。

丰田公司生产线的每一个作业工位的上空都有两条拉线。其中一条是“呼救线”，另外一条是“停车线”。当工位上的作业人员发现有异常情况发生时，首先他应自己及时处理。如果异常情况比较严重，本人无法处理时，他就去拉头顶上方的“呼救线”，发出求援信号。现场的管理人员或技术人员将根据信号，前往出事工位，以便迅速消除异常。如果异常情况非常严重，那么作业人员就去拉头顶上方的“停车线”，使全线停止生产，以便彻底查清故障的原因，并防止类似情况再次发生。

丰田公司积极倡导在生产现场开展质量管理小组活动，并且通过生产车间、作业班组的质量管理大会和质量管理小组会等，交流介绍质量管理活动的成果，使现场作业人员和管理人员能够得到相互启发或自我启发，使大家在日常共同的工作中齐心协力，为质量的改善和企业的发展作出贡献。

据资料介绍，大约有7000 多个质量管理小组活跃在丰田公司的生产现场。在同一个车间工作的人员都积极踊跃参加质量管理小组的活动。每个小组的成员都将生产现场所发生的各种问题（主要是与本小组有关的问题），从质量、成本、安全、维护、环境等五个方面着手，一边学习一边解决问题，并且共同分享成功的喜悦。

为了辅助和促进这种尊重人的自主性的质量管理小组活动，丰田公司成立了全公司的“质量管理小组活动促进委员会”，并以其为中心，建立了“辅助制度”，以顾问和协助人的名义向质量管理小组活动提出详细的建议，帮助各小组制订课题计划。各部门、各工厂独立召开研讨会和各类交流会，采取各种形式，创造自发的学习机会。公司还向取得优异成绩的小组授奖，并予以表彰。

2. 不生产不合格品，不放过不合格品

丰田公司的生产现场工序质量管理和质量保证的实施要点，可以概括为两句话，即不生产不合格品，不放过不合格品。

（1）不生产不合格品　丰田公司的管理人员认为，影响工序质量的因素主要有五个，即作业人员（Man）、作业方法（Method）、机器设备（Machine）、加工材料（Material）、测量工具（Measurement）。丰田公司的管理者强调，要确保工序质量，就必须抓好这五个环节的工作。

1）要制订和贯彻标准化作业，并按照“标准”对作业人员进行教育和训练，使作业人员能够安全地、高效地、均衡地生产出质量合格的产品。为确保“不生产不合格品”。丰田公司制订的预防性措施主要包括：防止由于作业的疏忽而造成的未加工或半加工的措施，防止由于刀具磨损而造成的未加工或半加工的措施，防止由于不注意或判断错误而造成的误操作的措施，防止由于混入异件而造成错误安装的措施，防止忘记拧紧螺母或螺栓的措施等。

2）机器设备本身的缺陷和不良，也会直接影响产品的质量。因此，丰田公司特别强调机器设备的日常检查和维修管理，以防患于未然。

3）测量工具和测量方法，对保证零部件的加工精度有直接的影响。因此，测量工具的管理和测量方法的改善，对于“不生产不合格品”来说也是十分重要的工作。特别是测量工具（仪器）的选定和设计，需要进行评价，并且要考虑测量工具与测量精度相匹配，以及测量工具之间的精度相匹配。

4）零件的加工材料的优劣对零件质量的影响是不言自明的。加工材料应该在产品设计阶段予以考虑和确定。现场作业人员应该对材质给予注意，要及时发现问题，及时向有关部门反馈信息。

总之，只要抓好了“5M”，就一定能够大大提高工序质量工作的水平，从根本上保证“不生产不合格品”。

（2）不放过不合格品　在工序质量管理和质量保证中，“不生产不合格品”是为首要的。然而要真正达到“不生产不合格品”，或“生产100%的合格品”的目标是相当困难的。在坚持“不生产不合格品”的同时，还必须坚持“不放过不合格品”，不让不合格品进入下一道工序。其做法如下：

1）质量管理经理要随时随地地对作业人员进行“什么是异常情况”的教育。例如：出现了平时没有出现过的不良现象，平时出现过的不良现象会突然增多，异常的噪声和异常的气味等。

2）质量管理经理要随时随地地对作业人员进行“发现异常情况及时报告”的教育，以便及时采取有效的措施。

3）质量管理者接到异常情况报告之后，必须做到“三立三现”，即立刻去出事现场，立刻对现实情况进行研究，立刻采取现时可行的措施。

4）管理者不要责备作业人员的过失。人不是神，再认真、再仔细，也难免出现过失。当作业人员出现工作失误时，责备是无济于事的，而找出问题的原因，并设法防止其再次发生才是最重要的。现场管理者应该懂得，某一位作业人员在工作中出现的失误是教育全体作业人员提高工作水平的极好机会。只有找出失误的原因，严格检查其他类似工序中是否也存在着同样或者类似的问题，研究出应该采取的防止其再次发生的有效措施，才能提高全体作业人员的水平，现场管理者要以一种感激的心情来听取作业人员关于出现工作过失的情况汇报。丰田公司认为这是非常重要的。

质量检验工作也是极为重要的，这主要是指产品制造过程中的零部件质量检验。为了实现“不让不合格品进入下一道工序”这一严格的要求，丰田公司把质量检验作为标准化作业的一项重要内容，并填写在“标准作业表”之中。丰田公司的管理者认为，随机抽样检验是不合适的，而应实行件件检验，即100%的全数检验。而丰田公司实行的准时化生产所要求的小批量生产或单件生产，以及现场作业人员对质量负责的制度，为100%的全数检验提供了可能和方便。这样既不增加专职的质检人员，而且还能够及时发现问题，及时解决问题，使不合格品消灭在本工序之中。

尽管丰田公司的管理者认为“质量不是检验出来的，而是制造出来的”，但是这并不意味着检验工作不重要，或者不需要检验。相反检验是质量管理工作中不可缺少的重要环节。生产现场实行的严格检验，对万无一失的质量保证是至关重要的。同时，检验向生产部门和其他部门反馈很多信息，对保证产品质量是至关重要的。

3. 全公司的质量管理

消费者对商品质量的要求苛刻，以往的“在工序中创造质量”的质量管理已经是微不足道的。质量管理的内容和范围应该从单纯的产品制造，向前延伸至产品规划设计，向后延伸到产品销售服务。因此，丰田公司提出质量管理工作不应该再局限于生产部门和检验部门，全公司所有部门都应广泛开展质量管理工作，并使之成为公司全体人员参与的全公司性的工作。

（1）公司所有部门参加的质量管理　为了确保消费者满意的质量，丰田公司内部的所有部门，包括产品规划、设计、试制、生产、技术、采购、检验、销售、服务等，全都参加质量管理活动。全公司的每一个部门都要本着“顾客至上”的思想，承担起各自对产品质量的责任。

“满足消费者需求”的任务，应主要由产品规划和设计部门承担。在新产品开发设计阶段，有关人员必须了解消费者目前的需求，发掘消费者潜在的需求，引导消费者未来的需求，而且必须确保所开发设计出的能够满足消费者需求和社会需求（如环保、省油、安全）的新产品不失时机地商品化，从而保持和扩大市场占有率，扩大销售量。

产品制造过程中的现场质量管理，不但对质量本身的保证是极为重要和关键的，同时，由于严格而有效的质量管理所带来的不合格制品的减少和在制品储备量的降低，大大减少了制造成本和库存费用支出，从而保证了向消费者提供价格低廉的产品和公司本身的高利润。

顾客售后服务工作的质量管理是非常重要的。往往由于消费者使用方法不当产品也会出现故障。能够向消费者提供及时和周到的服务，并不断改善这种服务（如提供详细的产品使用说明书及实际使用指导等），是售后服务部门的重要任务。售后服务部门必须把服务中发现的质量问题及时反馈给公司的有关部门，以便这些部门及时采取有效措施，防止再次发生类似的质量问题。还可以通过服务工作，直接接触消费者，了解消费者的需求期望和质量要求，以及其他一些潜在的欲望，并把这些信息提供给公司的产品规划和设计部门。

（2）公司全体人员参加的质量管理　为了有效地实施质量管理，还必须有公司内部各阶层的全体人员，即总经理、董事、部门经理、研究人员、设计人员、生产人员、检验人员、销售人员、服务人员等的共同参与和协作。

由公司高层领导者带头，公司各级人员全体参加的质量管理工作，是丰田公司和日本企业的独特做法。他们把全面质量管理表述为“Company Wide QC”，简称CWQC，即全公司的质量管理。

根据丰田公司的经验，有效地开展全公司的质量管理，关键在于公司的高层领导者。全面质量管理在日本也被称为Top QC。

（3）方针目标管理　为了在全公司内部有效地开展全面质量管理活动，最重要的是完善有关的管理体制。方针目标管理就是对全公司的质量管理具有支撑作用的一种管理体制。方针目标管理要求，在每一年度开始时，公司的高层领导者就根据本公司的长期经营目标，明确本年度的目标、方针和措施。各部门要依据公司的年度目标和方针，及时提出本部门的具体目标和措施，并且以“计划书”的形式实施。丰田公司为了有效地开展全公司的质量管理，于1963年开始引入了方针目标管理。每年年初，丰田公司以“公司方针和目标”形式，发表公司所策划和制订的公司前进指南、前进目标和实现目标的各种方法和措施，并且详细地分解为各工厂的厂长方针目标、部长方针目标等。在制订方针实施的计划书时，丰田公司也同时制订计划书实施状况的检查计划。

丰田公司的“公司方针和目标”，由公司的经营计划部根据各职能部门建议和提案而制订，最终由公司董事会通过。丰田公司的经验表明，由于实施了方针目标管理，公司最高领导层的直接参与和步调一致，对于有组织、有计划地推行全面质量管理是极为有益的。事实上，方针目标管理体制已经成为把全面质量管理活动推向前进的不可缺少的组织制度，因此，不断加强、调整和充实方针目标管理是非常必要的。

全面质量管理是全公司整体性的活动，即质量保证不仅是质量检验一个部门的工作，而是公司内所有与产品质量有关的部门的共同任务。显然，为了确保这一共同任务的有效完成，各有关部门之间的横向职能性联系与沟通是十分必要的。必须建立能够促成各部门之间联系与沟通的管理体制，以全面协调有关部门的工作。在丰田公司，是一个名为“职能会议”的组织机构承担实施协调工作的，它专研究和协调解决有关全公司整体性的问题，如质量保证、成本控制等，然后，将政策性决定及实施计划传达贯彻到各有关部门。职能会议是由公司高级管理人员和各部门负责人所组成的公司内正式的决策机构。这种以公司高级管理人员组成的职能会议为轴心，横向贯穿公司各部门的管理体制，就是丰田公司的职能管理体制。

总之，由于全面质量管理的推广普及，丰田公司在壮大企业方面取得了巨大的成绩，同时也为丰田的准时化生产的顺利实现奠定了良好的基础。

课题三　质量管理新技术

【教学目标】

1）知识目标：掌握6σ管理法、零缺陷管理方法、精益生产法、QC小组活动的管理方法，熟悉“9S”管理。

2）能力目标：能掌握6σ管理法、零缺陷管理方法、精益生产法、QC小组活动的管理方法以及“9S”管理。

【教学重点和难点】

教学重点：掌握6σ管理法、零缺陷管理方法、精益生产法、QC小组活动的管理方法、“9S”管理。

教学难点：6σ管理法、QC小组活动的管理方法。

【课题导入】

20 世纪 80 年代，摩托罗拉公司由于质量低劣，市场份额不断被竞争对手蚕食。为了拯救这家正处在倒闭边缘的公司，在这样的背景下，摩托罗拉前主席鲍勃·高尔文（Bob Galvin）决定在质量上进行改善，来迎战日本高质量的挑战，并制订了相应的计划，其目的是确保摩托罗拉在全球的领导地位。

经过几年的实践与发展，摩托罗拉于 1986 年建立并全面推行“6σ”，他们制订了目标和方法来达到客户完全满意的要求。在过程上，他们提供了黑带和绿带的有经验工程人员和顾问推行整个计划，并成为质量年改善的先锋。1988 年，摩托罗拉获得了代表世界最高质量荣誉的“鲍德里奇国家质量奖”。从 6σ 开始实施的 1987 ~ 1997 年的 10 年间，摩托罗拉的销售额增长了 5 倍，利润每年增加 20%，为企业带来的收益累计达到了 140 亿美元。将 6σ 作为质量标准的决定不仅使该公司转危为安，还帮助它跻身世界著名跨国企业的行列。可以说，6σ 给摩托罗拉带来了巨大的成功。

产品质量是企业市场竞争的核心之一。提供符合标准、零缺陷的产品且确保作业过程无差错是任何一家企业永恒的追求。因此，摩托罗拉公司东山再起的事例在世界范围内掀起一股 6σ 热潮。

在实践过程中，6σ 质量管理不断发展、完善。为它的发展和普及作出莫大贡献的是 GE（General Electrics）——通用电气公司。通用电气公司是世界上最大的电器和电子设备制造公司，成立于 1892 年。在其悠久的发展史上，出现过多位鼎鼎大名的领袖，例如其创始人托马斯·爱迪生和杰克·韦尔奇（Jack Welch）。

20 世纪 90 年代初，杰克·韦尔奇意识到摩托罗拉对本公司造成的威胁并非来自足够的资本而是其杰出的产品质量。作为一个一直乐于尝试新事物，学习、分享最佳先进管理理念的“工作狂人”，他对 6σ 产生了浓厚的兴趣并着手研究。

1996 年，韦尔奇在通用电气公司的年会上宣布：“在通用电气的进展过程中，我们有一项重大科技含量的质量管理任务，这项质量管理任务将在 4 年内将我们的生产方式引至一个卓越的层次，使我们无论是在产品制造还是在服务方面的缺陷或瑕疵都低于百万分之四。这是我们通用电气前所未有的大挑战，同时也是最具潜力和最有益处的一次出击。”该项质管任务就是 6σ 质量管理模式。此时杰克·韦尔奇组织的研究小组通过提炼流程管理技术的精华，已经使 6σ 从全面质量管理的技术项目之一演变成一种细致精密的流程优化系统。正如韦尔奇预言的那样，在全球化战略、电子商务平台和一系列研发工具的辅助下，6σ 质量管理模式在通用电器公司表现出色，将产品质量提升至全新的境界。自此之后，6σ 的运用范围已由质量管理领域扩展到企业管理的各个层面，成为世界经济领域关注的焦点。

在已经实施 6σ 管理并获得成功的企业名单上，你可以发现摩托罗拉、联信、美国快递、杜邦、福特这样的世界顶级企业。同样，我国也有越来越多的企业加入了“6σ”的行列，这其中就包括海尔、TLC 等世界知名企业。

【知识储备】

一、6σ 管理法

1. σ 作为标准的含义

西格玛来源于希腊字母 Sigma，也可以表示为 σ 、Σ，是统计学中用以描述标准偏差的专用单位。在统计学中称为标准差，用来表示数据的分散程度。σ 被引入质量管理领域后，表示质量特性值数据相对于平均值的离算程度，也反映了产品质量的一致性水平。当平均值 μ 与目标值 M 无偏移时，反映了产品质量特性值接近目标值的程度。一般用于描述每百万次作业机会中的失误概率，从而大大提高计算的精准程度。

提示：六西格玛（Six Sigma）又称：6σ，6Sigma，不能使用大写的 Σ。

其含义引申后是指：一般企业的瑕疵率大约是 3～4 个 σ，以 4σ 而言，相当于每一百万个机会里，有 6210 次误差。如果企业不断追求质量改进，达到 6σ 的程度，绩效就几近于完美地达成顾客要求，在一百万个机会里，只找得出 3.4 个瑕疵，即 99.999 66% 的合格率。这几乎是不可能达到的目标，除非企业能成功地运用 6σ 质量管理模式。

（1）σ 与工序不良率及合格率之间的对应关系　当 σ 从一个水平提高到另一水平，不良水准则会按指数规律降低，其对应关系见表 2-2。表 2-2 中 PPM 表示每百万件可能产生的不良品的数量，FPY 表示每百万件的良品率。

表 2-2　σ 与工序不良率及及格率之间的对应关系

标准	σ	PPM	FPY	不良状况
	2	308 537	69.15%	
过去标准	3	66 807	93.32%	减少约 5 倍
现在标准	4	6 210	99.38%	减少约 11 倍
	5	233	99.976 7%	减少约 26 倍
更新标准	6	3.4	99.999 66%	减少约 68 倍
	工序能力	每百万件可能产生的不良品		
评价：6σ 比 3σ 好 2 万倍（3σ 之不良除以 6σ 之不良）				

（2）99% 良品率的实际含义　主要含义是每天至少 15min 不安全饮水，每个月至少 7h 停电。从以上数据可看出，即使是 99% 的良品率也意味着巨大风险。因此，只有追求更高的工序能力才能满足社会对产品高质量的要求。

2. 6σ 定义

目前没有 6σ 管理的统一定义，我们可以这样对其定义：它是一项以数据为基础，追求几乎完美的质量管理方法。重点是将所有的工作作为一种流程，采用量化的方法分析流程中影响质量的因素，找出最关键的因素加以改进从而达到更高的客户满意度。它是一种方法论和思路，而不是一种方法，能减少过程变差，其缺陷概率为 3.4PPM，可提高公司的绩效，是以数据为导向、事实为依据的决策过程，关注客户，关注过程。其主要思想包括：提高绩效、对顾客真正的关注、由数据和事实驱动的管理、对流程的关注和无边界的合作。在利用它研究质量问题时，将质量结果和原因转换为 $Y=f(x)$ 函数关系，Y 为质量输出量，x 为质量输入量。6σ 管理的基本目标是：提升客户满意、忠诚度和降低资源成本，并最终达到组织的利益提高和永续经营。

3. 如何实施 6σ 质量管理

6σ 质量管理有其固定运作模式。首先需要制订目标、制度、计划；其次改变思想、沟通观念；最后进行计划的实施和检查、考核工作。只有将这一系列过程连贯进行，才能保证 6σ 质量管理的推进效果。

（1）制订目标和计划

1）建立项目推进组织。6σ 是一套自上而下推动实施的管理模式。企业管理者在推进 6σ 的过程中不仅是组织力量还是推进力量。企业最高管理者根据企业发展战略和愿景选择外部咨询机构并设立 6σ 管理委员会。该委员会是 6σ 质量管理项目的最高负责机构，其骨干成员来自企业领导层。6σ 管理委员会成立之后，就应着手组建各项目小组，确定人员，并根据企业战略设定目标、方向和范围，以保证各项目小组工作的有序进行。

2）制订具体计划。6σ 质量管理的人员组织结构：

① 6σ 管理委员会：组建各项目小组并提供帮助，确定具体改进项目及次序，监督、评估各小组的工作。

② 黑带大师：黑带大师即熟悉统计学管理理论和数学计算方法的高级管理专家。提供技术指导，确保推进工作的正确性，主持统计学方面的培训。

③ 6σ 项目小组：黑带大师往往来自于黑带，熟悉 6σ 的所有相关知识，因此能为黑带提供一对一的统计学方面的培训。黑带大师的培养难度很大，在那些成功实施 6σ 的企业中，黑带大师也仅占员工总人数的千分之一。

提示：黑带，接受项目培训，领导项目小组工作，培训绿带。

黑带候选人由 6σ 管理委员会从熟悉计算机操作、具备大学程度的数学基础和定量分析知识基础以及丰富工作经验的员工中选拔。黑带候选人通过 160h 以上的理论培训和统计学软件操作指导并取得黑带认证之后，正式被授予黑带称号。黑带在 6σ 质量管理的推进过程中一般全职负责项目小组的管理。那些成功实施 6σ 管理的公司中大约有 1% 的员工能通过外部咨询公司和内部有关部门联合组织的黑带认证资格考试。

提示：绿带，接受专业培训，执行具体任务。

绿带是 6σ 质量管理的基层执行者。他们接受 5 天左右的专业培训（包括项目管理、质量管控和信息统计分析等内容）之后，成为 6σ 项目小组的兼职成员。经过一段时间的锻炼后，他们还可以担任一些操作难度较小的项目小组的全职负责人。

6σ 质量管理的人员组织结构建立之后，由 6σ 项目小组完成阶段性目标和计划、制度的制订任务。

产品质量的具体改进计划应涵盖确定目标、分析问题、培训员工、实施改进、效果提高的整个推进流程以及信息平台的开发和应用等内容。质量管理计划的制订过程如下：

确定目标——根据总目标确定特定阶段的关键目标，绘制出流程以便规划进度。

了解现状——测量缺陷率，找到导致缺陷的因素，以灵活的调查方法和衡量标准对现有的质量管理系统进行全面了解。

分析原因——利用统计工具对质量管理系统进行分析，找到影响质量的关键因素。

确定计划——运用各种分析工具，针对关键因素制订系统性的改进。

提示： 制订计划时，应注意表述详尽，为每阶段设置明确、可量化目标和资源分配方法并规定相应的辅助工具或技术。

（2）人员培训　6σ 是一套需要全员、全方位实施的现代管理模式。据有关调查显示，企业在培训上的投入平均能带来三倍的回报。6σ 培训使全体员工就执行质量控制任务的缘故、目标和程序达成共识，保证每个员工都能认同自主控制质量的重要性。因此，到位的培训工作能够大大减少建设 6σ 管理体系的阻力和管理工作量。

（3）执行计划　6σ 质量管理的执行过程是一个控制质量缺陷、优化流程的过程。在这个过程中，6σ 项目小组应注意以下几点：

1）重视数据。质量现象、执行能力、成本节约、利润增长等资料都应量化为具体的数值，便于对比参照、抓住重点，全面掌握产品的质量情况。这些数据应客观、真实。

2）提前防范。加强处于生产终端环节的质量检验工作就能提高产品质量，这显然是治标不治本的笨拙方法。被检验出的不合格品虽然还未流入客户手中，还未给企业声誉带来影响，但不合格品本身就意味着资源的浪费和成本的增加。因此从生产初始环节就严格控制质量很有必要。改进人员应把改进重点放在认识、控制和改善质量缺陷上。

3）倡导跨部门合作。生产流程的优化需要靠企业各部门、各工序间的默契配合来实现。加强部门之间、上下环节之间的合作和配合对于提高产品质量的重要性不言而喻。企业的每个部门和工序都需要自主完成生产任务并提高生产质量，并且按照计划或制度的规定，主动配合其他部门的工作，争取如期、彻底完成改进总计划。

（4）检查汇报　为加强对计划执行过程的控制力度，6σ 项目小组成员在计划的实施阶段中应随时检查工作进度，监测、纠正操作效果与标准值的偏差。此外，做好日常总结、汇报也是一项重要工作。每个改进阶段的完成时间一般是 3 ~ 6 个月。当一阶段的改进工作完成后，项目执行小组接受上级领导的工作考评和指示，为维持改进的结果和进行下一阶段的改进工作做好准备。

（5）6σ 管理推进步骤

提示： 企业要实施 6σ 管理法是一套系统的过程，需经历四个阶段来形成和完善：导入期、加速期、成长期和成熟期。

1）导入期。主要分为起步、培训和改进实践、坚持不懈与获得成功。大约需要一年时间。主要职责是营造 6σ 管理的氛围，同时培训一部分人员为先驱。这期间会碰到一系列的问题及抵触，但是需要高层能坚持不懈地支持改进项目。

2）加速期。6σ 管理的第一个转折。为了扩大成果需要制订 6σ 的财务预算、评价方法等，还要建立项目成果的发布和共享的方法，同时还要加大培训的力度，最终建立一整套详细的6σ管理程序。

3）成长期。成长期是一个完善的过程，主要针对企业在实施6σ管理之后碰到的问题，或者说对有些不适合企业文化的部分加以改变，逐步完善6σ管理体系，使得6σ能更好地与企业战略、部署结合。

4）成熟期。6σ最后一个过程，也是最困难的。其最终目的是为了使得6σ管理成为企业员工的共同语言与企业价值观，使其成为企业日常工作的一部分。

以上四个阶段虽然说起来非常容易，但是实施起来却需要有个详细的规划。总体上来说，从导入期至成熟期，根据企业的规模一般需要5～8年的时间。然而，真正出成效则不一定需要那么长的时间，因为在加速期就会有一定的成效。所以，企业在实施的时候不要因为觉得6σ是一个漫长的过程而“望洋兴叹”。

4. 6σ模式

提示：6σ的模式主要分为两种，即改进模式（DMAIC）和设计模式（DFSS）。

（1）6σ改进模式　6σ改进模式也称为DMAIC模式，代表了改进活动中的五个阶段。

1）D（Define）：定义/界定阶段。以明确问题（CTQ）为目的。

2）M（Measure）：测量/测定。以确定基准和明确目前水准为目的。

3）A（Analyze）：分析。以确定要因为目的。

4）I（Improve）：改进/改善。以消除要因达到最佳状态为目的。

5）C（Control）：控制。以维持改进成果及标准化为目的。

DMAIC是一个循环改进的过程，它是在总结了全面质量管理的发展及实践经验的基础上产生的，是由项目管理技术、统计分析技术、现代管理方法等综合而成的系统方法。其强调以内/外部顾客为关注点，并且将持续改进与顾客满意及企业的经营目标紧密联系起来；强调以数据来表述过程绩效，依据数据进行管理，并且充分发挥定量分析和统计思想；追求创新的问题改进方案，以适应持续改进的需要；强调减小过程波动降低风险等目的。

（2）6σ设计模式　6σ改进模式主要针对现有的流程中出现的问题进行改进，而企业往往会有很多新的流程需要建立。比如，有新产品的开发，或者需要建立一个新的流程，而这时候就需要6σ设计模式（DFSS，Design For Six Sigma）。6σ设计模式也有两种情况。一种是需要开发一个全新的流程，这时候则采用DIDOV（界定、识别、开发、优化、验证）流程；另一种是在改进过程中发现现有流程已经无法满足需要而必须经过重新设计才能满足的时候，这时候采用DMADV（界定、测量、分析、开发、验证）或者DMADOV（界定、测量、分析、开发、优化、验证）流程。

6σ管理法发展至今，已经出现了众多的DFSS流程，比如说DCCDI（界定、识别顾客需求、概念设计、产品和过程设计、实现）、DMEDI（界定、测量、调查、开发、实现）等，但是不管它的流程怎样变化，往往万变不离其宗，其最终的根本在于通过统计分析找出问题的根本原因为宗旨，最终让顾客满意。

5. 6σ突破策略

6σ管理建立在对质量活动本质规律深入认识的基础之上，并集成了最新管理技术，是完全意义上的数字化的管理系统，它已被证明能为推行者带来真正巨大的收益和强大竞争优势。但 6σ 系统本身是一门技术，需要严密的组织、训练有素的人员，需要严谨地选择、熟练运用 6σ 突破策略各阶段的工具去实现。

6σ 管理各阶段的任务见表 2-3。计划是其他阶段的基础和依据，控制阶段的主要任务是对前几个阶段的实施成果进行控制，以巩固和保持已取得的成绩。没有前期的过程改善，就不存在收益；没有对改善结果进行控制和评估，则效果难以长久。6σ 管理的突破模式（DMAIC）的各阶段是紧密相关的，这五个阶段的目的分别为：

（1）定义（Define）　目的是在定义什么是一个项目成功所需要的，鉴别关键顾客、顾客需求、确定项目的目标和范围，引导项目团队正确地处理问题，是活动的基础。

（2）测量（Measure）　目的在建立收集当前过程中有关数据和技术，满足关键质量特性。测量的系统必须确保资料的准确性和一致性。

（3）分析（Analyze）　目的在使项目小组运用测量出来的资料，能更进一步研究、分析找出真正的原因，以找出和获得改善问题的机会。

（4）改善（Improve）　目的在使项目小组提出最佳的改善方案，并对新过程进行另一个过程的能力分析，及验证其能力与进一步完善的开始。

（5）控制（Control）　目的是使过程产品改善到标准化，并监测目前的效果，保持改善阶段所取得的效益。

表 2-3　各阶段的基本任务

阶　段	任　务
D	确定影响客户满意度的关键质量特性（CTQ′s）
M	测量目前阶段公司在 CTQ′s 方面的实际值
A	分析影响 CTQ′s 水平的原因，并确定“关键的少数”因素
I	运用各种方法寻找 CTQ′s 的最优值，确定对应于 CTQ′s 最优值的“关键的少数”因素的对应水平
C	将改善结果标准化，并用控制工具进行监测

6. 6σDMAIC 的应用流程

6σDMAIC 模式的应用流程如图 2-6 所示。由图 2-6 可知，项目从定义与客户要求紧密相关的关键质量、关键服务等开始，然后测量过程能力现状，分析确认影响过程能力的关键少数变量，针对性地进行过程改善，对改善阶段进行持续控制，通过不断地进行“D—M—A—I—C”使过程能力得到质的提高。

6σ 的核心能力是：提高质量、降低成本，使价值最大化、顾客满意、市场竞争力强。它强调把缺陷减少到 4PPM 以下。6σ 的核心思想是“最高质量就是最低费用”，其实质含义是企业为提高质量所投入的费用，比起由质量提高所带来的利益是微不足道的。如果企业的质量水平达到 ±6σ，其质量费用不到销售额的 10%。如果企业质量水平达到 ±3σ，其质量费用占销售额的 20%～30%，这就是 6σ 主张的“最高质量就是最低费用”的核心思想。

6σ 质量管理能从企业最高管理者开始，自上而下地驱动企业的整个经营活动过程，不断在寻找差距，从中产生和实施改进与革新。以 DMAIC 的结构化的改进过程为核心，同时通过配置各种资源和合理运作过程周期，最终迎合和实现企业发展的战略与远景目标。

6σ 管理理论和实践方法，主要着眼于揭示过程操作中的缺陷和失误，这些缺陷和失误存在于产品设计、生产过程、包装运输、交货和与外系统联系等过程中。

7. 推动6σ关键因素

倡导6σ的管理，要切实推行6σ，归纳其推动的关键因素一般有6种：

(1) 高层管理者的承诺　推动6σ，首先需要的是高层管理者的承诺与参与，由于此活动的推行必须投入相当的资源与人力，而整个企业的目标必须明确一致，才能真正贯彻到每一项目中。目标和明确的经营理念与使命是推动6σ最重要的因素。

(2) 以顾客为导向　6σ所要追求的方向是提供顾客满意的产品或对企业的忠诚，因此在推行6σ的初期，必须要收集完整的顾客的呼声，加以分析判断，使之转变为企业内部的关键项目要素，企业的经营目标必须与顾客的要求一致。

(3) 以流程为导向并不断优化　推行6σ活动，对现状的改善、问题的解决和提高企业绩效有一定的效果，但是执行时必须以流程为导向，任何活动需要依据流程执行，以流程为主线，从流程中判别出阻止绩效的瓶颈口，然后对流程进行改进，达到流程最优化。

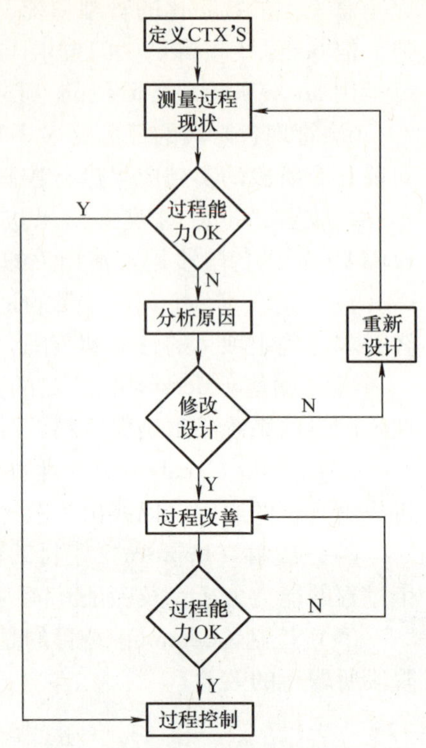

图2-6　6σDMAIC的应用流程

(4) 有完整的教育训练及组织体系　任何6σ计划都包括了过程特性、改进方法、统计工具等知识，只要这些知识在整个企业中形成完整的知识链，就可以运用于企业的每个角落，同时通过6σ项目，形成不断改善的组织形式，使企业形成良性循环，增加企业的竞争力。

(5) 明确的执行步骤　推行6σ需要注重项目的执行效果，项目运行一般遵循DMAIC，5个过程不断穿插与循环，达到产品质量的6σ目的。

(6) 全员参与　6σ活动的推行，需要通过全体员工参与并不断改善工作，使员工真正掌握6σ管理理念与方法，并在工作中运用，推行不断的持续改进，建立和形成企业改进的标准化模式，巩固并提升企业的竞争优势。

二、零缺陷管理方法

1. 零缺陷理念对质量管理的基本认识

(1) 质量就是符合要求　零缺陷理念认为质量不可以用“好”“美丽”“漂亮”等词来形容，不可加入主观色彩。因为要求永远是客观存在的，符合要求就是有质量的产品、服务或过程。

(2) 质量的系统是预防，不是检验　预防是从设计源头发现和解决问题，检验只能发现问题的结果，会在质量成本及用户满意度等各个方面造成某些不可挽回的损失，因为检验时缺陷已产生，且部分缺陷会遗漏。预防行动是防患于未然，故比较经济。

(3) 工作标准必须是零缺陷　其含义为每一时间、每一个作业都需满足工作过程的全部要求，而不是某些方面满足要求。

（4）质量是用缺陷造成的金钱损失来衡量的 零缺陷理念认为用缺陷损失来衡量质量比用不良数据来衡量质量，更能引起高层重视进而采取行动。

2. 零缺陷理念关于公司质量管理水平定位方法

零缺陷理念认为可以以一个公司对质量管理的定义、系统、标准、测量的理解、要求以及高层管理者对待质量的不同态度而对其质量管理水平作一评估和定位。

（1）零缺陷理念认为最好的质量管理是零缺陷的质量管理 在质量的定义方面，零缺陷理念认为质量就是符合要求；在系统方面，零缺陷理念以预防为主；在标准方面，零缺陷理念推行的是零不良；在衡量质量状况时用的是缺陷导致的成本增加值。相应的管理者对待质量的态度是：没理由不把事情做对。

（2）零缺陷理念认为质量管理水准较高的公司是以满足用户为质量标准 对质量的定义为满足用户。在系统方面，零缺陷理念推行的是 ISO 9000 质量体系，标准是不良率为 3.4PPM（6σ 标准）。衡量质量状况时用业务评分方法，高层管理者对待质量的态度是：认真对待质量。

（3）零缺陷理念认为最差质量管理是安于现状、主观臆断、标准不明 将质量定义为好，在质量系统方面以获质量奖为追求，在标准方面以目前情况可达到的水平为标准，衡量质量状况时仅仅用别人的观点来进行，管理者对质量的态度是形式主义。每个公司都可以用以上方法对本公司的质量管理水平进行定量分析评价，找出现存主要问题，以便于取长补短。

3. 零缺陷理念中质量改进的十四个步骤

（1）管理层的决心 管理层尤其是高层管理者由于其特有的影响力，对一个新系统能否顺利推行起着举足轻重的作用。零缺陷系统当然也不例外，为树立对零缺陷理念的正确认识，可在先前对管理层进行零缺陷知识培训，纠正其某些错误观念，同时列举一些公司因推行零缺陷系统而获得回报的例子，以激起其对此系统的兴趣，并最终下决心推行零缺陷系统。

（2）成立质量改进小组 虽说零缺陷系统要求全员参与，各自做对自身工作，但仍需建立一支专业的质量改进小组去进行各种各样的预防和改善工作。这个小组原则上由技术、质量工程、质量、生产、财会等部门的专门人员组成。基本素质要求是：对质量有深入认识，精通相关的运作。沟通协调能力强。均以兼职身份加入小组，一般由质量工程经理兼任组长。

提示： 1. 小组主要职责：发现潜在或已有的质量相关问题，分析原因并提出改善对策；对过程工序能力数据进行分析，确认改善目标，商讨达成手段和方法；将改善效果以节约其成本的方式定期予以公布。

2. 小组开展工作的方法：先期信息搜集；开会讨论，改善项目立项，明确改善目标及方法；将改善建议报告提交高层管理者批准；按计划展开改善活动；效果确认，计算所节约的成本；总结会议，公布结果；展开新一轮改善。

(3) 建立测量工作，计算不符合要求所造成的花费额数据　质量改善小组统筹各部门提供由于不符合要求所造成的花费额数据，改善小组计算出浪费的金钱总额，并用柏拉图形式区别各种不符合项所占的比例。此举旨在让所有人明白，由于自己在工作方面不符合要求而给公司造成的损失。

(4) 进行质量成本分析　用质量成本分析法计算出本公司质量成本中预防、鉴定和缺陷成本的构成及比例，为质量成本流向决策提供依据。

(5) 培训全员质量意识　这种培训不是空洞地说教“人人必须重视质量，有质量意识”，而是通过零缺陷理念培训，揭示个人工作中一个小小的不符合要求很可能给公司造成的转化为金钱的（看得见的）巨大损失，要求每个人做每件事时，首先了解其要求，并使所做的每一步符合要求，让其明白这是对公司质量管理的一大贡献，并对工作完全符合要求或极少不符合要求的人员予以褒奖，以此激励各层次员工的质量意识。

(6) 实施纠正行动　前几个阶段已对推行零缺陷系统做好了意识上、制度上和人事上的准备，第六步是对质量改进小组定位和对测量不符合要求代价时发现的问题展开纠正行动，纠正行动须设立目标。纠正行动的实施者是质量改善小组或不符合要求的当事部门或当事人。纠正行动必须进行效果验证，验证的改善效果转换成节约的成本予以公布，并将纠正改善结果与目标相比较，以确定如何采取下一步行动。

(7) 零缺陷计划　公司人员已对零缺陷的概念有所认识，这时候可不失时机地推出公司零缺陷推行计划，计划中必须说明实施零缺陷的目的、范围、程序和具体运作方法。计划应具有阶段性，并有明确的分工。

(8) 员工教育　教育的内容包括零缺陷基本知识，零缺陷系统给公司及每个员工所带来的收益、零缺陷系统的推行办法、每个人要在此系统中充当的角色等。通过教育，达到使员工理解、接受并加入零缺陷系统运作的目的。

(9) 规定零缺陷日　经过以上阶段的实施，公司全员已对零缺陷系统有了一定认识并树立起“通过自己将每一件工作都做得符合要求，零缺陷是可以实现的”的观念。此时，质量改进小组可不失时机地策划一个“零缺陷日”，此策划在取得高层批准后传达到各部门管理者，各部门管理者根据要求进行部门大动员。在零缺陷日这天，各部门严格按零缺陷标准要求运作，第二天将统计结果报给质量改善小组，小组将此结果与以往的统计数据进行比较，结论一般是“零缺陷日”的作业缺陷、质量缺陷比平时低好多。质量改善小组将此结果图表化并公布。另外，可将“零缺陷日”的缺陷较平时的差异部分折算成成本。

(10) 基于零缺陷日的统计数据，设立缺陷控制目标　在规定零缺陷日并实施之后，就取得了公司现有状况下最新的缺陷状况统计数据。基于这个数据，可以设立公司在缺陷控制方面的目标值（折算成花费后的）。此目标必须具体和可用花费衡量，应具有挑战性也能够完成。同时目标应有阶段性，有时间限制。

(11) 消除错误原因　质量改进小组须跟进各部门在零缺陷系统运作及目标达成方面存在的偏差，量化取得的成果并传阅各部门进行效果比较，寻找出现偏差的原因，并指导其逐步消除错误，通过不断消除错误而趋近零缺陷。

(12) 鼓励、赞赏　由高层管理者出面对前几个阶段推行零缺陷系统所取得的成绩予以充分肯定，对推行特别得力的部门进行嘉奖并通报全公司（集团），此举旨在鼓舞士气，使大家对系统保持持续的热情。

（13）建立质量顾问团　质量顾问团主席由总经理担任，组员由各部门高层主管担任，质量顾问团主要职责是就质量改进小组提出的重大改进建议进行决策，并指导规范零缺陷系统的运作。

（14）重新开始　零缺陷的达成不可能一蹴而就，而须持续进行，因而在进行了一轮质量改善后，必须又从头开始进入第二轮质量改善循环，如此反复提高，零缺陷才会离我们越来越近。

4. 零缺陷质量管理的实现手段

在零缺陷的质量管理中，把任何业务工作都看作一个过程，包括输入、活动和输出三部分。每个人工作前需先确认自己是否了解工作要求；该做些什么；由谁提供材料；工作结果是什么；谁来接收工作成果；通过良好的沟通，清楚并确认工作的要求；对可能的问题采取预防措施；设立有效的目标，以零缺陷的要求来工作；对工作结果作统计确认而趋近并最终达到零缺陷的标准。

（1）确认工作要求的步骤　确定输出；确定用户（工作结果接收者）；确定输出要求；确定输入要求；确定材料、信息等供应者；确定输入要求。

（2）沟通方面的要求　零缺陷系统要求第一次就把事情做好，使所有工作符合要求，但这一切的前提是要准确理解输入及输出的全部要求，这些要求无一例外是通过沟通来实现的。要达到良好的沟通，须注意：①沟通须明确，不能含糊；②让每个当事人都有相同的理解；③在开始工作前，先根据通过沟通获取的输入、输出要求进行作业策划；④作业时随时监督变化。

沟通的态度应该保持互敬、互信、互利，沟通的方法，包括听、问、确认要求等。

（3）实施预防　零缺陷系统最突出的是事前预防，预防包括前述的沟通，了解输入、输出要求，还有过程能力分析、实验、测试等。在工作时，随时将中间结果和输出要求作比较，必要时调整工作，进行误差校正。

（4）零缺陷的工作标准　在表 2-4 中比较了零缺陷标准和一般标准在质量、成本、进度三方面的要求。从此表不难看出：一般标准的要求以部门为单位，往往顾此失彼，各自为政；相比之下，零缺陷标准的要求是从系统、全局方面作通盘考虑的，两者优劣不言而喻。

表 2-4　零缺陷标准与一般标准比较表

	工作标准	制订者	要求
零缺陷标准	质量	管理阶层	每次均达到包括成本和进度在内的所有工作
	成本	管理阶层	不超出预算
	进度	管理阶层	准时完成
一般标准	质量	直属主管	尽量做好
	成本	财务部门	在预算内完成，不必计较质量
	进度	出货部门	不计成本，只要能准时完成

（5）测量、分析和改善　在工作过程中和工作结束后，须对工作结果进行测量、分析，对不符合要求项进行改善，以达到不断改善的目的。

三、精益生产法

1. 精益生产

精益生产是美国麻省理工学院数位国际汽车计划组织（IMVP）的专家对日本“丰田

JIT（Just In Time）生产方式”的赞誉之称。“精”，即少而精，不投入多余的生产要素，只是在适当的时间生产必要数量的市场急需产品（或下道工序急需的产品）；“益”，即所有经营活动都要有益有效，具有经济性，是一种精细的生产方式。

提示： 精益生产的核心是消除一切浪费、追求精益求精和不断改善。

去掉生产环节中一切无用的东西，每个工人及其岗位的安排原则是必须增值，撤除一切不增值的岗位。精简是它的核心，精简产品开发设计、生产、管理中一切不产生附加值的工作，旨在以最优质量、最低成本和最高效率对市场需求作出最迅速的响应。精益生产方式的优越性不仅体现在生产制造系统，同样也体现在产品开发、协作配套、营销网络以及经营管理等各个方面，它将成为21世纪标准的全球生产体系。

提示： 精益生产认为任何企业都存在Q、C、D（质量、成本、周期）这三个基本要素，精益生产的目标就是要提高质量、降低成本、缩短周期。但是任何企业在达成这三个基本要素的各个环节或过程中都会存在着浪费，所以精益生产也是消除浪费的一种手段和管理方式。

2. 企业存在的浪费方式

精益生产方式认为在任何企业的任何环节中往往都会存在以下七种浪费（以生产环节浪费为例）。

（1）过量生产　所有浪费形式中最严重的一种。它的主要表现形式是生产了多于顾客实际需要的产品，或者生产的速度超过了顾客的期望。过量生产隐蔽了问题、次品、工作负荷的起伏及低效率生产，也为其他的浪费开启了大门。过量生产的表现不仅指生产的产品过多，在质量工作流程中，或者在办公室也会发生过量生产。

（2）动作浪费　指不能给客户提供价值的任何人、材料、机器的动作等。动作浪费是由不合理的设备布置，或者不合理部件、模具及工具的放置引起，导致不必要的行走或弯腰等。动作浪费是非常多见的一种浪费形态，比如说重复的动作、不必要的动作等都属于动作浪费。

（3）等待浪费　由于等待人、材料、机器、信息等引起的时间或者资源的浪费。等待意味着空闲时间，等待造成了工作流程的停滞。等待浪费是一种常见的浪费，比如说领导等待你的报告、下个流程等待你的流程结束、顾客等待着你的产品等。

（4）运输浪费　运输是整个生产过程中的一个重要环节，运输路线的长短以及运输的次数直接导致了生产周期的长短。而在生产或工作过程中往往会产生较多不必要的运输，比如说文件由人来过多地传递、仓库里的物品运输次数过多等。

（5）加工浪费　作业加工程序动作不优化、可省略、替代、重组或合并的过程。加工的浪费往往被别人忽视，因为大家都会觉得很多工序是必要的，比如说检查、确认工作。但是试想一下，如果前段工序的质量可靠，能够满足顾客要求，那这些检查和确认工序就属于一种浪费。

(6) 库存浪费　库存都是浪费，库存占用空间，可能影响安全，并且还会引起质量不良或者废品。这种浪费形态是在企业任何环节中都经常出现的，材料的过多采购导致仓库没有空间存放、文件夹采购过多没处放等，这些都是属于库存浪费。

(7) 修正浪费　这种浪费形态非常好理解，即因为次品的产生而导致的再加工或者再作业。次品造成了额外的时间、材料、能源等浪费。

精益生产的目的就是要消除浪费，扩大产出，从而提升价值。

3. 精益生产的特点

精益生产方式既综合了单件生产方式品种多和大量生产方式成本低的优点，又避免了单件生产方式生产率低和大量生产方式僵化的缺点，是生产方式的又一次革命性飞跃。其主要有以下四个特点支持着精益生产。

(1) 拉动式准时化生产　以最终用户的需求为生产起点，强调物流平衡，追求零库存，要求上一道工序加工完的零件立即可以进入下一道工序。组织生产线依靠一种称为看板的形式，即由看板传递下道向上道需求的信息（看板的形式不限，关键在于能够传递信息）。生产中的节拍可由人工干预、控制，但重在保证生产中的物流平衡（对于每一道工序来说，即为保证对后道工序供应的准时化）。由于采用拉动式生产，生产中的计划与调度实质上是由各个生产单元自己完成的，在形式上不采用集中计划，但操作过程中生产单元之间的协调极为必要。

(2) 全面质量管理　质量是生产出来而非检验出来的，由生产中的质量管理来保证最终质量，生产过程中对质量的检验与控制在每一道工序都要进行。重在培养每位员工的质量意识，在每一道工序进行时注意质量的检测与控制，保证及时发现质量问题。如果在生产过程中发现质量问题，根据情况，可以立即停止生产，直至解决问题，从而保证不出现对不合格品的无效加工。

对于出现的质量问题，一般是组织相关的技术与生产人员作为一个小组，一起协作，尽快解决。

(3) 团队工作法（Team Work）　是指每位员工在工作中不仅是执行上级的命令，更重要的是要积极地参与，起到决策与辅助决策的作用。团队成员强调一专多能，要求能够比较熟悉团队内其他工作人员的工作，保证工作协调、顺利地进行。团队人员工作业绩的评定受团队内部的评价的影响（这与日本独特的人事制度关系较大）。团队工作的基本氛围是信任，以一种长期的监督控制为主，而避免对每一步工作的稽核，以提高工作效率。团队的组织是变动的，针对不同的事物建立不同的团队，个人可能属于不同的团队。组织团队的原则并不完全按行政组织来划分，而主要根据业务的关系来划分。

(4) 并行工程（Concurrent Engineering）　是指在产品的设计开发期间，将概念设计、结构设计、工艺设计、最终需求等结合起来，保证以最快的速度按要求的质量完成。各项工作由与此相关的项目小组完成。进程中小组成员各自安排自身的工作，但可以定期或随时反馈信息并对出现的问题协调解决。依据适当的信息系统工具，反馈与协调整个项目的进行。利用现代 CIM（计算机集成制造）技术，在产品的研制与开发期间，辅助项目进程的并行化。

4. 企业如何开展精益生产

(1) 企业推行精益生产的步骤　需要四个步骤，即导入期、加速期、成长期、成熟期。

1）导入期。主要推广精益生产活动，让企业成员都了解精益生产乃至浪费的形态。发动成员开展精益生产改进活动。

2）加速期。主要建立精益生产管理体系以及改进活动的评价、褒奖体系。

3）成长期。针对企业的文化和愿景调整精益生产管理体系，使其更加适合企业文化。

4）成熟期。企业的整套精益生产体系管理制度完全可以适应企业的文化，并且得到成员的认可。不论企业处在推行精益生产的哪个阶段，消除浪费的活动是必须要进行的。消除浪费需要企业成员全员性地参与，并且以先追求数量后追求管理质量为准绳，正所谓多多益善。推行精益生产，首先在企业内部要开展大规模的精益生产培训，然后要建立消除浪费改进活动，并且将此活动与个人业务指标相联系。

（2）企业推进精益生产的方式　企业推进精益生产的方式没有一个固定的格式，很多企业都会有自己的格式，采用的工具多种多样：SIPOC（SIPOC模型是一代质量大师戴明提出来的组织系统模型，是一门最有用而且最常用的用于流程管理和改进的技术）、时间分析、Benchmarking（标杆瞄准，基准评价）、PDCA、SPC（统计过程控制）等。只要能消除浪费，达到精益的目的，任何可行的方式、方法都可以使用。

（3）精益生产管理实施应注意的事项　中国企业在实施精益生产体系过程中常出现八大问题。

1）观念没改变。相关主要执行者的观念没改变，配合上不到位，难以达到精益生产的预期目的。

2）急功近利。那种要求“立竿见影”，短期内就“大见成效”，发生大的转变的思想是不符合精益生产不断改进的原则的。

3）没找到好的切入点。找到一个好的导入精益生产的切入点，以最容易做到、最明显的改善成果来让每一个人都感受到新工作方式的好处，从此改变意识，建立信心。

4）先试行。制订详细的试行计划，以样板区的形式先行作业，并将样板作业时所出现的问题点均予以改善后，再推广到全企业。

5）现场“9S”作业没做好。即“9S”所要求的素养等观念没执行好。不养成一个好的工作态度，难以实施精益生产。

6）实施过程遇到困难就停滞不前。实践中要集思广益，准备多个解决方案。打开思维，吸取不同意见，不要解释不能做的理由，要想出做下去的办法。不要等到十全十美，有五分把握就可以动手。

7）投入资金太多。改善要以不花钱为原则，不要一碰到问题就想到投入新设备、新技术，应该尽量避免投入大量资金，能在现有的设施或基础上加以改进也是最好的方案。

8）缺乏整体配合。认为精益生产方式的实施只是IE（Industrial Engineer）工程师的责任，与其他单位无关。例如，采购、物流、工程等单位如果不能充分协作的话，就算是有好的方案，也只不过是“昙花一现”，无法持续发挥精益生产的效能。

四、QC小组活动

日本从20世纪60年代推行QCC（品管圈，即QC小组）活动，坚持至今，取得了很大的成效。日本的产品质量在20世纪80年代达到顶峰，QCC起了不可估量的作用。日本的大型企业，每年或每两年都要召开一次大型的QC大会，发表成果，表彰先进。如今世界上许多地方都在推行 QC 小组活动来改进质量。

1. 建立 QC 小组的要点

QC 小组活动的效果可以分为两大类：一类是看得见的，侧重于经济效益；另一类是看不见的，侧重于人际关系。企业在建立 QC 小组时应注意以下要点：

（1）QC 小组活动需要最高管理层全力支持 管理者应创造适合进行质量改进的环境，这个环境就包括 QC 小组活动。不难设想，一个不重视质量、不尊重员工的组织是不能有效开展 QC 小组活动的。在日本，公司总裁经常参与 QC 活动，有的还亲自上台发表成果或讲课。

（2）QC 小组活动需要进行组织管理 QC 小组活动虽然强调员工自觉参与，但必须组织管理才能激发员工参与 QC 小组活动的积极性。因此，组织应指定一个部门或人员负责 QC 小组活动的管理工作。

（3）QC 小组活动必须强调自愿参与 QC 小组活动是员工日常工作之外的一种活动，组织只能通过示范、鼓励、支持及奖励等手段来吸引员工参与，而不能用强迫手段使员工参与。否则，员工即使参与了也没有积极性，使 QC 小组活动徒具形式，失去作用。

（4）对员工应当进行相应的培训 QC 小组活动要取得成效，员工必须具有相关的知识和技能。为了提高 QC 小组活动的业绩，对参与的员工应当进行培训，培训的内容除 QC 小组和质量改进的基本知识外，至少应包括一些常用的质量改进工具等。

（5）活动课题应结合实际，不要好大喜功 QC 小组活动要循序渐进，选择活动课题时应优先选容易完成的、工作和生产中迫切需要解决的问题。对取得的成果要实事求是地评价，要严防形式主义、走过场。

（6）对取得的成果一定要进行奖励 QC 小组活动结束或告一段落后，一定要按 PDCA 循环的要求及时总结经验，发表成果，给予奖励，以鼓励 QC 小组成员，并吸引更多的员工参与。

2. QC 小组活动的开展

QC 小组活动的开展基本程序是组建 QC 小组、注册登记、选择课题、选好组长、按 PDCA 开展工作、撰写成果、发展成果以及继续活动等。

（1）组建 QC 小组 根据面对的质量问题或可能选择的课题组建 QC 小组。QC 小组可以是原有班组、科室、部门的人员自愿组成的（偏重于质量控制目的），也可以是不同班组、科室、部门的人员自愿组成的（偏重于质量改进目的）；可以是不同层次的人员（如工人、管理人员、技术人员等层次）自愿组成的，也可以是不同层次的人员按“三结合”（管理人员、技术人员和工人）方式自愿组成的。也就是说，QC 小组的形式是多样的，应根据具体情况进行组建。一般情况下，以 3 ~ 10 人为宜，人数过多不便于开展活动。

（2）注册登记 QC 小组组建起来后，应在组织的主管部门或主管人员处注册登记，填写注册登记表。如果组织愿意，还可报所在地的质量管理协会等备案，注册登记的目的：一是加强领导，二是获得支持和帮助。注册登记也可在选择活动课题之后进行，登记表见表 2-5。

表 2-5 QC 小组登记表

单位		QC 小组		成立时间		人数
形式	班组内	跨班组	QC 小组类型	工厂登记号	登记时间	
QC 小组职务	姓名	性别	年龄	工种	技术等级	文化程度
单位主管人员				单位负责人		

(3) 选择活动课题 活动课题是 QC 小组在一个时期内的质量目标，关系到 QC 小组活动的方向、深度和广度。以下为选择活动课题的一些要点：首先选择周围易见的课题；其次选择 QC 小组成员共同关心的关键问题和薄弱环节；再次“先易后难”，注重能够解决的“小”课题；最后选择具体的课题，一定要有目标值。选好课题后，编制一份计划表（表 2-6）。

表 2-6 QC 小组活动计划表

单位		QC 小组名称		组长	
课题					
开始日期			计划完成日期		
现状			目标		
序号			负责人	备注	
措施					
单位领导			备注		

(4) 选好小组长 小组长是核心人物，应是 QC 小组活动的热心人，既要有一定的技能水平，又要善于团结他人；既要有事业心，又要掌握常用的质量改进工具和技术。

(5) 按 PDCA 循环开展工作 QC 小组活动的基本程序是 PDCA 循环。活动中一定要注意做好记录。

(6) 撰写成果 QC 小组活动完成了 PDCA 循环，取得了成果后，要及时总结，撰写成果。成果材料必须以活动记录为基础，进行必要的整理，用数据说话，不要生搬硬套，事后编造。成果的主要内容包括：成果名称、概述、选题理由、原因分析、措施计划、实施过程、实施效果、标准化措施、遗留问题、下一步打算。

(7) 发表成果 指定一名QC小组成员将成果在相应的会议上发表，这需要组织的主管部门或主管人员进行安排。发表成果可以鼓舞士气，吸引其他员工的关注，还可以交流经验，获得其他员工的评价，不断提高活动的效果，优秀成果可以推荐到当地或上级的质量管理协会的有关会议上发表。

(8) 继续活动 按PDCA循环的结果，可以将遗留的问题作为下一课题继续开展活动。也可以重新选择课题继续开展活动。如果认为课题已经解决，该QC小组也可以解散，然后按新的质量问题组建新的QC小组开展活动。

【知识拓展】 “9S”管理

9S起源于日本，包括整理（Seiri）、整顿（Seiton）、清扫（Seiso）、清洁（Seiketsu）、节约（Saving）、安全（Safety）、服务（Service）、满意（Satisfication）、素养（Shitsuke），因其日语的罗马拼音均以“S”开头，因此简称“9S”。9S是5S的深入拓展和升华。5S是通过培养个体的自觉意识来促进工作环境的美化。9S不仅包含了5S的全部内容，而且还通过增加4个S，使得5S的核心思想发生了升华。9S既讲究个体素养的培养和提高，又强调相互间的团结协作，促进组织方面的满意。

提示： 整理——留下必要的，其他都清除掉；整顿——有必要留下的，依规定摆整齐，加以标识；清扫——工作场所看得见、看不见的地方全清扫干净；清洁——维持整理、清扫的结果，保持干净亮丽；素养——每位员工养成良好的习惯，遵守规则，有美誉度；安全——一切工作均以安全为前提；节约——内部挖潜，杜绝浪费；服务——培养全局意识，回报社会；顾客满意度——始终关注，不懈追求。

9S管理系统强调人的因素、人的意识，同时又体现了在诸如ISO 9000、ISO 14001等管理体系要求中强调的“规范化”或“文件化”的因素。环境的改变使员工心情变、观念变，反之又推进高标准的环境建设，这种良性循环会极大地促进9S活动向纵深发展，使管理效率明显提高，市场竞争力进一步增强，同时也培养了所有员工的节约、服务意识，形成良好的习惯和团队精神。

1. 整理（SEIRI）

整理就是将混乱的现场的状态收拾成井然有序的状态。9S管理体系是为了改善整个企业的体质，整理也是为了改善企业的体质，因此，在工作场所里没有用处的东西就不必配备。也就是说，首先判断哪些是不必要的东西，再将这些不必要的东西丢掉。因此，工厂的整理步骤为：①区分哪些是必要的东西，哪些是不必要的东西；②抛弃不必要的东西；③将必要的东西收拾得井然有序。

2. 整顿（SEITON）

整顿就是整理散乱的东西，使其处于整齐的状态。目的是在必要的时候能迅速找到必要的东西。整顿比整理更深入一步，其目的为：①能迅速取出；②能立即使用；③处于能节约的状态。

3. 清扫（SEISO）

清扫就是清除垃圾、污物、异物等，把工作场所打扫得干干净净。工厂推行9S运动时，清扫的对象是：①地板、天花板、墙壁、工具架、橱柜等；②机器、工具、测量仪器等。

4. 清洁（SEIKETSU）

清洁就是保持工作场所没有污物，非常干净的状态，即：一直保持清扫后的状态。

通过一次又一次的清扫，使地板和机器都保持干干净净，让人看了之后受到感动。

5. 节约（SAVING）

节约，即为减少浪费，降低成本。

随着产品的成熟，成本趋向稳定。相同的质量下，谁的成本越低，谁的产品竞争能力就越强，谁就有生存下去的可能。通过节约活动可以降低各种浪费、勉强、不均衡，提高效率，从而达成最优化。

推行节约活动可以避免场地浪费，提高利用率；减少物品的库存量；减少不良的产品；减少动作浪费，提高作业效率；减少故障发生，提高设备运行效率等。

节约活动能减少库存量，排除过剩产品，避免零件、半成品、成品库存过多；避免库房、货架、天棚过剩；避免卡板、台车、叉车等搬运工具过剩；避免购置不必要的机器、设备；避免“寻找”“等待”“避让”等动作引起的浪费；消除“拿起”“放下”“清点”“搬运”等无附加价值的动作；避免出现多余的文具、桌、椅等办公设备。所有这些都能够降低企业的成本，改善企业经营效益。

6. 安全（SAFETY）

安全活动是指为了使劳动过程在符合安全要求的物质条件下和工作秩序下进行，防止伤亡事故、设备事故及各种灾害的发生，保障劳动者的安全健康和生产、劳动过程的正常进行而采取的各种措施和从事的一切活动。在作业现场彻底推行安全活动，使员工对于安全用电、确保消防通道畅通、佩带安全帽、遵守搬用物品的要点养成习惯，建立有规律的作业现场，那么安全事故的发生率必定大大降低。

干净的场所，物品摆放井然有序，通道畅通，能很好地避免意外事故的发生。安全活动的目的还在于对员工的培养，员工建立了自律的心态，养成认真对待工作的态度，必能极大地减少由于工作马虎而引起的安全事故。

通过开展安全活动后，通道和休息场所等不会被占用；物品放置、搬用方法和积载高度考虑了安全因素；工作场所安全、明亮、使物流一目了然；人车分流、通道畅通；“危险”“注意”等警示明确；员工正确使用保护器具，不会违规作业；所有设备都进行清洁、检修，能预先发现存在的问题，从而消除安全隐患；消防设施设备、灭火器设置位置、逃生路线明确，万一发生火灾或地震时，员工生命安全有保障。

7. 服务（SERVICE）

服务是指要经常站在客户（外部客户、内部客户）的立场思考问题，并努力满足客户要求。作为一个企业，服务意识必须作为对其员工的基本素质要求来加以重视，每一个员工也必须树立自己的服务意识。许多企业都非常重视外部客户的服务意识，却忽视对内部客户（后道工序）的服务，甚至认为都是同事，谈什么服务。而在9S活动中的服务，尤其是工厂管理中，须注意内部客户（后道工序）的服务。服务不是对客户说的，而是要向客户实实在在地做的，要深入到企业的方方面面。让他们从心里接受客户就是上帝的观念并身体力行，而不是停留在口头上。

8. 满意度（SATISFICATION）

（1）什么是满意度　满意是指客户（外部客户、内部客户）接受有形产品和无形服务后感到需求得到满足的状态。满意活动是指企业开展一系列活动以使各有关方满意。

1）投资者的满意。通过 9S，使企业达到更高的生产及管理境界，投资者可以获得更大的利润和回报。

2）客户满意。客户满意表现为高质量、低成本、交货期准、技术水平高、生产弹性高等特点。

3）员工满意。效益好，员工生活富裕、人性化管理使每个员工可获得安全、尊重和成就感；一目了然的工作场所，没有浪费、勉强、不均衡等弊端；明亮、干净、无灰尘、无垃圾的工作场所让人心情愉快，不会让人疲倦和烦恼；人人都亲自动手进行改善，在有活力的一流环境中工作，员工都会感到自豪和骄傲。

4）社会满意。企业对社会有杰出的贡献，热心公众事业，支持环境保护，这样的企业会有良好的社会形象。

（2）满意度的内容

1）横向层面：

① 企业的理念满意——企业经营理念带给内、外客户的满足状态，包括经营宗旨满意、经营哲学满意和经营价值观满意等。

② 行为满意——企业全部的运行状况带给内、外客户的满足状况，包括行为机制满意、行为规则满意和行为模式满意等。

③ 视听满意——企业具有可视性和可听性的外在形象带给内外客户的满足状态，包括企业标志（名称和图案）满意、标准字满意、标准色满意以及上述三个基本要素的应用系统满意等。

④ 产品满意——企业产品带给内、外客户的满足状态，包括产品的质量满意、产品功能满意、产品设计满意、产品包装满意、产品品位满意和产品价格满意等。

⑤ 服务满意——企业服务带给内、外客户的满足状态，包括绩效满意、保证体系满意、服务的完整性和方便性满意以及情绪和环境满意等。

2）纵向层面。在纵向层面上，客户满意包括以下三个逐层递进的满意内容：

① 物质满意层——客户对企业产品的核心层，如产品的质量、功能、设计或品牌的满意。

② 精神满意层——客户对企业产品的形式层和外延层，如产品的外观、色彩、装潢、品位和服务等的满意。

③ 社会满意层——客户对企业产品和服务的消费过程中所体验到的社会利益维护程度，主要指客户整体（公众）的社会满意程度。

9. 素养（SHITSUKE）

素养就是在仪表和礼仪两方面做得好，严格遵守企业推行 9S 运动的规定，并做到养成良好 9S 运动的习惯。

提示： 素养是“9S”活动的核心，没有人员素质的提高，各项活动就不能顺利开展，就是开展了也坚持不了 。

【单元小结】

掌握质量的概念及内涵；质量管理与全面质量管理的概念，以及 PDCA 循环；6σ 管理法、零缺陷管理方法、精益生产法、QC 小组活动的管理方法，熟悉产品质量的概念及形成过程以及 9S 管理；了解工作质量的概念。

【单元训练】

一、填空题

1. 质量：一组________满足要求的程度。

2. 质量包含了“________”和“________”两层内涵。

3. 产品质量还可从它的________、________、________、________这四个方面来考核。

4. ________是企业管理的中心环节，其职能是质量方针、质量目标和质量职责的制订和实施。

5. PDCA 循环是英文________，________，________，________四个词首的组合。

6. 企业要实施 6σ 管理法是一套系统的过程，需经历四个阶段来形成和完善：________、________、________和________。

7. 6σ 的模式主要分为两种：________（DMAIC）和________（DFSS）。

8. 精益生产的核心是________。

9. 企业开展精益生产需要四个步骤：________、________、________、________。

10. 9S 起源于日本，包括________（Seiri）、________（Seiton）、________（Seiso）、________（Seiketsu）、________（Saving）、________（Safety）、________（Service）、________（Satisfication）、________（Shitsuke），因其日语的罗马拼音均以“S”开头，因此简称“9S”。

二、思考题

1. 什么是质量管理？什么是产品质量？

2. 全面质量管理及其特点是什么？全面质量管理的基本观点有哪些？全面质量管理的内容有哪些？举例说明全面质量管理的应用。

3. PDCA 循环的步骤有哪些？

4. 6σ 的定义是什么？如何实施 6σ 质量管理？

5. 什么是黑带和绿带？

6. 6σ 的突破策略有哪些？6σ 管理的突破模式（DMAIC）是什么？6σDMAIC 的应用流程有哪些？

7. 零缺陷理念中质量改进的十四个步骤是什么？

8. 零缺陷质量管理的实现手段有哪些？

9. 什么是精益生产？其特点是什么？

10. 建立 QC 小组的要点是什么？

11. “9S”的含义是什么？

单元三　质量控制

制造业中产品成本的50% ~80%是由制造现场的质量问题导致的，因此现场过程质量管理水平的高低直接影响着工厂管理的效率和竞争力，直接影响产品成本、交货期、安全生产和员工士气。

课题一　影响产品质量的基本因素及质量问题的诊断

【教学目标】

1）知识目标：掌握预防和控制产品质量的措施、质量问题调查的内容和方法及质量分析所包含的内容；了解影响产品质量的基本因素。

2）能力目标：能够根据产品质量情况初步判断影响的因素，并针对产品质量问题采取合理的调查和分析方法。

【教学重点和难点】

教学重点：掌握预防和控制产品质量措施及质量问题调查的内容和方法。

教学难点：如何判断影响产品质量的因素和质量分析所包含的内容。

【课题导入】

为避免汽车质量问题对企业造成严重损失，美国汽车制造业正逐渐改变对质量管理所持的态度。汽车制造商的这种观念，是导致2009年上半年美国汽车召回数量迅速增长的直接原因。二战后，亨利·福特二世和布里奇推出的福特“爱德歇尔”牌轿车，则是美国汽车制造业最惨痛的一次失败。

1957年9月4日，“爱德歇尔”轿车公开出售，1200个经销点同时开门营业。由于前期的营销策略很成功，被吊足了胃口的消费者争相购买，“爱德歇尔”轿车一时间销量惊人。但是，接下来的销售业绩却不尽如人意：整个1958年，售出的或在汽车局注册的“爱德歇尔”轿车仅有34 481辆，还不及销售计划的1/5。虽经多方努力，但直到1959年10月中旬，福特公司推出的第三代“爱德歇尔”也未能打开市场。1959年11月19日，该车终于停产。

综合各方对此事件的探究结论，“爱德歇尔”的惨败大致有以下主要原因：

1）前期市场调研得不完善，对市场需求判断不正确。

2）质量设计针对性有偏差。

3）生产过程中质量控制不到位。

质量控制不严格更是“爱德歇尔”致命之处。公司在质量标准上存在严重失误，生产飞速进行，但很多生产上的问题悬而未决。而且，由于“爱德歇尔”系列产品多达4种系列118种样式，给生产增添了很多困难。结果是，首批出厂的“爱德歇尔”轿车，不仅制动不合格，还有漏油现象。更夸张的是，有时推销员甚至连车都发动不起来，以至于有客户当场把“爱德歇尔”称为“蹩脚货”。而不幸的是，这个称号迅速传开，“爱德歇尔”一度成了人们取笑的对象。

【知识储备】　影响产品质量的基本因素

影响产质量的因素很多，可分为主观因素和客观因素。具体来讲包括：人（Man）、机器（Machine）、材料（Material）、方法（Method）、测量（Measurement）和环境（Enviroment），即5M1E。

一、人（Man）

生产操作者的技能、责任心和态度是影响产品质量的重要因素。任何生产过程都离不开人的操作，即使是先进的自动化设备，也需要人去操作和管理。对于操作人员占支配地位的手工制作工序来说，有手工焊接，人工喷漆，手工包装，手工制造、检验、校正和电子调谐及人工排字等。

1. 造成操作者失误的主要因素

1）质量意识差。

2）操作时粗心大意，责任心不强。

3）不遵守操作规程。

4）操作技术不熟练等。

2. 预防和控制措施

1）加强质量意识教育，提高责任心，并建立质量责任制，开展QC小组活动，促进自我提高和自我能力改进。

2）进行岗位技术培训，熟悉并严格遵守操作规程。

3）加强自检和互检工作。

4）采用先进的自动加工方法，减少对操作者的依赖。

二、机器（Machine）

影响产品质量的因素是设备、工具和仪器等的精度和维护保养状况等。

1. 影响因素

机器设备是保证生产出符合质量要求产品的主要条件。对于一般通用机器设备来说，机器设备精度的保持性、稳定性和性能的可靠性，配合件、传动件的间隙，定位装置、定量装置的准确性和可靠性等都直接影响工序质量特性的波动幅度。其影响因素主要有：

1）机器设备的精度保持性、稳定性和性能可靠性。

2）配合件的间隙。

3）定位装置的准确可靠性等都直接影响工序质量特性的波动幅度。

2. 消除机器设备造成质量波动的措施

1）加强设备维护保养，定期检测设备的关键精度和性能项目，建立设备日点检制度。

2）采用首件检验，核实工艺装备定位安装的准确性。

3）尽量采用定位装置的自动显示系统，以减少对员工调整工作可靠性的依赖。

三、材料（Material）

影响产品质量的因素是材料的质量、成分、物理性能和化学性能，以及元器件的质量等。根据行业不同、产品不同、工序不同，原材料的类别也不相同。对于加工工序而言，原材料可以是矿石、原油、羊毛、棉花，或者成品、半成品；对于生产成品的装配来说，原材料可以是配套零部件、标准件、元器件或电动机等；对于汽车和机械产品的装配、化工产品的合成、食品配方制作等，都首先以提供原材料、零部件和元器件为前提。

提示：原材料对保证工序质量将起到支配作用。管理的重点在于坚持不合格原材料不投产，不合格元器件（零部件）不装配。

四、方法（Method）

影响产品质量的因素是工艺流程的安排、工序之间的衔接、工序加工手段的选择和工序加工指导文件的编制。工艺方法对工序质量的影响主要来自以下几方面，即制订的加工方法、选择的工艺参数和工艺装备等的正确性和合理性，以及贯彻、执行工艺方法的严肃性。防止误差和控制措施有：

1）保证定位装置的准确性，严格执行首件检验，并保证定位中心准确，防止加工特性值数据分布中心偏离规格中心。

2）加强技术业务培训，使操作人员熟悉定位装置的安装和调整方法，尽可能配置显示定位数据的装置。

3）加强定型刀具或刀具的刃磨和管理，实行强制更换制度。

4）积极推行控制图管理，以便及时采取措施调整。

5）严肃工艺纪律，对贯彻执行操作规程进行检查和监督。

6）加强工具工装和计量器具管理，切实做好工具工装的周期检查和计量器具的周期校准工作。

五、测量（Measurement）

影响产品质量的因素是在进行产品质量测量时方法是否标准和正确等。

1. 影响因素

（1）设备误差　在测量过程中采用的量具及测试仪器本身性能不完善所产生的测量误差。

（2）方法误差　由于测量方法或计算方法不完善所产生的测量误差

（3）人员误差　由于测量人员本身因素所带来的测量误差。测量人员由于感觉器官的功能不同、固有习惯不同、测量知识与技能不同以及责任心不同等，对同一被测量会得出不同的测量结果。

（4）环境误差　由于测量环境的条件不满足要求或者发生变化，使测量设备或被测量发生不应有的变化而产生的测量误差。

2. 预防和控制措施

1）根据测量的内容、对象和精度要求选择合适的量具。

2）正确选择测量方法或计算方法，加强工具工装和计量器具管理，切实做好工具工装和计量器具的周期鉴定工作。

3）加强测量知识与技能的学习以及操作者的责任心。

4）消除测量环境对测量精度的不利影响。

六、环境（Enviroment）

环境是指生产现场的温度、湿度、噪声干扰、振动、照明、室内净化和现场污染程度等。电子产品对室内净化的要求，食品药品工艺过程对清洁卫生和现场污染程度的要求，精密加工对室温的要求，印刷行业对纸张存放湿度变化的要求，温度、湿度和噪声对纺织行业的产品质量以及工人操作的情绪都具有直接影响。控制措施是做好生产现场“5S”整理工作，搞好文明生产，为持久地生产优质产品创造良好的工作环境。

【知识拓展】 质量问题的诊断

质量问题诊断是质量改进的重要步骤，只有认清产生质量问题的原因，才能对症下药，制订改进质量问题的措施，高效率地达到质量改进的目的，质量问题诊断过程可分为调查、分析、验收三个阶段（验收阶段内容略）。

一、质量问题调查

首先要了解质量问题的产生过程，调查产生问题的原因。质量问题调查就是通过深入实际，观测事实，推测产生质量问题的主要原因，为分析质量问题提供事实依据。搞好质量问题的调查工作应注意以下几点：

1. 调查的组织

调查人员应由熟悉所调查质量问题涉及的管理、技术、操作过程的各类人员组成，以保证能够查明问题、诊断症状。参加诊断的人员办事要公正客观，掌握诊断技术，有时间、有精力参加质量问题调查的全过程，以保证按时完成调查任务。导致产生质量问题的因素是多方面的，有直接的原因，也有间接的原因，有可控的因素，也有不可控的因素。质量调查工作应根据发生质量问题的状况及特点，调查的时间进度、任务安排及职责分配作出安排，使调查工作有计划、有步骤地进行，以保证调查内容的准确性、时效性和完整性。

2. 调查的内容

企业质量改进的对象集中在管理、技术和人三个方面，涉及生产经营系统的输入、转换、输出全过程的各方面，包括人、机、料、法、测量、环、信息等各个要素，以及质量环中营销和调研、设计和开发、过程策划和开发、采购、生产或服务提供、验证、包装和贮存、销售和分发、安装运行、技术支持和服务、售后、使用寿命结束的处置或再生利用等各个领域。

提示： 调查质量问题，要从主观和客观两方面分析质量改进对象所涉及的各个环节和领域。在影响质量的因素中，重点调查人为因素，找出导致产生质量问题的主要原因。

3. 调查方法

应根据调查的性质、目的、类型，采取不同的调查方法。企业质量问题的调查主要从两方面入手，对内调查影响质量问题的条件因素，对外调查评价质量的市场环境因素，具体可采用下列方法：

（1）询问法　指通过走访、信访、电话、问卷调查等各种询问方式搜集质量信息资料，也就是调查者以口头或书面提出问题的方式收集质量改进的信息资料，要求被调查者回答有关“事实”“意见”和“原因”等方面的问题。

（2）观察法　指由调查人员或使用机器（如照相机、录音机或某种特定的检验仪器）在现场观察并记录被调查质量问题的一种搜集资料的方法，这是一种不直接向被调查者提出问题，而是直接观察事实或通过检测仪器进行收集质量信息的方法。

（3）实验法　指在描述性调查提出的各种相关因素的基础上，通过实验室的模拟实验和现场的实际操作实验等试点取得质量信息的方法。实验法的优点是方法科学，可以获得比较准确的实验资料，但是实验法调查也存在时间长、费用高、可变因素难以掌握、测验结果不易比较的缺点。

二、质量问题分析

质量问题分析不仅要分析质量问题的结果，而且要分析质量问题形成过程中的各种影响因素，由表及里，追根问底，寻找导致质量问题的原因，从而建立较完善的质量预防和纠正措施系统。

企业生产经营的全过程和活动都会影响质量管理水平，所以质量问题的分析贯穿于从供应到客户发生联系的全过程和各种活动中，但重要环节是设计、生产和管理三个方面：

1. 设计质量分析

设计工作是形成质量的第一步，也是决定质量的关键一步。设计过程是提高质量、减少损失的首要环节，是质量改进的主要内容，设计过程质量分析主要有以下两个方面：

（1）顾客不满意分析　根据企业人员对供求市场顾客的需求情况进行调研，作为生产产品的主要依据，从而为设计过程质量提供主要依据。

（2）设计质量保证性分析　企业设计人员面向市场，面向科技发展的未来设计出顾客满意的产品，仅仅是完成产品质量目标的一个方面。另一个方面是企业生产系统保证实现设计质量，使产品的设计变为现实的产品，这也是重要而复杂的一个环节，涉及管理、技术、人员素质等问题。这就要求设计分析是在满足本企业现有条件下，是否能按时、按规定要求生产出产品，进行可行性分析，从而为实现产品质量、保证产品质量提供设计方面的依据。

2. 生产过程质量分析

生产过程是实现、达到设计质量标准，保证质量水平的重要环节，控制和检验是保证生产现场质量水平的重要手段，生产过程中控制和检验质量的措施和方法是质量改进的重要内容，生产过程质量分析的具体内容包括：

（1）生产技术准备　这一过程的质量分析包括：保证达到设计质量的生产条件能力分析；影响产品生产制造质量的各种因素分析；采取有效措施，实现事前控制分析与企业生产的均衡连续运转效率分析；不断改进和完善工艺、设备、检测等技术手段和保证能力分析。

（2）原材料的采购与供应　这一过程的质量分析包括：原材料的采购途径；检验手段方法分析；对供应商质量保证能力分析；对供需双方的合作制度、协作关系分析。

（3）工序质量控制　这一过程的质量分析包括：工序质量的符合性分析，工序质量的波动性分析，影响工序质量的5M1E因素分析。

（4）工艺设备的控制维修　这一过程的质量分析包括：工艺设备状态分析；工艺设备的使用保障、维修能力分析等。

（5）现场的定置管理　定置管理以场所的科学定置为前提，以完善的信息系统为媒介，以实现人和物的有效结合为目的，从而使生产实现管理文明化、科学化、经常化、规范化、制度化，达到高效、优质的生产率。现场的定置管理分析就是寻找生产系统基本单位的人、物、场所结合的不良状态，提高生产质量。

（6）生产过程的检验　这一过程的质量分析包括：生产过程检验的责任制分析，完善检验组织和制度分析，检验人员的素质分析，质量检测的手段分析。

3. 管理质量分析

在产品和服务的质量问题中，由于管理不善所造成的有形和无形的质量损失是巨大的，企业管理过程质量改进分析的主要内容有：

（1）质量管理激励系统　质量管理中人是最积极、最活跃的要素，工作质量管理中最重要的是加强对工作人员的管理，核心是调动人的积极性。分析一个企业质量激励系统的建立和有效运行是提高企业质量管理水平的重要途径。

（2）质量管理的障碍点　管理的原则告诉我们只有抓住关键的少数质量改进问题，才能使质量改进工作取得显著的成效，管理质量分析的主要内容是寻找质量管理的障碍点，从中找出影响企业质量管理水平的关键因素。

（3）质量管理组织落实　重点在于找出影响管理质量的主要因素，但难点在于改进质量管理措施的组织落实。分析质量管理组织落实的过程，找出薄弱环节，也是管理质量分析的重要内容。

（4）质量管理的巩固提高　质量管理主要表现在建立一个不断改进质量的有效机制，使企业持续不断地改进产品质量水平。质量管理的巩固提高是这一机制运行的上升动力。分析质量巩固提高的措施是否完善，是提高企业质量管理水平的基础和保证。

课题二　企业常用的质量控制工具

【教学目标】

知识与能力目标：掌握应用调查表、因果图、树图、排列图、直方图、控制图、流程图控制产品质量的方法。

【教学重点和难点】

应用检查表、因果图、树图、排列图、直方图、控制图、流程图控制产品质量的方法。

【课题导入】

2011 年 5 月，某冷冻机厂生产的一批压缩机活塞出现了问题，运行一段时间以后，活塞出现堵死不能运行状态。该厂花费了大量的人力物力都不能解决问题，造成大量产品的积压，面临着失去大批客户的严峻后果。该厂立即组织技术骨干成立质量问题调查检测小组，通过几天的加班、加点攻关，利用各种质量控制工具进行分析，终于找到故障原因：是由于生产工艺中前处理清洗不够，前端的助剂残留导致产品中润滑油变质而使活塞不能正常运行。根据调查检测结论，该厂及时调整生产工艺，最终解决难题，挽回了大批客户。

【知识储备】

一、调查表

调查表也称为检查表、核对表等，它是用来收集和整理质量原始数据的一种表格。因产品对象、工艺特点、调查目的和分析对象等的不同，其调查表的格式也不同。常用的调查表有不合格品项目调查表、不合格原因调查表、废品分类统计表、产品故障调查表、工序质量调查表、产品缺陷调查表等。

调查表的应用步骤如下：

1）确定调查分析的目的和具体的产品或零件对象。

2）设计调查表。调查表的形式多种多样，应根据调查的目的和调查对象特点，具体进行设计。

3）边调查、边记录产品质量问题。

4）分析调查记录结果，找出主要的质量问题，制订改进措施。

【案例】

为了保证某塑料制品质量，减少和消灭不良品，需要调查产品有哪些不良项目以及各不良项目发生的数量，可采用不良项目调查分析表（表 3-1）。每当有不良品发生时，工人或检验人员就根据其不良的种类，在表中相应的不良项目栏内记一调查符号。一天工作完了，不良项目的调查结果也出来了。然后对调查结果进行分析，找出发生不良品较多的项目，明确减少不良品的主攻方向。

表 3-1　不良项目调查分析表

品名：	工序：	操作者：
检查者：		日期：　　年　　月　　日
不良项目	调查记录	小计
表面缺陷	正正正正正正	30
砂眼	正正正正正正正正丅	42
加工不良	正正正正一	21
形状不良	正丅	7
其他	正正丅	12
总计		112

提示： 1. 使用调查表法进行统计分析时，需要针对具体的产品项目设计出专门的调查表进行调查和分析。

2. 在设计调查表时应注意以便于工人记录为原则，文字部分尽可能列入调查表之中，使工人只需简单计数或打钩，以不影响操作为宜。

二、因果图

因果图，又称石川图、特性要素图、树枝图、鱼刺图等，它是表示质量特性波动与其潜在原因的关系，即分析因果关系，从大到小、从粗到细、寻根溯源，直至找到问题症结所在的一种图表。因果图形象地表述了探讨问题的思维过程，通过有条理的逐层分析，可以清楚地表示“原因—结果”“手段—目标”的关系，使问题的脉络完全显示出来。因果图由特性、原因和枝干三部分构成，其基本模式如图 3-1 所示。

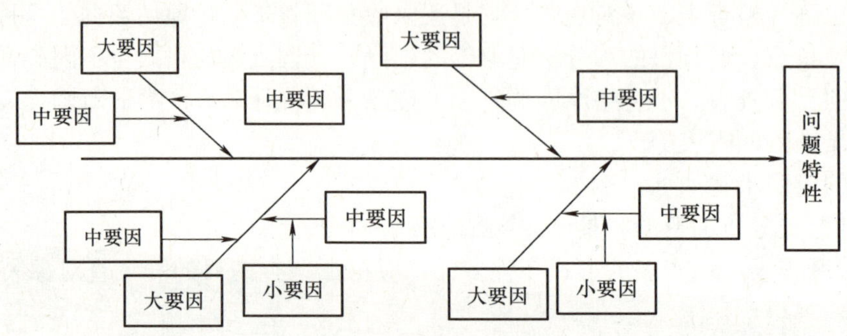

图 3-1　因果图的基本模式

影响产品质量的因素很多，各因素之间的关系也很复杂。概括起来主要有两种相互依存的关系，即：平行关系和因果关系。平行关系是指通过直观方法能够找出的，属于同一层次的有关因素的主次关系。因果关系是指通过分析方法得出的，不同层次间的纵向相互关系，而且很难把造成质量问题的因素单独加以区分。

1. 因果图的作图方法

1）确定要分析的质量问题。即在因果图中，要明确规定结果。

2）画出问题与主干。主干位于因果图的中央，用粗箭线或双箭线表示。

提示： 箭线从左至右，主干箭头的指向即为待分析的问题。

3）确定原因类别。一般情况下，分析工序质量问题，可按操作者、机器、材料、方法和环境五大因素进行分类。

提示： 分类原因用细箭线（大枝）表示，箭头指向主干线。

4）原因细分。影响质量问题的原因很多，关系也比较复杂。有主要（第一层次）原因，也有次要（第二、三层次）原因，为了解决问题，找出对策，应该逐层进行分析，直到找出能直接采取有效措施的末层原因为止。

5）检查“原因”是否有遗漏。

【案例】

通过对某汽车配件厂产品不良率偏高原因分析，画出的因果图如图 3-2 所示。

从分析的原因来看，不良品率之所以偏高，主要是由以下三个因素造成的。

1）夏季进入用电高峰后，电压非常不稳定。

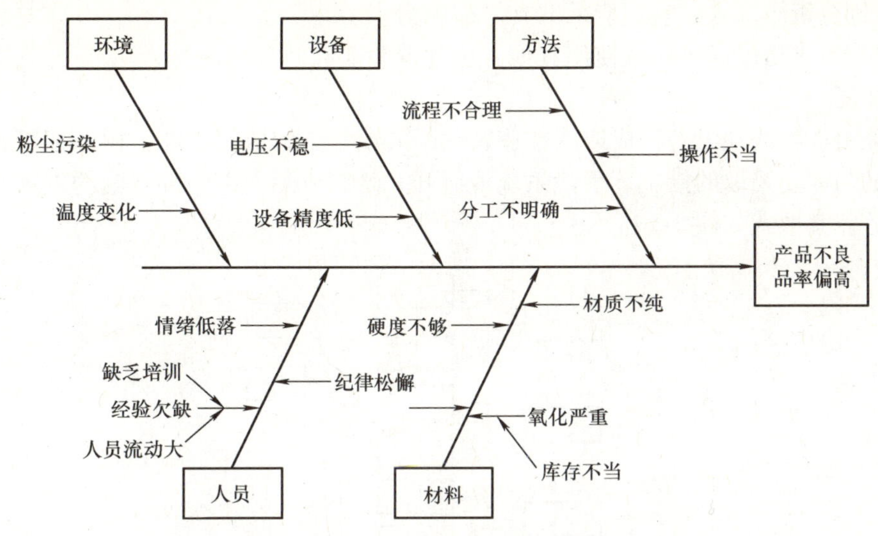

图3-2　汽车配件厂产品不良率偏高的因果图分析

2）近期企业基层操作人员的流动性较大，专业技术的培训又跟不上。

3）存放原材料的库房无通风设施，湿度过大，造成材料严重氧化。

针对以上问题，企业决定成立质量改进小组，由生产总监任组长，专门负责质量改进的计划制订和实施工作。

2. 因果图的用途

应用因果图的主要目的在于它能够全面反映影响质量特性的各项因素，而且逻辑层次分明，既可通过因果分析找出各影响因素间的关系，又可通过因果分析找出解决问题的具体措施。因果图的用途有以下几个方面：

（1）结果分析　结果分析的特点是已知问题的结果后，沿着“为什么会有这样的结果”的思路，对问题进行逐层分析、解剖，并在因果图上标明相应的原因及对策。结果分析的优点是可以系统地掌握影响产品质量特性的纵向关系，其缺点是容易忽视某些平行因素或横向因素。

（2）工序分析　工序分析指按工艺流程把各工序作为影响产品质量特性的平行因素，再对影响工序质量特性的因素进行深入分析，并在因果图中标明相应的原因和对策。工序分析的优点是简单、易行；其缺点是相同的影响因素会出现在不同的工序中，既形成重复，又不易反映出各因素间的相互影响。

（3）原因罗列　是指尽可能列举产生质量问题的原因，各种因素间的相互关系，经分层整理后绘制出因果图。这种方法的优点是经过对问题多侧面地思考与讨论，能比较客观、全面地对各种因素进行深入分析，不至于遗漏重要的原因或影响因素。其缺点是工作量大，故多用于对少数关键的质量问题进行攻关分析。

应用因果图的注意事项：

1）对问题的描述应尽量具体、明确和有针对性。

2）应充分发挥集体的力量，多讨论，集思广益。

3）对主要原因的确定应谨慎，以确保其正确性。

4）原因分析应深入，直到能采取具体措施为止。

5）采取改进措施后可结合使用其他方法进行验证。

三、树图

树图能将事物或现象的构成或内在逻辑关系展示、分解成树状图。树图把所属关系或要实现的目的与需要采取的措施、手段系统地展开并绘制成图，以明确问题的重点，寻找最佳手段或措施。其形式如图 3-3 所示。

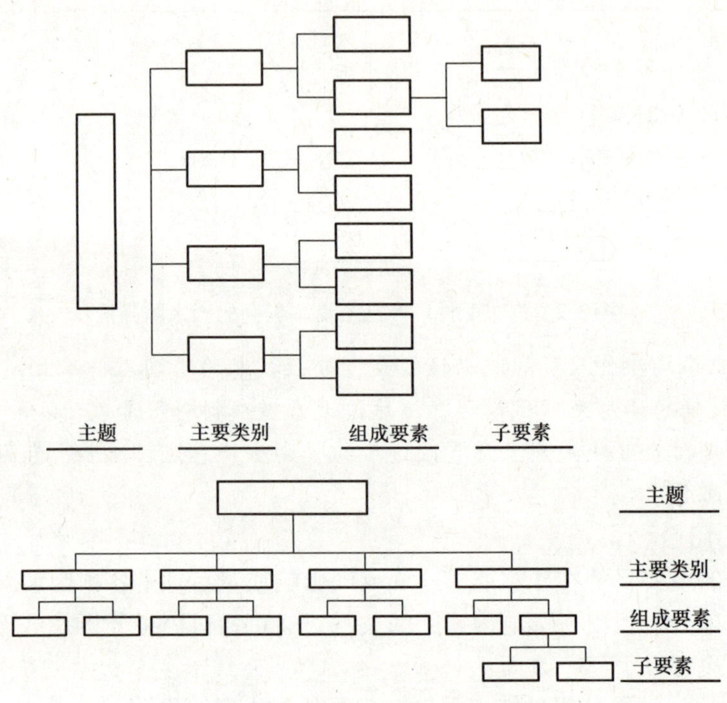

图 3-3　侧向型和宝塔形树图

1. 树图的应用步骤

1）清楚、简要地阐述将要研究的主题。

2）确定该主题的主要类别（头脑风暴法或使用分层圈中的主卡片）。

3）绘制图形，把主题放在左框内，把主要类别放在右边。

4）针对每一主要类别确定其组成要素和子要素。

5）把每一个主要类别的组成要素及其子要素放在对应的右边框内。

6）评审画出的树图，确保无论在顺序上或逻辑上均无出错和空档。

2. 树图的用途

提示： 树图用于表示某一个主题与其组成要素之间的关系。

1）新产品研制过程中的设计质量展示。

2）制订质量保证计划，对质量保证活动进行展示。

3）对目标、方针、实施事项的展示。

4）明确部门职能、管理职能。

5）对解决企业有关质量、成本、交货期等问题的创意进行展示。

【案例】

提高企业经济效益的树图，如图 3-4 所示。

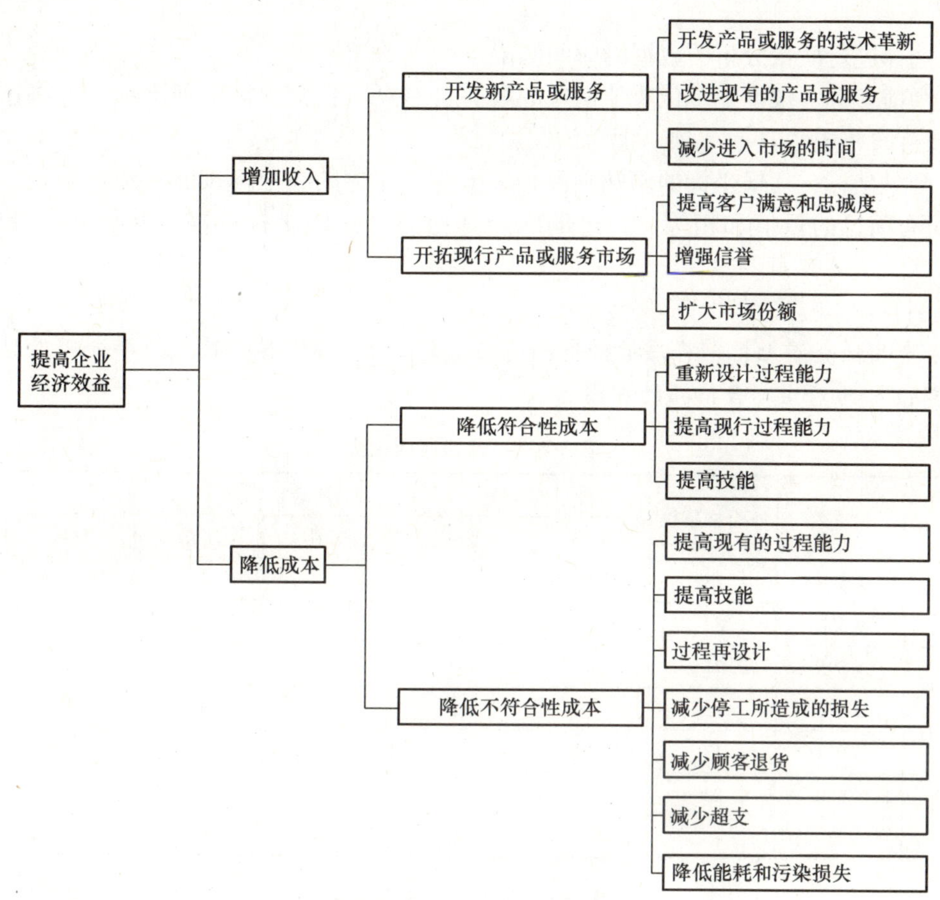

图 3-4 提高企业经济效益的树图

四、排列图

排列图，又称帕累托图，是寻找影响产品质量主要因素的一种有效工具。

> **提示：** 排列图由一个横坐标、两个纵坐标、几个按高低顺序排列的矩形和一条累计百分比折线组成。

排列图建立在帕累托原理的基础上。帕累托原理是意大利经济学家帕累托在分析意大利社会财富分布状况时得到的“关键的少数和次要的多数”的结论。应用这一原理意味着在质量改进的项目中，少数的项目往往起着主要的、决定性的影响。通过区分最重要和最次要的项目，就可以用最小的努力获得最大的改进。如在所有顾客中的 10% 的订货占了营业额的 75%，20% 的质量问题可能引起经济损失的 80% 等。对于生产中存在的质量问题也是如此，排列图就是一种帮助我们从许多微不足道的多数中找出少数的几个重要原因的一种方法。

排列图的应用步骤如下：

1）选择要进行质量分析的项目。

2）选择用于质量分析的度量单位，如出现的次数（频数）、成本、金额或其他度量单位。

3）选择进行质量分析的数据的时间间隔。

4）画横坐标，按度量单位量值递减的顺序自左至右在横坐标上列出项目，将量的一个或几个项目归并成“其他”项，把它放在最右端。

5）画纵坐标，在横坐标的两端画两个纵坐标，左边的纵坐标按度量单位规定，其高度必须与所有项目的量值和相等，右边的纵坐标应与左边纵坐标等高，并从0～100%进行标定。

【案例】

对某产品检查了七批，将每批检查的情况汇总成表3-2。其频数、频率分布表见表3-3，其中“取值”为产生不合格品的原因。

表3-2　不合格原因调查

批号	检查数	不合格品数	不合格原因					
			操作	设备	工具	工艺	材料	其他
1	4 573	16	7	6	0	3	0	0
2	9 450	88	36	8	16	14	0	14
3	4 895	71	25	11	21	4	0	10
4	5 076	12	9	3	0	0	0	0
5	5 012	17	13	1	1	1	1	0
6	4 908	23	9	6	5	1	0	2
7	4 839	19	6	0	13	0	0	0

表3-3　频数、频率分布表

原　因	频　数	频　率
操作	105	0. 427
设备	35	0. 142
工具	56	0. 228
工艺	23	0. 093
材料	1	0. 004
其他	26	0. 106
合计	246	1. 000

从给出的频数、频率分布表可以明显地看出由各种原因造成的不合格品的比例。为了寻找产生不合格品的主要原因，需要做出排列图，步骤如下：

1）把表3-3按频率从大到小重新进行排列，把原因“其他”放在最后，并加上一列“累计频率”，即将这一行前的所有频率加到这一行的频率上，如“工具”这一行的累积频率是 0.427 + 0.228 = 0.655，见表 3-4。

表 3-4 频数、频率分布表

原因	频数	频率	累积频率
操作	105	0.427	0.427
工具	56	0.228	0.655
设备	35	0.142	0.797
工艺	23	0.093	0.890
材料	1	0.004	0.894
其他	26	0.106	1.000
合计	246	1.000	

2）在坐标纸的横轴上从左到右依次标出各个原因项，“其他”这一项放在最后。

提示： 在坐标纸上设置两条纵轴，在左边的纵轴上标上频数，在右边一条纵轴的相应位置上标出频率。然后在图上每个原因项的上方画一个矩形，其高度等于相应的频数，宽度适当。再在每一矩形的右上方点上一个点，其高度为到该原因为止的累积频率，并从原点开始把这些点连成一条折线，称这条折线为累积频率折线，也称为帕累托折线。

排列图如图 3-5 所示。

3）根据累积频率在 0～80% 之间的因素为主要因素的原则，可以在频率为 80% 处画一条水平线，在该水平线以下的折线部分对应的原因项便是主要因素。

从图 3-5 可知，造成不合格品的主要原因是操作、工具与设备，要减少不合格品首先应该从这三个方面着手。

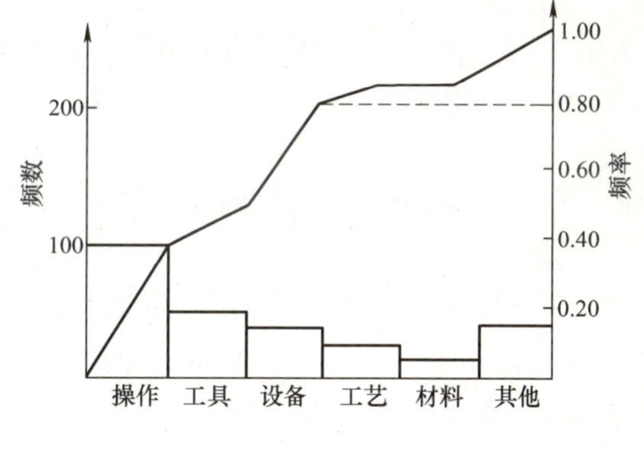

图 3-5 排列图

五、直方图

直方图，又称频数直方图、质量分布图。直方图法指通过对生产过程中大量计量值数据的收集、整理，用一系列宽度相等、高度不等的矩形表示质量特性分布规律的图示方法，也是定性调查工序能力的常用方法。

在直方图中，通过对测定或收集的数据进行整理，并按一定数据范围的间隔分成若干组，以矩形的宽度表示组距，以矩形的高度表示组内数据的频数，可直观而形象地显示出数据波动的规律，从而判断生产过程是否稳定，预测生产过程的质量。

1. 直方图的应用步骤

1）收集数据。用于绘制直方图的数据不能太少，一般应大于 50 个。只有收集足够的数据，才能使数据的波动呈现出一定的规律性。

2）确定分组数（K）。数据分组时，分组数的确定一定要适当。组数太少，计算误差较大；组数太多，则难以显示数据的分布规律。一般情况下，分组数可依据数据量的大小选取，见表3-5。

表3-5　直方图分组法

数据量（n）	<50	50~100	100~250	>250
分组数（K）	5~7	6~10	7~12	10~20

3）确定极差（R）。即数据中的最大值（x_{max}）与最小值（x_{min}）之差。当数据较多时，可将数据排列成若干行（列）。先找出每行（列）中的最大值和最小值，再从中确定全体数据的最大值和最小值。

4）确定组距（h）。即分组的宽度。组距 h 的计算公式如下

$$h = R/K$$

式中，R 为极差；K 为分组数。

组距一般取计量值单位的整数，以便于分组。

5）确定各组界限值。

提示：在分组时，为使数据值不与各分组的边界值相重合，使最小值与最大值也落在数据区间内，分组界限值的单位应取最小计量单位的1/2。若最小测量单位是个数，则其界限值应取0.5。

也就是第一组的上界限值为 $x_{min}+h/2$，下界限值为 $x_{min}-h/2$；第 i 组的上、下界限值为第 $i-1$ 组的上、下界限值加组距（h），第 i 组的代表值为该组上、下界限值的算术平均值；最后一组的上界限值为 $x_{max}+h/2$，下界限值为 $x_{max}-h/2$。

6）统计落入各分组的数据个数（即频数 f）。

7）列频数分布表。举例说明如下。

【案例】

某销钉设计尺寸直径为 $3.0^{+0.6}_{+0.4}$mm，为分析工序质量分布，共收集了100个数据。$x_{min}=3.385$mm，$x_{max}=3.685$mm，分组数 $K=10$，组距 h 为0.03。则分组界限值、组中代表值及落入各组的频数见表3-6。

表3-6　分组界限值、组中代表值及落入各组的频数

组别	界限值	频数 f	组次 u	fu	$fu\times u$
1	3.385~3.415	1	-4	-4	16
2	3.415~3.445	2	-3	-6	18
3	3.445~3.475	13	-2	-26	52
4	3.475~3.505	19	-1	-19	19
5	3.505~3.535	26	0	0	0
6	3.535~3.565	16	1	16	16
7	3.565~3.595	12	2	24	48
8	3.595~3.625	7	3	21	63
9	3.625~3.655	3	4	12	48
10	3.655~3.685	1	5	5	25
总计		100		23	305

8）计算频数最多一组的中值 x_0 。

如本例中有

$$x_0 = (\text{上界限值十下界限值})/2 = (3.535 + 3.505)/2 = 3.52$$

9）确定组次（u）。在确定组次 u 时，以频数最多的一组为基准，并规定该组的组次 $u=0$。由 $u=0$ 组向上依次为 -1，-2，…，$-i$，…，$u=0$ 组向下依次为1，2，…，i，…。

10）计算平均值和标准差。其计算公式如下：

① 数据平均值 $\bar{x}$

$$\bar{x} = x_0 + n\frac{\sum fu}{\sum f}$$

如本例有

$$\bar{x} = 3.52 + 0.03 \times \frac{23}{100} = 3.5269$$

② 计算标准差 s

$$s = h \times \sqrt{\frac{\sum fu^2}{\sum f} - \left(\frac{\sum fu}{\sum f}\right)^2} = 0.03 \times \sqrt{\frac{305}{100} - \left(\frac{23}{100}\right)^2} = 0.0519$$

11）绘制直方图，如图3-6所示。

提示： 以数据值的一定比例为横坐标，以频数值（或频率值）的一定比例为纵坐标，画出直方图。即以组距为底长，以频数为高，作各组的矩形图。

2. 直方图的功能和用途

直方图是一种反映数据分布规律的方法。数据在随机性因素的影响下，呈现一定的波动和分布。数据的波动与分布具有两方面的特点：一是集中性，即数据围绕某个中心值分布，该中心值称为分布中心。如上例的分布中心约为3.526 9。二是分散性，即收集到的数据往往有大有小，不经整理，呈杂乱无章态。所以，直方图法通过收集、整理计量值数据，显示数据的波动状态，找出数据分布中心和分布规律，形象而直观地传递了质量特性的信息。

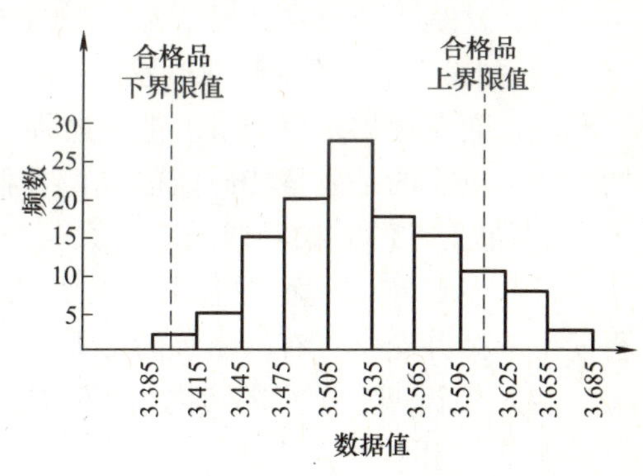

图3-6 销钉直方图

直方图的用途大体有以下几个方面：

1）报告质量情况　在分析制品质量情况时，画出直方图，并在直方图上标明必要的数据，如抽样样品数、平均值、标准差等，有助于对问题的分析和理解，提高质量报告的效果。

2）寻找影响质量的原因　可结合分层法，绘制分层直方图，则可以较方便地判别影响质量特性的原因，找出影响质量特性的主要因素。

3）用于工序能力调查和工序能力指数的计算。

4）用于工序控制。

5）用于生产过程的统计推断。

3. 直方图的观察分析

绘制直方图的目的，就是要通过对直方图形状的观察、分析，判断生产过程的质量状况。在直方图的整体形状中，有几种典型的形式与产生该分布的原因直接对应。从这些分布可直接找出质量问题的原因，从而可采取相应措施，消除这些质量问题。几种典型的直方图如图 3-7 所示。

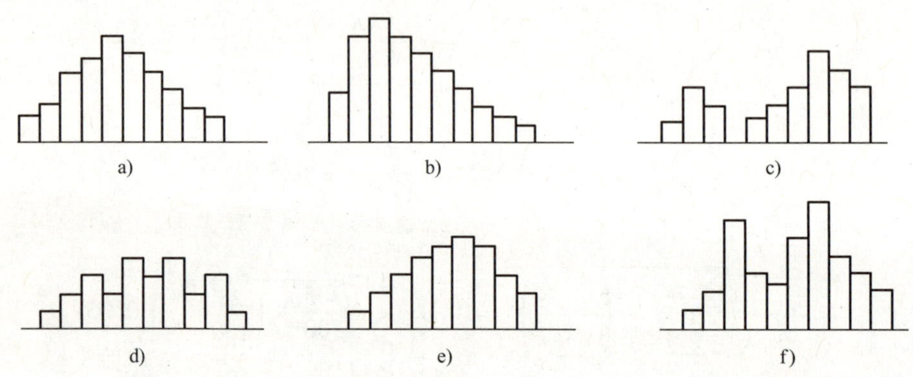

图 3-7　各种形态的直方图

a）正态型　b）偏态型　c）孤岛型　d）锯齿型　e）平顶型　f）双峰型

（1）正态型　直方图的数据中心与公差中心重合，中间高，两边低，左右对称，呈钟形正态分布。并且分布两端均在公差限内，与公差上、下限余量适当，说明工序处于统计控制状态，这是生产正常情况下常呈现的图形。

（2）偏态型　常见两种形状：一种是峰偏在左边，而右面的尾巴较长；另一种是峰偏在右边，而左边的尾巴较长。造成这种形状的原因是多方面的，有时是剔除了不合格品后作的图形，也有的是质量特性值的单侧控制造成的，譬如加工孔的时候习惯于孔径“宁小勿大”，而加工轴的时候习惯于“宁大勿小”等。

（3）孤岛型　这种图形往往表示出现某种异常，譬如原材料发生了某种变化，生产过程发生了某种变化，有不熟练的工人替班等。

（4）锯齿型　这个图形的出现可能是由于测量方法不当，或者是量具的精度较差引起，也可能是分组不当引起的。

（5）平顶型　这种情况往往是由于生产过程中有某种缓慢变化的因素造成的，如刀具的磨损等。

（6）双峰型　这种情况的出现往往是将两批不同的原材料生产的产品混在一起，或将两个不同操作水平的工人生产的产品混在一起等造成的。

提示：当观察到的直方图不是正态型的形状时，需要及时加以研究。

如出现平顶型时，可以检查一下有无缓慢变化的因素。又如出现孤岛型时，可以检查一下原材料有无变化等，这样便于及时发现问题，采取措施，改进质量。

六、控制图

控制图是画有控制界限的一种图表。它是用来区分质量波动究竟由于偶然原因引起还是由于系统原因引起，从而判明生产过程是否处于控制状态的一种工具。换句话说，控制图是预报工序中存在影响工序质量的异常原因的一种有效工具，是监督控制工序质量发生异常变化的一双眼睛，是工业生产中监视生产工序发生异常变化的“雷达荧光屏”。控制图的基本形式如图 3-8 所示。

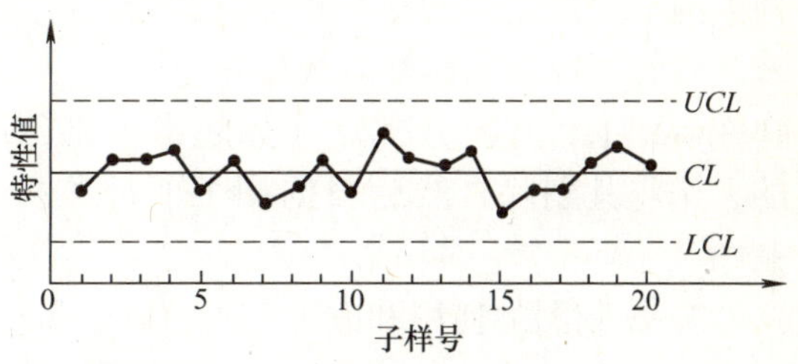

图 3-8 控制图的基本形式

提示：控制图的横坐标通常表示顺序抽样的样本标号，纵坐标表示质量特性或其统计量（如样本平均值等）。控制图上一般有三条线。在上面的一条线称控制上限，用符号 *UCL* 表示；在下面的一条线称控制下限，用符号 *LCL* 表示；在中间的一条线称中心线，用符号 *CL* 表示。

把被控制的质量特性值变为点描在图上，如果点全部落在控制上、下限内，而且点的排列没有什么异常状况（如链、倾向、靠近控制限、周期等），那么就判断生产过程处于控制状态，否则就认为生产过程中存在异常因素，必须查明，予以消除。因此，控制图中的控制界限就是判明生产过程是否存在异常因素的判断基准。它是根据数理统计学的原理计算出来的。世界上应用比较多的国家，如美国、日本和我国都是用“三倍标准偏差法”（又称 3σ）来确定控制界限的，而把中心线定在被控制对象（如平均值、极差、中位数等）的平均值上面。也就是说，把中心线定在被控制对象的平均值上面，然后以中心线为基准向上量 3 倍标准偏差就确定了控制上限，向下量 3 倍标准偏差就确定了控制下限，如图 3-9 所示。

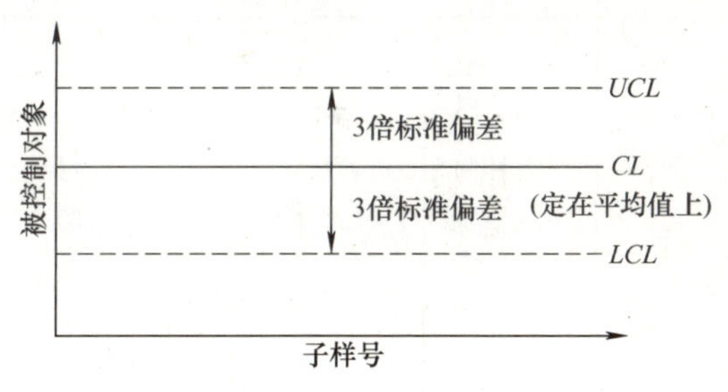

图 3-9 控制图的基本模式

1. 控制图的应用步骤

不同控制图的设计过程大同小异，可概括为五个步骤：

（1）收集数据 确定工序控制对象的生产过程条件，在工序能力充足的条件下，连续采集工序近期数据，一般按采集的时间顺序将数据分为若干组，每组样本容量相同（通常是 4 或 5），数据总数不少于 100。

（2）确定控制界限 首先对每组样本求得质量特性值统计量的观测值，然后计算所有样本组中这些观测值的平均值，最后根据算得的平均值确定控制图的中心线（*CL*）和控制上限（*UCL*）及控制下限（*LCL*）。

（3）绘制控制图 根据所得控制图的中心线及控制上、下限，绘制控制图。在实际应用中，常为使用控制图的工位预先设计好标准的控制图表格，以便于现场统计、填写和绘图。

（4）控制界限的修正　虽然在事先已对工序能力进行了验证，但在实际采集数据构造样本时，生产过程的受控状态可能会有所变化，个别数据的测试和记录也可能会有差错，以致所得样本不能正确地表现质量总体的分布特征。因此，需要把所得各样本统计量观测值标在控制图上，找出异常点（如超出控制限的点），分析原因。如确为某种系统性原因造成的，则将其剔除，然后根据剩下的那些样本统计量观测值，重新计算控制界限，绘制控制图。

2. 控制图的使用和改进

对于修正后的控制图，在实际使用中应当继续改进，以更好地保证和提高质量控制的能力和水平。当经过多次改进以后，控制图控制界限已不再有显著变动，并已能满足工序质量控制的要求时，控制图就可以正式投入使用了。但以后仍然需要定期查验工序能力，以确保控制图的控制效果。

3. 几种常用的控制图

（1）计量值控制图　有时也称点图。计量值数据包括长度、容积、重量、浓度、温度、强度等，一般是可以连续取值的，计量值的统计规律可以用连续性随机变量来描述。

（2）均值控制图　均值控制图用来检查生产过程的中心变动趋势。

1）均值-极差控制图。它的控制界限计算公式是

$$UCL = \bar{\bar{x}} + A_2\bar{R}$$

$$LCL = \bar{\bar{x}} - A_2\bar{R}$$

式中，$\bar{R}$ 为样本极差的平均值；$\bar{\bar{x}}$ 为样本均值的平均值；A_2 为与样本容量相关的参数，见表 3-7。

表 3-7　控制图系数和公式

子组容量	$\bar{\bar{x}}$-$\bar{R}$ 图				$\bar{\bar{x}}$-s 图			
	均值 $\bar{\bar{x}}$ 图	极差 $\bar{R}$ 图			均值 $\bar{\bar{x}}$ 图	标准差 s 图		
	计算控制限用的系数	极差估计值的除数	计算控制限用的系数		计算控制限用的系数	标准差估计值的除数	计算控制限用的系数	
n	A_2	d_2	D_3	D_4	A_3	C_4	B_3	B_4
2	1.88	1.128	—	3.267	2.659	0.7979	—	3.267
3	1.023	1.693	—	2.574	1.954	0.8862	—	2.568
4	0.729	2.059	—	2.282	1.628	0.9213	—	2.266
5	0.577	2.326	—	2.114	1.427	0.94	—	2.089
6	0.483	2.534	—	2.004	1.287	0.9515	0.03	1.97
7	0.149	2.704	0.076	1.924	1.182	0.9594	0.118	1.882
8	0.373	2.847	0.136	1.864	1.099	0.965	0.185	1.815
9	0.337	2.97	0.184	1.816	1.032	0.9693	0.239	1.761
10	0.308	3.078	0.223	1.777	0.975	0.9727	0.284	1.716
11	0.285	3.173	0.256	1.744	0.927	0.9754	0.321	1.679
12	0.266	3.258	0.283	1.717	0.886	0.9776	0.354	1.646
13	0.249	3.336	0.307	1.693	0.85	0.9794	0.382	1.618
14	0.235	3.407	0.328	1.672	0.817	0.981	0.406	1.594

（续）

子组容量	$\bar{\bar{x}}$-$\bar{R}$ 图				$\bar{\bar{x}}$-s 图			
	均值 $\bar{\bar{x}}$ 图	极差 $\bar{R}$ 图			均值 $\bar{\bar{x}}$ 图	标准差 s 图		
	计算控制限用的系数	极差估计值的除数	计算控制限用的系数		计算控制限用的系数	标准差估计值的除数	计算控制限用的系数	
n	A_2	d_2	D_3	D_4	A_3	C_4	B_3	B_4
15	0.223	3.472	0.347	1.653	0.789	0.9823	0.428	1.572
16	0.212	3.532	0.363	1.637	0.763	0.9835	0.448	1.552
17	0.203	3.588	0.738	1.622	0.739	0.9845	0.466	1.534
18	0.194	3.64	0.391	1.608	0.718	0.9854	0.482	1.518
19	0.187	3.689	0.403	1.597	0.698	0.9862	0.497	1.503
20	0.18	3.735	0.415	1.585	0.68	0.9869	0.51	1.49
21	0.173	3.778	0.425	1.575	0.663	0.9876	0.523	1.477
22	0.167	3.819	0.434	1.566	0.647	0.9882	0.534	1.466
23	0.162	3.858	0.443	1.557	0.633	0.9887	0.545	1.455
24	0.157	3.895	0.451	1.548	0.619	0.9892	0.555	1.445
25	0.153	3.931	0.459	1.541	0.606	0.9896	0.565	1.435

子组容量	中位数图				单值图			
	中位数 $\tilde{x}$ 图	极差 $\bar{R}$ 图			单位 $\bar{x}$ 图	极差 $\bar{R}$ 图		
	计算控制限用的系数	极差估计值的除数	计算控制限用的系数		计算控制限用的系数	标准差估计值的除数	计算控制限用的系数	
n	A_2	d_2	D_3	D_4	E_2	d_2	D_3	D_4
2	1.88	1.128	—	3.267	2.66	1.128	—	3.267
3	1.187	1.693	—	2.574	1.772	1.696	—	2.574
4	0.796	2.059	—	2.282	1.457	2.059	—	2.282
5	0.691	2.326	—	2.114	1.29	2.326	—	2.114
6	0.548	2.534	—	2.004	1.184	2.534	—	2.004
7	0.508	2.704	0.076	1.924	1.109	2.704	0.076	1.924
8	0.433	2.847	0.136	1.864	1.054	2.847	0.136	1.864
9	0.412	2.97	0.184	1.816	1.01	2.97	0.184	1.816
10	0.362	3.078	0.223	1.777	0.975	3.078	0.223	1.777

2）中位数-极差控制图。它的控制界限计算公式是

$$UCL = \bar{\bar{x}} + Z\sigma\bar{x}$$

$$LCL = \bar{\bar{x}} - Z\sigma\bar{x}$$

式中，$\sigma\bar{x} = \sigma/\sqrt{n}$，指样本均值分布的标准偏差；$n$ 为样本数；σ 为过程标准偏差；Z 为标准正态偏差；$\bar{\bar{x}}$ 为样本均值的平均值。

3）极差控制图。极差控制图（R 控制图）被用于检查生产过程中的散差。极差控制图对生产过程中的散差所发生的变化敏感。尽管基本抽样分布不是正态分布，极差控制图的应用原理与均值控制图的应用原理相同。应用样本极差平均值并结合公式即可计算极差控制图的控制界限。

$$UCL_R = D_4\bar{R}$$

其中，D_4 的值可从表 3-7 中查到。

两种计量值均值控制和极差图对生产过程控制的侧重点不同。均值控制图对过程均值的偏移敏感，极差控制图对工序散差的变化敏感，故可把这两种控制图用在同一生产过程中。

七、流程图

流程图就是将一个过程，如工艺过程、检验过程、质量改进过程等的步骤用图的形式表示出来的一种图示技术。流程图由一系列容易识别的标志构成，一般使用的标志如图 3-10 所示。

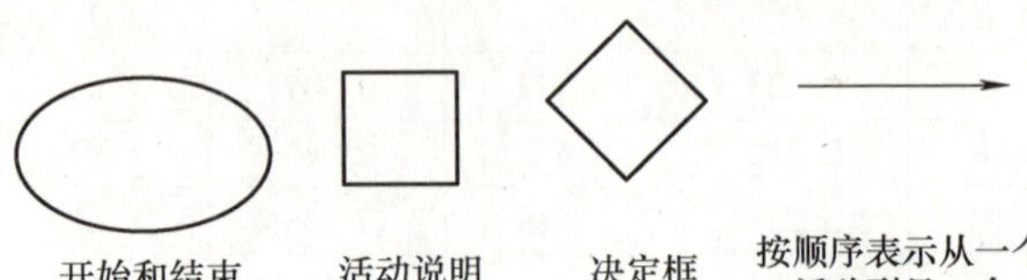

图 3-10 流程图标志

1. 流程图应用步骤

1）识别过程的开始和结束。

2）观察从开始到结束的整个过程。

3）规定在该过程中的步骤（输入、活动、判断、决定、输出）。

4）画出表示该过程的一张流程图草图。

5）与该过程中所涉及的有关人员共同评审草图。

6）根据评审结果改进流程图草图。

7）与实际过程比较、验证改进后的流程图。

8）注明正式流程图的形成日期，以备将来使用和参考，既可用作过程实际运行的记录，也可用来判别质量改进的程度、机会等。

2. 流程图的功能和用途

1）通过对流程图中各步骤之间关系的研究，一般能发现故障的潜在原因，知道哪些环节需要进行质量改进。

2）流程图涵盖了从材料到产品销售和售后服务的全过程的所有方面。流程图可以用来描述现有的过程，也可用来设计一个全新的过程。

3）流程图法在 QC 小组活动和质量改进活动中都有广泛的用途。

【知识拓展】 直方图的应用实例

【案例】

磨削一批轴径为 $\phi 50^{+0.06}_{+0.01}$ mm 的工件，实测后的尺寸见表 3-8。

作直方图的步骤如下：

1）收集数据，一般取 100 件左右，找出最大值 $L_a=54\mu m$，最小值 $S_m=16\mu m$，见表 3-8。

表 3-8 轴径尺寸偏差 （单位：μm）

44	20	46	32	20	40	52	33	40	25	43	38	40	41	30	36	49	51	38	34
22	46	38	30	42	38	27	49	45	45	38	32	45	48	28	36	52	32	42	38
40	42	38	52	38	36	37	43	28	45	36	50	46	38	30	40	44	34	42	47
22	28	34	30	36	32	35	22	40	35	36	42	46	42	50	40	36	20	16S_m	53
32	46	20	28	46	28	54L_a	18	32	33	26	46	47	36	38	30	49	18	38	38

注：表中数据为实测尺寸与基本尺寸之差。

2）把100个样本数据分成若干组，分组数可用表3-9所列的经验数值确定。

表3-9　样本与组数的选择

数据的数量	分　组　数
50~100	6~10
100~250	7~12
250以上	10~20

本例取分组数$K=8$。经验证明，组数太少会掩盖组内数据的变动情况，组数太多会使各组的高度参差不齐，从而看不出变化规律。通常确定的组数要使每组平均至少摊到4~5个数据。

3）计算组距h，即组与组间的间隔。

$$h=\frac{L_a-S_m}{K}=\frac{54-16}{8}\mu m=4.75\mu m\approx 5\mu m$$

4）计算第一组的上、下界限值

$$S_m\pm\frac{h}{2}$$

第一组的上界限值为

$$S_m+\frac{h}{2}=\left(16+\frac{5}{2}\right)\mu m=18.5\mu m$$

下界限值为

$$S_m-\frac{h}{2}=\left(16-\frac{5}{2}\right)\mu m=13.5\mu m$$

5）计算其余各组的上、下界限值。

第一组的上界限值就是第二组的下界限值。第二组的下界限值加上组距就是第二组上界限值，其余类推。

6）计算各组的中心值x_i。

中心值是每组中间的数值，即

$$x_i=\frac{\text{某组上限值}+\text{某组下限值}}{2}$$

第一组中心值为

$$x_1=\frac{13.5+18.5}{2}\mu m=16\mu m$$

7）记录各组的数据，整理成频数分布表，见表3-10。

表3-10　频数分布表

组数	组界/μm	中心值x_i	频数统计	频数	频率（%）	频率密度/μm^{-1}（%）
1	13.5~18.5	16	下	3	3	0.6
2	18.5~23.5	21	正丅	7	7	1.4
3	23.5~28.5	26	正下	8	8	1.6
4	28.5~33.5	31	正正下	13	13	2.6

（续）

组数	组界/μm	中心值 x_i	频数统计	频数	频率（%）	频率密度 /μm⁻¹（%）
5	33.5 ~38.5	36	正正正正正一	26	26	5.2
6	38.5 ~43.5	41	正正正一	16	16	3.2
7	43.5 ~48.5	46	正正正一	16	16	3.2
8	48.5 ~53.5	51	正正	10	10	2
9	53.5 ~58.5	56	一	1	1	0.2

8）统计各组的尺寸频数、频率和频率密度，并填入表中。

9）按表列数据以频率密度为纵坐标，组距（尺寸间隔）为横坐标，就可画出直方图，如图 3-11 所示。由图可知，该批工件的尺寸分散范围大部分居中，偏大、偏小者较少。

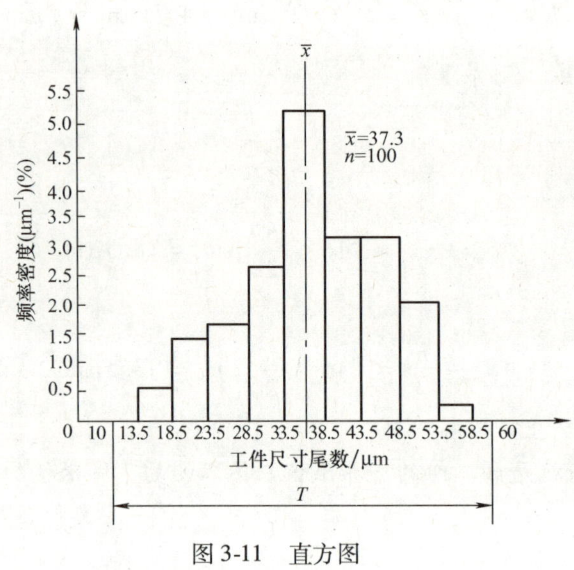

图 3-11　直方图

课题三　工序质量控制

【教学目标】

1）知识目标：了解工序质量波动的分类、工序能力和产品公差的关系；熟悉工序能力指数的含义；掌握工序能力分析的方法、影响工序能力的因素及工序能力的用途以及工序能力的判别和处理的方法。

2）能力目标：能够根据产品质量要求合理选择质量控制方法。

【教学重点和难点】

教学重点：掌握工序能力分析的方法以及工序能力的判别和处理的方法，掌握影响工序能力的因素及工序能力的用途。

教学难点：工序能力的判别和处理的方法。

【课题导入】

某工厂所生产产品的最后一道工序是在产品上贴上标签，这项工作由一个工人来完成，由于每月要贴几万台产品，总有些产品会漏贴了标签。在这道工序中，每车有 12 台产品，工人将标签剪开后再贴到产品上，在操作过程中，如果正好有人和贴标签的工人说话，那工人就可能把标签漏掉，如图 3-12 所示。

为了解决这个问题，车间主任与工人一起分析原因，最后他们终于找到了解决问题的办法，将工序进行了调整改进，工人在裁剪标签的时候，每 12 个分为 1 组，即将第 13 张标签反过来放置。这样，当工人发现每组的标签还有剩余时，就能马上意识到标签有漏，重新检查补贴，从而圆满地解决了这一问题，如图 3-13 所示。

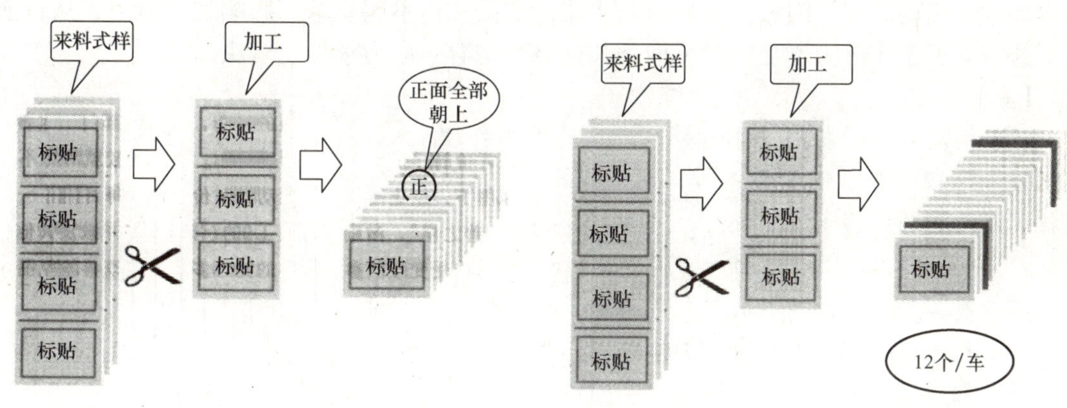

图 3-12　改善前　　　　图 3-13　改善后

【知识储备】

产品质量是由企业各项工作质量和生产过程中的工序质量来决定的。虽然不同企业的产品千差万别，生产过程各不相同，但它们都有一个共同的特点：都是由一道道的工序加工、生产出来的，而每道工序的质量都影响产品质量，故工序是产品形成的基本环节。加强对生产现场工序的质量控制，成为企业生产过程质量控制的关键。

一、工序能力分析

工序能力（又称工程能力）指某工序在一定时间内处于控制状态（稳定状态）下，使自己生产的产品达到一定质量水平的能力，用符号 B 表示，一般用 $B=6\sigma$ 来描述，如图 3-14 所示。图中，B 代表工序能力大小，σ 为标准差，μ 为工序分布参数，T 为工序公差。T_L 为质量标准的下限值，T_U 为质量标准的上限值。显然 B 的数值越小，工序能力就越强。因为当生产过程处于控制状态时，在 $\mu +3\sigma$ 范围内的产品占产品总数的 99.73%，即几乎包括了所有的产品，如果范围扩大一些，如取 $\mu \pm 4\sigma$ 和 $\mu \pm 5\sigma$，在此范围内可分别包括产品总数的 99.994% 和 99.999 96%，这样会更全面一些。但从 $\mu +3\sigma$（即 6σ）到 $\mu \pm 4\sigma$（即 8σ）或 $\mu \pm 5\sigma$（即 10σ），其波动范围增加了 2σ 或 2.5σ，即从 6σ 的范围增加到 8σ 或 10σ 的范围，而包括的产品比例增加得很小，这从经济上看效果是不好的。因此，工序能力取 6σ 表示较为合适。这样确定的工序能力，可以兼顾全面性和经济性两个方面。这也正与 6σ

相吻合。

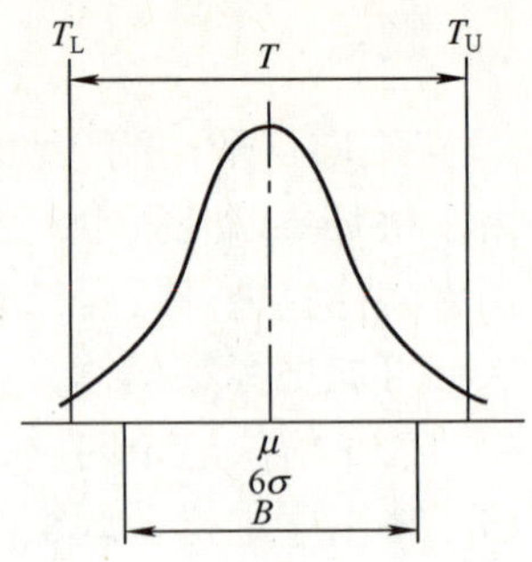

图 3-14　工序能力的概念

从上述可知，工序能力 $B=6\sigma$ 是有前提条件的，首先产品的质量特性值必须服从正态分布，在此控制的结果下，产品的合格率可以达到99.73%。因此，上述工序能力的概念只能应用于一般质量控制中。对于粗加工或精密加工等特殊工序，不看前提条件，机械地套用 $B=6\sigma$ 来衡量工序能力，将会有较大的误差。

工序能力除受5E1M六要素影响外，还受现时技术水平和管理水平都无法控制的因素影响，或者技术上虽然能控制，但费用太高，不能实施；或技术上虽然能够控制，但实际上未进行控制，这是造成工序能力不足的主要原因。因此，控制工序能力应重点抓这一主要原因。因为由于现有技术或投资条件达不到要求而影响加工能力，从目前看来，这不属于工序能力不足问题，但从长远观点来看，应力求加以解决。

【案例】

设某邮局分拣一车次信件的分拣工序的平均处理时长 $\mu=50.24\text{min}$，标准偏差 $\sigma=5.19\text{min}$，因此该分拣工序的工序能力是

$$6\sigma=6\times5.19\text{min}=31.14\text{min}$$

即分拣工序分拣该车次的最短处理时长为

$$\mu-3\sigma=(50.24-3\times5.19)\text{min}=34.67\text{min}$$

最长处理时长为

$$\mu+3\sigma=(50.24+3\times5.19)\text{min}=65.81\text{min}$$

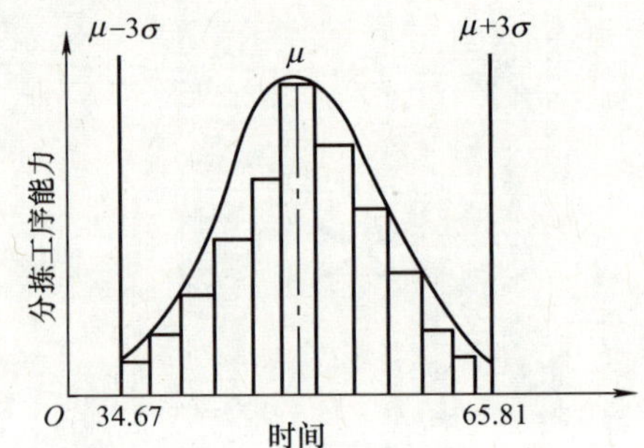

图 3-15　分拣工序能力分布

该分拣工序分拣该车次信件的处理时长是在34.67～65.81min内波动的，分拣处理时长的波动范围称为分拣工序能力，其分布如图3-15所示。

二、工序能力和产品公差的关系

如图3-16所示，对于处于统计控制状态下的工序，可将它的 6σ 值和产品公差范围进行

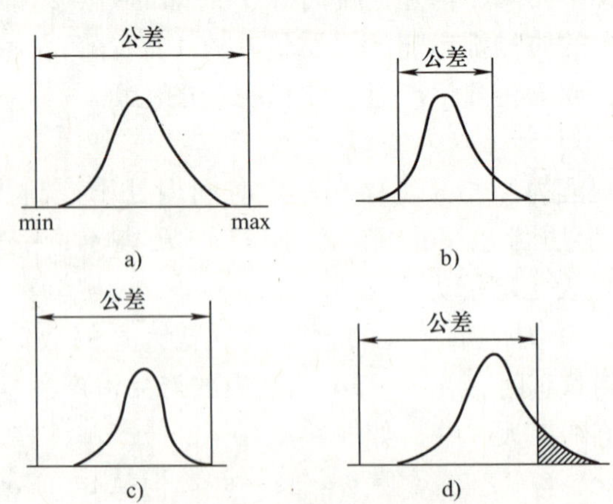

图 3-16　工序能力与公差的关系

a）工序能力满足公差的要求　b）工序能力不满足公差的要求

c）由于数据中心偏移，将产生不合格品　d）由于数据中心偏移较大，已经产生不合格品

比较，分析它们之间的差别关系，算出产品（零件）的不合格品率。

三、工序能力指数

工序能力仅表示工序固有的加工能力或加工精度，即只能说明工序能达到的质量水平，不能说明这一水平是否满足该工序的质量要求，因此，要引入工序能力指数的概念。

工序能力指数是指工序能力能够满足公差（质量标准）要求的程度，它等于公差与工序能力的比值，用 C_p 表示，即

$$工序能力指数 \quad C_p = \frac{技术要求(或质量标准)}{工序能力} = \frac{T}{6\sigma} = \frac{T_U - T_L}{6S} \tag{3-1}$$

式中，T 为标准的范围（工序公差范围）；σ 为总体标准偏差；S 为样本标准差；T_U 为质量标准的上限值；T_L 为质量标准的下限值。

C_p 值与公差 T 的关系如图 3-17 所示。

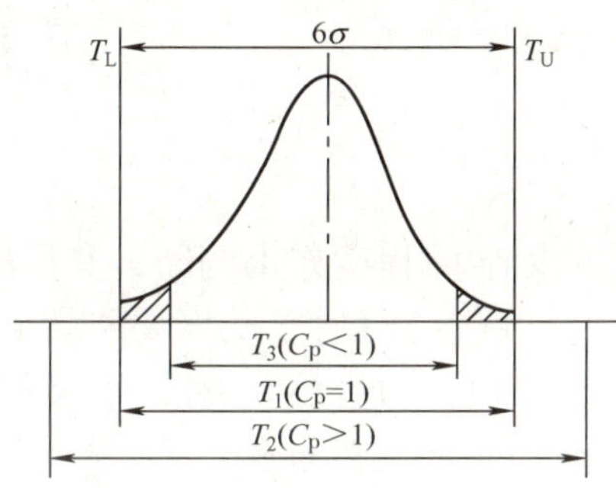

图 3-17　C_p 值与公差 T 的关系

提示：工序能力指数满足公差要求程度的大小分为下列几种情况。

（1）工序能力指数等于 1　即 $C_p = 1$，意味着工序能力恰好满足公差要求。在这种情况下，当工序质量分布的平均数稍有变化或工序质量标准偏差稍微增大，都会产生不合格品。

（2）工序能力指数大于 1　即 $C_p > 1$，表示该工序能力能够充分满足要求，这时，即使工序质量分布的平均数或工序质量标准偏差稍微增大，也不至于产生不合格品，产品质量有保证。一般 $C_p = 1.33$ 为理想情况。

（3）工序能力指数小于 1　即 $C_p < 1$，亦即公差范围小于 6σ，表明工序能力不能满足公差要求。这时必须采取措施，提高工序能力，缩小工序质量分布的标准偏差，否则会产生不合格品。

【案例】工序能力指数的计算

某种零件在第一道工序加工，设计尺寸为 $\phi 10^{+0.025}_{-0.015}$mm，通过随机抽样，经过计算得知：样本平均值（$\bar{x}$）与公差中心 M 重合，$S = 0.0067$。求该工序能力指数 C_p。

解：

$$C_p = \frac{T_U - T_L}{6S} = \frac{10.025 - 9.985}{6 \times 0.0067} = 1$$

质量数据分布中心与公差（标准规格）中心重合的情况是一种比较理想的情况，如图3-18所示。图3-19所示为工序分布中心与公差中心不重合的情况。

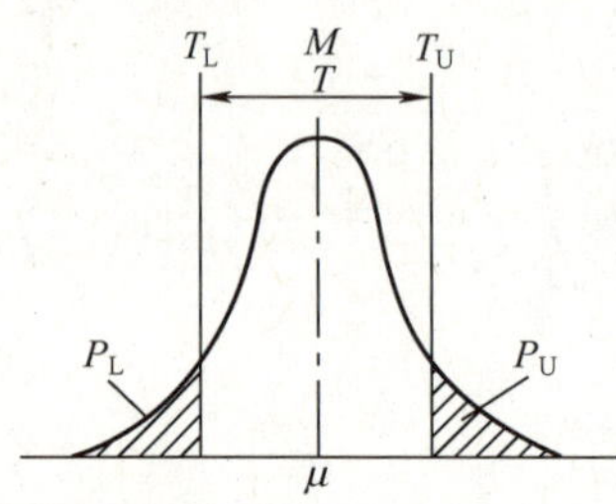

图3-18　工序分布中心与公差中心重合的情况

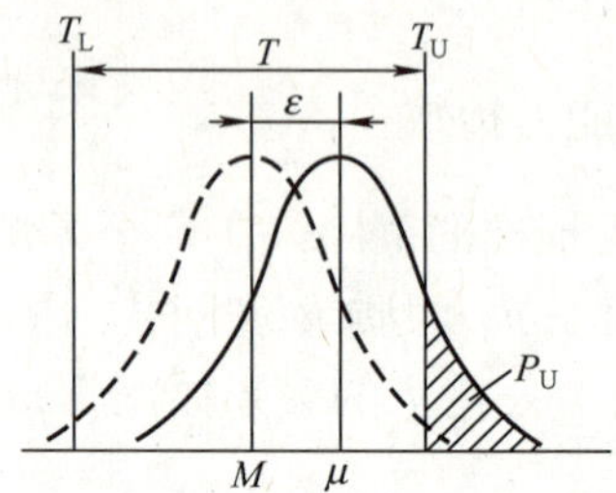

图3-19　工序分布中心与公差中心不重合的情况

四、工序能力的判别和处理

1. 工序能力的判别

指对工序能力能够满足质量标准的程度作出判断，其目的是可以对工序进行预防性处置，以确保生产过程的质量水平。理想的工序能力既要能满足质量保证的要求，又要符合经济性的要求。表3-11给出了利用工序能力指数 C_p 对工序能力作出判断的一般标准。应当指出，表3-11给出的标准并不适合所有的生产过程，某些行业根据自身的质量控制要求已制定了自己的标准，如汽车工业要求 $C_p > 1.33$ 才为正常的生产能力。

表3-11　工序能力指数判断标准

工序能力等级	工序能力指数	工序能力判断
特级	$C_p > 1.67$	过剩
一级	$1.67 \geq C_p > 1.33$	充足
二级	$1.33 \geq C_p > 1.00$	正常
三级	$1.00 \geq C_p > 0.67$	不足
四级	$C_p \leq 0.67$	严重不足

以工序能力指数判断工序能力后，应采取适当的处置对策，使工序能力保持在合理的水平上。$C_p > 1.67$ 时，提高产品质量要求；当工序质量特性是产品的关键或主要质量项目时，缩小公差将对改善产品性能产生显著的效果；放宽波动幅度或者移动波动的平均水平；降低设备、工装的精度要求，降低成本。$1.33 < C_p \leq 1.67$ 时，对非关键工序质量特性，可放宽波动幅度或移动波动的平均水平，简化质量检验工作。如改全数检验为抽样检验，或减少抽样检验的频次。$1 < C_p \leq 1.33$ 时，对工序过程进行控制和监督，及时发现异常波动，按正常工序质量检验方式实施质量检验。当 C_p 值接近于1时，应对影响工序能力的主要因素严加控制。$0.67 < C_p \leq 1$ 时，分析工序能力不足的原因，通过PDCA循环制订改进措施。在用户认可的前提下，如不增加装配的困难，可考虑适当放宽公差范围。在经济等因素可行的条件下，提高工装精度，严格质量检验，加强不合格品管理。$C_p \leq 0.67$ 时，一般应立刻停止生

产，找出原因，采取措施，改进工艺，提高工序能力。一般应立刻实行全数检验，剔除不合格品。工序质量控制是一项十分复杂的工作，企业必须运用各种工具监测分析生产过程中出现的异常，及时评估并拿出改善措施，保证生产过程的质量合格、稳定。

2. 提高工序能力的途径

根据工序能力指数的计算公式和图3-18、3-19进行分析，可知影响工序能力指数有3个变量，即工序产品质量给定公差 T 、工序加工的样本分布中心与产品质量给定公差中心的偏移量 ε 、工序加工的质量特性值的分散程度 σ（样本的标准差）。因此，要提高工序能力可从以下三方面考虑。

（1）调整工序加工的样本分布中心，减小偏移量 ε 。首先必须分析造成工序加工的样本分布中心偏移的原因。采取的方法是从影响工序的人、机、料、法、环、测六大因素进行分析。减少工序加工的中心偏移量的主要措施如下：

1）对大量生产工序进行统计分析，得出由于刀具磨损和加工条件等随时间的推移而逐渐变化的偏移规律，因而可及时进行中心调整，或采取设备自动补偿偏移或刀具自动调节和补偿等。

2）根据中心偏移量，通过首件检验，可调整设备、刀具等的加工定位装置。

3）改变操作者的孔加工偏向下偏差及轴加工偏向上偏差的倾向习惯，以公差中心值为加工依据。

4）配置更为精确的量规，由量规检验改为量值检验，或采用高一级的量具检测。

（2）提高工序能力，减小分散程度。工序加工的分散程度即工序加工的标准偏差 S。由于使用材料的不均匀，设备精度等级低、可靠性差，工装、模具精度低，工序安排不合理和工艺方法不正确，对工序能力指数的影响都十分显著。提高工序能力，减小分散程度的措施极为广泛，一般有以下几种较为常用。

1）修订工序，改进工艺方法；修订操作过程，优化工艺参数，补充中间工作；推广应用新材料、新工艺、新技术。

2）改造、添加与公差要求相适应的高精度的设备。

3）增添工具、工装，提高工具、工装的精度。

4）改造现有的现场环境条件，以适应产品对现场环境的特殊要求。

5）改变材料的进货周期，尽可能减少因材料的进货批次不同而造成的质量波动。

6）对关键工序、特殊工艺的操作者进行技术培训。

7）加强现场的质量控制。设置工序质量控制点或推行控制图管理；开展QC小组活动；加强质量检验，适当增加检验频次和数量等。

（3）在保证质量的前提下，放宽给定的公差，扩大工序加工公差范围，C_p 值随之增大，但这样做必须十分谨慎。扩大加工公差，必须通过严格的论证和实践考察，证实放宽公差确实不会影响产品质量。由工艺设计部门提出，经严格审批程序批准，才能执行。实际生产中，有一些产品的次要部位还要经过深加工的工序，公差不需要定得过严。产品的保险系数如果定得过高，有时会造成功能过剩的现象。

3. 工序能力调查

（1）工序能力调查的目的　工序能力调查，是指采用一定方法措施，对选定的调查对象测量其质量特性值，判断工序能力是否充足，并制订相应的改进措施的全部活动。工序能力调查是发现和解决问题的有效途径，也是确定和计算工序能力的重要准备。企业建立必要合理的定期工序能力普查制度，是保证生产制造阶段产品质量的重要措施。特别是对于关键工序和关键工位，要制订计划，分期进行工序能力调查，并对调查结果进行分析、加强工序控制管理。只有在受控工序状态下获得的数据，用以计算所得的工序能力指数才对工序控制有指导意义。

（2）工序能力调查的步骤

1）明确调查目的。调查目的是具体调查的核心和依据，因此，调查前首先必须明确目的。调查目的可在掌握和分析资料的基础上确定，一般可从以下三方面收集资料：

① 设计方面。可从技术设计、工艺设计和产品设计等方面收集资料。

② 生产制造方面。可从工序六要素状况等方面收集资料。

③ 检查、供应和销售方面。可从检查方法、手段、标准等方面收集；并可通过一些材料供应、订货前的指导思想以及用户的意见等方面进行收集资料。

2）选择调查对象。调查对象选择得是否正确，将影响调查成果的大小。一般调查对象应选择可以进行数据处理的，在生产过程中可以开展针对影响产品质量的主要环节进行实验。

3）进行标准化处理。调查之前，要了解引起质量波动的5M1E是否已经标准化。因其标准化的程度将影响工序能力调查结果。对于5M1E未标准化的，应根据技术上、经济上所能达到的力量，尽量使其标准化。

4）选择调查方法。调查目的不同，所选择的调查方法也不同。因此，应根据调查目的选择合适的调查方法。

5）收集数据、计算工序能力指数。根据调查目的和选定的调查方法，进行数据的收集、整理、分析，并计算工序能力指数，为工序能力评价和改进提供依据。

6）工序能力评价与反馈。根据工序能力指数的判断标准，对工序能力进行评价。评价结果有三种情况：工序能力过高，需要制订改进措施，使其降低成本，提高经济效益；工序能力充分，维持现状，继续进行生产；工序能力不足，找出原因，制订改进措施并加以实施。工序能力的评价结果不管处于哪一种情况，均要向有关部门进行信息反馈。

工序能力调查流程如图3-20所示。

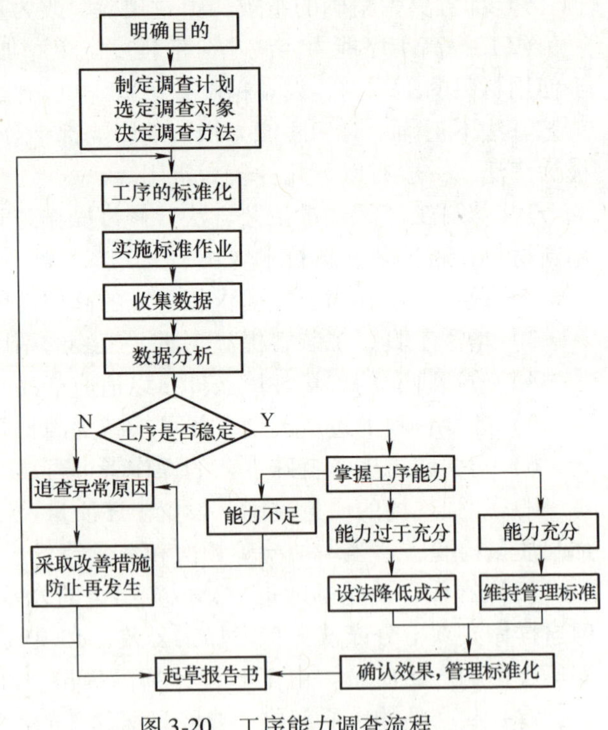

图3-20 工序能力调查流程

【知识拓展】 影响工序能力的因素及工序能力的用途

在生产过程中，无论工艺条件多么一致，生产出来的产品的质量特性（如功能、寿命、精度、强度、可靠性、维修性、经济性、物理性能、化学性能和机械性能等）绝不可能完全一致，这就是所谓的质量波动。

一、产品质量的波动

1. 正常波动

在每个工序中都是经常发生的，引起正常波动的原因有很多，如生产设备的微小振动、原材料的微小差异等。在正常波动情况下，产品的质量特性值呈正态分布，其波动趋势是可以预测的。

2. 异常波动

主要由于某种特定的原因引起，如生产设备的磨损、生产操作人员的错误操作等。在异常波动情况下，质量特性值不服从正态分布的规律。

二、影响工序能力的主要因素

1）操作人员：操作人员的情绪、技术水平、质量意识都会影响工序能力。

2）设备：机器、辅助装置、夹具等的精度。

3）材料：加工成产品的原材料和辅助材料性能的变化也会影响工序能力。

4）方法：加工工艺流程和操作方法是否合理将直接影响加工产品的质量，影响工序能力。

5）加工现场的环境，如合适的温度、光线，整齐、清洁的场所对提高工序能力大有好处。

6）检测仪器和工具精度及稳定性。

三、工序能力的用途

1）根据工序能力大小选择合理的加工方案。

2）选择经济合理的设备（机床）。有些企业甚至在购买新机床时都明确提出对工序能力大小的要求。

3）根据每道工序能力大小，工艺人员在制订工艺时可以更合理地确定该道工序的加工余量和定位基准。

课题四　质量检验

【教学目标】

1）知识目标：了解质量检验的定义和主要内容，掌握质量检验的方式和自检、互检、专检的内容和步骤。

2）能力目标：能根据产品的特点和质量要求正确选择自检、互检和专检方法。

【教学重点和难点】

教学重点：掌握质量检验的方式和自检、互检、专检三检的内容和步骤。

教学难点：正确选择自检、互检、专检三检的方法。

【课题导入】

在产品生产过程质量控制方面，日本丰田汽车公司的质量管理对我们有很好的借鉴意义。丰田公司信奉着“质量是制造出来的”这句话，强调每个生产工人都是质量的把关者。在总装线的每个工位旁边都装有停止拉线，一旦出现质量不良等影响整车质量的情况，装配工人有权拉动开关，这时报警黄灯闪亮，组长立即过来支援，协同排除不良因素，保证装配线继续运行。如果在一定距离区段内不能消除不良因素，则装配线就会自动停止，这时黄灯变为红灯。直至彻底排除质量问题，装配线才恢复运行。丰田公司的经营者认为，只有这样做，才能使质量损失限制在最小。

配合每个人的质量控制，产生了很多手段。如在总装线有许多工位需上紧螺母，由于车种不同，装配工人手边备有不同的螺母盛放箱。为了防止发生误装现象，每辆移动着的车架上都装有指示小盒（一种带有磁性信号装置的指示器）。当车架到达某个工位时，根据指示小盒所发出的指示，对应于该工位的螺母盛放箱旁也显示出应拧紧的螺母数。力矩的大小由设在工位旁带数字显示屏的三色柱灯来显示。在力矩未达到规定值时，三色柱灯的红、黄灯依次点亮。当达到规定力矩后，绿灯亮，同时应拧紧螺母数的显示减一，随着每个螺母的拧紧，该数值自动递减，直到零为止。

在机加工分厂中，也由操作工人自己进行检验，根据产品的不同分别采用初品检验法、定期检验法、展示品检验法（每次加工的开始、中间、最后进行检验，并将检验过的产品放在固定场所展示供查验）、全检法、抽检法等。

在丰田公司质量管理部，还设有车辆检验室和总成调查室。车辆检验室从每天下线的每种型号车辆中抽取1~2台，按照比日本国家标准提高15%的管理值进行检查。主要对关键部位的力矩、油漆层厚度、焊接长度等进行检查。总成调查室对外部配套、外供、内部配套的总成零件进行动平衡，并对表面粗糙度、齿形垂直度等指标进行检查。除金相外，几乎所有检验都能在那里完成。

丰田公司质量管理部的部长说：“我们没有与生产部门发生矛盾的现象，因为从用户的角度出发，大家的目标是一致的，从丰田公司工厂发出的底盘在丰田车体等公司装配后，最快只用5h就可以到达用户手中，如果出了质量问题是整个丰田公司的责任。”

【知识储备】

一个产品从原材料进厂到成品出厂中的每一个环节，由于受到主、客观因素的影响，都会引起质量的波动，甚至产生不合格品。为了能及时地了解质量状况，发现不合格品，防止不合格品流到下个过程或流入市场，质量检验是一项十分重要的工作。虽然目前质量管理的重点已转移到以预防为主的设计、物料采购和制造过程等阶段，但质量检验仍然是质量管理中的不可缺少的重要环节。

一、质量检验的有关概念

1. 质量检验的定义

质量检验就是对产品的一个或多个质量特性进行观察、测量、试验，并将结果和规定的质量要求进行比较，以确定每项质量特性合格与否的技术性检查活动。

2. 质量检验的主要内容

从质量检验的定义可看出质量检验包括以下工作内容：

（1）明确标准 将技术标准和管理标准转换成具体的、明确的质量检验标准，使检验人员知道什么是合格，什么是不合格。

（2）度量 要对产品的一个或多个质量特性，通过物理的、化学的和其他科学技术手段和方法进行观察、测量、试验，取得产品质量的客观数据。

（3）对比 将实际度量结果与质量标准相对比，以检验质量特性是否符合要求。

（4）判定 根据对比结果，判断单件产品或一批产品是否合格。

（5）处理 对于不同的检验类型采用不同的处理方式。对单件产品的检验，合格则放行，不合格则打上标志后隔离存放；对批量产品的检验，决定接受还是拒受；对工序的检验，决定停产、调整、保持等；对原材料的检验，决定是入库还是退回。

（6）记录 记录所测得的数据，出具报告，及时反馈信息，并作出评价和提出改进建议。

二、质量检验的方式

质量检验的方式可以从不同特征进行分类，常用的有以下几种：

1. 按生产过程的次序分类

（1）进货检验 进货检验是由检验部门对进厂的原材料、外购件、外协件等进行的入库前的检验。它须由专职质检人员按照规定的检查内容、检查方法及检查数量进行严格的检验；进货检验的深度主要取决于需求方对供方质量保证体系的信任程度；进货必须有合格证或其他合法证明，否则不予验收；进货检验应在货品入库前或投产前进行，可以在供方，也可以在需求方进行。

（2）过程（工序）检验 过程（工序）检验是对生产过程中的在制品和与质量有关的要素进行的检验。过程（工序）检验的目的是防止加工过程中出现大批不合格品，避免不合格品流入下道过程（工序），因此过程检验不仅要检验在制品是否达到规定的质量要求，还要检验影响质量的因素（即5M1E），以决定过程是否处于稳定状态。

（3）完工检验 完工检验又称最终检验，指过程全部结束后的半成品和成品的检验。是供方验证产品是否符合要求的最后一次机会，所以又是供方质量检验的重点。完工检验必须严格按程序和规程进行，只有所有的检验符合要求及有关数据和文件齐备且得到认可后，产品才能包装、发货。

2. 按检验责任人分类

（1）自检 就是由生产者在产品制造过程中，根据质量标准和有关技术文件的要求，对自己生产的产品进行自我检验。其目的是通过自检，主动挑出不合格品，使生产者充分了解自己在质量上存在的问题，并主动寻找原因，采取改进措施，这也是工人参与管理的一种重要形式。

（2）互检 是指生产工人之间对所生产的产品进行的检验。互检主要有：下道工序对上道工序流转过来的产品进行抽检，同一工序轮班交接时进行的检验，小组质量员或班组长对本小组生产的产品进行的抽检等。通过互检可以起到相互促进、相互监督、严格把关的作用。

（3）专检 是指由专职检验人员进行的检验。专检是现代化大生产劳动分工的客观要求，它的作用是自检、互检所不能代替的，而且自检、互检、专检（三检制）必须以专检为主导。企业领导要保证专职检验员实施质量否决权，保证专检工作不受干扰，以使专检能发挥其应有的质量把关、质量保证作用。

3. 按检验的数量特征分类

（1）全数检验　全数检验（即百分之百的检验）就是对全部产品逐个地进行检验从而判断每个产品合格与否。全检能提供较完整、系统的检验数据，对质量管理工作具有十分重要的指导作用，但全检也存在着错检和漏检的可能，且工作量大，对破坏性检验不适用。

（2）抽样检验　按照规定的抽样方案和程序从检验批中随机抽取部分单位产品作为样本，然后通过检验样本中的每个单位产品，并与判断标准进行对比，从而对检验批作出判断的一种检验方法。

4. 按检验后检验对象的完整程度分类

（1）破坏性检验　指产品经过检验后其完整性遭到破坏，不再具有原有的使用功能。如电子产品的寿命试验、布匹或材料的强度试验、炮弹的射程试验等。破坏性试验只能采用抽样检验方式。

（2）非破坏性检验　指产品经过检验后完整无损，不影响其使用性能的检验。例如零件的尺寸检验等。随着检验技术的发展，非破坏性检验的范围在不断扩大。

5. 按检验方法的特征分类

（1）感官检验　利用人的感觉器官（如眼、耳、口、皮肤）对质量特性作出评价和判断。例如产品的外观、颜色、气味等往往要靠人的感觉来进行检查和评价。检验结果带有主观性，大多数情况下只能用比较性的词语如优、良、一般、差等表示，不如理化检验可以用确切的数字表示。

（2）器具检验　指利用仪器、量具或检测设备，应用物理或化学的方法对产品的质量特性进行的检验。例如对产品的性能、强度、可靠性的检验。

【知识拓展】　三检制的使用

提示：三检制就是操作者自检、工人之间互检和专职检验人员专检相结合的一种检验制度。

这种三结合的检验制度有利于调动广大职工参与企业质量检验工作的积极性和责任感，是任何单纯依靠专业质量检验的检验制度所无法比拟的。

一、自检

1. 自检的步骤

（1）检查文件和原辅料

1）生产人员确认质量标准及检验规范文件是否已经全部备齐，根据文件明确自检内容和方法。

2）生产人员检查原辅料及包装材料的质量水平、名称、供货批次、数量、使用期限是否合格。若原辅料出现质量问题，生产人员应及时记录并向现场管理者报告，便于实施处理措施，消除产品质量隐患。然后，生产人员需要根据批次和种类的不同实施隔离存放并做好区分标示。

（2）检查制作工艺

1）每一位生产者在生产过程中应随时关注自己的操作是否符合标准操作规程，以及在制品是否符合工艺质量标准。

2）当发现质量异常时，生产人员应立即采取返工措施进行补救。经过返工仍不合格的产品应与合格品分区摆放并做好标示。若出现严重或特殊质量异常，在报告现场管理者前，生产人员应停工并关掉设备。

（3）检查自检记录 生产人员每天都要如实填写自检记录。一份完整的自检记录应该包括以下内容：每天下班前，生产人员都应将自检记录上交现场管理者。

2. 自检工作的管理

自检工作离不开现场管理者的指导和监督。

（1）处理质量异常 现场管理者得到质量异常的报告后，应立即与专业质检人员一起追查原因并加以处理。异常得到控制或消除后，现场管理者将异常性质、原因、处理过程、改善对策和责任人进行记录，并开具“异常处理单”呈交有关部门，由有关部门人员进行奖惩和责任归属判定。

（2）抽检 为保证生产员工的自检结果的真实性，现场管理者应随时深入现场抽检产品质量，一旦发现有不合格品或质量异常情况应立即处理，并追究相关人员的责任，以引起相关人员的重视，避免质量异常问题反复出现。

（3）督促整改 各级现场管理者对每次自检过程中发现的问题都应给出整改限期，督促员工及时改正。若员工的能力不足以解决问题，现场管理者应当对其进行指导。整改限期内未将问题解决，现场负责人也应当为管理不力负责。

（4）检查、分析自检记录 每天现场管理者都要在下班前收集所有生产人员的自检记录表并对下列项目进行检查：数据的真实性、项目填写的完整性、质量偏差的合理性（是否在允许的范围内，有合理原因并且经过有关部门批准）。

此外，现场管理者还需要定期对自检活动作出评价和总结，采取合理的奖惩措施，激励表现优秀者，促进落后者，最后就自检的总体情况向有关部门汇报。

二、互检

1. 互检原则

1）应该自检却没有自检记录或者记录不合要求的产品一律退还上道工序。

2）符合互检标准的产品才能进行加工，不合格品应拒收。

在生产过程中，我们经常可以看到这样一种现象：上下工序间“各人自扫门前雪，不管他人瓦上霜”，只是机械化地重复生产加工以求按时按量完成任务。所以，互检的出现不仅可以改变这种局面，使企业的质量管理水平迈上新台阶，而且可以在上下工序间建立起团结协作的新型工作关系，督促上道工序更加重视质量，以免流出本工序后被下道工序工人“揭短”。

2. 实施互检时应注意的问题

（1）提高员工互检素质 互检的本质是工序间的互相质量监督。要想检出水平、检出成果，仅了解本工序的质量标准和加工程序肯定是不够的。生产人员必须熟悉整个生产流程和工艺要求，只有这样才能更全面地检验出上道工序的产品存在的质量问题。

（2）彻底解决问题　对互检过程中发现的质量问题，现场员工一定要进行严肃、及时的处理。若是因上道工序的操作不当引起，则生产人员应立即反馈以便上道工序进行改进控制；若不能判断质量异常的原因，则生产人员须立即汇报，由质量检验主管和班组长共同寻找原因并采取有效措施。

（3）做好指导工作　为了增强员工互检的效果，强化员工的自律意识，避免互检工作"走形式"，现场管理者的指导工作一定要做到位。

（4）加强工序间交流　当现场管理者通过员工的互检记录，发现上道工序传来的产品不合格率接近甚至超出企业允许范围，除了向上级汇报外还应当积极联系上道工序，为上道工序提高产品质量提供质量检查信息和改进建议。

此外，通过工序间的交流，上道工序的生产者可以对下道工序需要什么样的产品有更多的了解。通过改进工艺，产品能够进一步符合质量要求，也可以减少下道工序互检时的负担。

三、专检

由于生产工人自有生产任务，在自检和互检过程中容易出现漏检、错检现象。而专检人员是质量检验的专业人士，拥有更高的质量检测技术和更丰富的工艺知识，在专检过程中使用的是更精密的检测仪器。现代企业的管理者普遍认同专检在三检制中的主导地位，因此在生产关键工序、质控关键点都设有专检人员对质量进行严格把关。

1. 专检的分类

（1）按检验过程对样品的破坏程度，专检可分为破坏性检验和非破坏性检验

1）破坏性检验是一种会消耗受检物或对受检物造成永久性破坏的检验方式，在检验样品的可靠性时能发挥巨大的作用。常用的破坏性检验方法有物料试制、耐用性鉴定、强度测试等。破坏性检验会导致较大的经济损失，所以质检人员一般只抽取少量样品进行质量鉴定。

2）非破坏性检验是一种以不影响受检物的完整性和使用性能为前提进行的质量检验手段。常用的非破坏性检验方法有以下几种：目视检验、射线检验、加压试验和磁粉检验。

（2）按检验的数量，专检可分为批量抽检和全数检验　批量抽检也称批检验，是从整批产品中按预定方案随机抽取一定数量的样品，通过对受检样品的质量检验结果，推断整批产品的合格率的检验手段。

全数检验，即对整批次的所有产品都逐个、逐项进行质量鉴定的过程。一般而言，重要生产项目和关键工序必须实施全检。

2. 专检的步骤

（1）准备　在实施专检之前，质检员要熟悉相关资料文件。只有依相关的检验指导书、质量标准进行专业检查工作，才能保证检验的水平。专检人员进行检查前应检查该产品是否按规范进行了自检、互检手续，对质量规范作业书中没有自检要求的产品应实施全数检查。

（2）检验　专业质检员根据相关质量资料文件、检验规范对产品进行检验。检验时应正确使用检验工具，严格按检验流程进行。

一旦出现质量异常影响工程进度或超出规定范围的情况，专检人员应按异常类别和等级向主管进行书面报告。

（3）标记、隔离　检验完成后，专业质检员负责标记产品质量状态以便区分不合格品

和合格品。不合格品应与合格品分区摆放以免混淆。

(4) 评级 质量等级的评定应由质量检验人员和班组长共同负责，以国家、行业或企业发布的质检评定标准为依据。专业质检人员的评定结果就是最终级别。

任何未经过专检人员检查、评定的被检品或被专检人员判定为不合格的被检品均不得流入下道工序。

(5) 处置 质量等级的不同决定了被检物品的不同“待遇”。合格品经过专检人员签字确认后，流入下一道工序或者仓库；不合格品根据质量偏差的大小，由专检人员开具异常处理单后送回上工序进行返修或者由质量检验主管批准报废或特许流通。

(6) 记录、分析 完成上述工作后，专检人员统计检验数据，然后以准确且完整为原则填写常规检验记录，并在当天下班前将记录表单上交质量检验主管。质量检验主管每天对质检资料进行客观分析，确认无误后保存即可；若确定质量偏差是由不良工艺或作业流程问题引起的，质量检验主管应按质量事故处理流程及时向生产部门提出停工和限期整改要求。对来自质量检查部门的整顿意见书，生产部门应给予充分重视，认真实施改进并及时给予书面回复。

(7) 跟踪复核 各工序的质量整改过程都应由专业人员跟踪、督促，整改结果都应经过专检人员的复检、确定。若复检仍不合格，则生产部必须再次查找原因并采取有效整改措施，直到相关质量问题得到妥善解决。

(8) 制作报表 质检专员根据常规检验和复检情况编制质量报表、数据记录单等各种文件，并及时呈交质量检验主管进行审核。文件应包括检验数据、质量异常、整改措施及整改结果等内容。质量检验主管将检验过程中形成的文件资料分类归档并保存。

课题五 产品抽样检验

【教学目标】

1) 知识目标：了解产品抽样检验的基本概念和抽样检验的分类方法；了解计数抽样检验、计量抽样检验应用场合；熟悉不合格品的判定方法以及不合格品的处理方法；掌握随机抽样的抽样方式和不合格品的统计与分析方法。

2) 能力目标：能根据产品质量要求合理选择抽样检验方式，并且能正确处理不合格品。

【教学重点和难点】

教学重点：掌握随机抽样的抽样方式以及不合格品的统计与分析方法。

教学难点：抽样检验方式的选择，不合格品的处理方法。

【课题导入】

假设有某种成品零件分别装在20个零件箱中，每箱各装50个，总共1000个。如果想从中取100个零件组成样本进行测试研究，那么应该怎样运用抽样方法呢？

可以进行以下操作：

1）将20箱零件倒在一起，混合均匀，并将零件从1~1000进行编号，然后用查随机数表或抽签的办法从中抽出编号毫无规律的100个零件组成样本，这就是简单随机抽样。

2）将20箱零件倒在一起，混合均匀，将零件从1~1000逐一编号，然后用查随机数表或抽签的办法先决定起始编号，比如15号，那么后面入选样本的零件编号依次为25、35、45、55、…、905、915、925、…、995、05。于是就由这样100个零件组成样本，这就是系统抽样。

3）对所有20箱零件，每箱都随机抽出5个零件，共100件组成样本，这就是分层抽样。

4）先从20箱零件随机抽出2箱，然后对这2箱零件进行全数检查，即把这2箱零件看成是“整群”，由它们组成样本，这就是整群抽样。

【知识储备】

一、产品抽样检验的基本概念

在产品制造过程中，为了保证产品合乎质量标准，防止不合格品出厂或流入下道工序，通常对产品进行全数检验（即百分之百的检验）。但是在大量生产的情况下，由于受到人力、物力、财力和时间的限制，或是由于产品经过检验，其功能便被破坏，不可能进行全数检验，只能采用抽样检验的办法。

1. 全数检验和抽样检验

全数检验是对每一件产品进行检验，以判断其是否合格，这种方法只在某些情况下使用，譬如非破坏性的检查，批量小、检查费用少的场合，或稍有一点缺陷就会带来巨大损失的场合等，但对很多产品来讲是不可能的，也不需要这样做。而抽样检验是从一大批产品中随机抽出若干个，通过检查这几个产品的质量来判断整批产品的质量是否合格的一种检验方法。抽样检验一般用于以下情况：破坏性检查验收；产品数量很大，质量要求又不很高；测量对象是流程性材料；希望节省检验费用；检验的项目较多。

2. 单位产品与产品批

（1）单位产品　是为实施抽样检验的需要而划分的产品的基本单位。有些产品可按自然单位进行划分，譬如一支笔、一台机；有的难以用自然单位划分的，则可以用一定的长度、面积、体积等作为一个单位产品，譬如可将一匹布、一袋水泥等作为一个单位产品。

（2）产品批　在抽样检验中对产品的检验总是按批进行的。所谓一个检验批是为实施抽样检验而汇总起来的若干个单位产品，通常可以按生产或流通过程自然形成，如一个运输批、一个工人一天生产的产品等。总之，同一批产品应该是在生产基本稳定的条件下，由同型号同规格的产品构成。

提示： 通常把这里的“一批产品”称为总体。总体含量（在本任务中也称批量）习惯用符号N表示，把抽出来检验的“这部分产品”称为样本。样本中包含的产品个数称为“样本含量”，习惯用符号n来表示。把组成样本的每个产品称为样品。经过抽样检验判为合格的批，不等于批中每个产品都合格；经过抽样检验判为不合格的批，不等于批中全部产品都不合格。

3. 产品质量的表示

（1）单位产品的质量　可以用其质量特性来衡量，常用的质量特性有计数和计量两种。当产品的质量特性可以用仪器测试时，譬如轴的直径、显像管的寿命、钢材中化学元素的含量等，它们可以用一个连续的量表示，这种质量特性称为是计量的。有的产品的质量特性只能用离散的量去衡量，通常是用数的方法统计出产品上所包含的某种不合格数（也称缺陷数），譬如一匹布上的疵点数、一个铸件上的气泡数等，这种特性称为是计点的。还有一种是只判断产品合格与否，譬如一个涂铬的量具表面有麻点，则其外观质量就不合格，这种质量特性称为计件的。我们将计点的与计件的质量特性统称为计数的。对于计量的特性值来讲，有时可以将它与质量标准进行比较，以判断其合格与否，将它转换成计数的情况处理。

（2）批的质量　衡量一批产品的质量特性也有很多方法。对计量的特性值来讲，可以用批中所有单位产品的该特性值的平均值表示，还可以用其标准差、变异系数等表示。对计数的特性值来讲，对计点产品可以用批中每个单位产品（或每百单位产品）的不合格数表示；对计件产品可用批中不合格产品所占比例，即不合格品率表示。

4. 抽样方案

在抽样检验中规定样本量和有关接受准则的一个具体方案。可用符号（n/C）、（n/A）、（n/A，R）、（$N/n/A$）、（n/K）表示。其中 C、A 为合格判定数，R 为不合格判定数，K 为可接受常数。

5. 不合格

单位产品的任何一个质量特性不符合规定要求。由于产品及产品形成过程中涉及许多质量特性要求，这些质量特性的重要程度各不相同且质量特性偏离要求的程度也不同，所以不合格分类的标志是质量特性的重要性或其不符合的严重程度。目前，我国国家标准推荐将不合格分为三个等级。

（1）A 类不合格　单位产品的极重要的质量特性不符合规定要求，或单位产品的质量特性极严重不符合规定要求。

（2）B 类不合格　单位产品的重要的质量特性不符合规定要求，或单位产品的质量特性严重不符合规定要求。

（3）C 类不合格　单位产品的一般质量特性不符合规定要求，或单位产品的质量特性轻微不符合规定要求。

6. 不合格品

有一个或一个以上不合格的单位产品，称为不合格品。三类不合格相对应的不合格品也有三类。

（1）A 类不合格品　有一个或一个以上 A 类不合格，也可能还有 B 类不合格和（或）C 类不合格的单位产品。

（2）B 类不合格品　有一个或一个以上 B 类不合格，也可能还有 C 类不合格，但没有 A 类不合格的单位产品。

（3）C 类不合格品　有一个或一个以上 C 类不合格，但没有 A 类、B 类不合格的单位产品。

【案例】

某车间从生产线上随机抽取 100 个零件进行检验，发现 5 个产品有 A 类不合格，4 个产品有 B 类不合格，2 个产品既有 A 类不合格又有 B 类不合格，3 个产品既有 B 类不合格又有 C 类不合格，5 个产品有 C 类不合格，试判断该批产品中的不合格数和不合格品数。

解：不合格数：A 类不合格 7 个，B 类不合格 9 个，C 类不合格 8 个，共 24 个。

不合格品数：A 类不合格品 7 个，B 类不合格品 7 个，C 类不合格品 5 个，共 19 个。

二、抽样检验的分类

1. 按检验质量特性的性质分

（1）计数抽样检验　根据规定的要求，对样本中的单位产品的质量特性进行计数测定，包括计件抽样检验和计数抽样检验。

由于计数抽样检验仅把产品区分为合格与否，所以简单方便，节省费用和时间，对一般的成批产品的检验常采用计数抽样检验。

（2）计量抽样检验　根据规定的要求，对样本中的单位产品的质量特性（如重量、长度、强度等）进行定量测定，并用计量值与判断标准进行比较的抽样检验。由于计量抽样检验提供的信息多，在相同的检验功效下所需样本量较小，特别适用于破坏性检验及检验费用很高的场合。

2. 按抽取样本的次数分

（1）一次抽样检验　只抽取一次样本就应做出“批合格与否”的抽样检验。其抽样程序如图 3-21 所示。图中 n 为样本量，d 为缺陷产品数，A 为接收数，R 为拒收数。

（2）二次抽样检验　至多抽取二次样本就应做出“批合格与否”的抽样检验。其抽样程序如图 3-22 所示。

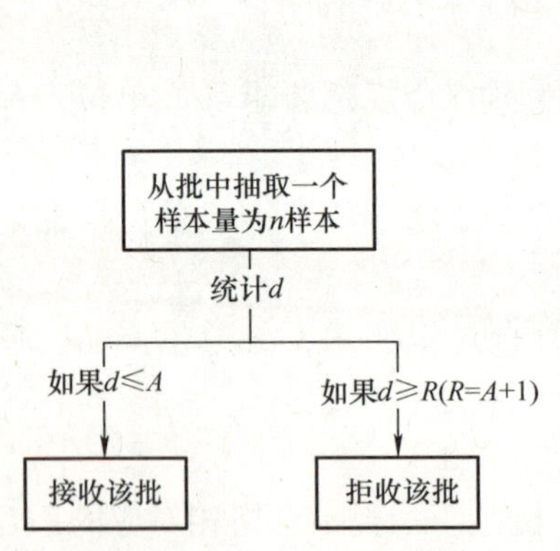

图 3-21　计数一次抽样检验程序

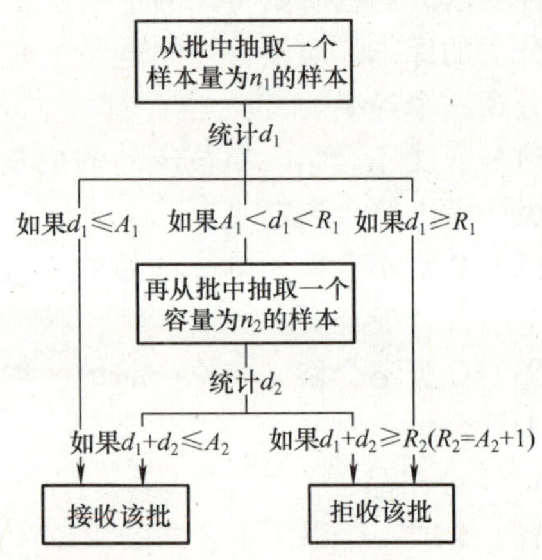

图 3-22　计数二次抽样检验程序

（3）多次抽样检验　抽取三次或三次以上的样本才能做出“批合格与否”的抽样检验。

3. 随机抽样

就是为了排除人的主观因素的影响，使构成总体的每一个体都以等概率出现在样本中的抽样方法。随机抽样的方法很多，常用的抽样方式有以下几种。

（1）简单随机抽样法　就是通常所说的随机抽样法。之所以称简单随机抽样法，是指总体中的每个个体被抽到的机会是相同的。为实现抽样的随机化，可采用抽签（或抓阄）、查随机数表或掷随机数色子等办法。

该办法的优点是抽样误差小，缺点是抽样手续比较繁杂。在实际工作中，真正做到总体中的每个个体被抽到的机会完全一样是不容易的，这往往是由各种客观条件和主观心理等许多因素综合影响造成的。

（2）系统抽样法　系统抽样法又称等距抽样法或机械抽样法。例如，要从100件产品中抽取10件组成样本，首先应将100件产品按1、2、3、…、100顺序编号，然后用抽签或查随机数表的方法确定1～10号中的哪一件产品入选样本（此处假定是4号），那么由编号为4、14、24、34、44、54、64、74、84、94的10件产品组成样本。

由于系统抽样法操作简便，实施起来不易出差错，因而在生产现场人们习惯于使用它。但由于系统抽样的抽样起点一旦被确定后（如抽到了第4号），整个样本也就完全被确定，因此这种抽样方法也容易出现大的偏差。比如，一台织布机出了毛病，恰好是每隔50m（周期性）出现一段疵布，而检验人员又正好是每隔50m抽一段进行检查，抽样的起点正好碰到有瑕疵的布段，这样以后抽查的每一段都有瑕疵，进而就会对整匹布甚至整个工序的质量得出错误的结论。

总之，当总体含有一种周期性的变化，而抽样间隔又同这个周期相吻合时，就会得到一个不能反映总体真正质量的样本。因此，在总体会发生周期性变化的场合，不宜使用这种抽样方法。

（3）分层抽样法　分层抽样法也称类型抽样法。它是从一个可以分成不同层的总体中，按规定的比例从不同层中随机抽取样品（个体）的方法。比如，有甲、乙、丙三个工人在同一台机器设备上加工同一种零件，他们加工完了的零件分别堆放在三个地方，如果现在要求抽取15个零件组成样本，采用分层抽样法，应从堆放零件的三个地方分别随机抽取5个零件，合起来一共15个零件组成样本。

这种抽样方法的优点是，样本的代表性较好，抽样误差比较小。缺点是抽样手续较简单，随机抽样还要繁些。这个方法常用于产品总体存在较大差异时，要先分层再采用分层抽样法。

（4）整群抽样法　整群抽样法是将总体分成许多群，然后随机地抽取若干群，并由这些群中的所有个体组成样本。如对某种产品来说，每隔20h抽出其中1h的产品组成样本。

这种抽样方法的优点是抽样实施方便。缺点是由于样本只来自个别几个群体，而不能均匀地分布在总体中，因而代表性差，抽样误差大。这种方法常用在工序控制中。

【知识拓展】　不合格品质量分析与处理

不合格品是指产品未满足规定的要求。不合格品管理就是要规范不合格品（包含原材料），能由权责单位迅速加以管制，防止不良品流出，确保出货产品质量符合客户要求。不合格判定是指检验和测试后发现产品质量不符合规定要求时，则判定为不合格。

一、不合格品的判定

1. 产品质量的判定过程

1）一是检验人员按产品图样、工艺文件、技术标准或检验作业指导书检验产品，作出合格或不合格的结论。

2）二是有关部门对判为不合格的产品的“处置方式”作出判定。前者属于符合性判定，后者属于不合格品的处置性判定，也称不合格的评审。处置性判定是对不合格品做出返工、返修、让步、降级、拒收、报废判定的过程。

2. 产品质量的符合性判定

产品质量的符合性判定由授权的检验员进行。一般不要求检验人员承担处置不合格品的责任和拥有相应的权限。

3. 不合格品的评审判定

不合格品的评审判定是一项技术性很强的工作，应根据产品未满足规定的质量特性重要性，质量特性偏离规定要求的程度和对产品质量影响的程度，制订分级评审程序，规定评审的级别和职责（如按不合格分 A、B、C 三类）。

二、不合格品的统计与分析

通过开展不合格品统计和分析，一方面作为衡量工作质量和经济效果指标，对企业、车间、班组和个人进行考核；另一方面是为了掌握产品加工的质量情况，找出产生不合格品的原因和责任者，发现不合格品产生和变化的规律，以便抓准关键问题，采取有效措施降低不合格品数量。

为了便于研究和分析，必须将废品按其产生原因和责任者进行分类统计。

1. 不合格品统计

对废品、返修品、回用品均需由检验部门根据废品通知单、返修品通知单、回用申请单等原始票证定期进行分类统计汇总，按月对生产车间进行考核。为财会部门的质量成本核算、供应部门的材料利用率统计、生产部门在制品盘查提供依据。车间生产班组还应对不良品进行日汇总统计，填入相应的图表中，便于掌握与分析产生质量问题的波动趋势，及时采取改进措施。

2. 不合格品分析

在不合格品分析中，做好废品分析是重点环节。废品分析是一项很复杂、很细致的工作。为了做好废品分析工作，在充分发挥检验部门作用的同时，还要积极组织发动有关单位和生产工人参加，废品分析形式有：

（1）现场废品分析会　是组织有关单位，发动员工参加废品分析的一种形式，特别是遇有废品原因不清、责任不明确，采用这种现场废品分析会，按“三不放过”原则（废品原因不清不放过、责任者没有受到教育不放过、没有防止措施不放过）追查和分析效果好。

（2）废品分析报告　检验部门、车间和班组要每月将有关废品统计汇总数据运用排列图、因果分析图等统计工具进行分析，提出当月废品统计分析报告。报告要着重指明当月废品中关键项目是哪些；着重分析废品数量升降的原因，以利有关部门抓准关键问题，采取有效措施降低废品数量。

三、不合格品的处理方法

1. 不合格品的标识和隔离

对鉴别出的不合格品，要及时做出不合格的标识，同时对该不合格品进行隔离存放，以防止误用。标识形式可采用色标、票签、文字、印记等。不合格品隔离的操作要做到以下几点。

（1）工序不合格品的隔离　工序检验过程中出现的不合格品由生产部主管或班长负责组织采取隔离措施。

（2）最终检验不合格品的隔离　最终检验不合格品应由质检部同跟班班长采取隔离措

施，仓库、生产部应提供不合格品放置区，以便不合格品能有效隔离。

（3）其他不合格品的隔离　主要指原材料（包括外协、外购件）不合格品、出货前抽检出的不合格品、客户退回来的不合格品、生产线上退回仓库的不合格品，均由仓库负责人会同质检部采取隔离措施。

2. 不合格品的处理作业

1）作业人员或制程检验人员发现产品不合格时，应依据检验规范的规定予以标示区分或移离生产线。

2）当发现属制程不良，亦即有重复产品不良发生时，应立即向主管报告。若由生产单位的作业人员发现，立即将不符合情形向主管报告，并经生产线主管确认后，立即进行改善。

3）若为制程本身或材料问题，必须采取纠正措施以防止事件的再发生，生产单位应立即发出“生产异常报告单”给相关责任单位并要求在期限内处理完毕。

4）当制程变异对产品质量有不良影响时，经生产线主管确认后，立即停止生产或采取其他相应措施。待问题解决，并经生产技术部门人员确认后恢复生产。

5）生产单位发出生产异常报告单后，应主动处理情形与结果，并将生产异常报告单的处理结果归档，以作为质量回馈与分析改善的资料。

6）如决定返工时，应依据相关程序的规定办理，返工后的产品应再行检验与测试合格后，才开始出货。

【单元小结】

了解影响产品质量的基本因素，工序质量波动的分类、工序能力和产品公差的关系，质量检验的定义和主要内容，产品抽样检验的基本概念和抽样检验的分类方法以及计数抽样检验、计量抽样检验应用场合；熟悉工序能力指数的含义，不合格品的判定方法以及不合格品的处理方法；掌握预防和控制产品质量的措施、质量问题调查的内容和方法、质量分析所包含的内容及应用各种质量控制工具控制产品质量的方法，掌握工序能力分析的方法、影响工序能力的因素、工序能力的判别和处理的方法，质量检验的方式、三检的内容和步骤、随机抽样的方式及不合格品的统计与分析方法。

【单元训练】

一、填空题

1. 影响产质量的因素可分为主观因素和客观因素。具体来讲包括：________、________、________、________、________（Measurement）和________（Enviroment），即5M1E。

2. 质量问题调查的方法有：________、________、________。

3. 直方图，又称频数直方图、________。

4. 控制图的横坐标通常表示顺序抽样的________，纵坐标表示质量特性或其________（如样本平均值等）。控制图上一般有三条线。在上面的一条线称________，用符号 UCL 表示；在下面的一条线称________，用符号 LCL 表示；在中间的一条线称________，用符号 CL 表示。

5. 几种常用的控制图有________和________。

6. 产品质量的波动分为两种：________和________。

7. 影响工序能力的主要因素：________、________、________、________、________以及检测仪器和工具精度及稳定性。

8. 三检制就是________、________、________。

9. 通常把这里的“一批产品”称为________。总体含量（也称________）习惯用符号N表示，把抽出来检验的“这部分产品”称为________。样本中包含的产品个数称为“________”。

二、简答题

1. 怎样进行质量问题分析？

2. 怎样应用调查表、因果图、树图、排列图、直方图、控制图、流程图控制产品质量？说明它们的应用步骤或作图方法。

3. 什么是工序能力指数？怎样进行工序能力分析、判别以及提高？工序能力调查的步骤有哪些？

4. 质量检验的定义、内容、方式是什么？

5. 自检、互检、专检的方法与步骤有哪些？

6. 产品抽样检验的基本概念有哪些？其有哪些类型？

7. 怎样判断不合格品？怎样处理不合格品？

8. 人是影响质量的最关键因素，“抓产品质量先要抓产品质量意识，同时加强对员工的质量意识培训”，你是如何理解的？

9. 以我们常用的中性笔为例谈谈“影响中性笔质量的因素”。

10. 表3-12所列为现场诊断步骤和工作内容，试根据你所在学校实训车间或某一工厂的车间的产品情况填写表中的内容。

表3-12 现场诊断步骤及工作内容

序号	诊断内容	诊断结果	诊断小组
1	组建诊断小组		
2	确定现场管理需要达到的目标		
3	制订调查计划并拟好访谈的主要内容		
4	调研生产现场的环境情况		
5	调研生产现场的操作是否规范		
6	调研生产现场的设备管理状况		
7	调研生产现场的产品质量管理状况		
8	调研生产现场的安全管理状况		
9	调研生产现场的人员管理状况		

单元四　机械加工质量的控制方法

课题一　机械加工精度和表面质量

【教学目标】

1）知识目标：了解机械加工精度和表面质量的基本概念以及机械加工中振动的种类及控制方法，熟悉影响加工精度和表面质量的因素及其控制措施，掌握加工误差的控制方法。

2）能力目标：能确定影响加工精度和表面质量的因素并对加工精度和表面质量以及加工误差进行控制。

【教学重点和难点】

机械加工精度及质量的控制方法。

【课题导入】

上海海斯特叉车门架断裂事故原因分析

在现代工业生产中，叉车被广泛应用于国民经济各部门，是实现成件货物和散状物料机械化装卸、堆垛和短途运输的高效率工作车辆，其又称万能装卸机、自动装卸机、自动升降车等，它是无轨流动的起重运输机械，适用于车站、码头、机场、仓库、工地、货场和工矿企业，是现代化企业必备的装卸机械。叉车的使用促进了托盘运输和集装箱搬运的发展，带来了“搬运革命”。

上海海斯特叉车门架断裂事故的发生引起公司极高的重视，由于涉及公司名誉及质量等一系列问题，公司召开紧急会议确定找一家在检测领域具有一流技术和权威性的第三方检测机构为门架断裂的原因进行检测分析。

在网络调研过程中，海斯特公司很快找到了在金属失效分析方面的权威检测机构——上海宝冶工程技术有限公司。近年来该公司连续中标北京奥运主场馆“鸟巢”钢结构检测工程、中央电视台新台址建设工程A标段钢结构检测工程、上海世博阳光谷工程钢结构检测工程等业绩在其同行内部得到了一致的认同。海斯特立刻把这次事故的失效分析委托给宝冶技术钢结构检测部的金相室。宝冶技术金相室接到紧急委托后，为了更好地解决此次叉车门架断裂失效事故，专门成立失效分析小组到现场进行情况调查，结合现场的实际情况及门架的宏观特征，失效分析小组经过认真的分析与讨论制订了详细的分析方案，按照方案的步骤逐步进行试验，并对门架进行整体受力分析，最终找到了导致该叉车门架断裂的真正原因：

焊接门架时，在收弧部位的凹坑缺陷造成缺口应力集中，加之门架的不对称工作应力作用，故最终在大应力的作用下造成门架疲劳断裂。

疲劳断裂是机械构件在循环交变应力作用下产生的断裂，疲劳源常位于构件表面或次表面的应力集中区。影响疲劳断裂的因素有：材料强度不足，过载，焊接缺陷，表面缺陷（如折叠、加工刀痕），构件表面有尖角、键槽、圆角等应力集中区，热处理缺陷（如表面脱碳、过热），材料缺陷（如夹杂、疏松、气孔、微裂纹）等。

【知识储备】

一、基本概念

不断提高产品质量，在短时间内生产出合格产品，最大限度地节约原材料以及人力、能源的消耗，是机械制造业遵循的原则，而机械零件的加工质量是机器质量的基础。

1. 机械加工质量的含义

机械产品的工作性能和使用寿命，总是与组成产品的零件加工质量和产品的装配精度有关。零件的加工质量又是整个产品质量的基础，零件的加工质量包括加工精度和表面质量两个方面，是整个产品质量的基础。

（1）机械加工精度　是指零件加工后的几何参数（尺寸、几何形状和相互位置）与零件理想几何参数相符合的程度，它们之间的偏离程度则为加工误差。加工误差的大小反映了加工精度的高低，加工误差越小，加工精度越高。加工精度包括以下三方面内容：

1）尺寸精度。限制加工表面实际尺寸与其理论尺寸之间误差变化不超过标准公差的等级范围。

2）几何形状精度。指零部件的实际几何形体与理想几何形体相接近的程度。

3）位置精度。加工后零件的实际位置对其理想位置的偏离量，如平行度、垂直度、同轴度、位置度等。

（2）加工表面质量　加工表面质量的含义可以用表面完整性来概括，它有两个方面的内容：即表面几何形状和表面层物理、力学性能。

1）加工表面的几何特征，包括表面粗糙度和表面波度。

① 表面粗糙度。它是指已加工表面微观几何形状误差。如图 4-1 所示，图中 H 为表面粗糙度的高度。表面粗糙度值是衡量表面微观不平度的指标，国家标准 GB/T 3505—2009 规定用“评定轮廓的算术平均偏差 Ra”或“轮廓最大高度 Rz”来衡量。

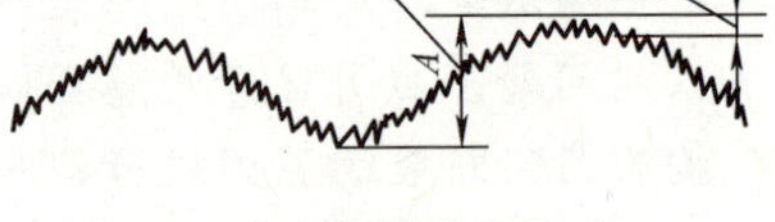

图 4-1　表面粗糙度与波度

② 表面波度。它是介于表面粗糙度和形状误差之间的一种几何误差，主要由机械振动引起，目前还没有国家标准。它是宏观几何误差（即形状误差）与微观几何形状误差，其波距为 1 ~ 10mm，波纹度 A 一般在 10 ~ 15μm。

2）加工表面层的物理、力学性能。工件表面层内部组织遭到破坏的外在表现就是物理力学性能的改变，具体表现在：①表面层冷作硬化——表层的显微硬度高于母体；②表面层残余应力——加工后，表层中残留的压应力或拉应力；③表面层金相组织变化——表层的金相组织与基体不同。

2. 表面质量对零件使用性能的影响

设备正常使用时，随着其零件工作性能的逐步变坏，会导致设备在运行中突然损坏。除少数是因为零件的原始设计强度不够，或使用的偶然事故原因引发设备超负荷而破坏外，损坏原因大多数是由于零件的逐渐磨损、疲劳破坏、腐蚀等。机械零件磨损、腐蚀、疲劳破坏的共同特点是都是从零件表面逐渐开始的。

提示：零件的表面质量直接影响到其工作性能，尤其是使用的可靠性和寿命。

（1）对零件耐磨性的影响　零件表面粗糙度值太大和太小都不耐磨。表面粗糙度值太大，接触表面的压强增大，粗糙不平的凸峰相互咬合、挤裂、切断，故磨损加剧；表面粗糙度值太小，表面太光滑，存不住润滑油，接触面间不易形成油膜，还会增加零件表面间的吸附力而加剧磨损。表面粗糙度的最佳值与零件的工作情况有关。

加工表面的冷作硬化使表层的显微硬度增加，耐磨性有所提高，但冷作硬化过度，将引起金属组织剥落，在接触面上形成小颗粒，使零件磨损加剧。

（2）对零件疲劳强度的影响　零件疲劳破坏都是从表层开始的，因此表面层的粗糙度对零件的疲劳强度影响很大。在交变载荷作用下，零件表面粗糙度的凹谷部位产生应力集中而形成疲劳裂纹，然后裂纹逐渐扩大和加深，最终导致零件的断裂破坏。表面越粗糙，凹谷越深，应力集中现象越严重，疲劳强度也就越低。

零件表面的冷硬层，有助于提高疲劳强度。因为强化过的表面冷硬层具有阻碍裂纹继续扩大和新裂纹产生的能力。此外，当表面层具有残余压应力时，能使疲劳强度提高。但当表面层具有残余拉应力时，会使疲劳强度进一步降低。

（3）对零件配合性质的影响　在间隙配合中，如果配合表面粗糙，则在初期磨损阶段由于配合表面迅速磨损，使配合间隙增大，降低了配合精度。在过盈配合中，如果配合表面粗糙，则装配后表面的凸峰将被挤压，而使有效过盈量减小，降低配合的强度。

3. 对零件耐蚀性的影响

零件的表面粗糙度在很大程度上决定了其耐蚀性。粗糙表面的凹槽处容易积存腐蚀性介质而引发化学腐蚀，凸峰处则可能因电化学作用而引起电化学腐蚀。零件表面越粗糙，凹槽也就越深，就越容易积存腐蚀性的物质，渗透和腐蚀现象也就越严重。因此，减小零件的表面粗糙度值，可以有效地提高零件的耐蚀性。

零件表面残余应力的性质对其耐蚀性有较大影响。零件的表面残余压应力使表面更紧密，这样腐蚀性物质就不容易进入材料内部，因此表面残余压应力可增强零件的耐蚀性。相反，如果是表面残余拉应力，则会降低零件的耐蚀性。

二、影响加工精度的主要因素

在机械加工过程中，零件的尺寸、形状、位置关系的形成，归根到底是由工件和刀具之间的相对位置关系决定的，而工件和刀具安装在夹具和机床上，并受它们的约束。工件、夹具、机床和刀具构成了完整的系统，称为工艺系统。在工艺系统中，存在着各种误差，这些误差以不同方式、不同程度反映加工误差。工艺系统误差是产生加工误差的原因，加工误差是工艺系统误差存在的结果，因此，我们称工艺系统误差为原始误差。原始误差包括：原理误差、安装误差、静态误差、调整误差、动态误差、质量误差等。

提示：分析研究加工误差的方法有两种，即分析计算法和统计分析法。

在生产中为保证和提高加工精度，有必要对加工过程中造成的各种因素进行分析研究，掌握各个因素对加工精度的影响程度并希望计算出加工误差的大小，这就是分析计算法。而统计分析法则是在生产中，以现场中一批零件的实测结果为基础，运用数理统计方法，处理实测数据与确定分布特征，计算加工误差的大小，用检验准则进行统计推断，判断工艺过程的稳定性和分析加工的误差因素。

工艺系统在完成任何一个加工过程时，将有许多原始误差影响零件的加工精度，这些误差大致可分为两部分：一部分是与工艺系统本身的结构和状态有关的；另一部分则与切削过程有关的。根据误差的性质可将其归纳为四个方面：工艺系统的几何误差、工艺系统受力变形引起的误差、工艺系统受热变形引起的误差、工件内应力所引起的误差。

1. 工艺系统的几何误差

工艺系统的几何误差包括：加工原理误差，机床的几何误差，调整误差，刀具和夹具的制造误差，工件、刀具、夹具的安装误差以及工艺系统磨损所引起的误差。

（1）加工原理误差　加工原理误差是由于加工时采用了近似的刀刃轮廓或近似的成形运动而产生的误差。例如齿轮滚刀加工齿轮，由于滚刀切削刃数有限，切削是不连续的，因而滚切出的齿轮齿形不是光滑的渐开线，而是折线。再如模数铣刀成形铣削齿轮，模数相同而齿数不同的齿轮，齿形参数是不同的。为减少刀具数量，常用一把模数铣刀加工某一齿数范围内的齿轮，因而，成形的齿廓就有一定的原理误差。又如大多数数控机床只有直线和圆弧插补功能，而实际的零件廓线是非圆曲线，这时必须先对零件廓线进行直线或圆弧拟合（即用多段直线、圆弧代替零件廓线），然后再进行插补加工，而这种拟合过程是一种近似逼近，也会产生原理性误差。

（2）机床的几何误差　机床的几何误差主要由主轴回转运动误差、导轨误差及传动链误差组成。

1）主轴回转运动误差

① 主轴回转运动误差的概念。主轴工作时的理想情况是其回转轴线的空间位置保持稳定不变。但由于主轴部件的制造误差、装配误差及受力、受热后的变形，使主轴在加工时其实际回转轴线偏离理想的位置，这个偏离量即是主轴的回转误差。

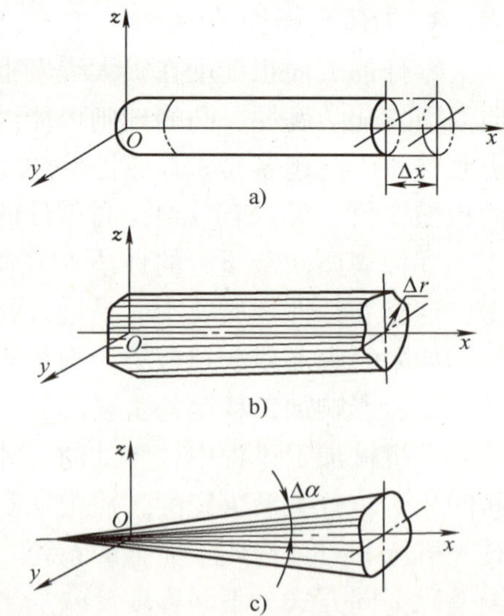

图 4-2　主轴回转运动误差的基本形式
a）轴向窜动　b）径向圆跳动　c）角度摆动

主轴的回转误差可分为三种基本形式：轴向窜动、径向圆跳动和角度摆动，如图 4-2 所示。轴向窜动是指瞬时回转轴线沿平均回转轴线方向的轴向运动，如图 4-2a 所示。径向圆跳动是指瞬时回转轴线始终平行于回转轴线方向的径向跳动，如图 4-2b 所示。角度摆动是指瞬时回转轴线与平均回转轴线成一倾斜角度，其交点位置固定不变的运动，如图 4-2c 所示。实际上，主轴工作时的回转误差是上述三种基本运动形式的合成。故加工后的工件在轴向产生圆柱度误差，在径向产生圆度误差，在端面产生垂直度误差，加工螺纹时产生周期性的螺距误差。

② 主轴回转运动误差的影响因素。主轴回转误差主要是由主轴的制造误差、轴承的误差、轴承间隙、与轴配合零件的误差及主轴系统的径向刚度变形和热变形等因素引起。不同类型的机床，其影响的因素也各不相同。如加工工件为回转类机床的主轴（车床），因切削力 F_p的方向不变，主轴回转运动时作用在支承上的作用力方向也不变化，此时，主轴的支承轴颈的圆度误差影响较大，而轴承孔圆度误差影响较小，如图 4-3a 所示。对于刀具回转类机床（镗床），切削力 F_p方向随旋转方向而改变，主轴支承轴颈的圆度误差影响较小，而轴承孔的圆度误差影响较大，如图 4-3b所示。

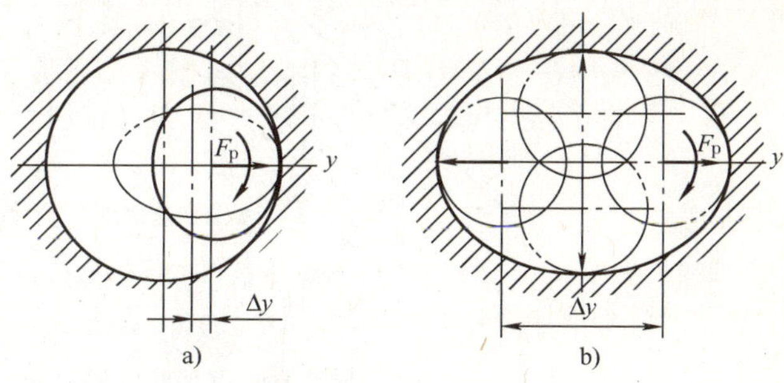

图 4-3　两类主轴回转误差的影响

a）工件回转类机床加工　b）刀具回转类机床加工

③ 提高主轴回转精度的措施。设计与制造高精度的主轴部件，采用高精度的滚动轴承或高精度的多油楔动压轴承和静压轴承，提高装配和调整质量，采用相应的装配和调整措施，可使主轴的回转精度高于主轴部件的制造精度。如高精度机床的主轴轴承（P4 级）内环径向圆跳动为 3 ~ 6μm，装配后，主轴组件的径向圆跳动可达 1 ~ 3μm，使回转精度不依赖于机床主轴。外圆磨削时，采用一对固定顶尖来支承工件，主轴通过拨盘带动工件转动并传递转矩，此时工件表面的几何形状误差取决于顶尖和中心孔的定位误差，而与主轴回转误差无关。

2）机床导轨误差。机床导轨副是实现直线运动的主要部件，其制造和装配精度是影响直线运动的主要因素，它直接影响工件的加工质量，现以车床导轨为例进行分析：

① 导轨在水平面内的直线度误差。如图 4-4 所示，导轨在水平面内存在直线度误差 Δy，引起被加工零件在半径方向产生误差 ΔR，当车削较长工件时，则使工件产生圆柱度误差。

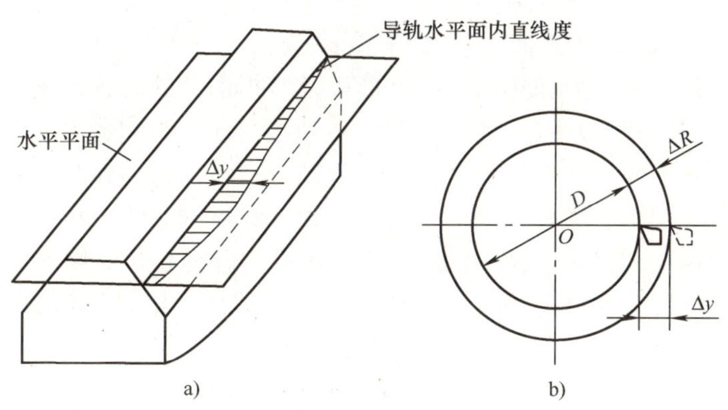

图 4-4　导轨在水平面内的直线度误差对加工精度的影响

a）在水平面内轴线方向示意图　b）径向示意图

② 导轨在垂直平面内的直线度误差。如图 4-5 所示，导轨在垂直平面内存在直线度误差，车削外圆时，使刀具在工件的切线方向（误差非敏感方向）产生位移，此时工件产生半径误差 $\Delta R \approx \Delta z^2/(2R)$，因 $\Delta z^2 \ll 2R$，故 ΔR 可忽略不计。但对加工中心、数控铣床等机床而言，导轨在垂直平面内的直线度误差将引起工件在刀具的法线方向（误差敏感方向）产生位移，其误差将直接反映到被加工表面上，造成形状误差。

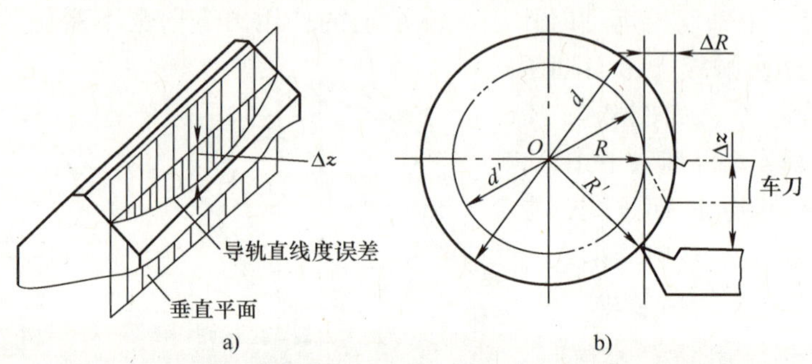

图 4-5　导轨在垂直平面内的直线度误差对加工精度的影响

a）在垂直平面内轴线方向示意图　b）径向示意图

③ 导轨面间的平行度误差。设车床两导轨的平行度误差使溜板产生的横向扭曲量为 δ，主轴中心高为 H，导轨宽度为 B，则由图 4-6 所示几何关系知，工件的半径误差为 ΔR。一般车床 $H \approx 2B/3$，外圆磨床 $H = B$，此误差对加工精度影响很大。

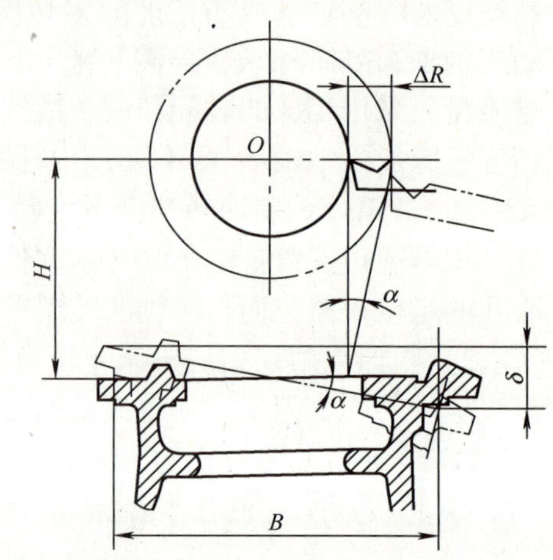

图 4-6　导轨平行度误差对加工精度的影响

3）机床的传动误差。是指内联系传动链中首、末两端传动件之间相对运动的误差。传动误差破坏了传动链中首、末两端传动件之间的传动比要求。如对车、磨、铣螺纹，滚、插、磨齿轮等加工会影响分度精度，造成加工表面的形状误差，如螺距精度、齿距精度等。传动误差必须控制在允许对加工精度影响的范围内。

传动误差是由传动链中各传动件的制造误差、装配误差、加工过程中由于力和热而产生变形以及磨损引起的。各传动件在传动链中的位置不同，影响程度不同，其中末端元件的误差对传动链的误差影响最大。各传动件的转角误差将通过传动比反映到工件上。当传动链为升速传动时，传动件的转角误差被放大；为降速传动时，其转角误差被缩小。为减小传动链误差对加工精度的影响，可采取以下措施：①减少传动件的数量，缩短传动链，以减少误差来源；②采用降速传动，减少传动误差；③提高传动元件，尤其是末端传动元件的加工精度和装配精度；④采用校正装置以及数控机床的传动误差自动补偿功能等。

(3) 工件的装夹误差　它主要包括定位误差和夹紧误差。这里着重分析定位误差。一批工件逐个在夹具上定位时，各个工件在夹具上所占据的位置不可能完全一致，以致使加工后各工件的工序尺寸存在误差。这种因工件定位而产生的工序基准在工序尺寸方向上的最大变动量，称为定位误差，用 ΔD 表示。

1）定位误差产生的原因

① 基准不重合误差。在零件图上用来确定某一表面的尺寸、位置所依据的基准称为设计基准。在工序图上用来确定本工序被加工后表面的尺寸、位置所依据的基准称为工序基准。在工艺文件上，设计基准已转化为工序基准，设计尺寸已转化为工序尺寸。在机床上对工件进行加工时，须选择工件上若干几何要素作为加工（或测量）时的定位基准（或测量基准），如所选用的定位基准（或测量基准）与工序基准不重合时，就会产生基准不重合误差。基准不重合误差等于定位基准相对于工序基准在工序尺寸方向上的最大变动量，用 ΔB 表示。

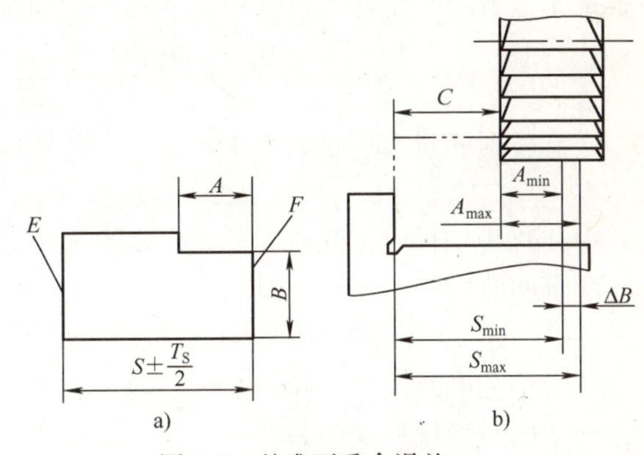

图 4-7 基准不重合误差

某工件的尺寸如图 4-7a 所示，现要按尺寸 A、B 铣缺口，工件以底面和 E 面定位，加工如图 4-7b 所示。在一批工件的加工过程中，尺寸 C、B 是固定不变的。但尺寸 A 是否不变，要看一批工件尺寸 A 的工序基准 F 面的位置是否一致。由于受尺寸 S 公差的影响，F 面位置是变动的，变动的原因是尺寸 A 的定位基准是 E 面，而工序基准是 F 面。F 面的变动影响尺寸 A 的大小，给尺寸 A 造成误差，这个误差就是基准不重合误差。

② 基准位移误差。一批工件定位基准相对于定位元件的位置最大变动量（或定位基准本身的位置变动量）称为基准位移误差，用 Δy 表示，如图 4-8b 所示。在图 4-8a 所示的键

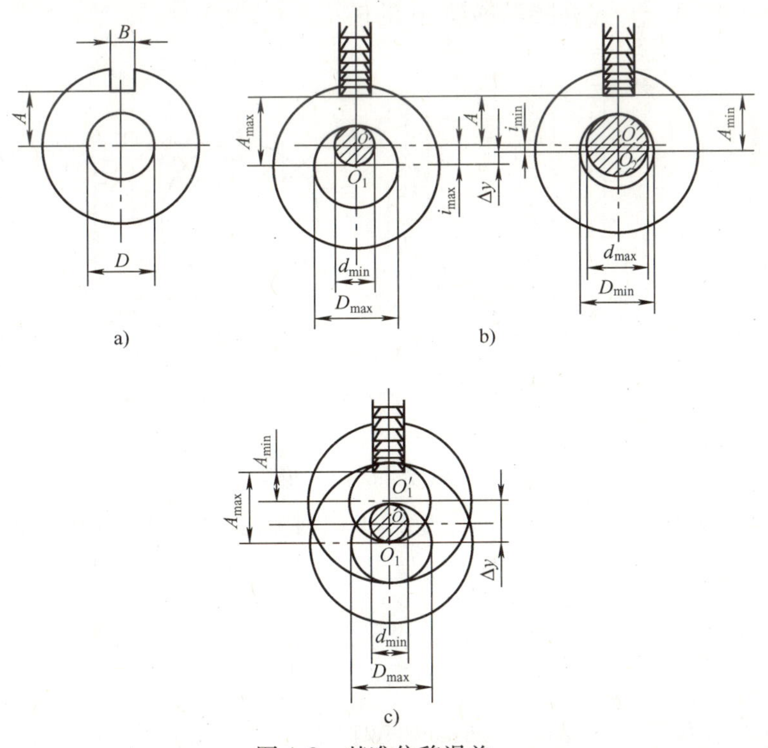

图 4-8 基准位移误差

槽中，工序尺寸 A 是由工件相对刀具的位置决定的，工件以内孔在圆柱心轴上定位。

2）常见定位方式的定位误差

① 工件以圆柱面配合定位的基准位移误差。定位副固定单边接触如图 4-8b 所示。当心轴水平放置时，工件在自重作用下与心轴固定单边接触，此时

$$\Delta y = OO_1 - OO_2 = \frac{D_{max} - d_{min}}{2} - \frac{D_{min} - d_{max}}{2} = \frac{D_{max} - D_{min}}{2} + \frac{d_{max} - d_{min}}{2} = \frac{T_D + T_d}{2}$$

定位副任意边接触如图 4-8c 所示。当心轴垂直放置时，工件与心轴任意边接触，此时

$$\Delta y = D_{max} - d_{min} = T_D + T_d + X_{min}$$

式中，T_D为工件定位孔直径公差；T_d为定位心轴直径公差；X_{min}为定位孔与定位心轴间的最小配合间隙。

② 工件以外圆在 V 形块上定位的定位误差。如图 4-9a 所示，工件以外圆在 V 形块上定位，定位基准是工件外圆轴心线，因工件外圆柱面直径有制造误差，由此产生的工件在竖直方向上的基准位移误差为

$$\Delta y = OO_1 = \frac{\frac{d}{2}}{\sin\frac{\alpha}{2}} - \frac{\frac{d - T_d}{2}}{\sin\frac{\alpha}{2}} = \frac{T_d}{2\sin\frac{\alpha}{2}}$$

③ 工件以一面两孔组合定位的基准位移误差。移动的基准位移误差。该误差可按定位销垂直放置时计算，一般取决于第一定位副的最大配合间隙，即

$$\Delta y = X_{1max} = T_{d1} + T_{D1} + X_{1min}$$

式中，X_{1max} 为圆柱销与定位孔的最大配合间隙；T_{d1} 为圆柱销直径公差；T_{D1} 为与圆柱销配合的定位孔的直径公差；X_{1min} 为圆柱销与定位孔的最小配合间隙。

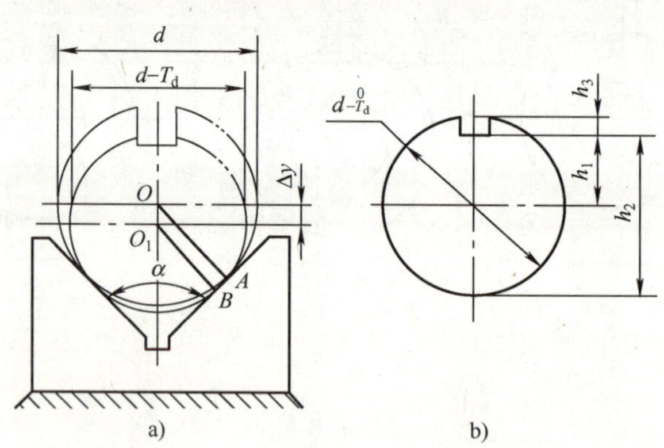

图 4-9　工件以外圆在 V 形块上定位

转动的基准位移误差（转角误差）。如图 4-10 所示，转角误差取决于两定位孔与定位销的最大配合间隙 X_{1max} 和 X_{2max}、中心距 L 以及工件的偏转方向。如图 4-10a 所示，当两孔偏转于两销同一侧时，其单边转角误差为

$$\Delta\beta = \arctan\frac{X_{2max} - X_{1max}}{2L}$$

如图 4-10b 所示，当两孔偏转于两销异侧时，其单边转角误差为

$$\Delta\alpha = \arctan\frac{X_{1\max} + X_{2\max}}{2L}$$

实际上，工件还可能向另一方向偏转 $\Delta\beta$ 和 $\Delta\alpha$，所以真正的转角误差应当是 $\pm\Delta\beta$ 和 $\pm\Delta\alpha$。

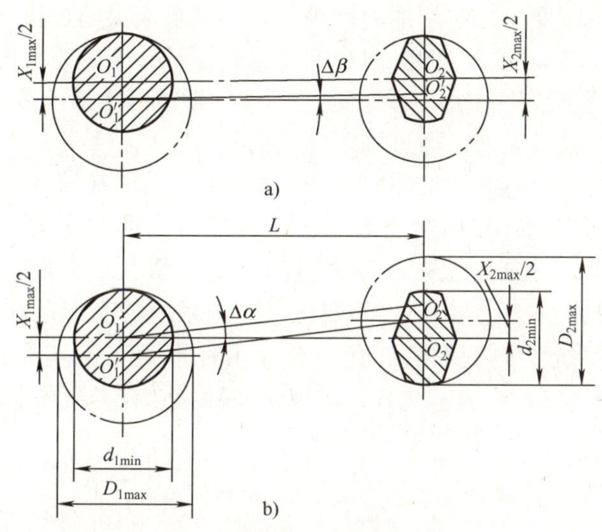

图 4-10　一面两孔定位的转角误差

（4）其他几何误差

1）刀具的制造、安装、调整及换刀误差

提示： 机械加工中常用的刀具有：一般刀具、定尺寸刀具和成形刀具。

一般刀具（如车刀、单刃镗刀、立铣刀等）的制造误差对加工精度没有直接影响，但磨损后对加工精度有影响。

定尺寸刀具（如钻头、铰刀、键槽铣刀等）的尺寸误差会直接影响加工工件的尺寸精度。

成形刀具（如螺纹车刀、成形铣刀及齿轮刀具等）的制造误差与磨损误差会影响被加工表面的尺寸与形状精度。

在数控加工中，确定刀具与工件原点位置的对刀误差、刀具长度和半径的补偿误差以及刀具在主轴孔中重复安装的重复位置误差等都会影响零件表面加工精度。

2）夹具的制造误差。一般指定位元件、分度装置及夹具体等零件的加工和装配误差。这些误差对被加工零件的精度影响较大，所以在设计和制造夹具时，凡影响零件加工精度的尺寸都应严格控制。

2. 工艺系统受力变形引起的误差

工艺系统在切削力、传动力、惯性力、夹紧力以及重力等作用下，会产生相应的变形，从而破坏刀具和工件之间已调整好的正确位置关系，使工件产生加工误差。

工艺系统受力变形通常是弹性变形，其抵抗弹性变形的能力与自身的刚度有关。刚度越大，抵抗变形能力越强，加工误差就越小。如镗孔时，镗杆的受力变形严重地影响着加工精度，而工件（如箱体零件）的刚度一般较大，其受力变形很小，可忽略不计。

（1）工艺系统受力变形引起的加工误差

1）切削力作用点位置变化引起的加工误差。在车床两顶尖间车削一细长轴，如图 4-11 所示。由于工件细长，刚度小，在切削力作用下，其变形大大超过机床、夹具和刀具所产生的变形。因此，机床、夹具和刀具的受力影响可忽略不计，工艺系统的变形完全取决于工件的变形。加工中车刀处于图 4-11 所示位置时，工件的轴线产生弯曲变形。实际情况可证实，切削后的工件呈鼓形，其最大直径通过轴线中点的横截面内。

2）切削力大小的变化引起的加工误差。当被加工表面的几何形状误差或材料的硬度不均时，会引起切削力的变化，从而会引起工艺系统受力变形的变化而产生加工误差。如图 4-12 所示，工件由于毛坯的圆度误差，车削时使背吃刀量在最大值 a_{p1} 与最小值 a_{p2} 之间变化，切削分力 F_p 也相应地在 F_{p1} 与 F_{p2} 之间变化，工艺系统的变形也在最大值 y_1 与最小值 y_2 之间变化。由于工艺系统受力变形的变化，会使工件产生与毛坯形状误差（$\Delta m = a_{p1} - a_{p2}$）相似的形状误差（$\Delta\omega = y_1 - y_2$），这种误差称为“误差复映”。

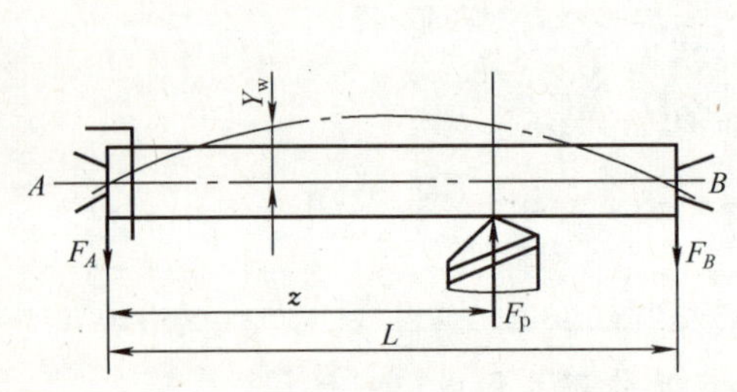

图 4-11　工艺系统变形随受力点位置变化而变化

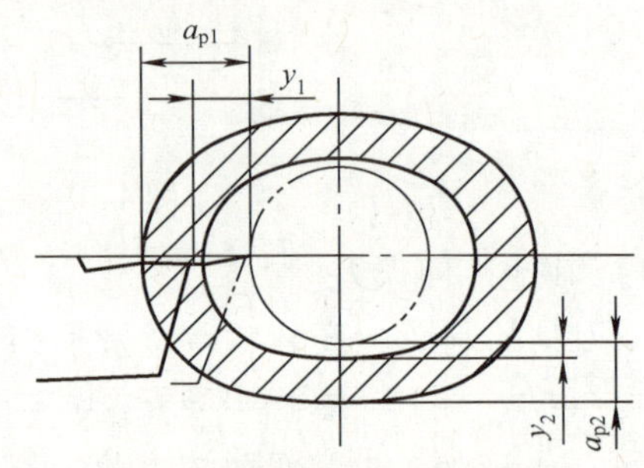

图 4-12　毛坯形状误差复映

3）受力方向变化引起的加工误差。

① 离心力引起的加工误差。高速旋转的零部件（含夹具、工件和刀具等）的不平衡将产生离心力 F_q，且在每转中不断地改变方向，因此，它在切削点法线方向的分力大小的变化，会引起工艺系统的受力变形也随之变化从而产生误差，如图 4-13 所示。车削一个不平衡工件，离心力 F_q 与切削力 F_p 方向相反时，将工件推向刀具，使背吃刀量增加；当 F_q 与 F_p 同向时，工件被拉离刀具，背吃刀量减小，其结果都造成工件的圆度误差。

在生产中常在不平衡质量的对称方位配置平衡块，使两者离心力抵消。此外，还可适当降低工件转速以减小离心力。

② 传动力引起的加工误差。在车床或磨床类机床上加工轴类零件时，常用单拔销通过鸡心夹头带动工件回转，如图 4-14 所示。由于拔销上的传动力方向不断变化，它在切削点法线方向的分力有时和切削分力 F_p 同向，有时相反，它所产生的加工误差和离心力近似，造成工件的圆度误差。为此，在加工精密零件时，可采用双拔盘或柔性传动装置带动工件。

此外，工件的刚性较差或夹紧力过大及机床零部件的自重也会引起变形，从而造成加工误差。

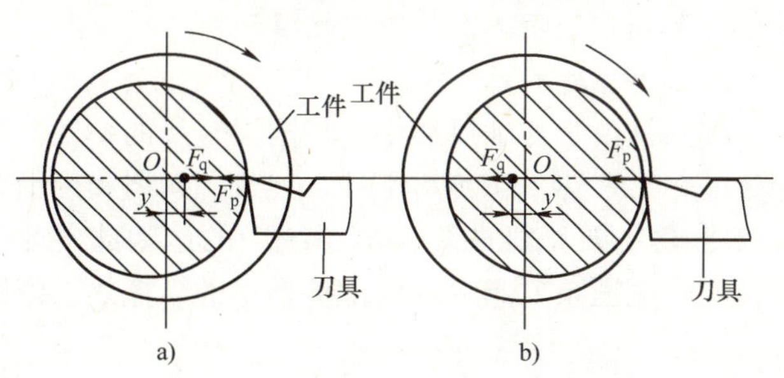

图 4-13　离心力引起的加工误差

a）F_q与F_p反向时　b）F_q与F_p同向时

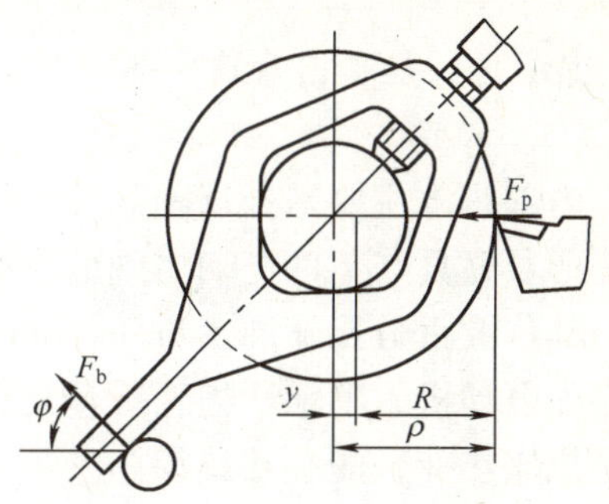

图 4-14　单拔销传动力的影响

（2）减少工艺系统受力变形的主要措施

1）提高接触刚度。一般部件的接触刚度大大低于实体零件本身的刚度，所以提高接触刚度是提高工艺系统刚度的关键。常用的方法是改善工艺系统主要零件接触面的配合质量，如机床导轨副的刮研、配研顶尖锥体同主轴和尾座套筒锥孔的配合面、多次研磨加工精密零件用的顶尖孔等。通过刮研改善了配合面的表面粗糙度和形状精度，使实际接触面增大，从而有效地提高接触刚度。

另外一个措施是预加载荷，这样可消除配合面间的间隙，增大接触面积，从而减小受力后的变形量。预加载荷法常用在各类轴承的调整中。

2）提高工件刚度，减小受力变形。当工件刚度较差时，应采用合理的装夹和加工方法来提高工件的刚度。如车细长轴时，利用中心架或刀架来提高工件的刚度；箱体孔系加工中，采用支承镗套来增加镗杆刚度。

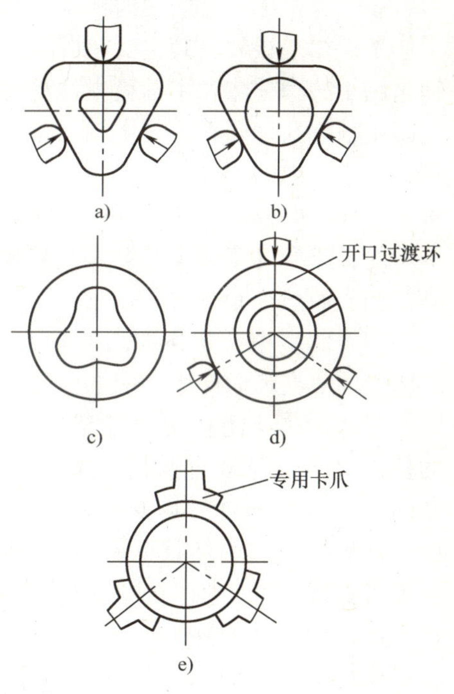

图 4-15　工件夹紧变形引起的误差

3）合理安装工件，减小夹紧变形。加工薄壁件时，由于工件刚度低，解决夹紧变形的影响是关键问题之一。如薄壁套的加工，在夹紧前，薄壁套的内外圆是正圆形，当用自定心卡盘夹紧后，套筒变成三棱形，如图 4-15a 所示；镗孔后，内孔呈正圆形，如图 4-15b 所示；当松开卡爪后，工件由于弹性恢复，使已镗圆的孔产生三棱形，如图 4-15c 所示。为了减小加工误差，应使夹紧力均匀分布，可采用开口过渡环，如图 4-15d 所示；或专用卡爪夹紧，如图 4-15e 所示。

3. 工艺系统热变形引起的误差

工艺系统在各种热源的影响下，常发生复杂的变形，破坏了工件与切削刃相对位置的准确性，从而产生加工误差。据统计，在精密加工中，由于热变形引起的加工误差，约占总加工误差的 40% ~70% 。

提示：引起工艺系统受热变形的“热源”大体分为两类，即内部热源和外部热源。

内部热源主要是指切削热和摩擦热。切削热是由于切削过程中，切削层金属的弹性、塑性变形及刀具与工件、切屑间的摩擦而产生的，这些热量将传给工件、刀具、切屑和周围介质，其传散百分比随加工方法不同而异；摩擦热主要是机床和液压系统中的运动部件产生的，如电动机、轴承、齿轮等传动副、导轨副、液压泵、阀等运动部件产生的摩擦热。摩擦热是机床热变形的主要热源。

外部热源主要是环境温度变化和辐射热，其对精密工件的加工影响很大。工艺系统受热源影响，温度逐渐升高，与此同时，它们也通过各种传递方式向四周散发热量。当单位时间内传入和散发的热量相等时，温度不再升高，即达到热平衡状态。此时的温度场处于稳定状态，受热变形也相应地趋于平稳。

（1）工艺系统热变形引起的加工误差

1）机床热变形引起的加工误差。机床受热源的影响，各部分将发生不同程度的热变形，破坏了机床原有的几何精度，从而降低了机床的加工精度。不同类型的机床，其结构和工作条件相差很大，其主要热源不同，变形方式也不同。车床、铣床等机床的主要热源是主轴箱轴承的摩擦热和主轴箱中油池的发热。这些热量使主轴箱和床身的温度上升，从而造成机床主轴抬高和倾斜，使主轴在水平面内和垂直平面内产生位移。对刀具水平安装的车床而言，水平面内的位移对加工精度影响较大；而对刀具垂直安装的铣床、立式加工中心来说，垂直平面内的位移对加工精度影响较大。

对长床身的车床，其温差的影响也是很显著的。由于床身上表面温度比床身底面温度高，两表面热变形量不等，因此，床身将产生弯曲变形，表面呈中凸状，如图 4-16 所示。同时床鞍也因床身的热变形而产生相应的位置变化。

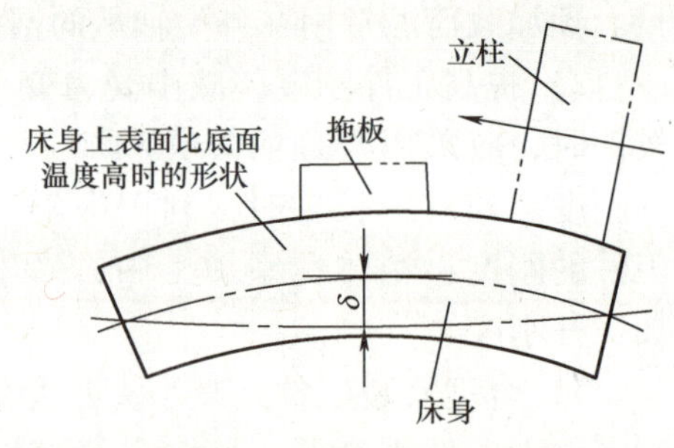

图 4-16　床身纵向温差热效应的影响

此外，在半闭环的数控机床上，随着加工过程的持续进行，丝杠本身的温度变化造成丝杠伸长，从而产生刀具相对夹具的位移误差。如用卧式加工中心加工跨距较大箱体两端同轴孔时，一般采用调头加工方式，此时的同轴度取决于主轴中心线和工作台回转中心的对中性。如果原来的对中性好，但由于丝杠伸长会造成工作台中心偏离主轴中心线，例如丝杠温度升高 2℃，在离丝杠固定端 500mm 处，就可伸长 0.009mm，回转 180°后，镗出孔的中心线就要偏离前孔中心线 0.009 × 2mm = 0.018mm，显然，这个误差将严重影响两孔的同轴度。

2）工件热变形引起的加工误差。工件的热变形主要是由切削热引起的，外部热源只对大型件或较精密件有影响。加工方法不同，工件材料、结构和尺寸不同，工件的受热变形也不相同。

轴类零件在车削或磨削加工时，一般是均匀受热，开始切削时工件温升为零，随着切削的进行，工件温度逐渐升高，直径逐渐增大，但增大部分均被刀具切除，当工件冷却后形成锥形，产生圆柱度和尺寸误差。精密丝杠磨削时，工件的热伸长会引起螺距累积误差。在铣、磨削平面时，工件单面受热，由于受热不均匀，上下表面之间形成温差，导致工件上凸，由于凸起部分被磨削掉，冷却后工件呈下凹状，形成直线度误差。在加工铜、铝等线膨胀系数较大的有色金属工件时，其热变形尤其显著，必须予以重视。

在柔性制造系统（Flexible Manufacturing Systems，FMS）或工序高度集中的加工中心上，粗、精加工间隔时间较短，粗加工的热变形将影响到精加工，工件冷却后，将产生加工误差。例如，在加工中心上，通过钻孔→扩孔→铰孔的顺序加工孔，如果钻完孔后接着扩孔和铰孔，则工件冷却后孔的收缩量就可能超过孔径尺寸公差。因此，在这种情况下，一定要采用冷却措施，否则将出现废品。

3）刀具热变形引起的加工误差。传给刀具的热源主要是切削热。传给刀具的热量虽不多，但由于刀具切削部分体积小，热容量小，切削部分仍产生很高的温升，引起较大的热变形。如高速钢刀具切削时，刃部的温度可达700～800℃，刀具的热伸长量可达0.03～0.05mm，因此，影响不可忽视。但当刀具达到热平衡后，热变形基本稳定，对加工精度的影响也就很小了。

（2）减小工艺系统热变形的主要措施

1）减少热源发热和隔离热源

① 减少切削热或磨削热　通过控制切削用量，合理选择和使用刀具来减少切削热。当零件精度要求高时，还应注意将粗加工和精加工分开进行。

② 减少机床各运动副的摩擦热　从运动部件的结构和润滑等方面采取措施，改善摩擦特性以减少发热。如主轴部件采用静压轴承、低温动压轴承等；或采用低粘度润滑油、锂基润滑脂；或采用循环冷却润滑、油雾润滑等措施，均有利于降低主轴轴承的温升。

③ 分离热源　凡能从工艺系统分离出去的热源，如电动机、变速箱、液压系统、切削液系统等尽可能移出。

④ 隔离热源　对于不能分离出去的热源，如主轴轴承、丝杠螺母副、高速运动的导轨副等零部件，可从结构和润滑等方面改善其摩擦特性，以减少发热。还可采用隔热材料将发热部件和机床大件（如床身、立柱等）隔离开来。

2）加强散热能力。对发热量大的热源，既不便从机床内部移出，又不便隔热，则可采用有效的冷却措施，如增加散热面积或使用强制性的风冷、水冷、循环润滑等。

使用大流量切削液，或喷雾方法等冷却，可带走大量切削热或磨削热。在精密加工时，为增强冷却效果，可控制切削液的温度。如大型精密丝杠磨床采用恒温切削液淋浴工件，机床的空心母丝杠也通入恒温油，以降低工件与母丝杠的温差，提高加工精度的稳定性。

目前，大型数控机床、加工中心普遍采用冷冻机，对润滑油、切削液进行强制冷却，机床主轴轴承和齿轮箱中产生的热量可由恒温的切削液迅速带走。

3）均衡温度场。当机床零部件温升均匀时，机床本身就呈现一种热稳定状态，从而使机床产生不影响加工精度的均匀热变形。如图4-17所示，平面磨床采用热空气加热温升较低的立柱后壁，以均衡立柱前、后壁

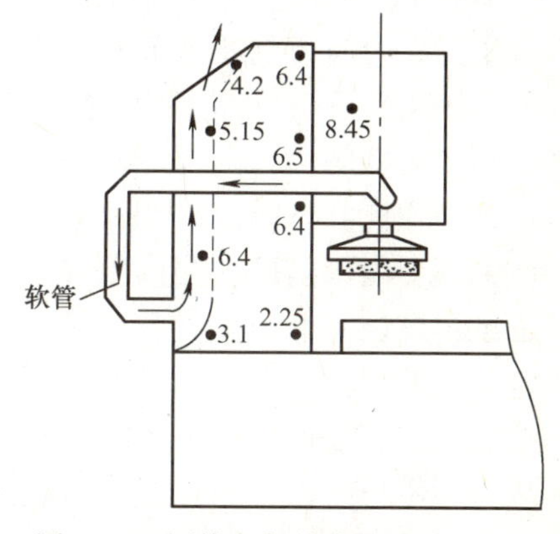

图4-17　用热空气均衡立柱前、后壁温度场（单位：℃）

的温度场，从而减小立柱的弯曲变形。图 4-17 中热空气从电动机风扇排出，通过特设管道引向防护罩和立柱的后壁空间。采用此措施可使工件端面平行度误差降低为原来的 1/3 ~ 1/4。

4）保持工艺系统的热平衡。由热变形规律可知，机床刚开始运转的一段时间内（预热期），温升较快，热变形大。当达到热平衡后，热变形逐渐趋于稳定。故对于精密机床，特别是大型机床，缩短预热期，加速达到热平衡状态，加工精度才易得到保证。

提示：保持工艺系统的热平衡一般有两种方法：一是加工前，让机床先高速空运转，当机床迅速达到热平衡以后再进行加工；二是在机床某部位设置“控制热源”，人为地给机床局部加热，使其加速达到热平衡，并且在加工过程中，自动控制温度场的稳定状态。

精密加工应在达到热平衡后才开始进行，并且应注意连续加工，尽量避免中途停车。

5）控制环境温度。对于精密机床，一般应安装在恒温车间，其恒温精度应严格控制，一般在 ±1℃，超精密级为 ±0.5℃。恒温的标准温度可按季节调整，一般为 20℃，冬季可取 17℃，夏季取 23℃。

4. 工件内应力所引起的误差

内应力是指当外部载荷去除后，仍残存在工件内部的应力，也称残留应力。具有这种内应力的零件处于一种不稳定的相对平衡状态，可以保持形状精度的暂时稳定，一旦外界条件产生变化，如环境温度的变化、受到撞击等，内应力的暂时平衡就会被打破而进行重新分布，零件将产生相应的变形，从而破坏原来的精度。如果把具有内应力的重要零件装配成机器，在机器的使用过程中也会产生变形，破坏整台机器的质量。因此，必须采用措施消除内应力对零件加工精度的影响。

（1）产生内应力的原因及所引起的加工误差

1）热加工中产生的内应力。在铸造、锻造、焊接和热处理过程中，由于工件各部分热胀冷缩不均匀，以及金相组织转变时的体积变化，使工件内部产生相当大的残留应力。工件的结构越复杂、壁厚越不均匀、散热条件差别越大，内部产生的内应力也越大。具有这种内应力的工件，内应力暂时处于相对平衡状态，变形缓慢，但当切去一层金属后，就打破了这种平衡，内应力重新分布，工件就明显地出现了变形。

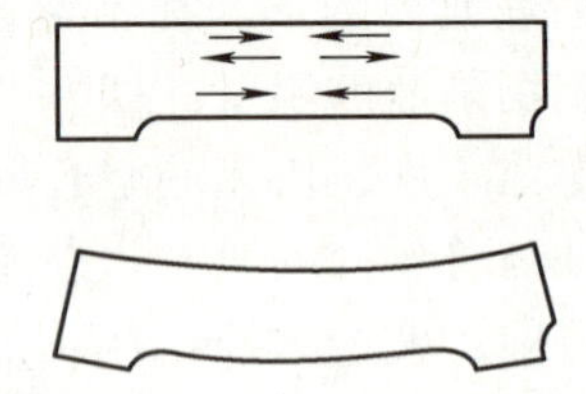

图 4-18　床身内应力引起的变形

图 4-18 所示的机床床身，在浇铸后的冷却过程中，上下表面冷却快，内部冷却慢。当上下表面由塑性状态冷却至弹性状态时，内部还处在塑性状态，上下表面的收缩不受内部阻碍，当内部冷却到弹性状态时，上下表面的温度已降低很多，收缩速度比内部慢得多，此时内部的收缩受到上下表面的阻碍。因此，在内部产生了拉应力，上下表面产生了压应力，暂时处于相互平衡的状态。当床身导轨面刨去一层金属后，内应力不再平衡，须重新分布达到新的平衡，从而引起床身弯曲变形。

2）冷校直带来的内应力。丝杠一类的细长轴零件经车削后，其内应力（在棒料扎制过程中产生的）要重新分布，使轴产生弯曲变形。为了纠正这种变形，常采用冷校直。校直的方法是在弯曲的反方向加外力 F，如图 4-19a 所示。在外力 F 的作用下，工件内部应力分布如图 4-19b 所示，在轴心线以上产生压应力（用负号表示），在轴心线以下产生拉应力（用正号表示）。在轴线和两条双点画线之间，是弹性变形区域，在双点画线以外是塑性变形区。当外力 F 去除后，外层的塑性变形部分阻止内部弹性变形的恢复，使内应力重新分布，如图 4-19c 所示。冷校直虽减小了弯曲，但工件仍处于不稳定状态，如再次加工，又将产生新的弯曲变形。因此，高精度丝杠的加工，不允许冷校直，而是用多次人工时效来消除内应力，或采用热校直代替冷校直。

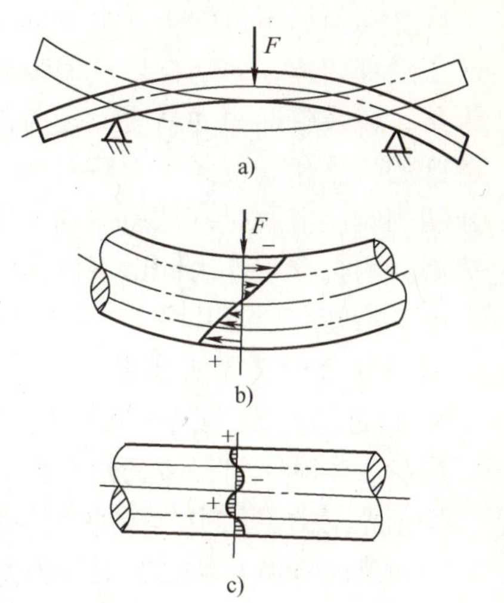

图 4-19　冷校直引起的内应力

3）切削加工中产生的内应力。工件表面层在切削力和切削热作用的内应力下，各部分产生不同程度的塑性变形，以及金相组织的变化所引起的体积改变，因而就产生内应力并造成加工后工件的变形。实践表明，具有内应力的工件，当在加工过程中切去表面一层金属后，所引起的内应力的重新分布和变形最为强烈。因此，粗加工后，应将被夹紧的工件松开，使之有时间使内应力重新分布。

（2）减小或消除内应力的措施

1）合理设计零件。在零件的结构设计中，应尽量简化结构，考虑壁厚均匀，增大零件的刚度，以减少在铸、锻毛坯制造中产生的内应力。

2）采取时效处理

① 自然时效处理。主要是在毛坯制造之后，或粗加工后、精加工前，让工件停留一段时间，利用温度的自然变化，经过多次热胀冷缩，使工件内部组织产生微观变化，从而达到减小或消除内应力的目的。这种过程一般需要半年至五年时间，因周期长，所以除特别精密件外，一般较少使用。

② 人工时效处理。这是目前使用最广的一种方法，分高温时效和低温时效。前者将工件放在炉内加热到 500～680℃，使工件金属原子获得大量热能来加速运动，并保温 4～6h，达到原子组织重新排列，再随炉冷却至 100～200℃出炉，在空气中自然冷却，以达到消除内应力的目的。此方法一般适用于毛坯或粗加工后进行。低温时效是加热到 200～300℃，保温 3～6h 后取出，在空气中自然冷却。低温时效一般适用于半精加工后进行。

③ 振动时效。工件受到激振器的敲击，或工件在滚筒中回转互相撞击，使工件在一定的振动强度下，引起工件金属内部组织的转变，一般振动 30～50min，即可消除内应力。这种方法节省能源、简便、效率高，但有噪声污染。此方法适用于中小零件及有色金属件等。

3）合理安排工艺。机械加工时，应将粗、精加工分开在不同的工序进行，使粗加工后有一定的间隔时间让内应力重新分布，以减小对精加工的影响。

切削时应注意减小切削力，如减小余量、减小背吃刀量进行多次进给，以避免工件变形。粗、精加工在一个工序中完成时，应在粗加工后松开工件，让其自由变形，然后再用较小的夹紧力夹紧工件后进行精加工。

三、影响机械加工表面质量的因素及控制措施

1. 影响表面粗糙度的因素及其控制措施

在切削加工过程中，由于受刀尖几何形状和进给运动的影响，刀具并没有把应切削的金属层全部切掉，而是在切过的表面上残留了一小部分金属，称为残留面积。若只考虑几何的因素，该残留面积的高度就是表面粗糙度值。此外，切削过程中工件加工面受到了刀具刃口钝圆的挤压和后刀面、副后刀面的摩擦而产生塑性变形，将残留面积挤歪或使沟纹加深；中速切削塑性金属时，积屑瘤周期性地生成、长大、脱落；低速切削塑性金属时，产生的鳞刺等因素均会在工件表面留下深浅不一、凹凸不平的切痕，使工件表面粗糙。控制切削表面粗糙度的措施有以下几种：

（1）合理选择切削用量

① 进给量f。减小f可使残留面积高度减小，从而使粗糙度值减小。但f太小时，一方面影响生产率，另一方面也会因刀具对工件已加工面反复挤压而使表面粗糙度值增大，还会因切削厚度太薄而引起振动。因此，适当减小f可使表面粗糙度值减小，但当$f<0.15$mm/r后，再进一步减小f时作用就不太明显了。

② 切削速度v_c。v_c主要是通过对积屑瘤和鳞刺的影响来起作用的。一般在$v_c=20\sim60$m/min的中速段最容易生成积屑瘤，因此，在切削塑性材料时，应避开中速切削，适当提高切削速度，以防止积屑瘤和鳞刺的产生。切削铸铁等脆性材料时基本不形成积屑瘤，故切削速度对表面粗糙度的影响较小。

（2）合理选择刀具角度参数

① 前角γ_0和刃倾角λ_s。虽然γ_0和λ_s从不直接影响残留面积高度，但会通过对切削力、金属塑性变形、切屑的流向等的影响而间接影响表面粗糙度值。加大γ_0能使切削力、塑性变形减小，也不易生成积屑瘤；加大λ_s可使刀具实际前角增大、切削刃显得锋利，$\lambda_s>0$时还可使切屑流向工件待加工面和使背向力F_p减小。这些均有利于减小表面粗糙度值。

② 主偏角κ_r、副偏角κ_r'和刀尖圆弧半径r_s。适当减小κ_r、κ_r'或增大r_s，均可使残留面积高度降低，因而对减小表面粗糙度值有利。但κ_r、κ_r'太小，r_s过大都有可能因背向切削力F_p过大而引起振动。另外，精加工时因背吃刀量很小，且刀尖都带有一定的圆角，因此主、副偏角实际上并不参与残留面积的构成。

③ 刀具本身的表面粗糙度。刀具前刀面粗糙会使刀具与切屑摩擦增大，容易生成积屑瘤；刀具后刀面粗糙会加剧刀具与工件已加工面之间摩擦，两者都会影响工件的表面粗糙度。因此，一般刀具前、后刀面的表面粗糙度值要比加工面要求的表面粗糙度值低1～2级。

（3）改善工件材料的切削性能　一般来说，切削太硬和太软的材料及韧性太大的材料都不易得到光洁的表面，金相组织粒度越细的材料越容易获得光洁的表面。因此，可在切削加工前采取适当的热处理来获得粒度细密的金相组织和最佳加工硬度。如切低碳钢前先正火、切高碳钢前先退火等。

（4）正确选择切削液　切削液的冷却和润滑作用对减小表面粗糙度值都有利，其中更直接的是润滑作用。因为切削液可降低切削温度、抑制积屑瘤生成、改善刀具与加工面的摩擦状况。对于精加工来说，切削液的作用尤为重要。

此外，冷却润滑液的成分、洁净程度，工艺系统的抗振性等也是影响磨削表面粗糙度的

不可忽视的因素。

2. 影响表面物理力学性能的因素及其控制

加工中，由于切削力的作用，使被加工表面产生强烈的塑性变形，晶格严重扭曲、晶格被拉长和纤维化，引起材料的强化，其强度和硬度均有所提高，这种现象就称为冷作硬化。冷作硬化的程度取决于使加工表面产生塑性变形的力、变形速度及变形时的温度。力越大，硬化程度越大；变形速度快、塑性变形不充分，硬化程度就小；温度升高将使硬化程度减小。

（1）影响冷作硬化的主要工艺因素

1）刀具。刀具切削刃的钝圆和后刀面对已加工表面的挤压、摩擦是产生冷作硬化的原因之一。刀具磨损后钝圆半径增大，后角为零度，对已加工表面的挤压、摩擦加剧，表面硬化程度和深度也随之加剧。

2）切削用量。其中影响最大的是切削速度和进给量。切削速度增大时，刀具与工件接触时间缩短，塑性变形减小，且速度增大将使切削温度上升，有助于降低冷作硬化程度。因此冷作硬化的程度和深度随速度增大而减小。进给量、背吃刀量增大则切削力增大，塑性变形加剧，因此硬化程度也大。但过小的进给量将使切削刃反复挤压已加工表面，也会使硬化程度增大。

3）工件材料。其塑性越大，切削时的塑性变形也越大，冷作硬化现象越严重。

（2）引起表面残余应力的主要原因

1）冷塑性变形的影响。加工中在力的作用下，工件表层产生了塑性变形，其体积因其晶格被拉长而增大，但基体仍处于弹性状态。当切削力消失后，基体金属欲恢复弹性却受到了表层金属的阻碍，因而表层残留了压应力，基体残留了拉应力。

2）热塑性变形的影响。加工中在热的作用下，工件表层温度较高，基体的温度较低，表层受热伸长，但受到了基体的限制，此时表层产生压应力。当压应力大于材料的弹性极限时，表层就会产生热塑性变形（缩短到与基体等长）。切削结束后，温度下降。此时表层金属要收缩却受到了基体的限制，因而表层产生拉应力，基体产生压应力。

在加工过程中力和热是同时存在的，因此最后产生的是哪种应力要看加工过程中哪个起主要作用。一般来说，用比较钝的刀具（如负前角）切削、滚轮滚压等较低速度加工时，容易获得表面压应力；磨削加工时产生的热量较大，容易产生表面拉应力。

3）金相组织变化的影响。金属材料在不同的温度和热处理状态下有不同的金相组织，不同金相组织的体积是不同的。加工过程中若被加工表面的温度超过了材料的相变温度，工件表层的金相组织就会改变。若改变前体积大，改变后体积欲变小而受到基体限制，则表层产生拉应力；反之，表层产生压应力。

造成金相组织变化的主要因素是温度。一般磨削时产生的热量有60% ~80%传给工件，造成工件表面温度较高，严重时引起金相组织变化，这种现象称为磨削烧伤。烧伤严重时，工件表面会出现黄、褐、紫、青等烧伤色。但表面没有烧伤色并不表明工件一定没有烧伤，也许烧伤色被后面的光磨磨掉了。工件表层烧伤后容易产生拉应力，若拉应力过大，就会产生裂纹。有些裂纹肉眼看不见，需要借助磁力探伤超声波探伤等探伤仪器来检查。

（3）表面物理力学性能的控制 表面物理力学性能中，适当的冷作硬化和残余压应力能使工件表面强化，可适当保留甚至故意去获得；而残余拉应力、磨削烧伤则使工件表面弱化，应尽量减小或避免。

1）表面强化措施。从前面分析可知，造成表面强化的主要因素是力，力越大硬化程度也越大。因此应从增大力的角度去考虑。用各种滚轮、滚珠对工件表面进行滚压、用高速的珠丸喷打工件表面等加工均是表面强化的有效措施。若想减轻冷作硬化程度，则可从减小力的角度去考虑，如减小刀刃的钝圆半径和后刀面的磨损、增加切削速度、适当减小进给量等。

2）减小或避免表面弱化的措施。造成表面弱化的主要因素是温度，因此应从降温的角度来考虑。降温的主要措施不外乎减小发热和加速散热。具体工艺措施有：合理选择磨削用量、提高冷却效果、合理选择和修整砂轮。

【知识拓展】 机械加工中的振动

机械加工过程中，在工件和刀具之间常产生振动，使工艺系统的正常切削过程受到干扰和破坏，从而使零件加工表面出现振纹，降低了零件的加工精度和表面质量。强烈的振动会使切削过程无法进行，甚至会引起刀具崩刃打刀现象。振动的产生加速了刀具或砂轮的磨损，使机床连接部分松动，影响运动副的工作性能，并导致机床丧失精度。

提示： 加工过程中产生的振动，按其产生的原因不同可分为自由振动、受迫振动和自激振动三种类型。

一、机械振动的分类

（1）自由振动　当系统受到初始干扰力而破坏了其平衡状态后，系统仅靠弹性恢复力来维持的振动称为自由振动。由于系统中总存在有阻尼，自由振动将逐渐衰弱。在切削过程中，由于材料硬度不均或工件表面有缺陷，工艺系统就会产生这类振动，但由于阻尼作用，振动将迅速减弱，因而对机械加工的影响不大。

（2）受迫振动（强迫振动）　由外界的持续激振力引起和维持的振动称为受迫振动。受迫振动时，外界干扰力的含意很广，“外界”既可指工艺系统以外，也可指工艺系统内部的由刀具和工件组成的切削系统，但总的都是振动系统（通常只由质量、弹簧和阻尼构成）以外。如外界冲床或气锤工作的周期性干扰，使切削加工中的工艺系统所产生的振动就是受迫振动。又如在铣削时，由于周期性的断续切削力所引起的工艺系统振动也是受迫振动。

（3）自激振动（颤振、自振）　系统在一定条件下，没有外界激振力而由振动系统本身产生的交变力激发和维持的一种稳定的周期性的振动称为自激振动。切削过程中产生的自激振动也称为颤振。

二、振动对机械加工过程的影响

振动对机械加工是有害的，通常表现在以下几个方面：

（1）影响零件的表面质量　振动破坏了工艺系统的各种成形运动，使工件与刀具的相对位置发生周期性的改变，因而振动频率低时产生波度，振动频率高时产生微观不平度。

（2）影响生产率　振动的产生原因是由于工艺系统的动静刚度不足。因此，在很多情况为了避免产生振动，就不得不采用较低的切削用量，从而限制和影响生产率的提高。

（3）影响刀具寿命　切削过程中的振动可能使刀尖切削刃崩碎，特别是韧性差的刀具材料如硬质合金、陶瓷等，最易产生刀具损坏。振动的存在还会加速刀具的磨损，因而使刀具寿命明显缩短。

（4）对机床、夹具等工艺设备不利　振动会使机床、夹具等的零件连接部分松动，间隙增大，磨损加剧，降低轴承的工作性能，并使机床、夹具等工艺设备过早地丧失原有的精度。

此外，振动产生的噪声破坏了工作环境，危害工人的身心健康。因此，研究机械加工中的振动，掌握其规律，并注意限制或消除振动，以保证机械加工的高质高效，是机械制造工艺学的重要任务之一。

三、机械加工中的受迫振动及控制

1. 受迫振动的产生原因

（1）系统外部的周期性干扰力　例如在机床附近有振动源——某台机床或其他机器的工作振动，经过地基传入正在进行加工的机床。

（2）旋转零件的质量偏心　工艺系统中的高速旋转零件，如工件、卡盘、飞轮、砂轮、带轮、联轴器等，它们在高速旋转时产生的离心力即是引起系统振动的外界激振力，如图 4-20 所示。

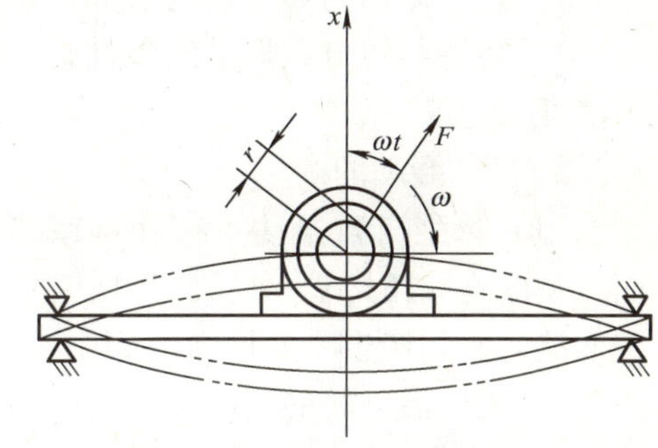

图 4-20　受迫振动力学模型

（3）传动机构的缺陷　如齿轮的周节误差导致传动时齿与齿发生冲击，而引起受迫振动。又如平带传动中，带厚不均匀或接口处的突变，引起平带张力的周期性变化，产生干扰力，引起受迫振动。

（4）切削过程的间歇特性　常见的铣、拉、滚齿等加工，由于切削的不连续，导致切削力的周期性改变，从而产生受迫振动。

2. 受迫振动的特点

1）受迫振动的振动过程是简谐振动，只要有激振力存在，振动系统就不会被阻尼衰减掉。

2）受迫振动与切削加工的进行与否无关，振动本身不引起激振力的变化。

3）振动频率与激振力频率相同，而与工艺系统自身的固有频率无关。

4）振动的振幅与激振力大小、工艺系统刚度及阻尼系数有关。特别是当激振力频率与工艺系统固有频率相等或相近时，将发生共振，此时振幅最大，危害最严重。

3. 减小受迫振动的措施

（1）减小激振力　减小激振力能有效地减小振幅，使振动减弱或消失。减小激振力即要减小因回转元件不平衡所引起的离心力及冲击力。减小激振力可采取如下措施：

1）消减工艺系统中回转零件的不平衡，控制回转件不平衡的主要方法是对回转件进行动、静平衡。对于高速旋转的零、部件在设计时就应该注意其结构与回转中心的对称性。

2）提高传动件的制造和安装精度，目的是为了减小或消除传动过程中的冲击。

（2）调节振源频率　在选择转速时，尽量使旋转件的频率远离机床有关元件的固有频率，以避免共振。

（3）增强机床或整个工艺系统的刚度和阻尼　提高机床或系统刚度，是增强系统抗振性防止振动的重要措施。增加系统的阻尼，将增加系统对激振能量的消耗作用，能够有效地防止和消除共振。

（4）隔振　对于某些动力源如电动机、液压泵等最好与机床分离，用软管连接，或用隔振材料与机床分开。为了消除系统外的振源，常在机床周围挖防振沟。

四、机械加工中的自激振动及控制

系统在一定的条件下，没有外界激振力而由系统本身产生的交变力激发和维持一稳定周期性振动称为自激振动。

提示： 切削过程中产生的自激振动也称为颤振。

1. 自激振动的特点

1）自激振动是一种不衰减的振动。外部振源在最初起触发作用，但维持振动所需的交变力是由于振动过程本身产生的，所以运动一停止，交变力也随之消失，自激振动也就停止。

2）自激振动的频率接近或等于系统的固有频率。

3）维持稳定自激振动的条件是：在一个振动周期内，振动系统所获得的能量大于阻尼所消耗的能量。

2. 自激振动的产生

（1）再生自激振动　在切削或磨削过程中，由于刀具（或砂轮）的进给量一般不大，而刀具的副偏角又较小，当工件转过一圈开始切削下圈时，切削刃必然与已切削过的上一圈表面接触，即产生重叠切削。如图4-21所示的磨削加工，设砂轮宽度为B，工件每转进给量为f，工件后一转的磨削区和前一转已加工表面有重叠部分，其重叠系数为

$$\mu = (B - f)/B \quad (0 < \mu < 1)$$

如果前一转切削时，由于偶然的扰动（如材料的硬疵点、加工余量不均匀或冲击等），加工表面将留下振纹。当工件转至下一转时，由于切削的重叠部分的振纹，使切削厚度发生变化，从而引起切削力周期性改变，使刀具产生振动，而在本转加工表面上产生新的振纹。这个振纹又影响到下一转的切削，从而引起持续的再生颤振。

（2）振型耦合自激振动　产生再生颤振的条件是刀具在有振纹的表面上切削。可是在加工图4-22所示的矩形螺纹时，工件前后并未产生重叠切削，从理论上讲排除了再生自激振动的可能性。但实际加工中，当背吃刀量到达一定值时，仍然会产生自激振动。其原因可用振型耦合原理来说明。

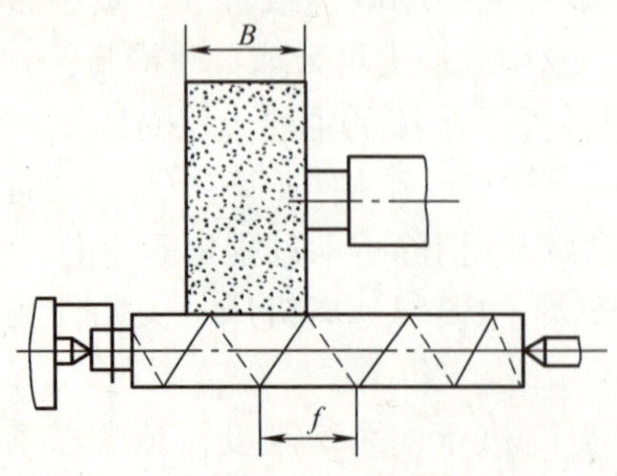

图4-21　磨削时重叠切削示意图

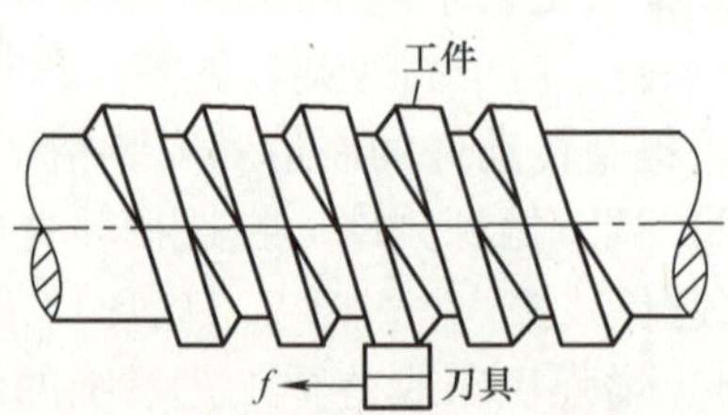

图4-22　纵车矩形螺纹外表面

3. 控制自激振动的措施

（1）合理选择刀具的几何参数

1）前角 γ_0。随着前角的增大，振幅随之下降，但在较高的切削速度时，前角对振动的影响将减弱，此时即使采用负前角也不至于产生强烈的振动。

2）主偏角 κ_r。在主偏角 $\kappa_r<90°$时，随着主偏角增大，背向切削力 F_p减小，振动不易产生。故在车细长工件时，主偏角常取接近于 90°，以避免和减小振动。但当主偏角 $\kappa_r>90°$时，因 F_p增大，振幅因而有所增加。

3）后角 α_0。后角增大或刀刃过分锋利，容易啃刀而引起振动。当后角减小到 2°～3°或后刀面有一定程度的磨损时，会产生抑制振动的作用。生产中常用油石使刃磨的刀具稍稍钝化或研磨出图 4-23 所示的负后角倒棱。

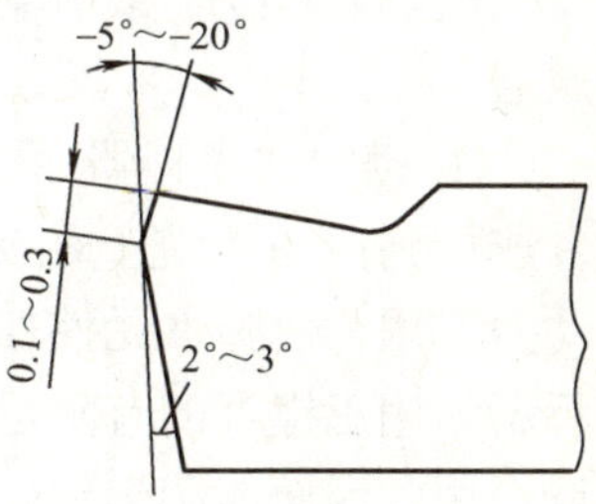

图 4-23 消振倒棱

4）刀尖圆弧半径 r_s。刀尖圆弧半径增大，背向力 F_p 随之增大，容易产生振动。所以在满足表面粗糙度要求的情况下 r_s 应取小值。

（2）合理选择切削用量

1）切削速度 v_c。当切削速度 $v_c=20～60\text{m/min}$ 时容易产生振动，加工时应尽量避开这一段速度。

2）进给量 f。增大进给量，振幅随之减小。因此在进给机构强度、刚度和加工表面粗糙度许可的情况下，应选用较大的进给量。

3）背吃刀量 a_p。背吃力量增大，切削宽度也增大，振幅也随之增大，容易产生自激振动。当背吃刀量较大时，若同时增大进给量，则仍能保持系统的稳定。

（3）合理安排最佳方位角　考虑振型耦合对振动的影响，合理安排主切削力的方向。例如，如图 4-24a 所示，镗杆削扁后，两个相互垂直的振型具有不同的刚度，通过实验调整刀头在镗杆上的相位，即可找到切削时的最佳方位角 α（加工表面法向与镗杆削边垂线的夹角）。这样，可有效地提高工艺系统的抗振性，抑制自激振动。

实验的切削条件为：镗杆 $a=0.8d$、$v_c=40\text{m/min}$、$f=0.3\text{mm/r}$、$a_p=3\text{mm}$，镗杆悬伸长度为 550mm，由图 4-24b 可看出，当 $115°<\alpha<150°$时，不产生自激振动。

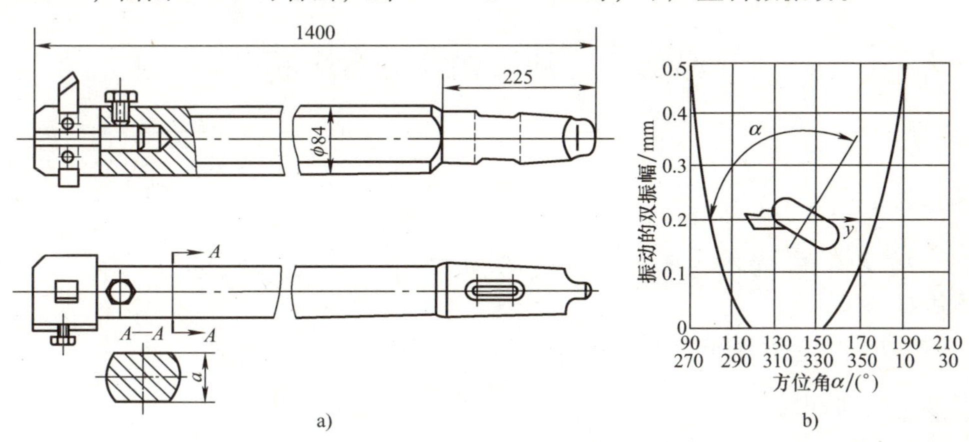

图 4-24 削扁镗杆自激振动实验

（4）使用减振装置。当采用上述各种措施仍不能达到减振的目的时，可考虑使用减振装置。减振装置对于消除受迫振动和自激振动同样有效，已受到广泛的重视和应用。减振装置可分为阻尼器和吸振器两种。

1）阻尼器。是基于阻尼的作用，把振动能转变为热能消耗掉，以达到减小振动的目的。图4-25所示的干磨擦阻尼器为利用多层弹簧片相互摩擦，消除振动能源。

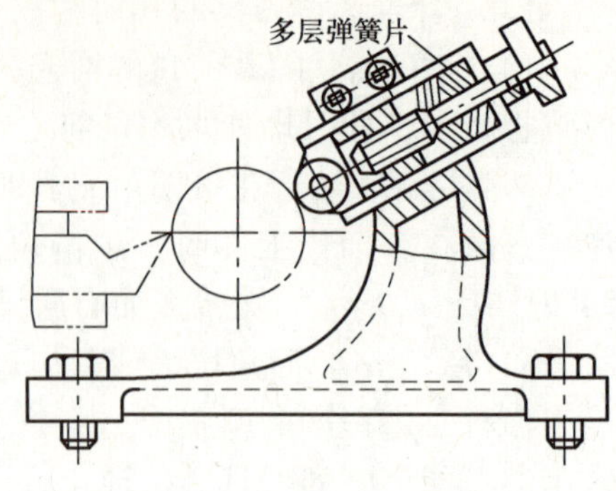

图4-25　干摩擦阻尼器

2）吸振器。又分为动力式吸振器和冲击式吸振器。

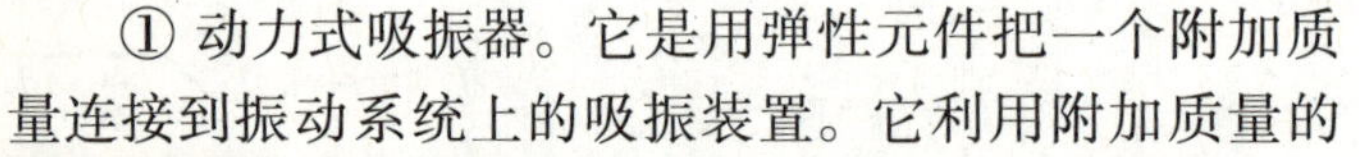

① 动力式吸振器。它是用弹性元件把一个附加质量连接到振动系统上的吸振装置。它利用附加质量的动力作用，使弹性元件加在系统上的力与系统的激振力尽量相抵消，以此减弱振动。图4-26所示为用于镗杆的有阻尼动力吸振器。这种吸振器用微孔橡皮衬垫做弹性元件，并有附加阻尼作用，因而能起到较好的消振作用。

② 冲击式吸振器。由一个自由冲击的质量块和壳体组成。当系统振动时，由于自由质量块的往复运动，产生冲击，消耗了振动的能量，因而可减小振动。

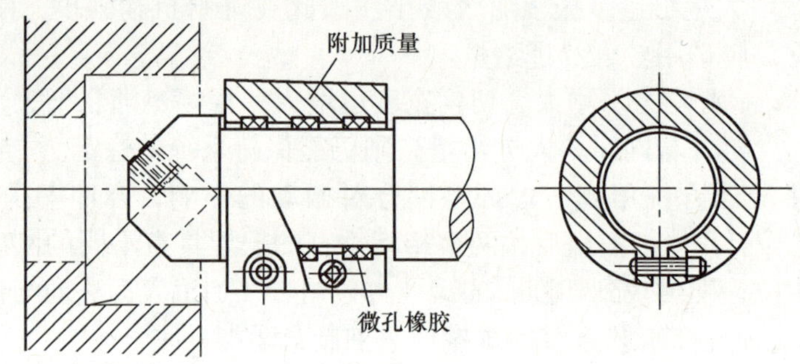

图4-26　用于镗杆的有阻力动力吸振器

课题二　加工误差综合分析

【教学目标】

1）知识目标：了解加工误差的性质，掌握加工误差的统计分析法，即分布图分析法与点图法。

2）能力目标：能正确分析加工误差产生的原因以及采取措施。

【教学重点和难点】

掌握加工误差的统计分析法，即分布图分析法与点图法。

【课题导入】

某厂生产汽车连杆，小孔轴线对大孔轴线在铅垂方向的平行度公差在100mm长度内为0.03mm；在水平方向的平行度的公差在100mm长度内为0.06mm。这两项精度要求历来不能稳定地达到。因此，在工艺上放宽到铅垂方向的平行度误差在100mm长度内不大于0.08mm；水平方向的平行度误差在100mm长度内不大于0.2mm。同时还允许人工校直。公差放宽后，生产基本上能正常进行。但生产一段时间后，加工情况逐渐恶化，校直率猛增，甚至出现铅垂方向的平行度超差。为此，要将铜套压住重新进行加工，造成生产中急待解决的质量问题。

【知识储备】

生产实际中，影响加工精度的因素往往是错综复杂的，很难用单因素法来分析其因果关系，而要用数理统计方法来找出解决问题的途径。

一、加工误差的性质

提示：各种单因素的加工误差，按其统计性质的不同，可分为系统性误差和随机性误差两大类。

1. 系统性误差

（1）常值系统性误差　顺次加工一批工件中，其大小和方向保持不变的误差，称为常值系统性误差。如加工原理误差，机床、夹具、刀具的制造误差及工艺系统的受力变形等，都是常值系统性误差。

（2）变值系统性误差　顺次加工一批工件中，其大小和方向按一定规律变化的误差（通常是时间的函数），称为变值系统性误差。如机床、夹具和刀具等在热平衡前的热变形和刀具磨损等，都是变值系统性误差。

2. 随机性误差

在顺序加工一批工件时，若误差的大小和方向作无规律的变化（时大时小，时正时负），则这类误差称为随机性误差。如毛坯误差的复映、定位误差、夹紧误差、内应力引起的误差、多次调整的误差都是随机性误差。

误差性质不同，其解决的途径也不一样。对于常值系统性误差，在查明其大小和方向后，采取相应调整或检修工艺装备，以及用一种常值系统性误差去抵偿原来的常值系统性误差。对于变值系统性误差，查明其变化规律后，可采取自动连续补偿，或自动周期补偿。对于随机性误差，由于没有明显的变化规律，只能查出产生根源，采取措施以减小其影响。

在不同的场合下，误差的性质也有所不同。例如，机床在一次调整中加工一批工件时，机床的调整误差是常值系统性误差，但当多次调整机床时，每次调整时发生的调整误差则具有随机性，故调整误差又成为随机性误差了。

二、加工误差的统计分析法

在生产实际中，常用统计分析法研究加工精度。统计分析方法是以现场观察所得资料为基础，主要有分布图分析法和点图分析法。

1. 分布图分析法

这种方法是通过测量一批零件加工后的实际尺寸，作出尺寸分布曲线，然后按此曲线来判断这种加工方法产生的误差大小。

（1）实际分布图　某工序中加工出来的一批工件，测量每个工件的加工尺寸，把测量的数据记录下来，按尺寸大小将整批工件进行分组，则每一组中的零件尺寸处于一定的间隔范围内。

提示： 同一尺寸间隔内的零件数量称为频数，频数与该批零件总数之比称为频率，频率与组距（尺寸间隔）之比称为频率密度。以工件的尺寸尾数（很小一段尺寸间隔）为横坐标，以频数（或频率）为纵坐标，便可作出该工序工件加工尺寸的实际分布图——直方图。

为了进一步分析该工序的加工精度情况，可在直方图上标出该工序的加工公差带位置，并计算出该样本的统计数字特征平均值 $\bar{x}$ 和标准偏差 σ，样本的平均值 $\bar{x}$ 表示该样本的尺寸分散中心，它主要取决于调整尺寸和长值系统性误差，即有

$$\bar{x} = \frac{1}{n}\sum_{i=1}^{n} x_i$$

式中，n 为样本含量；x_i 为各工件的尺寸。

样本的标准偏差为

$$\sigma = \sqrt{\frac{1}{n}\sum_{i=1}^{n}(x_i - \bar{x})^2}$$

（2）理论分布图

1）正态分布曲线。工件的加工尺寸误差是由很多相互独立的随机误差综合作用的结果，如果其中又没有一个随机误差起决定作用，则其分布将服从正态分布。这时的分布曲线称为正态分布曲线，如图 4-27 所示。

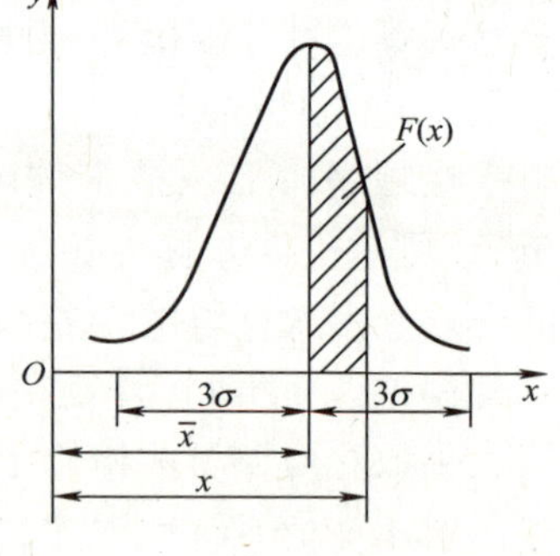

图 4-27　正态分布曲线

2）非正态分布曲线。工件的实际分布，有时并不接近于正态分布。例如，将在两台机床上分别调整加工出的工件混在一起测定，其分布图呈双峰曲线，如图 4-28a 所示。实际上是两组正态分布曲线（如虚线所示）的叠加，亦即随机性误差中混入了常值系统性误差。每组有各自的分散中心 $\bar{x}$ 和标准偏差 σ。

又如，在活塞销贯穿磨削中，如果砂轮磨损较快而没有自动补偿的话，工件的实际尺寸分布将成平顶分布，如图 4-28b 所示。它实质上是正态分布曲线的分散中心在不断地移动，亦即在随机性误差中混有变值系统性误差。再如，用试切法加工轴或孔时，由于操作者为避免不可修复的废品，主观地使轴径宁大勿小，使孔径宁小勿大，则它们的尺寸就呈偏态分布，如图 4-28c 所示。

（3）分布曲线的应用

1）判别加工误差的性质。如果 $\bar{x}$ 值偏离公差带中心，则表明加工过程中工艺系统存在

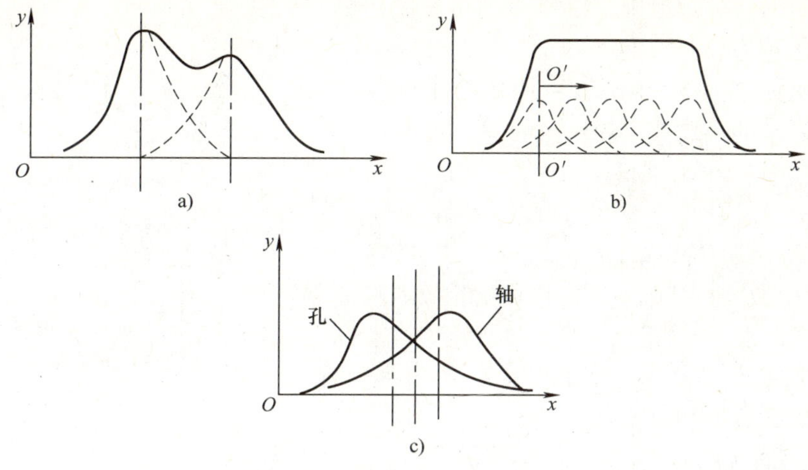

图 4-28　非正态分布曲线

常值系统性误差；如果按加工顺序分批抽检同一批工件，它们的 $\bar{x}$ 值有规律地递增或递减，则说明存在变值系统性误差。正态分布的标准偏差 σ 的大小表明随机变量的分散程度。若 σ 值较大，则说明工艺系统随机误差较大。

2）确定工序能力及其等级。工序能力即工序处于稳定状态时，加工误差正常波动的幅度。当加工尺寸分布接近于正态分布时，工序能力为 6σ，而工序能力等级是以工序能力系数来表示的。一般情况下，工序能力不应低于二级。

3）估算合格品率和不合格品率。分布曲线与 x 轴所包围的面积代表了一批零件的总数，如果尺寸分散范围大于零件的公差带时，则将有废品产生。图 4-29 所示的阴影部分的面积即为不合格品率，空白部分的面积即为合格品率。

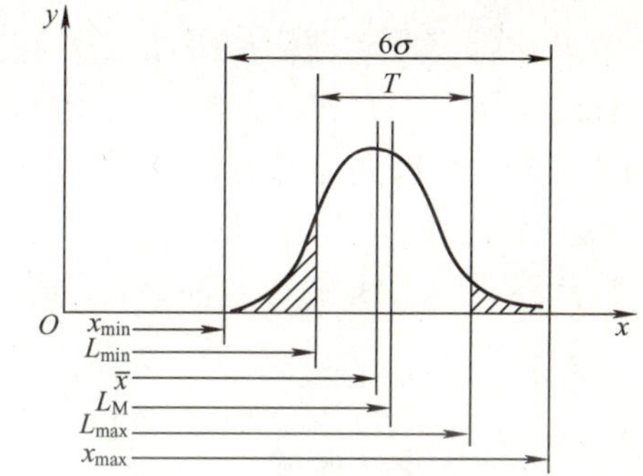

图 4-29　废品率计算

（4）分布曲线分析法的缺点　分布曲线分析法没有考虑一批工件加工的先后顺序，因此不能区分变值系统性误差和随机误差，并且需要把一批工件全部加工完后才能测绘出分布曲线，因此不能在加工过程中控制加工精度。点图法可以克服其缺点。

2. 点图法

在加工过程中按工件加工顺序，定期对工件进行抽样检测，作出加工尺寸随时间（或加工顺序）变化的图称为点图，也称为控制图。

（1）点图的形式　点图的形式有多种，但基本格式是相似的。例如，其纵坐标都是用来标注（记录）实测尺寸，并标出公差带上、下限作控制参考值；其横坐标主要有两种标注方法，一种是标注加工件的顺序号（逐件检查），还有一种是标注工件的组序号。把有关数据点到相应的纵横坐标上，做成数据记录表，通常称为管理图。目前常用的点图是 $\bar{x}$-R 图，如图 4-30 所示。

（2）$\bar{x}$-R 图　$\bar{x}$-R 管理图是 $\bar{x}$ 管理图与 R 管理图并用的一种形式。由于 $\bar{x}$ 在一定程度上代表了瞬时的尺寸分散中心，故 $\bar{x}$ 点图可反映出系统性误差及其变化趋势。R 在一定程度上代表了瞬时的尺寸分散范围，故 R 点图可反映出随机误差及其变化趋势。

设以顺次加工的 m（$m=2\sim10$）个工件作为一组，那么每样组的平均值 $\bar{x}$ 和极差 R 是

$$\bar{x}=\frac{1}{m}\sum_{i=1}^{m}x_i$$

$$R=x_{\max}-x_{\min}$$

式中，$x_{\max}$、$x_{\min}$ 分别为同一样组中工件的最大尺寸和最小尺寸。

以样组序号为横坐标，分别以 $\bar{x}$ 和 R 为纵坐标，就可分别作出 $\bar{x}$ 点图和 R 点图。

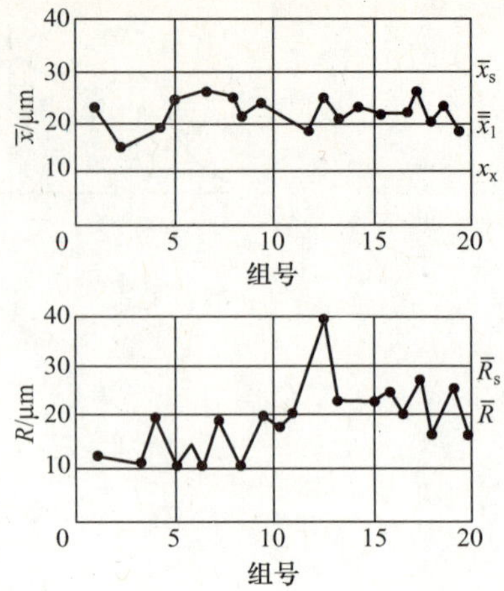

图 4-30 $\bar{x}$-R 点图

（3）点图的应用

1）观察加工中的常值系统误差、变值系统误差和随机误差的大小及变化趋势，根据其变化趋势，或维持工艺过程现状不变，或中止加工采取相应的补偿与调整措施。

2）判断工艺过程稳定性。任何一批工件的加工尺寸都有波动性，各样组的平均值和极差 R 也都有波动性。如果加工误差主要是随机性误差，且系统性误差影响很小时，那么这种波动属于正常波动，加工工艺是稳定的。如果加工存在较大的变值系统性误差，或随机性误差的大小有明显的变化时，那么这种波动属于异常波动，这个加工工艺就被认为是不稳定的。为判别工艺过程是否稳定，需分析 $\bar{x}$ 和 R 的分布规律，在 $\bar{x}$-R 图上加上中心线和上、下控制线。中心线和上、下控制线按下式计算：

$\bar{x}$ 点图：中心线 $\bar{\bar{x}}=\frac{1}{k}\sum_{i=1}^{k}\overline{x_i}$

上控制线 $\overline{x_s}=\bar{\bar{x}}+A\bar{R}$

下控制线 $\overline{x_x}=\bar{\bar{x}}-A\bar{R}$

R 点图：中心线 $\bar{R}=\frac{1}{k}\sum_{i=1}^{k}R_i$

上控制线 $R_s=D\bar{R}$

下控制线 $R_x=0$

式中，D、A 均为常数，查表 4-1 可得；k 为样本组数，$k=20\sim30$。

表 4-1 A 与 D 系数表

每组个数 m	A	D
4	0.73	2.28
5	0.58	2.11
6	0.48	2.00

在点图上作出中心线和控制线后，就可根据图中点的情况来判别工艺过程是否稳定（波动状态是否正常），判别的标志见表 4-2。

表 4-2　正常波动与异常波动的标志

正常波动	异常波动	正常波动	异常波动
1. 没有点超出控制线	1）有点超出控制线	3. 点没有明显的规律性	6）连续 14 点中有 12 点以上出现在中心线一侧
	2）点密集在中心线上下附近		7）连续 17 点中有 14 点以上出现在中心线一侧
2. 大部分点在中心线上下波动，小部分在控制线附近	3）点密集在控制线附近		8）连续 20 点中有 16 点以上出现在中心线一侧
	4）连续 7 点以上出现在中心线一侧		9）点有上升或下降倾向
	5）连续 11 点中有 10 点出现在中心线一侧		10）点有周期性波动

【案例】

以磨削一批轴径为 $\phi 50^{+0.06}_{+0.01}$mm 的工件为例，来说明用点图判别工艺过程稳定性的方法和步骤。

解：1）抽样、测量及计算 $\bar{x}$ 及 R。按照加工顺序和一定的时间间隔随机地抽取 4 件为一组，共抽取 25 组，并算出每组的 $\bar{x}$、R 值，见表 4-3。

表 4-3　$\bar{x}$-R 值的数据表

组号	$\bar{x}$	R	组号	$\bar{x}$	R	组号	$\bar{x}$	R	组号	$\bar{x}$	R	组号	$\bar{x}$	R
1	36.8	22	6	40.5	18	11	34.0	14	16	32.5	12	21	19.5	4
2	33.5	18	7	42.3	8	12	30.0	22	17	45.0	25	22	41.5	7
3	39.8	20	8	41.0	12	13	38.5	20	18	38.0	9	23	31.5	26
4	29.0	18	9	35.0	27	14	40.0	10	19	46.8	21	24	40.5	15
5	42.5	18	10	42.0	22	15	37.5	4	20	39.5	17	25	35.5	20

注：表中 $\bar{x}$ 为各样组的平均值与基本尺寸之差。

2）画 $\bar{x}$-R 图。先算出 $\bar{x}$ 的平均值 $\bar{\bar{x}}$ 和 R 的平均值 $\bar{R}$，再计算 $\bar{x}$ 点图和 R 点图的上、下控制线位置。

本例 $\bar{\bar{x}} = 37.3$mm，$\bar{x}_s = 49.24\mu m$，$\bar{x}_x = 25.36\mu m$，$\bar{R} = 16.36\mu m$，$R_s = 37.3\mu m$，$R_x = 0$。并据此画出 $\bar{x}$-R 图，如图 4-31 所示。

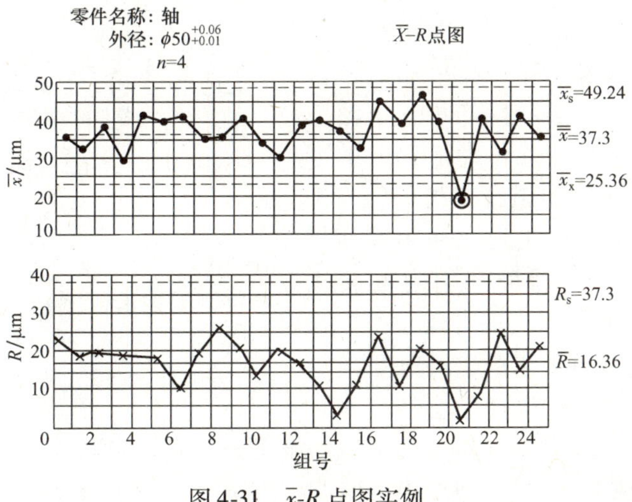

图 4-31　$\bar{x}$-R 点图实例

3）计算工序能力系数，确定工序等级。本例 $T=50\mu m$，$\sigma=8.93\mu m$，$C_P=T/(6\sigma)=50/(6\times8.93)=0.933$，属于三级工艺。

4）分析总结。从本例 $\bar{x}$ 图中第21组的点超出下控制线说明工艺过程发生了异常变化，可能有不合格品出现，从工序能力系数看也小于1，这些都说明本工序的加工质量不能满足零件的精度要求，因此要查明原因，采取措施，消除异常变化。

三、机械加工质量的控制方法

机械零件在加工过程中，任何加工方法所得到的实际参数都不会与图样要求的参数绝对相符合，总存在着一定的误差，误差的大小决定了加工质量的高低。

提示： 机械零件的加工质量包括加工精度和表面质量，一些因素将直接影响加工质量。

了解影响加工精度及表面质量的工艺因素并加以控制，是提高加工质量的有效途径。

1. 提高和保证加工精度的途径

（1）直接减小误差法　在生产中应用较广的一种基本方法，是在查明产生加工误差的主要因素之后，设法对其直接进行消除或减小。

例如，细长轴的车削，由于受力和热的影响，使工件产生弯曲变形。现采用了“大走刀反向切削法”再辅之以弹簧后顶尖，可进一步消除热伸长的危害。又如，薄环形零件在磨削中，由于采用了树脂结合剂粘合以加强工件刚度的办法，使工件在自由状态下得到固定，解决了薄环形零件两端面的平行度问题。其具体方法：将薄环形零件在自由状态下粘结到一块平板上，再将平板放到磁力工作台上，自上磨平工件的上端面。然后将工件从平板上取下（使结合剂热化），再以磨平的一面作为定位基准磨另一面，以保证其平行度。

（2）误差补偿法　就是人为地造出一种新的原始误差，去抵消原来工艺系统中固有的原始误差，从而减小加工误差，提高加工精度。例如，用校正机构提高丝杠车床传动链精度。在精密螺纹加工中，机床传动链误差将直接反映到被加工零件螺距上，使精密丝杠的加工精度受到一定的限制。为了满足加工精度要求，不能采取一味提高传动链中各个元件精度的办法。在实际生产中，广泛应用了以误差补偿原理来消除传动链误差的方法。图4-32所示为螺纹加工校正机构，当刀架纵向进给运动时，由校正尺工作表面使杠杆产生位移，并使丝杠螺母产生附加转动（即误差大小相等，方向相反而补偿了螺距误差），从而使车刀恢复到要求的进给速度。

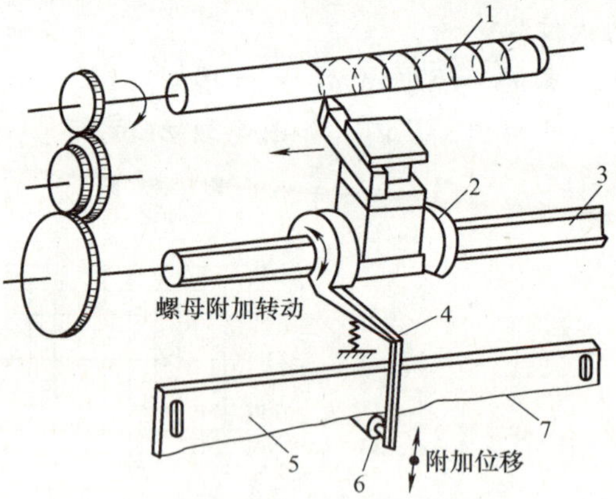

图4-32　螺纹加工校正机构

1—工件　2—丝杠螺母　3—车床丝杠　4—杠杆　5—校正尺　6—滚柱　7—工作尺面

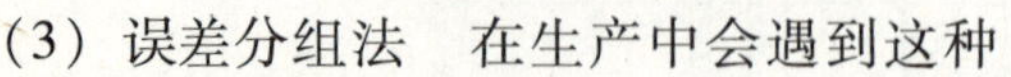

（3）误差分组法　在生产中会遇到这种情况，本工序的加工精度是稳定的，工序能力也足够，但毛坯或上工序加工的半成品精度太低，引起定位误差或复映误差过大，因而不能保证加工精度。如要求提高毛坯精度或上工序

加工精度，往往是不经济的，这时可采用误差分组法，可把毛坯（或上工序）尺寸按误差大小分为 n 组，每组毛坯的误差就缩小为原来的 $1/n$，然后按各组分别调整刀具与工件的相对位置或调整定位元件，就可大大缩小整批工件的尺寸分散范围。提高配合件的配合精度，也可采用分组装配法。

（4）误差转移法　实质上是将工艺系统的几何误差、受力变形和受热变形等转移到不影响加工精度的方向去。例如，对具有分度或转位的多工位加工工序、采用转位刀架加工的工序，其分度、转位误差将直接影响零件有关表面的加工精度。若将刀具安装到定位的非敏感方向，则可大大减小其影响，如图 4-33 所示。它可使六角刀架转位时的重复定位误差 $\pm\Delta a$ 转移到零件内孔加工表面的误差非敏感方向，以减小加工误差，提高加工精度。又如，利用镗模进行镗孔，并使主轴与镗杆进行浮动连接。这样，就使镗孔的误差不受机床误差的影响，其机床的几何误差转移到浮动连接的部件上，镗孔精度由夹具镗模来保证，如图 4-34 所示。

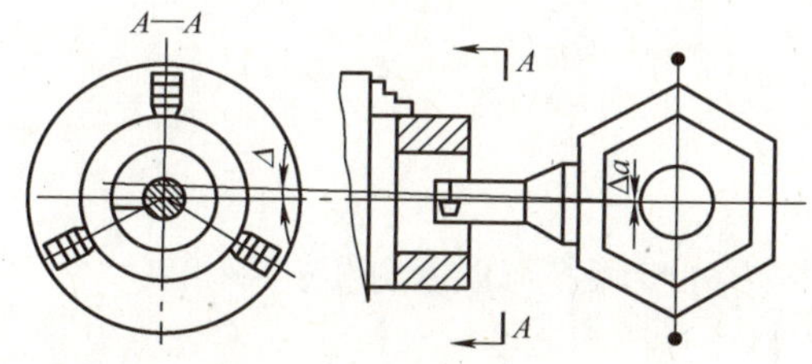

图 4-33　刀具转位误差的转移

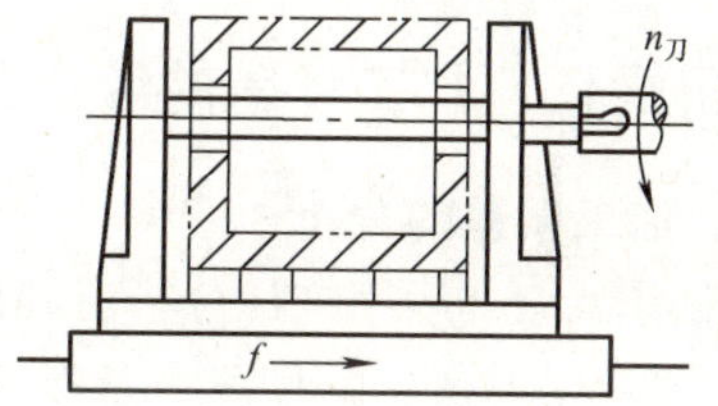

图 4-34　利用镗模转移机床误差

在加工过程中工艺系统会产生各种误差，从而改变刀具和工件在切削运动中的相互位置关系而影响零件的加工精度。这些误差与工艺系统本身的结构状态和切削过程有关，产生误差的主要因素见本章课题一所述。

在机床上加工零件，加工质量是由机床、刀具、热变形、工件余量的复映误差、测量误差和振动等因素综合影响的结果。

2. 提高加工质量的途径和方法

（1）解决机床所造成的加工质量问题

1）提高机床导轨的直线度、平行度。

2）定期检测机床工作台的水平。

3）提高机床三坐标轴之间的垂直度。

4）提高主轴与工作台的垂直度。

5）提高主轴的回转精度及回转刚度。

（2）解决刀具方面所造成的加工质量问题

1）针对不同的工件材料，选择合适的刀具材料。

2）刃磨合理的切削角度。

3）选择合理的切削用量。

4）针对不同的工件材料，选择不同的切削液。

（3）解决工件原始精度所造成的加工质量问题　加工中应严格执行粗、精分开的原则。工件在粗加工后应有充分的时间使工件达到热平衡，在未达到热平衡前，不宜立即进行精加工。

(4) 解决热变形造成的加工质量问题

1) 采用有利于减少切削热的各项措施。

2) 充分冷却或使工件预热，以达到热平衡。

3) 合理选用切削液。

4) 创造恒温的工作环境。

(5) 解决振动造成的加工质量问题

1) 减少或消除振源的激振力。

2) 改进传动结构的缺陷与隔振。

3) 提高机床、工件及刀具的刚度，增加工艺系统的抗振性。

4) 调节振动源频率。在选择转速时，尽可能使旋转件的频率远离机床有关元件的固有频率。

5) 采用减振器与阻尼器。

6) 合理选择切削用量、刀具的几何参数。

【知识拓展】 加工误差的综合分析法实例

一、加工误差的分析

通常需要综合运用统计分析法和因果分析法按下列步骤进行误差分析：

1) 调查误差产生的情况，掌握现场第一手资料。

2) 根据调查结果初步分析，抓住主要矛盾。

3) 进行现场测试，从定性定量方面作出判断。

4) 采取相应措施，验证实际效果。

二、分析步骤

下面以本课题导入的实例介绍连杆小头孔（衬套孔）金刚镗后，位置精度超差的分析及所采取的措施。

1. 调查

工件是以大头孔和端面为精基准，用液性塑料心轴定位的，如图 4-35a、b 所示，限制

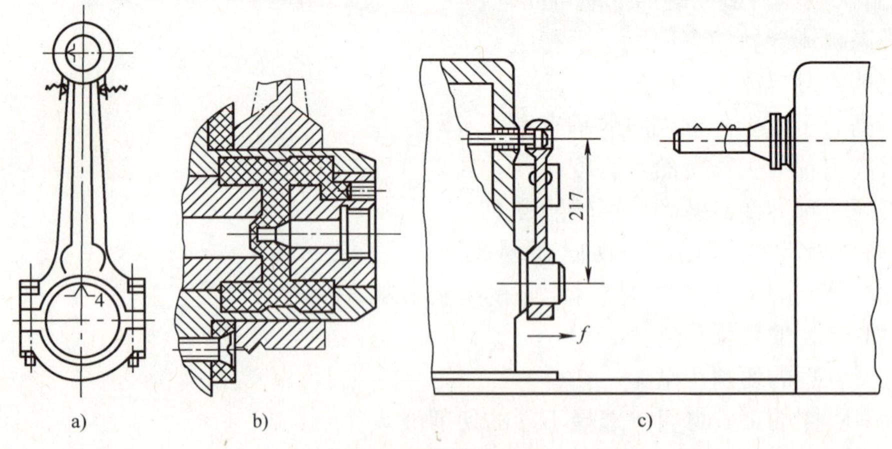

图 4-35 连杆加工图

a) 大头孔定位与杆甚支承 b) 热塑定位与紧固 c) 小头孔加工

工件五个自由度，用可移式菱形销插入小孔内限制工件的转动，以保证孔的位置精度。连杆小头孔用双轴金刚镗进行精镗，如图 4-35c 所示。为了提高工件的刚度，在接近小头孔的杆身处加上两个辅助支承，如图 4-35a 所示。

经广泛调查后，可将各方面的意见反映在一张因果图上，如图 4-36 所示，此图又称树枝图或鱼刺图。从图 4-36 中看出，所有可能影响的因素都提到了。图中画方框的可能是主要的影响因素。经过深入细致的分析，认为其中几项可能影响不大。例如镗头的热变形，一般是使镗头轴线向上平移或倾斜，加工时工件是由工作台送进，这样只会引起孔和孔的中心距误差、孔的圆度误差，不会影响其平行度。

另外，小头孔压套后位置精度超差所产生的误差复映估计不大。因为本工序是精细镗，加工余量很小，其次精镗杆上装有两个刀头，其间距大于工件的厚度，因此当第二个刀头切削时，其吃刀量基本没有什么变化。加工切削速度高、吃刀量和进给量小，切削力很小，这些都决定了误差复映的程度不会很大。

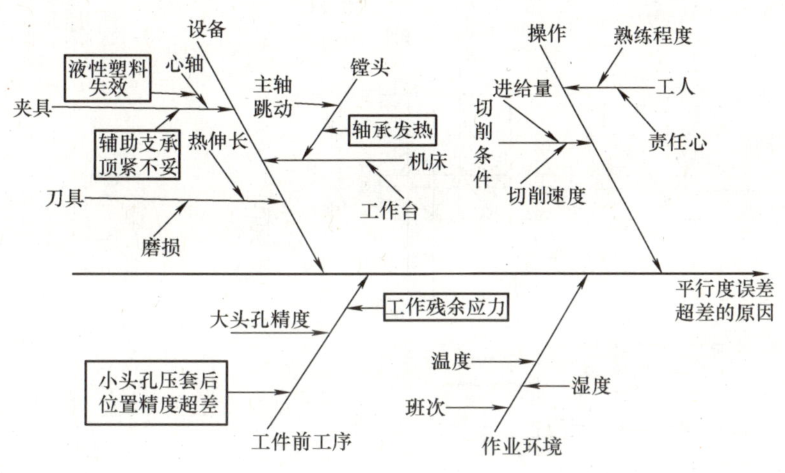

图 4-36 因果分析图

另外，还有可能存在辅助支承顶紧不妥的问题，在此不予讨论。

前面预测的五项主要因素中，只剩下两项：液性塑料因老化而失效影响定位精度，工件的残留应力引起的变形。为了分析上述因素对加工精度影响的可能性，对本工序进行工艺验证。

2. 工艺验证

工艺验证的目的是提供素材、验证上述分析的正确性。可采取下列各项措施进行实验：

1）对两个镗头分别投料 100 件，以便对比两镗头和夹具的不同情况。

2）为了反映机床热变形的影响，在加工前，先开空车让镗床空运转 15min，然后再正式加工。两个镗头的各 100 件，要等间隔地穿插在半个班（4h）内加工。

按试加工零件所测数据，画出直方图和点图，如图 4-37、图 4-38、图 4-39 所示。由图 4-37 可以看出，镗头发热对中心距有影响，热变形在开始切削加工大约 2h 以后才达到热平衡。由于 2 号镗头的轴承间隙调整得比较小，发热大，其误差比 1 号镗头大。这说明有占优势的热变形误差存在，直方图也不对称（尤其 2 号镗头严重些），但全部中心距合格，没有废品。

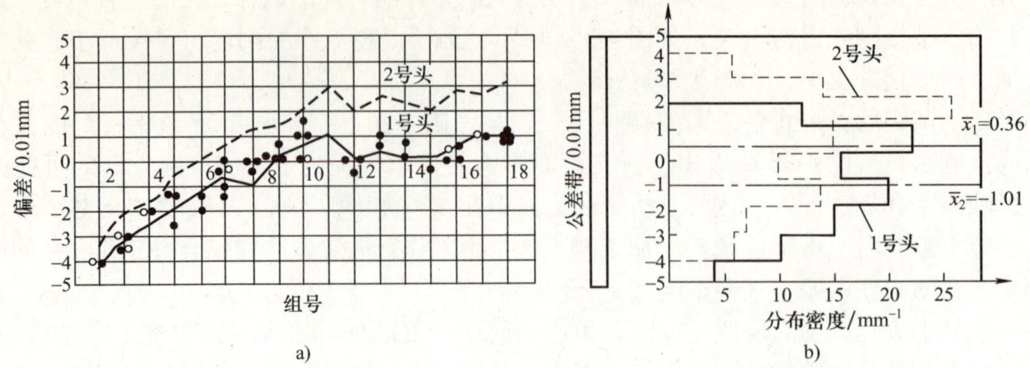

检验心棒长 85mm，图中数据按 85mm 进行了换算

图 4-37 中心距误差点图与直方图

a）点图 b）直方图

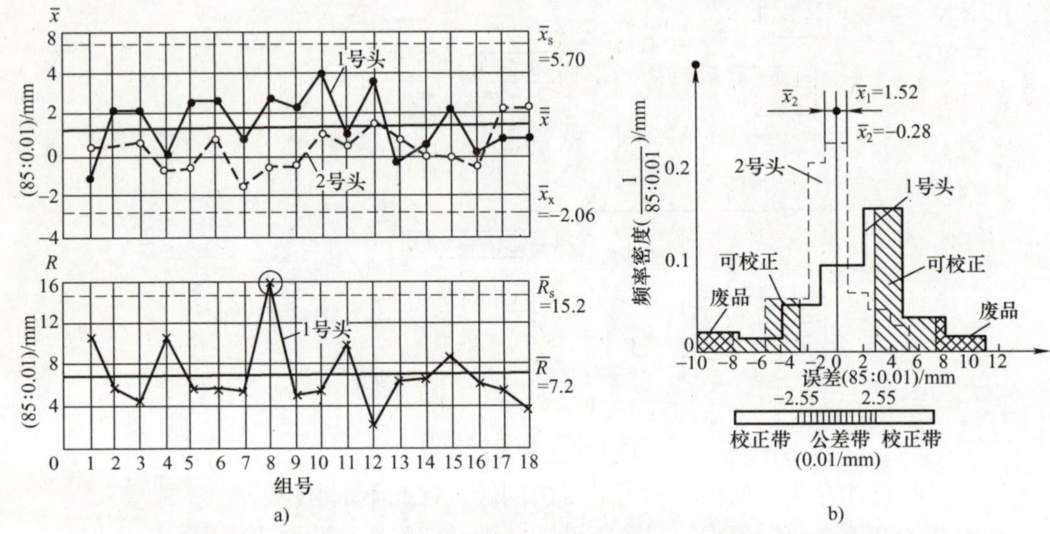

图 4-38 垂直方向平行度点图、直方图

a）点图 b）直方图

图 4-38 所示为垂直方向平行度的点图和直方图。看来 $\bar{x}$ 是稳定的，说明热变形对它没有影响。至于 1 号镗头的 R 图中有一个点超出$\overline{R}_s$线，只能说明其极差突然扩大（有随机性因素影响），不能说明是热变形的影响，2 号镗头的 R 图从略。

图 4-39 所示为水平方向平行度直方图。从图 4-38 与图 4-39 的直方图看出，1 号镗头与 2 号镗头的分布情况及其废品率是不同的。图中斜线表示可校正的不合格品，交叉线表示不可校正的废品。1 号镗头无论是系统性误差还是随机性误差都比 2 号镗头大。2 号镗头没有废品，校正率也低得多。这些现象都说明问题出在 1 号镗头上，而且是出在 1 号镗头的夹具上。

3. 测试

测试时应注意的问题：

1）检查每根液性塑料心轴母线对镗床工作台的平行度误差。所测误差很小，这说明因心轴装配误差所引起的系统性常值误差很小，可以忽略。

2）检查心轴夹紧工件时心轴胀开的均匀性误差。测量心轴上相距30mm的Ⅰ、Ⅱ两点，发现1号镗头心轴胀紧后Ⅰ点比Ⅱ点低0.04mm，如图4-40a所示。由于Ⅰ点不能充分定心夹紧，工件大头孔的轴线就不能保证与心轴的轴线一致（定位不稳）。2号镗头的心轴胀紧后，均匀性误差较小，如图4-40b所示。对加工后两孔的平行度影响不大。测试结果与图4-37及图4-38所反映的情况相符。

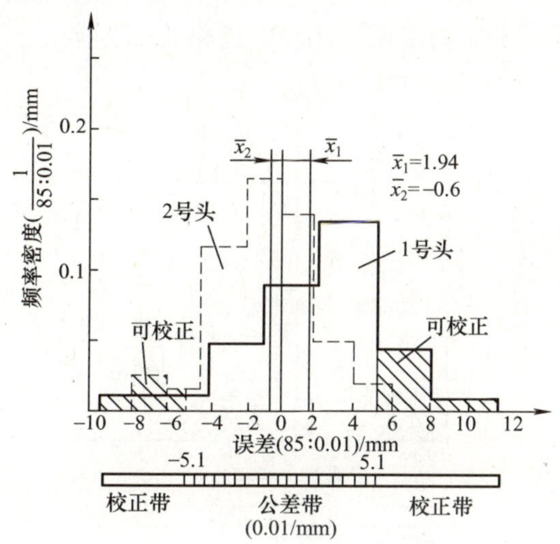

图4-39 水平方向平行度直方图

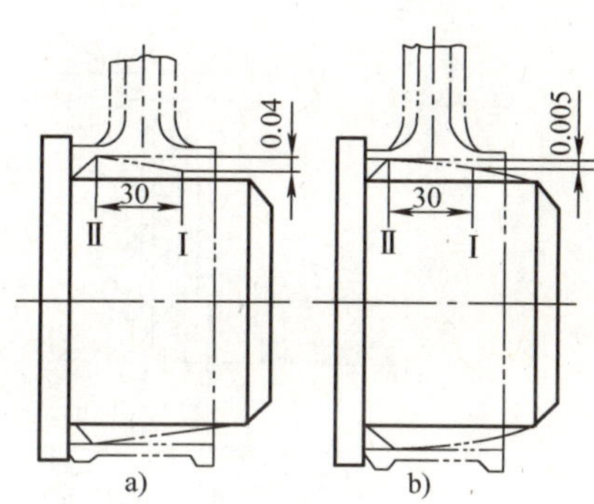

图4-40 心轴胀开的均匀性误差

a）1号镗头 b）2号镗头

3）为了检查辅助支承的影响，在连杆已镗完的小头孔中插入检验棒，在大头孔定心夹紧的情况下，多次夹紧、松开辅助支承，测量检验棒两端与机床工作台平行度，发现其平行度变化很小，这说明辅助支承结构良好，没有引起什么误差。

4）为了检验残余应力对平行度的影响，对工件校正后的误差进行测量，画出三个典型件的变形曲线，如图4-41所示。

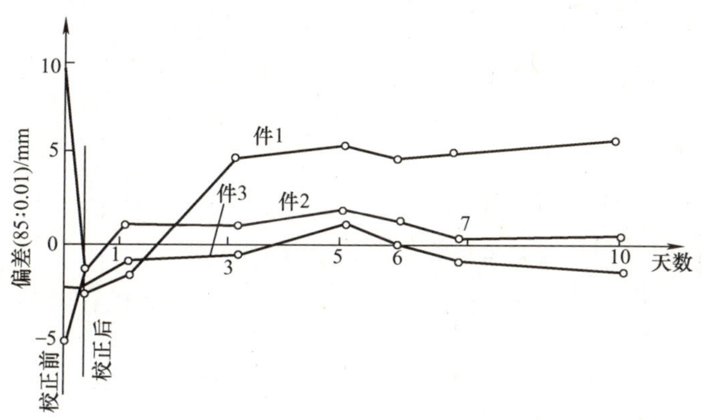

图4-41 残余应力引起的变形曲线

件 1 精镗后平行度为 10μm（即在 85mm 长度上测得平行度误差为 0.01mm），校正后为 -3（单位同前），存放后向反向变形。件 2 精镗后平行度为 -6，校正后为 -1.2，存放后仍按校正变形方向继续变形，但数值不大。件 3 未经校正，但与第二件有相似的变形过程。

由此可见，残留应力对平行度的影响不大。因此进一步肯定，主要影响因素是 1 号镗头液性塑料心轴老化失效。

4. 验证

将 1 号镗头心轴更换后，加工一批工件，其平行度误差的直方图如图 4-42 中实线所示。从图中看出加工精度显著提高，可校正件也大为减少。为了便于比较，仍将心轴更换前的直方图用虚线画在同一坐标纸上。

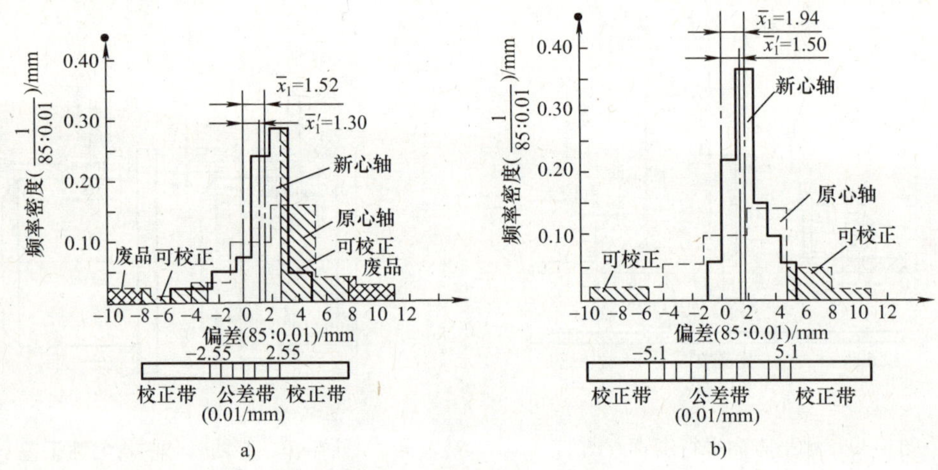

图 4-42　平行度误差直方图

a）垂直方向　b）水平方向

【单元小结】

本单元主要介绍了机械加工精度和表面质量的基本概念以及机械加工中振动的种类、控制方法、加工误差的性质；还有影响加工精度和表面质量的因素及其控制措施、加工误差的控制方法、加工误差的统计分析法——分布图分析法、点图法。

【单元训练】

一、填空题

1. 加工精度包括以下三方面内容：________、________、________。
2. 加工表面的几何特征：________、________。
3. 工艺系统的几何误差：________、________、________、________。
4. 机械振动的类型有________、________、________。
5. 加工误差有：________和________。
6. 加工误差的统计分析法有________、________。

二、简答题

1. 表面质量对零件使用性能的影响有哪些？

2. 影响加工精度的主要因素有哪些？

3. 影响表面质量的因素及其控制措施有哪些？

4. 影响表面物理力学性能的因素及其控制措施有哪些？

5. 振动对机械加工过程的影响有哪些？

6. 机械加工中的自激振动及其控制方法有哪些？

7. 提高和保证加工精度的途径有哪些？

8. 提高加工质量的途径和方法有哪些？

9. 试举例说明加工精度、加工误差、公差概念以及它们之间的区别。

10. 一长方形薄钢板（假设加工前工件的上、下面是直的），当磨削平面 A 后，工件产生弯曲变形，试分析工件产生凹变形的原因。

11. 加工一批零件，其外径尺寸为 ϕ28mm ±0.6mm。已知以前在相同工艺条件下加工同类零件的标准差为0.14mm，试画出加工该批零件的 $\bar{x}$-R 图。该批零件的尺寸见表4-4。

表4-4　零件尺寸

试件号	尺寸/mm	试件号	尺寸/mm	试件号	尺寸/mm	试件号	尺寸/mm	试件号	尺寸/mm
1	28.10	6	28.10	11	28.20	16	28.00	21	28.10
2	27.90	7	27.80	12	28.38	17	28.10	22	28.12
3	27.70	8	28.10	13	28.43	18	27.90	23	27.90
4	28.00	9	27.95	14	27.90	19	28.04	24	28.06
5	28.20	10	28.26	15	27.84	20	27.86	25	27.80

单元五　测量仪器及应用

课题一　测量与误差

【教学目标】

1）知识目标：了解用合像水平仪测量导轨直线度的方法步骤，熟悉测量的定义和特性，掌握测量的方法以及测量误差与数据处理的方法。

2）能力目标：能熟练地处理测量误差与数据，会用合像水平仪测量导轨直线度。

【教学重点和难点】

掌握测量的方法以及测量误差与数据处理的方法。

【课题导入】　用合像水平仪测量直线度误差

直线度误差的检测方法很多。当工件较小时，常以刀口尺、检验平尺作为模拟理想直线，用光隙法或间隙法确定被测实际要素的直线度误差。当工件较大时，则常按国家标准规定的测量坐标值原则进行测量，取得必要的一组数据，经作图法或计算法得到直线度误差。

测量直线度误差常用的仪器有框式水平仪、合像水平仪、电感式水平仪和自准直仪等。这类仪器的特点是：测定微小角度的变化，换算为线值误差。

合像水平仪采用光学放大，并以对称棱镜使双像重合来提高读数精度，利用杠杆和微动螺杆传动机构来提高测量精度和增大测量范围。将合像水平仪置于被测工件表面，当被测两点相对水平线不等高时，将引起两气泡像不重合，转动度盘，使两气泡像重合，度盘转过格数代表被测两点相对水平线的高度差，如图 5-1 所示。

合像水平仪最大测量范围为 ±5mm/m，分度值 $i=0.01\text{mm/m}$。被测表面相邻两点高度差 h 与分度值 i、桥板跨距 L、刻度盘读数 a（格数）的关系为

$$h = iLa$$

如：$i=0.01\text{mm/m}$，$L=100\text{mm}$，$a=5$（格）（将水平仪放在桥板上方即可得到支点为 100mm 的距离），则 $h=iLa=\frac{0.01}{1000}\times 100\times 5\mu\text{m}=5\mu\text{m}$，即此时一格表示数值为 $1\mu\text{m}$。

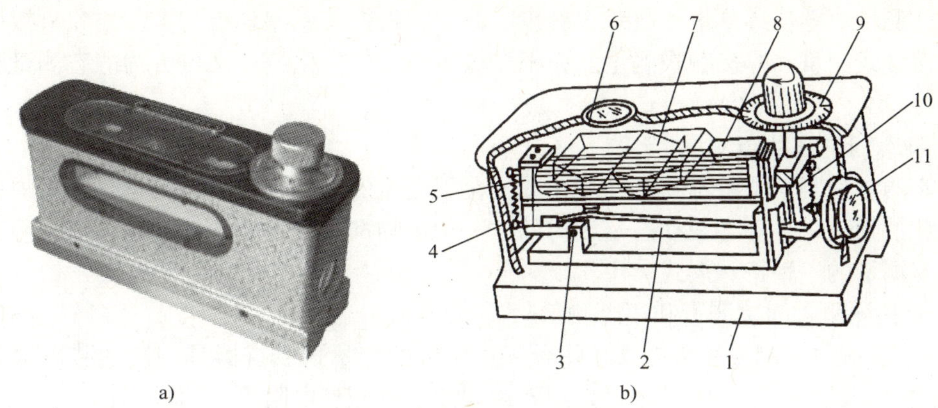

图 5-1　合像水平仪结构

a）外形图　b）结构示意图

1—底板　2—杠杆　3—支座　4—壳体　5—水准器支架

6、11—放大器　7—棱镜组　8—水准器　9—微分筒　10—螺杆

【知识储备】

一、测量及其特征

（1）测量　它是指人们用实验的方法，借助于一定的仪器或设备，将被测量与作为测量单位的标准量进行比较，并确定被测量对标准量的倍数，从而获得被测量数值大小的过程。

测量用数学公式表示为

$$g = x/v \quad 或 \quad x = gv$$

式中，x 为被测量；v 为标准量；g 为比值。

测量的结果可以表现为一定的数字，也可以表现为一条曲线或者显示成某种图形等。

提示： 测量的结果总包含有数值（大小和符号）和单位，没有单位的测量结果是毫无意义的。

（2）测量的特征　测量的过程实质上是一个比较的过程，比较是测量最显著的特征。测量的关键就在于被测量和标准量的比较。在测量时，被测量常常不能直接和标准量比较，需要把被测量和标准量变换到双方便于比较的某个中间量后再进行比较。例如：压力和温度的测量，都必须将其转换成相应的形变、位移或其他的物理量才能进行比较。另外，随着电子技术、传感技术、电子计算机的迅速发展，把非电量转换成电量的测量，具有能对电信号进行远距离传输、便于测量动态参数及变化过程、测量精度高、便于和计算机连接等优点。可以说转换是现代检测技术另一重要的特征。

二、测量方法

在测量过程中，根据被测量的性质、特点和测量任务的要求来选择适当的测量方法。

按照测量手段可以将测量方法分为直接测量和间接测量。按照获得测量值的方式可以分为偏差式测量、零位式测量和微差式测量。此外，根据传感器是否与被测对象直接接触，可区分为接触式测量和非接触式测量。而根据被测对象的变化特点又可分为静态测量和动态测量等。

1. 静态测量和动态测量

静态测量是测量那些不随时间变化或变化很缓慢的物理量。动态测量是测量那些随时间迅速变化的物理量。静态和动态是相对的，一切事物都是发展变化的，也可以把静态测量看作是动态测量的一种特殊形式。

2. 直接测量、间接测量和组合测量

1）直接测量是测量结果能直接用预先标定好的测量仪表、器具的读数装置上获得的测量。如用千分尺或百分表测量轴径，用万用表测量电压、电阻等，简单而迅速。

2）间接测量是首先对与被测量有确定函数关系的物理量进行直接测量，然后通过函数式计算求得测量结果的一种测量。间接测量通常用于直接测量不易测准，或由于被测件结构限制而无法进行直接测量的场合。如测量大圆柱直径时，可通过测量周长 L，按公式 $D=L/\pi$来计算直径。

3）组合测量是在测量中各个未知量以不同的组合形式出现，根据直接测量和间接测量所得到的数据，通过解联立方程组来求出未知量的数值。组合测量比较复杂，一般适用于科学实验和特殊场合。

3. 偏差式测量、零位式测量和微差式测量

（1）偏差式测量法　测量过程中，用仪表指针的位移（偏差）表示被测量的测量方法，称为偏差式测量法。该方法是事先采用标准量具对仪表刻度进行校准，然后以间接方式实现被测量与标准量的比较，弹簧压力表检测压力就是采用此法。工程上广泛使用偏差式测量，它的测量准确度较低，但过程简单、迅速。

（2）零位式测量法　又称平衡法或零值法。它采用指零仪表的零位来检测测量系统是否处于平衡状态。应用时，标准量具装在仪表内，测量过程中标准量直接与被测量相比较，并不停地进行调整（平衡操作），直到指零仪表回零。电桥和电位差计都是运用零位式测量法的典型例子。该方法准确度较高，但测量过程比较复杂，只适用于缓慢变化的信号，在实验室中应用很普遍。

（3）微差式测量法　偏差式测量法和零位式测量法相结合，构成微差式测量法。它通过测量待测量与标准量之差（通常该差值很小）来得到待测量量值。它综合了偏差式测量和零位式测量的优点：反应快、测量精度高，适合于在线控制参数的测量。既适用于测量缓变信号，也适用于测量迅速变化的信号，因此，在实验室和工程测量中都得到广泛应用。

4. 接触式测量和非接触式测量

接触式测量是指测量时仪器的测头与被测对象直接接触，如用压电式传感器测量力。

非接触式测量是指测量时仪器的敏感元件与被测对象不直接接触，而是间接地承受被测参数的作用，感受其变化，达到检测目的的方法。例如用辐射式温度计测量温度，用涡流式传感器检测机械零件的厚度。

非接触式测量不会干扰被测对象的运动状态，特别是在一些接触方法不能胜任的场合（例如运动对象的参数测量、腐蚀性介质及危险场合下的参数测量等）使用非接触式测量方

法就更为方便、安全和准确。

5. 在线测量和非在线测量

在线测量是在工件加工过程中进行的测量，它可直接用来控制零件的加工过程，能在生产流水线上监控产品的质量，可称之为主动测量。

非在线测量是在零件完工后进行的测量，其作用仅限于发现并剔除废品，可称之为被动测量。

三、测量误差与数据处理

1. 测量误差的基本概念

在任何测量过程中，无论采用多么完善的测量方法和多么精确的检测装置，都不可避免地会产生测量误差，测量的结果也不可能绝对准确。

测量误差就是指测量值与真值之间的差值。即

$$\Delta = A_x - A_0$$

式中，Δ 为测量误差；A_x 为测量值或观测值；A_0 为真值。

所谓真值是指在一定的时间、空间或某种状态下被测量客观存在的实际值。真值一般来说是未知的，但有些真值是可以确定的。

（1）理论真值　例如 π 值、平面四边形四角之和恒为 360°。

（2）约定真值　例如在标准条件下，水的冰点和沸点分别是 0℃和 100℃。

（3）相对真值　凡精度高一级或高几级的仪表的误差与精度低的仪表的误差相比，前者优于后者 2 倍以上时，则高一级仪表的测量值可以认为是真值。例如，铂电阻温度计与普通温度计指示的温度相比较，前者是真值。

上述测量误差 Δ 又称为绝对误差。可能是正值或负值，其绝对值的大小决定了测量的精度，绝对误差只能判断相同被测量的精度。

提示：对大小不同值的同类量进行测量，要比较其精度，就需采用相对误差。

相对误差可分为以下几种。

（1）实际相对误差　实际相对误差 γ_A 用绝对误差 Δ 与被测量的真值 A_0 的百分比表示，即

$$\gamma_A = \frac{\Delta}{A_0} \times 100\%$$

（2）示值相对误差　示值相对误差 γ_x 用绝对误差 Δ 与被测量 A_x 的百分比表示，即

$$\gamma_x = \frac{\Delta}{A_x} \times 100\%$$

（3）满度（引用）相对误差　满度相对误差 γ_m 用绝对误差 Δ 与仪器满度值 A_m 的百分比表示，即

$$\gamma_m = \frac{\Delta}{A_m} \times 100\%$$

上式中，当 Δ 取最大值 Δ_m 时，满度相对误差常被用来确定仪表的精度等级 S，即

$$S = \frac{\Delta}{A_m} \times 100\%$$

根据精度等级 S 及量程范围，可以推算出该仪表可能出现的最大绝对误差 Δ_m。精度等级 S 规定取一系列标准值。我国电工仪表中常用的模拟仪表的精度等级有下列七种：0.1、0.2、0.5、1.0、1.5、2.5、5.0。在选择仪表时，要兼顾仪表的精度等级和测量上限两个方面。

2. 测量误差的分类

按照误差的特点和性质，测量误差可分为以下几种。

（1）系统误差　在相同条件下，多次重复测量时，其绝对值和符号保持不变或按一定规律变化的误差（例如由于标准量的不正确，或仪器刻度的不准确等而引起的误差）。系统误差的规律是确定的，因而我们可以设法消除或在测量结果中加以修正。

产生的主要原因是仪器的制造、安装或使用方法不正确，环境因素（温度、湿度、电源等）影响，测量原理中使用近似计算公式，测量人员不良的读数习惯等。

（2）随机误差　在相同条件下，多次重复测量时，其绝对值和符号以不可预定的方式变化的误差。随机误差主要由对测量值影响微小，却互不相关的大量因素共同造成。这些因素主要是噪声干扰、电磁场微变、零件的摩擦和配合间隙、热起伏、空气扰动、大地微震、测量人员感官的无规律变化等。

虽然一次测量随机误差的产生没有确定的规律，但是通过大量测量会发现随机误差却服从一定的统计规律，最常见的就是正态分布规律。

（3）疏失误差　超出在规定条件下预期的误差。这种误差主要是由以下原因引起的：

1）测量操作疏忽和失误　如测错、读错、记错以及实验条件未达到预定的要求而匆忙实验等。

2）测量方法不当或错误　如用普通万用表电压档直接测高内阻电源的开路电压。

3）测量环境条件的突然变化　如电源电压突然增高或降低，雷电干扰、机械冲击等引起测量仪器示值的剧烈变化等。

3. 测量误差与数据处理

（1）测量误差的处理

1）系统误差的处理。系统误差的产生原因有构造误差、方法误差、环境误差和人员误差等。系统误差可以通过一些简单的实验方法来发现：①用仪器对一已知量进行多次测量，如其均值与标准值有差异，可以肯定是系统误差；②如测量数据残余误差的大小呈现有规律性的变化，说明有系统误差；③改变测量条件，观察测量数列残余误差的变化，根据经验可以分析系统误差的存在。

提示：系统误差不能依靠概率统计的方法来消除和减弱，其大小取决于观测者的经验与技巧。

消除或减弱系统误差的典型测量方法有：替代法（代替法、替换法）、零位式测量法、差值法（微差法）、补偿法、引入修正值法、对称观测法和正负误差补偿法。

2）随机误差的处理。随机误差难以采用经典方法逐个处理，而是服从统计规律，运用统计学方法可以处理测量数据，减弱随机误差对测量结果的影响，并估计出其最终残余误差的大小。

3）疏失误差的处理。鉴别测量中出现的可疑数据是否是粗差，首先需要分析测量条件，判断该次测量是否受到较大偶然因素的影响，找出物理或技术原因，决定对可疑数据的取舍；其次，增补精度测量次数，观测有无抵偿或削弱该数据影响的可能；在确实难以从物理和技术原因作出判断时，可考虑由统计学的方法处理可疑数据。

（2）测量数据的处理　实际测量取得测量数据后，通常还要对这些数据进行计算、分析、整理。或把数据归纳成一定的表达式或画成表格、曲线等，即进行数据处理。数据处理是建立在误差分析的基础上，通过分析整理出正确的科学结论。

1）有效数字。在测试中不可避免地存在误差，得到的数据通常只是一个近似值。应该用多少位数来正确表达测量数值的结果就涉及有效数字的问题。在进行数字运算处理时，计算的结果也存在着应取多少位数来正确表达的问题。一般测量值的最后一位数字是估计值，它可能在一定的误差范围内变动。如果测量值所取的有效位数超过允许的范围，即超过实际所能达到的精度，再多取几位也是无效的。如仅从计算上增加有效位数也不可能提高测量精度；反之，如测量值所取的有效位数少于实际所能达到的精度，就不能把已经达到的精度表示出来，这都会造成使用错误。

2）测量结果的表示方法。测量所得的数据一般要加以整理归纳，用一定的方式表示出各数值之间的关系。常见的测量结果的表示方法有3种：列表法、图解法和方程表示法。在实际工作中，可根据需要和方便选定任何一种方法来表示实验的最后结果。

【知识拓展】　利用合像水平仪检测导轨直线度的误差

一、实验操作步骤

1）将被测导轨按桥板跨距分为 n 段，先将合像水平仪如图5-1所示，置于 $0\sim1\mu m$ 段上，调节微分筒9，使错开的气泡像重合，得到第一个测点数。依次在 $1\sim2\mu m$、$2\sim3\mu m$ 段等位置进行测量，则依次得到各测点读数。

2）仪器不要掉头，从终点至起始点进行回测，得各段回测读数并记录。取各段测量，回测读数的平均值作为各段读数值。

3）进行数据处理并判断合格性。

4）填写实验报告（表5-1）。

二、实验数据处理

其数据处理可采用计算法或作图法。

作图法的具体步骤如下：

1）选择合适的 x 轴、y 轴放大比例。x 坐标表示分段长度，y 坐标表示高度差的累计值。

2）根据各测点的累计值描点。

3）作起始点和终点的连线，并以两端点连线为评定直线度的基准线。作两条平行线包容全部测量点，并平行于基准线。两平行线间的距离在纵坐标的截距即为直线度误差。

三、实例

用分度值 $i=0.01mm/m$ 的合像水平仪检测某800mm长导轨的直线度，桥板跨距为100mm，测量数据列于表5-2中。

表 5-1　导轨直线度的检测实验报告

<table>
<tr><td colspan="2">被测件名称</td><td colspan="4"></td><td colspan="3">直线度公差</td><td colspan="3"></td></tr>
<tr><td rowspan="2">计量器具</td><td>仪器名称</td><td colspan="4"></td><td colspan="6">分度值　　mm/m</td></tr>
<tr><td colspan="5">桥板跨距 L =　　mm</td><td colspan="6">线分度值　　μm/格</td></tr>
<tr><td colspan="2">测量点</td><td>0</td><td>1</td><td>2</td><td>3</td><td>4</td><td>5</td><td>6</td><td>7</td><td>8</td><td>9</td><td>10</td></tr>
<tr><td colspan="2">测量仪器读数/格</td><td>—</td><td></td><td></td><td></td><td></td><td></td><td></td><td></td><td></td><td></td><td></td></tr>
<tr><td colspan="2">回测仪器读数/格</td><td>—</td><td></td><td></td><td></td><td></td><td></td><td></td><td></td><td></td><td></td><td></td></tr>
<tr><td colspan="2">读数平均值 a_i/格</td><td>—</td><td></td><td></td><td></td><td></td><td></td><td></td><td></td><td></td><td></td><td></td></tr>
<tr><td colspan="2">相对差 $a_i - a$/格</td><td></td><td></td><td></td><td></td><td></td><td></td><td></td><td></td><td></td><td></td><td></td></tr>
<tr><td colspan="2">累积值/格</td><td></td><td></td><td></td><td></td><td></td><td></td><td></td><td></td><td></td><td></td><td></td></tr>
</table>

作图

<table>
<tr><td>直线度误差</td><td colspan="2"></td><td colspan="2">合格性判断</td></tr>
<tr><td>姓名</td><td>班级</td><td>学号</td><td>审核</td><td>成绩</td></tr>
<tr><td></td><td></td><td></td><td></td><td></td></tr>
</table>

表 5-2　测量数据

点　　序	0	1	2	3	4	5	6	7	8
顺测仪器读数/格	—	513	516	512	519	508	502	515	517
回测仪器读数/格	—	511	514	510	517	510	500	513	517
读数平均值/格	—	512	515	511	518	509	501	514	517
相对差/格	0	0	+3	−1	+6	−3	−11	+2	+5
累积值/格	0	0	+3	+2	+8	+5	−6	−4	+1

用累积值在坐标纸上作误差折线图，用作图法求最小包容区域及其在纵坐标上的截距 a。如图 5-2 所示，$a = 12$ 格。直线度误差 $f = h = iLa = (0.01/1000) \times 100 \times 12 \times 10^3 \mu m = 12 \mu m$。

本实验也可事先编制程序，将工件公差与测得值输入计算机，经计算机运算，并将误差折线与合格性判断打印或在屏幕上显示出来。程序的数学模型可这样建立：首先求该点相对

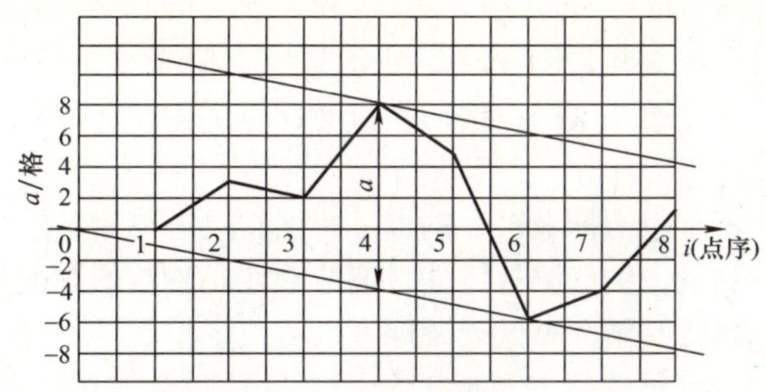

图 5-2　误差折线图

第一点斜率的最大与最小值，最小包容区域边界直线的斜率在此二值之间；然后根据对计算精度的要求，逐步向该斜率逼近；最后在该斜率下评判出的误差值最小。

课题二　常用测量器具及其使用方法

【教学目标】

1）知识目标：掌握游标卡尺、高度游标卡尺、深度游标卡尺、外径千分尺、内径千分尺、深度千分尺、百分表的结构及使用方法。

2）能力目标：能熟练地应用游标卡尺、高度游标卡尺、深度游标卡尺、外径千分尺、内径千分尺、深度千分尺、百分表来测量工件。

【教学重点和难点】

应用游标卡尺、高度游标卡尺、深度游标卡尺、外径千分尺、内径千分尺、深度千分尺、百分表测量工件的方法。

【课题导入】　卡钳

卡钳是机械加工现场中最常用的量具之一。根据用途不同卡钳分为外卡钳和内卡钳，前者用于测量外尺寸，后者用于测量内尺寸；根据构造不同，卡钳分为紧轴式卡钳和弹簧式卡钳两种，生产中用得最多的是紧轴式卡钳，如图 5-3 所示。数显式卡钳可显示 mm，也可以

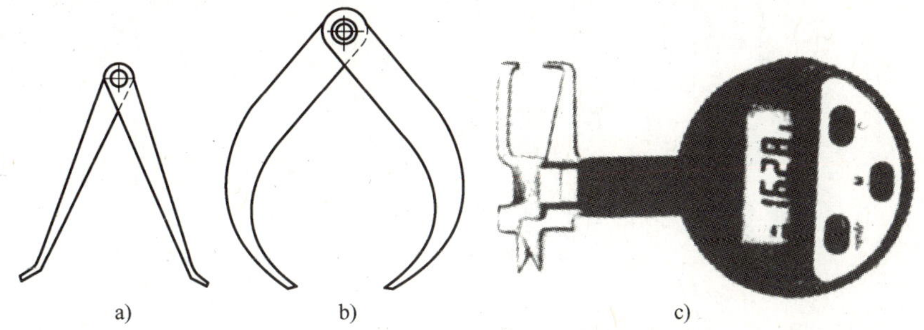

图 5-3　卡钳

a）内卡钳　b）外卡钳　c）数显式卡钳

显示 in（英寸，1in＝25.4mm），即米制（mm）和寸制（in）两用。

卡钳的两个爪的爪尖应该是圆弧形的，特别是内卡钳必须是这样，因为用它测量孔径时，爪的爪尖与孔壁是点接触，这样在摆动钳口时，爪的两侧不会与孔壁相碰而发生干涉。两个爪一般均制成片状的。

在测量工作中，凡不宜用游标卡尺、钢直尺和钢卷尺进行测量的，或者用这些量具测量不方便的，均可用卡钳测量，例如测量铸件、锻件毛坯、砂轮的厚度和粗加工件等。如果使用时掌握得好，用卡钳测量的精度不低于游标卡尺的测量精度。卡钳是没有刻度的一种测量工具，因此，它要与钢直尺、游标卡尺或千分尺等量具联合使用才能获得测量结果的具体数值。

【知识储备】

一、游标卡尺

游标卡尺是利用游标原理对两测量面相对移动分隔的距离进行读数的测量器具（简称卡尺或普通卡尺）。游标卡尺的读数值有 3 种：0.1mm、0.05mm、0.02mm，其中 0.02mm 应用最普遍。图 5-4 所示为Ⅰ型卡尺，这种卡尺既可以测量外尺寸、内尺寸，又可以测量深度和高度尺寸，还可以用于画直线和平行线，所以又称为四用卡尺。

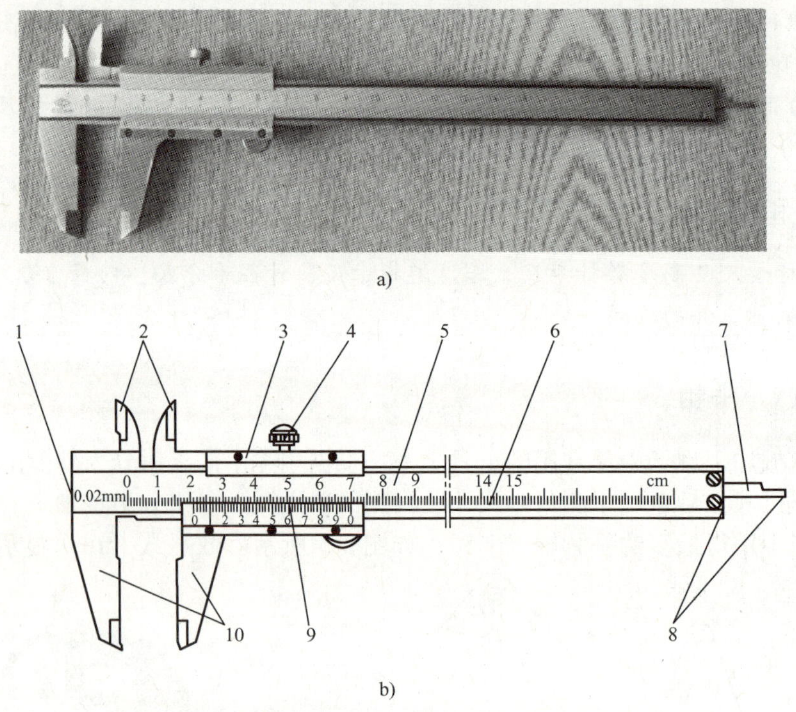

图 5-4　Ⅰ型游标卡尺

a）外形图　b）结构示意图

1—尺身端面　2—刀口形内测量爪　3—尺框　4—锁紧螺钉　5—尺身
6—主尺　7—深度测量杆　8—深度测量面　9—游标尺　10—外测量爪

Ⅰ型卡尺有 0～125mm，0～150mm，0～300mm 三种规格。当拉动尺框时，两个量爪作相对移动而分离，其距离大小的数值从游标尺和尺身上读出。

外量爪用于测量各种外尺寸，刀口形内测量爪用于测量深度不深于 12mm 的孔的直径和各种内尺寸，深度测量杆固定在尺身的背面，能随着尺框在尺身的导槽（在尺身背面）内滑动，用于测量各种深度尺寸。

提示： 测量时，尺身深度测量面的端面是测量定位基准；尺身端面和内测量爪的端面配合，可以测量阶梯台阶的高度尺寸；尺身端面可以作直尺用，用于划直线。

二、高度游标卡尺

高度游标卡尺有三种，即高度游标卡尺、带表高度卡尺和数显式高度卡尺。高度游标卡尺简称为高度卡尺，它是利用游标原理对装置在尺框上的划线量爪工作面，或者测量头与底座工作面相对移动分隔的距离进行读数的测量器具，如图 5-5 所示。

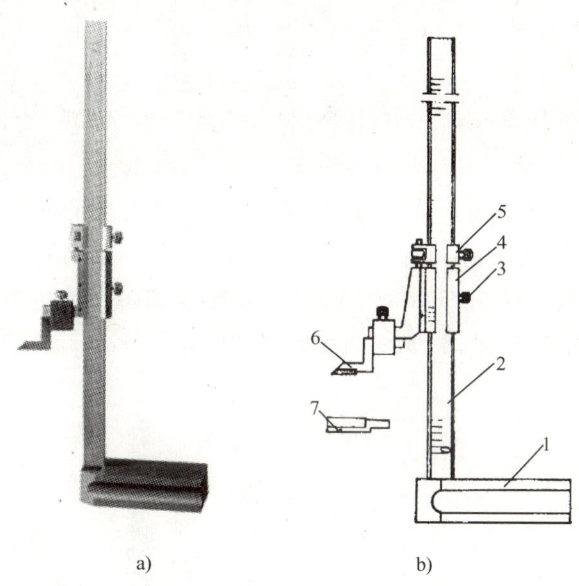

图 5-5　高度游标卡尺

a）外形图　b）结构示意图

1—底座　2—主尺　3—锁紧螺钉　4—尺框　5—微动装置　6—划线量爪　7—测高量爪表

带表高度卡尺是利用机械传动系统，将装置在尺框上的划线量爪工作面与底座工作面的相对移动转变为指示表指针的回转运动，并借助尺身标尺，或者机械式数字显示装置和指示表对划线量爪工作面与底座工作面相对移动所分隔的距离进行读数的测量器具，如图 5-6 所示。

数显式高度卡尺简称数显高度卡尺，它是利用电子测量、数字显示原理，对装置在尺框上的划线量爪工作面与底座工作面相对移动分离的距离进行读数的测量器具，如图 5-7 所示。

以上三种统称为高度尺。

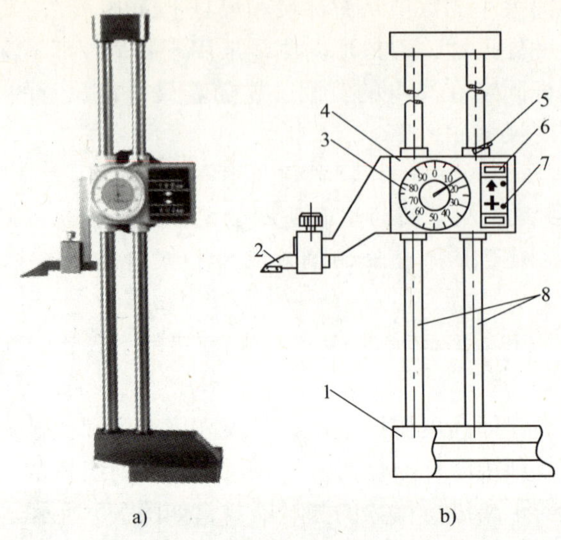

图 5-6　带表高度卡尺

a）外形图　b）结构示意图

1—底座　2—划线量爪　3—指示表　4—尺框　5—数字显示器　6—划线量爪　7—清“0”按钮　8—圆柱

提示： 高度尺的分度值（分辨力）为 0.01mm、0.02mm、0.05mm 和 0.10mm，测量范围上限至 2000mm，甚至更高。

大型的高度尺往往将主柱尺制成双圆柱的，如图 5-7 所示。这种结构具有很强的刚性。

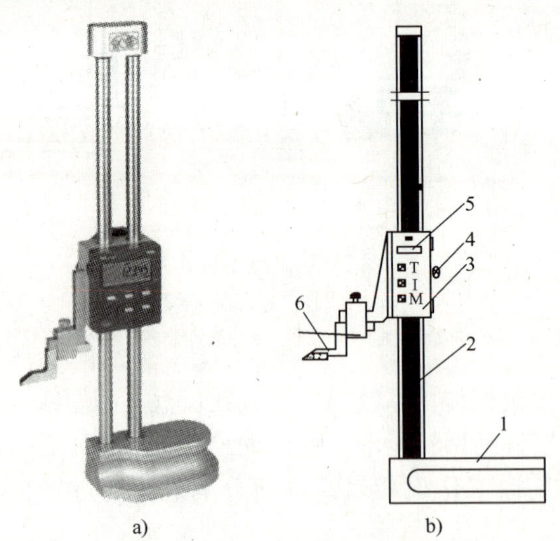

图 5-7　数显式高度卡尺

a）外形图　b）结构示意图

1—底座　2—主尺　3—尺框　4—锁紧螺钉　5—锁紧手柄　6—毫米计数器

三、深度游标卡尺

深度游标卡尺与普通卡尺的结构有很大的不同。图 5-8 所示为机械式深度游标卡尺，简称深度尺；图 5-9 所示为数显式深度卡尺，简称数显式深度尺。

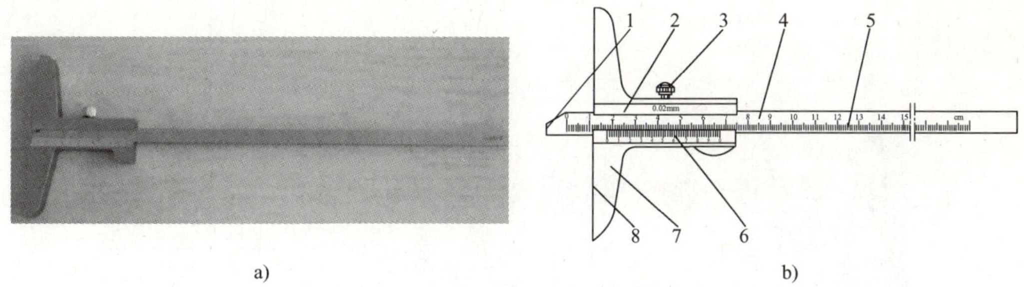

图 5-8　机械式深度游标卡尺

a）实物图　b）结构示意图

1—测量面　2—尺框　3—锁紧螺钉　4—尺身　5—主尺　6—游标尺　7—基座　8—基准面

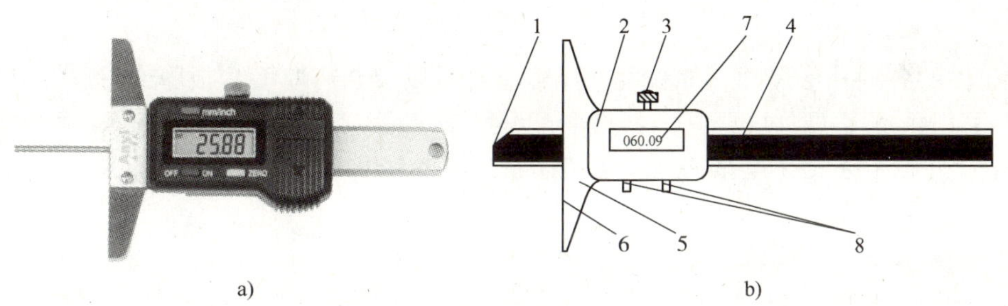

图 5-9　数显式深度卡尺

a）实物图　b）结构示意图

1—测量面　2—尺框　3—锁紧螺钉　4—尺身

5—基座　6—基准面　7—数字显示器　8—功能按钮

深度尺是利用游标原理对尺框测量面和尺身测量面相对移动分隔的距离进行读数的测量器具。数显式深度尺是利用电子测量、数字显示原理，对尺框测量面和尺身测量面相对移动分隔的距离进行读数的测量器具。

提示：深度尺的游标分度值、刻线宽度、刻线宽度差和普通卡尺一样，测量范围有 0～125mm，0～150mm，0～300mm 和 0～500mm 四种。

数显式深度尺的技术参数与数显式卡尺的技术参数相同。除上述两种深度尺外，还有带表深度卡尺，如图 5-10 所示。其参数要求与带表卡尺一样。

四、外径千分尺

千分尺类测量器具是利用螺旋副运动原理进行测量和读数的，其测量准确度高，按用途不同可分为外径千分尺、内径千分尺、深度千分尺等。外径千分尺使用普遍，是一种体积小、坚固耐用、测量准确度较高、使用方便、调整容易的一种精密测量器具。外径千分尺可

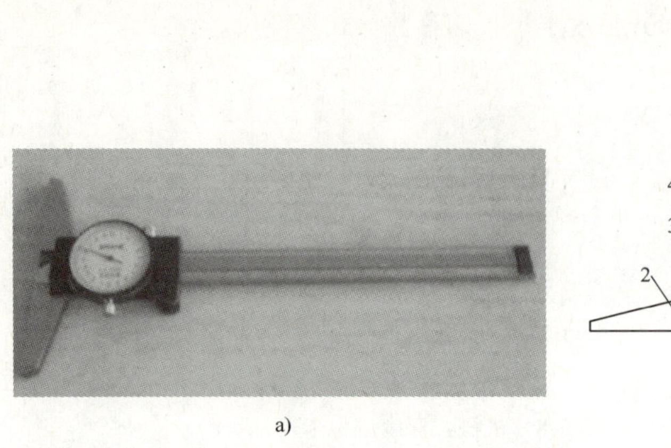

a)　　　　b)

图 5-10　带表深度卡尺

a）实物图　b）结构示意图

1—尺身　2—尺框　3—指示表　4—锁紧螺钉　5—读数部位

以测量工件的各种外形尺寸，如长度、厚度、外径以及凸肩厚度、板厚或壁厚等。

提示：外径千分尺分度值一般为 0.01mm，测量精度可达百分之一毫米，因此也称为百分尺。

外径千分尺如图 5-11 所示。

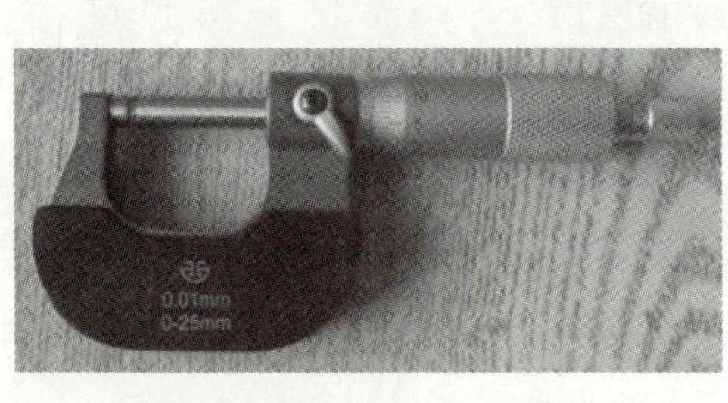

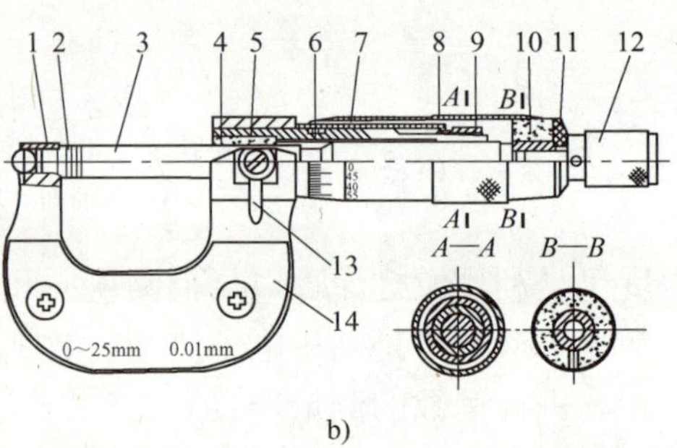

a)　　　　b)

图 5-11　外径千分尺

a）实物图　b）结构示意图

1—尺架　2—测砧　3—测微螺杆　4—导套　5—螺纹轴套　6—锁紧螺钉　7—固定套管　8—微分筒　9—调节螺母　10—接头　11—垫片　12—测力装置　13—锁紧装置　14—隔热装置

五、内径千分尺

如图 5-12 所示，内径千分尺由测微头（或称微分头）和各种尺寸的接长杆组成。

内径千分尺使用方法：

（1）校对零位　在使用内径千分尺之前，也要像外径千分尺那样进行各方面的检查，在检查零位时，要把测微头放在校对卡板两个测量面之间。若与校对卡板的实际尺寸相符，

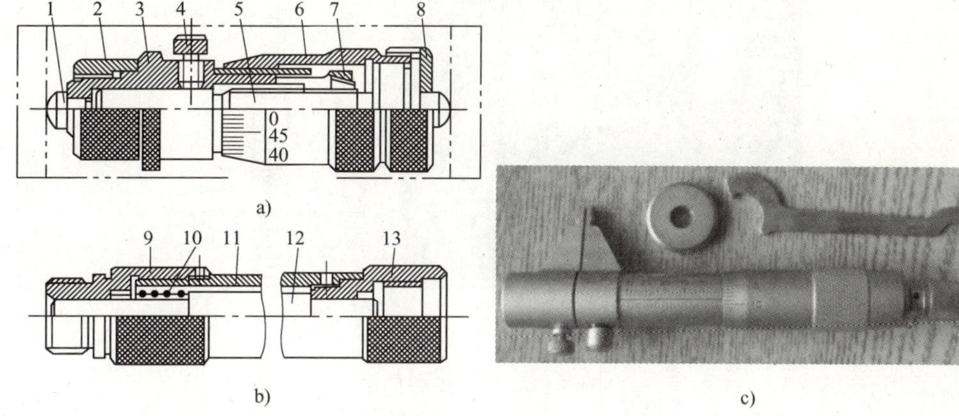

图 5-12　内径千分尺

a）测微头　b）接长杆　c）实物图

1—固定测头　2—螺母　3—固定套管　4—锁紧装置　5—测微螺杆　6—微分筒　7—调节螺母　8—后盖　9—管接头　10—弹簧　11—套管　12—量杆　13—管接头

则说明零位“准”。

（2）测量孔径　先将内径千分尺调整到比被测孔径略小一点，然后把它放进被测孔内，左手拿住固定套管或接长杆套管，把固定套管轻轻地压在被测孔壁上不动，然后用右手慢慢转动微分筒，同时还要让活动测头沿着被测件的孔壁，在轴向和圆周方向上细心地摆动，直到在轴向找出最大值为止，得出准确的测量结果。

（3）测量两平行平面间的距离　测量方法与测量孔径时大致相同，一边转动微分筒，一边使活动测头在被测面的上、下、左、右摆动，找出最小值，即被测平面间的最短距离。

（4）正确使用接长杆　接长杆的数量越少越好，这样可减小累积误差。把最长的先接上测微头，最短的接在最后。

提示：不允许把内径千分尺用力压进被测件内，以避免过早磨损，避免接长杆弯曲变形。

六、深度千分尺

如图 5-13 所示，深度千分尺的结构与外径千分尺相似，只是用底板 1 代替尺架和测砧。深度千分尺的测微螺杆移动量是 25mm，使用可换式测量杆，测量范围为 25 ~ 50mm、50 ~ 75mm、75 ~ 100mm 等。

七、百分表简介

百分表的应用非常普遍，其结构如图 5-14 所示。

百分表使用方法：

1）使用前，要认真进行检查。要检查外观，表蒙玻璃是否破裂或脱落；是否有灰尘和湿气侵入表内。检查量杆的灵敏性，是否移动平稳、灵活，应无卡住等现象。

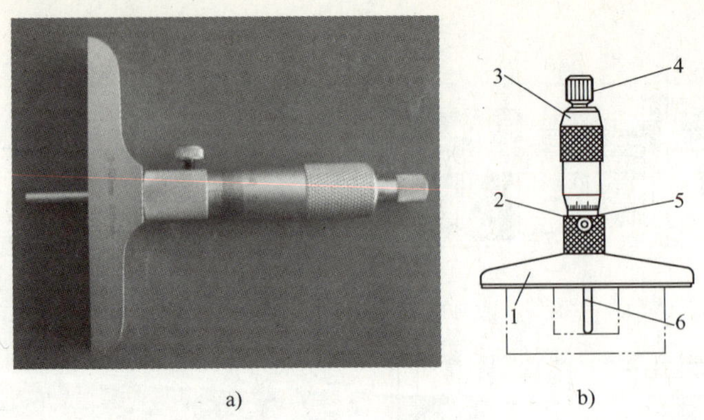

图 5-13　深度千分尺

a）实物图　b）结构示意图

1—底板　2—锁紧装置　3—微分筒　4—测力装置　5—固定套管　6—测量杆

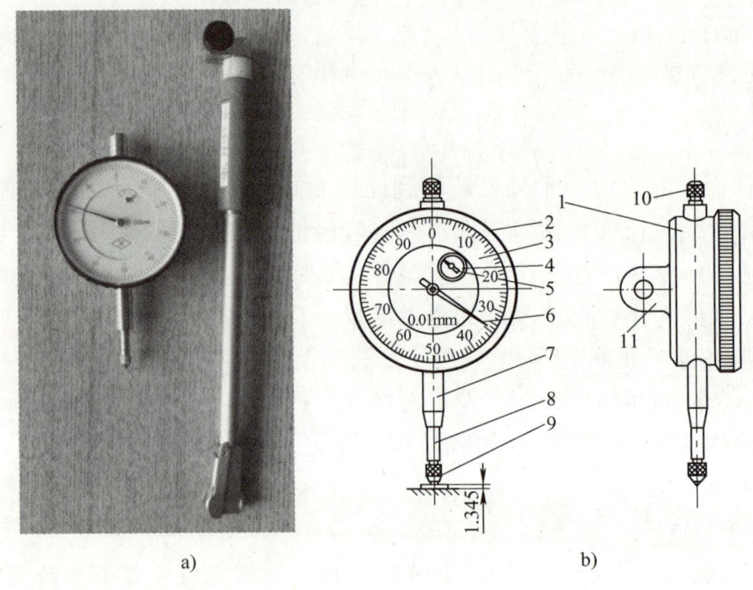

图 5-14　百分表

a）实物图　b）结构示意图

1—表体　2—表圈　3—表盘　4—转数指示盘　5—转数指针　6—主指针

7—轴套　8—量杆　9—测头　10—挡冒　11—耳环

> **提示：** 使用时，必须把百分表可靠地固定在表座或其他支架上，否则可能摔坏。

2）百分表既可用作绝对测量，也可用作相对测量。相对测量时，用量块作为标准件，具有较高的测量精度。

3）测头与被测表面接触时，量杆应有 0.3～1mm 的压缩量，可提高示值的稳定性，所以要先使主指针转过半圈到一圈左右。当量杆有一定的预压量后，再把百分表紧固住。

4）为读数的方便，测量前一般把百分表的主指针指到表盘的零位（通过转动表圈，使表盘的零刻线对准主指针），然后再提拉测量杆，重新检查主指针所指零位是否有变化，反复几次直到校准为止。

5）测量工件时应注意量杆的位置。测量平面时，量杆要与被测表面垂直，否则会产生较大的测量误差。测量圆柱形工件时，量杆的轴线应与工件直径方向一致。

6）测量时，量杆的行程不要超过它的测量范围，以免损坏表内零件；避免振动、冲击和碰撞。

7）百分表要保持清洁。

【知识拓展】 量块

量块的截面为矩形或圆形，是具有一对相互平行测量面并且其间距具有准确尺寸的测量器具，如图 5-15 所示。

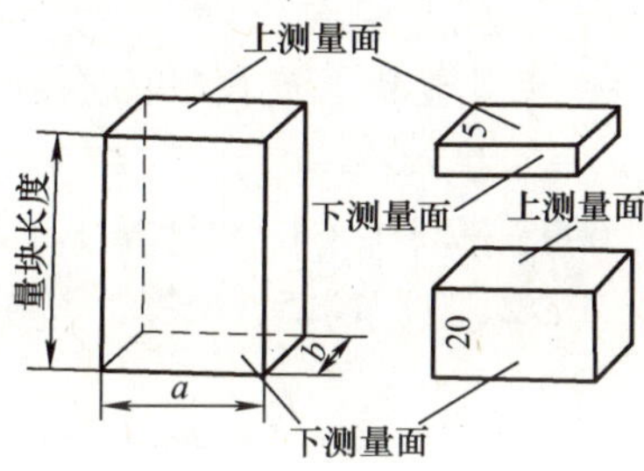

图 5-15 矩形量块的结构

一、有关量块的术语

如图 5-16 所示，件 1 为量块，件 2 为与量块相研合的辅助体（平晶、平台等），所标各种符号为与量块有关的长度和偏差。

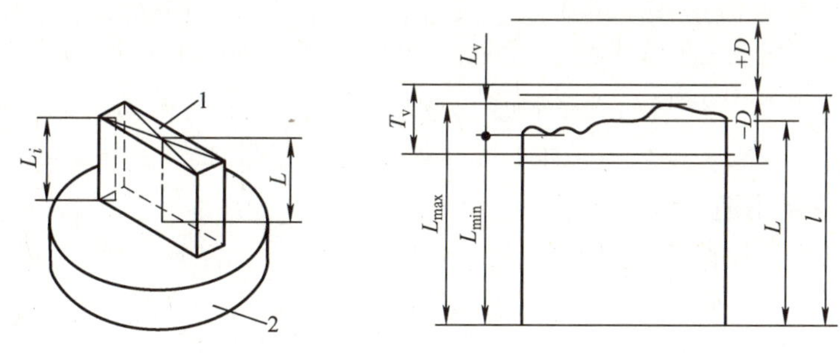

图 5-16 量块及其术语

（1）量块的中心长度　量块的中心长度是指量块一个测量面的中心点到与此量块另一个测量面相研合的面的垂直距离，用符号 L 表示，

（2）量块（测量面上任意点）的长度　量块的长度是指自测量面上任意点到与此量块另一个测量面相研合的面的垂直距离，用符号 L_i 表示。

（3）量块长度的标称值　它是指刻印在量块上用以标明其与主单位（m）之间比值的

量值，也称为量块长度的示值或量块的标称尺寸，用符号 l 表示。

（4）量块长度的实测值　量块长度的实测值是指用一定的方法，对量块长度进行测量所得到的量值，如量块中心长度的实测值 L。

（5）量块的长度变动量　量块的长度变动量是指量块任意点长度中的最大长度 L_{max} 与最小长度 L_{min} 之差的绝对值，用符号 L_v 表示。量块长度变动量的允许值用符号 T_v 表示。

（6）量块的长度偏差　量块的长度偏差是指量块的实测值与其标称值之差，简称为偏差。图 5-16 中的 $-D$ 和 $+D$ 为这一偏差的允许值（极限偏差）。

二、量块的精度等级

为了满足不同应用场合的需要，我国的标准对量块规定了若干精度等级。

1）量块的分级　按 GB/T 6093—2001《长度计量器具（量块部分）检定系统》的规定，将量块的制造精度分为 5 级：0、K、1、2、3 级，其中，0 级的精度最高，精度依次降低，3 级的精度最低。

提示：量块分“级”的主要依据是量块长度极限偏差和量块长度变动量的允许值。

2）量块的分等　按 GB/T 6093—2001《长度计量器具（量块部分）检定系统》的规定，量块的检定精度分为 6 等：1、2、3、4、5、6 等，其中，1 等的精度最高，由 1 ~6 精度依次降低，6 等的精度最低。

提示：量块分“等”的主要依据是量块测量的不确定度和量块长度变动量的允许值。

量块按“级”使用时，应以量块长度的标称值作为工作尺寸，该尺寸包含了量块的制造误差。量块按“等”使用时，应以经检定后所给出的量块中心长度的实测值作为工作尺寸，该尺寸排除了量块制造误差的影响，仅包含检定时较小的测量误差。

提示：量块按“等”使用的测量精度比量块按“级”使用的高。

三、量块的主要用途

1）检定和校准各种长度测量器具。

2）在长度测量中，作为相对测量的标准件。

3）用于精密划线和精密机床的调整。

4）直接用于精密被测件尺寸的检验。

在实际生产中，量块是成套使用的，以便组成各种尺寸。量块的测量面非常平整和光洁，用少许压力推合两块量块使它们的测量面互相紧密接触，两块量块便能粘合在一起，这种性质称为研合性。利用这种性质，便能将不同尺寸的量块组合成所需要的各种尺寸。

量块可以单块供应，但多为成套供应。成套供应的量块，每套装成一盒，里面有各种不同尺寸的量块。不同套别的量块，块数也不同。国标规定了 17 个套别，每套量块的总块数、精度级别，以及每块量块的尺寸和块数见表 5-3。

表 5-3　我国成套量块组合尺寸

<table>
<tr><th>套别</th><th>总块数</th><th>级别</th><th>尺寸系列
/mm</th><th>间隔
/mm</th><th>块数</th></tr>
<tr><td rowspan="7">1</td><td rowspan="7">91</td><td rowspan="7">0,1</td><td>0.5</td><td>—</td><td>1</td></tr>
<tr><td>1</td><td>—</td><td>1</td></tr>
<tr><td>1.001,1.002,…,1.009</td><td>0.001</td><td>9</td></tr>
<tr><td>1.01,1.02,…,1.49</td><td>0.01</td><td>49</td></tr>
<tr><td>1.5,1.6,…,1.9</td><td>0.1</td><td>5</td></tr>
<tr><td>2.0,2.5,…,9.5</td><td>0.5</td><td>16</td></tr>
<tr><td>10,20,…,100</td><td>10</td><td>10</td></tr>
<tr><td rowspan="7">2</td><td rowspan="7">83</td><td rowspan="7">0,1,2</td><td>0.5</td><td>—</td><td>1</td></tr>
<tr><td>1</td><td>—</td><td>1</td></tr>
<tr><td>1.005</td><td>—</td><td>1</td></tr>
<tr><td>1.01,1.02,…,1.49</td><td>0.01</td><td>49</td></tr>
<tr><td>1.5,1.6,…,1.9</td><td>0.1</td><td>5</td></tr>
<tr><td>2.0,2.5,…,9.5</td><td>0.5</td><td>16</td></tr>
<tr><td>10,20,…,100</td><td>10</td><td>10</td></tr>
<tr><td rowspan="6">3</td><td rowspan="6">46</td><td rowspan="6">0,1,2</td><td>1</td><td>—</td><td>1</td></tr>
<tr><td>1.001,1.002,…,1.009</td><td>0.001</td><td>9</td></tr>
<tr><td>1.01,1.02,…,1.09</td><td>0.001</td><td>9</td></tr>
<tr><td>1.1,1.2,…,1.9</td><td>0.1</td><td>9</td></tr>
<tr><td>2,3,…,9</td><td>1</td><td>8</td></tr>
<tr><td>10,20,…,100</td><td>10</td><td>10</td></tr>
<tr><td rowspan="6">4</td><td rowspan="6">38</td><td rowspan="6">0,1,2</td><td>1</td><td>—</td><td>1</td></tr>
<tr><td>1.005</td><td>—</td><td>1</td></tr>
<tr><td>1.01,1.02,…,1.09</td><td>0.01</td><td>9</td></tr>
<tr><td>1.1,1.2,…,1.9</td><td>0.1</td><td>9</td></tr>
<tr><td>2,3,…,9</td><td>1</td><td>8</td></tr>
<tr><td>10,20,…,100</td><td>10</td><td>10</td></tr>
<tr><td>5</td><td>10</td><td>0,1</td><td>0.991,0.992,…,1</td><td>0.001</td><td>10</td></tr>
<tr><td>6</td><td>10</td><td>0,1</td><td>1,1.001,…,1.009</td><td>0.001</td><td>10</td></tr>
<tr><td>7</td><td>10</td><td>0,1</td><td>1.991,1.992,…,2</td><td>0.001</td><td>10</td></tr>
<tr><td>8</td><td>10</td><td>0,1</td><td>2,2.001,2.002,…,2.009</td><td>0.001</td><td>10</td></tr>
<tr><td>9</td><td>8</td><td>0,1,2</td><td>125,150,175,200,250,300,400,500</td><td></td><td>8</td></tr>
</table>

（续）

套别	总块数	级别	尺寸系列/mm	间隔/mm	块数
10	5	0,1,2	600,700,800,900,1000		5
11	10	0,1	2.5,5.1,7.7,10.3,12.9,15,17.6,20.2,22.8,25		10
12	10	0,1	27.5,30.1,32.7,35.3,37.9,40,42.6,45.2,47.8,50		10
13	10	0,1	52.5,55.1,57.7,60.3,62.9,65,67.6,70.2,72.8,75		10
14	10	0,1	77.5,80.1,82.7,85.3,87.9,90,92.6,95.2,97.8,100		10
15	12	3	41.2,81.5,121.8,51.2,121.5,191.8,101.2,201.5,291.8,10,(20 两块)		12
16	6	3	101.2,200,291.5,375,451.8,490		6
17	6	3	201.2,400,581.5,750,901.8,990		6

注：对于套别 11，12，13，14，允许制成圆形的。

四、量块的组合使用

根据使用需要，可把不同长度尺寸的量块研合起来组成量块组，这个量块组的总长度尺寸就等于各组成量块的长度尺寸的总和。由此可见，组成量块用得越多，累积误差也会越大，所以在使用量块组时，应尽可能减少量块的组合块数，一般不超过 4 ~5 块。

组合量块组时，为了减少所用量块的数量，应遵循一定的原则来选择量块长度尺寸：

1）根据需要的量块组尺寸，首先选择能够去除最小位数尺寸的量块。

2）然后再选择能够依次去除位数较小尺寸的量块，并使选用的量块数目为最少。

例如，如需组合 69.475mm 的量块组，当采用第二套或第四套量块时，量块的选择程序见表 5-4。

表 5-4　量块的选择程序

选择程序	第 2 套量块	第 4 套量块
①量块组的尺寸	69.475mm	69.475mm
②选用的第一块量块尺寸	1.005mm	1.005mm
③剩下的尺寸	68.47mm	68.47mm
④选用的第二块量块尺寸	1.47mm	1.07mm
⑤剩下的尺寸	67mm	67.4mm
⑥选用的第三块量块尺寸	7mm	1.4mm
⑦剩下的尺寸	60mm	66mm
⑧选用的第四块量块尺寸	60mm	6mm
⑨剩下的即为第五块量块尺寸	0	60mm

由此可见，采用第二套量块时，可选量块共 4 块；如采用第四套量块时，可选量块共 5 块，因此应尽可能选用第二套量块。

五、圆形量块及其应用

圆形量块又称销规。国家标准允许套别为 11、12、13、14 的量块制成圆形量块，见表 5-3 所示。此外我国目前还生产寸制圆形量块。

圆形量块有两方面的用途，一是像塞规那样用于测量孔的直径，特别对于高精度的小孔，用仪器测量很困难而用圆形量块检查很方便。二是用于定位来测量两个孔间的距离。圆形量块的使用如图 5-17 所示，也可作为量值传递。

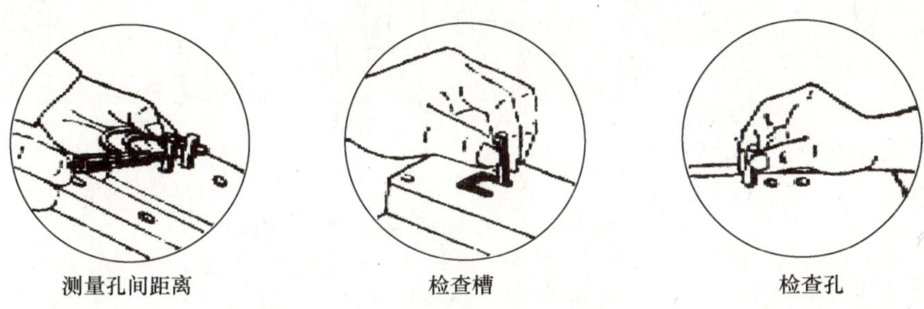

图 5-17 圆形量块的应用示例

课题三 几种高精度测量仪器简介

【教学目标】

1）知识目标：了解用电动轮廓仪测量表面粗糙度的方法；熟悉万能工具显微镜、表面粗糙度测量仪、轮廓投影仪、圆度仪、激光干涉仪等测量仪器的结构，掌握它们的使用方法。

2）能力目标：能用万能工具显微镜、表面粗糙度测量仪、轮廓投影仪、圆度仪、激光干涉仪等测量仪器进行测量。

【教学重点和难点】

万能工具显微镜、表面粗糙度测量仪、轮廓投影仪、圆度仪、激光干涉仪等测量仪器的使用。

【课题导入】

电动轮廓仪是电感式测量仪，用来测量平面、外圆柱面和 ϕ6mm 以上内孔的表面粗糙度，用于测量 0.025 ~6.3μm 的轮廓算术平均偏差 Ra 值。

图 5-18 所示为 BCJ-2 型电动轮廓仪的测量原理图。传感器测杆上装有金刚石触针，其针尖与被测表面接触。当传感器在驱动箱的拖动下，沿被测表面匀速移动时，被测表面轮廓上的峰谷起伏使金刚石触针上下移动，这一微量移动使传感器内电感线圈的电感量发生变化。经过一定的电子线路，就可以由平均表（Ra 值指示表）读出被测表面的 Ra 值，也可以根据从记录器得到的被测表面记录图形加以数学计算来获得该表面的 Ra 值和微观不平度十点高度 $R'z$ 值。

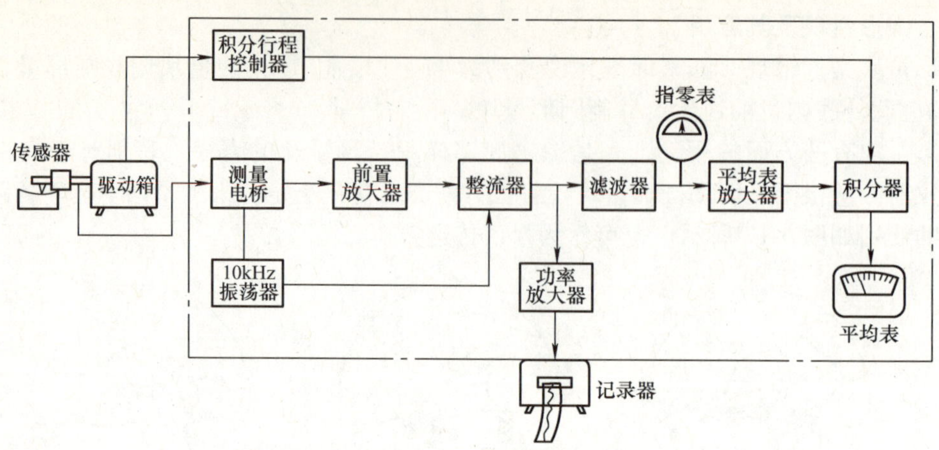

图 5-18　BCJ-2 型电动轮廓仪测量原理图

【知识储备】

一、万能工具显微镜

万能工具显微镜是机械制造中使用较为广泛的光学测量仪器。它具有较高的测量精度，可用于长度、角度、复杂轮廓形状零件的精密测量。该仪器有多种可选附件，可用直角坐标系或极坐标系测量，主要测量轴径、孔径、锥度、样板、圆弧半径、凸轮坐标尺寸、空间距、模具、刃具、量具、螺纹和齿轮等。

1. 仪器的结构形式

万能工具显微镜如图 5-19 所示。

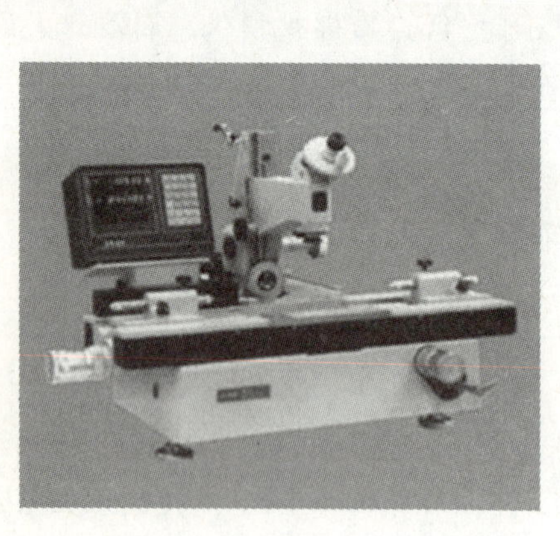

a)　　b)

图 5-19　万能工具显微镜

a）实物图　b）结构示意图

1—x 方向读数器　2—y 方向读数器　3—归零手轮　4—瞄准显微镜　5—双向目镜　6—立柱　7—反射照明器　8—手轮（调焦距）　9—手轮（调立臂倾斜角）　10—y 方向滑台　11—顶尖　12—底角螺栓（调仪器水平，3 个）　13—制动手柄（向左松开，推、拉手柄，y 滑台前、后移动）　14—y 滑台微动手轮　15—玻璃工作台固定螺钉（2 个）　16—玻璃工作台　17—底座　18—光栏调整装置　19—x 滑台制动手轮　20—x 滑台微动装置　21—x 方向滑台　22—x 滑台分划尺　23—读数鼓轮

2. 测量方法

（1）测量前的准备工作　根据被测件的特征，选用适当的附件安装在仪器上，接通电源，调节照明灯的位置，选择并调节可变光栏，工件经擦拭后安装在仪器上，调焦距。

（2）长度测量方法　测量图 5-20 所示零件的长度 L。使用附件有玻璃工作台、物镜和测角目镜。

1）将测角目镜中角度示值调至 0°0′，将工件放在玻璃工作台上，并观察目镜使被测部位与米字线中间的线大致方向相同。

2）用两个螺钉进行微调，当米字线中间的线瞄准工件第Ⅰ边后，从 x 方向读数器读数，然后移动 x 滑台，将同一条米字线瞄准工件的第Ⅱ边并读数。

3）两次读数差为测量值。

（3）角度测量法　测量图 5-21 所示的 V 形架的角度 α。使用附件有玻璃工作台、物镜和测角目镜。

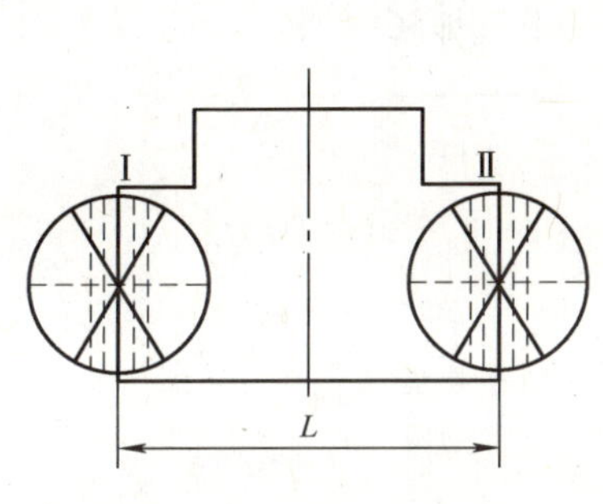

图 5-20　长度测量实例

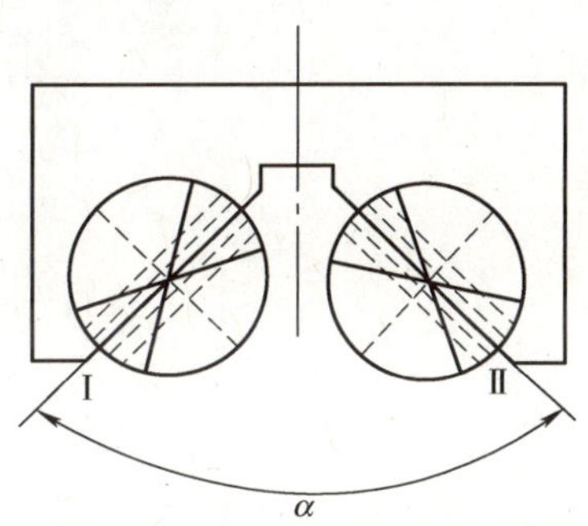

图 5-21　角度测量实例

1）将工件置于工作台中间。

2）移动 x、y 方向滑台，使米字线交点落在被测件Ⅰ边上，然后移动米字线使中间线与工件的Ⅰ边对准，从测角目镜中读出角度值。再以同样方法将米字线的同一根刻线与工件Ⅱ边对准并读数。

3）两次读数差为角度 α 测量值。

二、轮廓投影仪

轮廓投影仪是利用光学系统将被测零件轮廓外形（或内孔）放大后，投影到仪器影屏上进行测量的光学仪器，如图 5-22 所示。

提示： 可以对被测零件进行轮廓、表面情况、形状、位置尺寸等作精密测量，特别适用于各种异形零件的大批量检测。

使用方法有以下两种：

1. 绝对测量法

首先确定放大倍数，把零件安装好，即进行调焦，直到看到清晰的影像。然后微动工作台，用投影屏上的十字（或米字）刻线对零件被测部分的轮廓边缘分别进行对准。通过工作台纵横向的移动（测长度）与工作台或投影屏的转动（测角度），在相应的读数机构上进行读数，测得零件尺寸，也可在带有纵横向方格刻线或极坐标圆刻线的投影屏上直接读数。

2. 相对测量法

这种测量法把放大了的影像和按预定放大比例绘制的标准图形相比较，一次可实现对零件多个尺寸的测量。

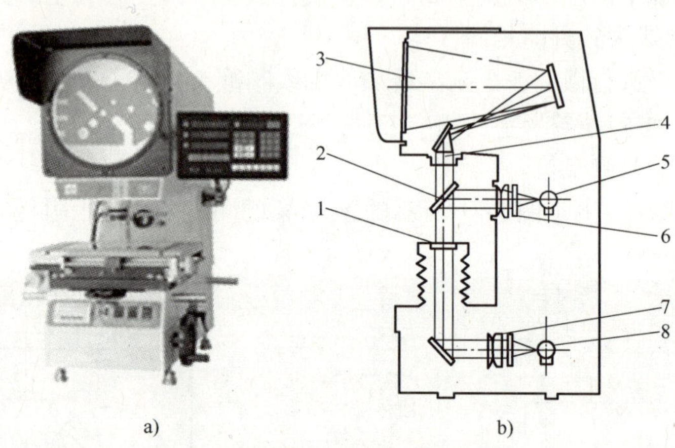

图 5-22 轮廓投影仪

a）实物图 b）结构示意图

1—工作台 2—半透镜 3—屏幕 4—投影镜

5—反射灯 6—反射镜 7—透镜 8—透射镜

三、圆度仪

提示： 圆度仪是一种精密测量仪器，圆度仪适合于圆形零件径向、轴向形状及位置误差的测量。

其原理是利用一个精密回转轴系上的一个动点（测量装置的触头），将其在回转中所形成的轨迹（即产生的理想圆）与被测轮廓进行比较从而获得被测轮廓的圆度误差。该类仪器具有适用范围广、测量效率高、测量结果直观等特点。圆度仪利用半径法可测量圆柱、圆锥孔、轴及球的圆度；使用各种附件可以测量同一测量平面内外圆或平行测量平面的同轴度，凸肩或端面与内外圆柱、圆锥轴线的垂直度等。

圆度仪有两种形式：转台式和转轴式。转台式圆度仪的结构如图 5-23 所示。转台式圆度仪的测头不动，被测工件随工作台一起回转。测头可以方便地调整到被测工件任意截面进行测量，但受承载能力的限制，只适用于小型零件。转轴式圆度仪在测量过程中工件固定不动，主轴带着传感器和测头一起旋转。这种圆度仪仅可以测量较大的零件，因为主件的质量对主轴回转精度没有影响，所以性能稳定。

四、激光干涉仪

激光干涉仪就是以激光为光源的干涉仪器，如图 5-24 所示。激光干涉仪有单频的和双频的两种。激光具有高强度、高度方向性、空间同调性、窄带宽和高度单色性等优点。

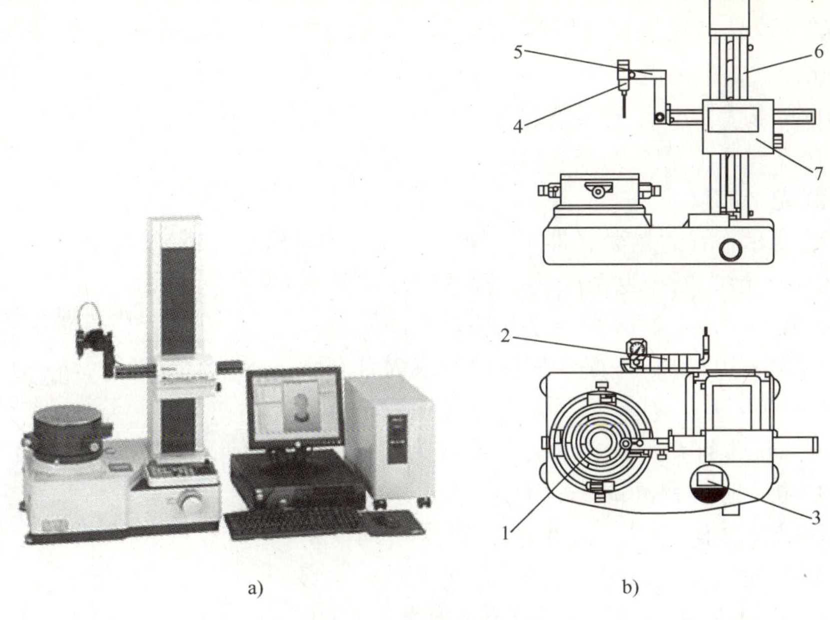

a)　　b)

图 5-23　转台式圆度仪

a）实物图　b）结构示意图

1—工作台　2—空气调节器　3—定位尺　4—触头　5—测头臂　6—立柱　7—径向调节装置

提示： 激光干涉仪可配合各种折射镜、反射镜等来进行线性位置、速度、角度、真平度、真直度、平行度和垂直度及长度等测量工作，并可进行精密工具机或测量仪器的校正工作。

a)

b)

图 5-24　激光干涉仪

a）激光干涉仪　b）反射镜和分光镜

1. 单频激光干涉仪

从激光器发出的光束，经扩束准直后由分光镜分为两路，并分别从固定反射镜和可动反射镜反射回来会合在分光镜上而产生干涉条纹。当可动反射镜移动时，干涉条纹的光强变化由接收器中的光电转换元件和电子线路等转换为电脉冲信号，经整形、放大后输入可逆计数器计算出总脉冲数，再由电子计算机按计算式算出可动反射镜的位移量 L。使用单频激光干涉仪时，要求周围大气处于稳定状态，各种空气湍流都会引起直流电平变化而影响测量结果。

2. 双频激光干涉仪

如图 5-25 所示，在氦氖激光器上，加上一个约 0.03T 的轴向磁场。由于塞曼分裂效应和频率牵引效应，激光器产生两个不同频率的左旋和右旋圆偏振光。经 1/4 波片后成为两个互相垂直的线偏振光，再经分光镜分为两路。一路经偏振片后成为含有频率为 $f_1 \sim f_2$ 的参考光束。另一路经偏振分光镜后又分为两路：一路成为仅含有 f_1 的光束，另一路成为仅含有 f_2 的光束。当可动反射镜移动时，含有 f_2 的光束经可动反射镜反射后成为含有 $f_2 \pm \Delta f$ 的光束，Δf 是可动反射镜移动时因多普勒效应产生的附加频率，正负号表示移动方向（多普勒效应是奥地利人 C · J · 多普勒提出的，即波的频率在波源或接收器运动时会产生变化）。这路光束和由固定反射镜反射回来仅含有 f_1 的光的光束经偏振片后会合成为 $f_1-(f_2 \pm \Delta f)$ 的测量光束。测量光束和上述参考光束经各自的光电转换元件、放大器、整形器后进入减法器相减，输出成为仅含有 $\pm \Delta f$ 的电脉冲信号。经可逆计数器计数后，由电子计算机进行当量换算（乘 1/2 个激光波长）后即可得出可动反射镜的位移量。双频激光干涉仪是应用频率变化来测量位移的，这种位移信息载于 f_1 和 f_2 的频差上，对由光强变化引起的直流电平变化不敏感，所以抗干扰能力强。它常用于检定测长机、三坐标测量机、光刻机和加工中心等的坐标精度，也可用作测长机、高精度三坐标测量机等的测量系统。利用相应附件，还可进行高精度直线度测量、平面度测量和小角度测量。

图 5-25 双频激光干涉仪

3. 激光干涉仪在精度检测中的应用

1）几何精度检测。可用于检测直线度、垂直度、俯仰与偏摆、平面度、平行度等。

2）位置精度的检测及其自动补偿。可检测数控机床定位精度、重复定位精度、微量位移精度等。

3）数控转台分度精度的检测及其自动补偿。

4）双轴定位精度的检测及其自动补偿。

5）数控机床动态性能检测。

【知识拓展】 用 BCJ-2 型电动轮廓仪测量表面粗糙度的实验

一、实验目的

1）了解电动轮廓仪的结构并熟悉其使用方法。

2）熟悉用针描法测量表面粗糙度的原理。

3）加深对表面粗糙度的评定参数中的轮廓算术平均偏差 Ra 和微观不平度十点高度 $R'z$ 的理解。

二、实验步骤

1. 准备工作

熟悉 BCJ-2 型电动轮廓仪。

图 5-26 所示为 BCJ-2 型电动轮廓仪。将驱动箱 9 可靠地安装在立柱 6 的横臂上。把传感器 4 插入驱动箱并锁紧。把驱动箱上的起动手柄 8 转到左边“返回”位置。打开电源开关 16，指示灯 17 照亮，把量仪预热 10min 左右。

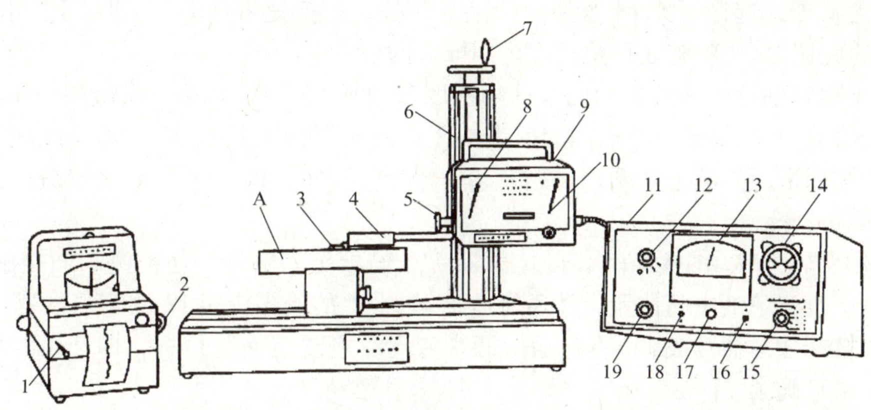

图 5-26　BCJ-2 型电动轮廓仪

A—被测工件　1—记录器开关　2—变速手柄　3—触针　4—传感器　5—螺钉
6—立柱　7—手轮　8—起动手柄　9—驱动箱　10—变速手柄　11—电气箱　12、15—旋钮
13—平均表　14—指零表　16—电源开关　17—指示灯　18—选择开关　19—调零旋钮

2. 读表方式测量

1）将电器箱 11 上的测量方式选择开关 18 拨到“读表”位置，把驱动箱 9 上的变速手柄 10 转到“Ⅱ”位置。

2）粗略估计被测表面粗糙度参数 *Ra* 值的范围，按表 5-5 的规定，转动电气箱 11 上的旋钮 12 和 15，选择垂直放大倍数和取样长度。

3）松开螺钉 5，转动手轮 7 移动驱动箱 9，使传感器 4 上的导头和触针 3 接触被测表面，直至指零表 14 的指针处于该表刻度盘上两条红带之间，然后锁紧螺钉 5。

表 5-5　垂直放大倍数和取样长度选择表

被测表面的表面粗糙度参数 Ra/μm	用平均表读数时各参数的选择			用记录器记录图形时放大倍数的选择
	放大倍数	取样长度 l/mm	有效行程 L/mm	
0.025	100 000	0.25	2	20 000 ~ 100 000
0.050	50 000	0.25	2	10 000 ~ 50 000
0.10	20 000 ~ 50 000	0.25	2	10 000 ~ 50 000
0.20	10 000 ~ 20 000	0.25	2	5 000 ~ 20 000
0.40	5 000 ~ 10 000	0.8	4	2 000 ~ 10 000
0.80	2 000 ~ 5 000	0.8	4	2 000 ~ 5 000
1.60	1 000 ~ 2 000	0.8	4	500 ~ 2 000
3.2	500 ~ 1 000	2.5	7	500 ~ 1 000
6.3	500	2.5	7	500 ~ 1 000

4）将起动手柄8转到右边“起动”位置，使传感器4在被测表面上移动，平均表（*Ra*值指示表）13的指针开始转动，最后停在某一位置上，则此处的示值即为被测表面的*Ra*值。将起动手柄8转回到左边，准备下一次测量。

5）校核垂直放大倍数和取样长度。根据表5-5，若测得的*Ra*值所对应的放大倍数和取样长度与事先选择的不符，则需重新选择放大倍数和取样长度进行测量。

3. 记录方式测量

1）将测量方式选择开关18拨到“记录”位置，把变速手柄10转到“Ⅰ”位置。把电器箱11上的旋钮15转到有效行程长度为40mm的位置。

2）根据粗略估计的被测表面的表面粗糙度参数*Ra*值范围和表5-5所列，用旋钮12选择垂直放大倍数M_y。用记录器上的变速手柄2选择水平放大倍数M_x（即排纸速度），这时要考虑便于按测量所得的记录图形进行计算。当计算*Ra*值时，该图形应较疏；当计算*R′z*值时该图形应较密。

3）利用手轮7移动驱动箱9，使传感器4上的导头和触针3与被测表面接触，直至记录笔尖大致位于记录纸中间位置，然后用电器箱11上的调零旋钮19调整记录笔，使它处于理想位置。打开记录器开关1，将起动手柄8转到右边“起动”位置，即开始测量。触针3运动，则记录笔画图。

4）若需停止记录，则将记录器开关1脱开。若需传感器停止工作，则把起动手柄8转回到左边。

三、记录图形的数学处理

1. 轮廓算术平均偏差*Ra*值的计算

如图5-27所示，在记录纸的*x*方向（水平方向）将记录图形按取样长度*l*和水平放大倍数M_z分段，即在记录纸上截取$l_1=l_2=l_3=l_4=M_xl$。在每个范围内，根据记录图形所示轮廓走向目估中线方向，确定计算时的参考轴*OO′*，如图5-28所示。按照一个峰与相邻的一个谷的间隔内至少包含5个点的评定要求，将*Ox*轴等分为*n*段，然后相应等分*OO′*轴，量取从*OO′*轴至记录图形上各点的垂直距离h_i(mm)。计算各个h_i的平均值*a*

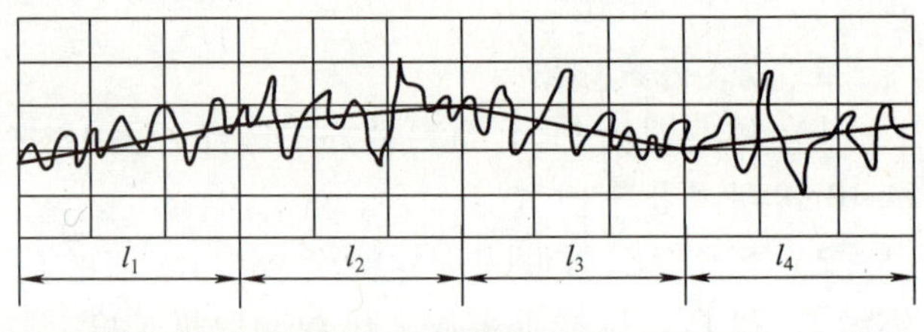

图5-27　记录图形分段

$$a=\frac{1}{n}\sum_{i=1}^{n}h_i/n$$

再按*a*作平行于*OO′*轴的中线*m-m*，因此，记录轮廓上各点至中线*m-m*的距离$y_i=h_i-a$。被测表面的*Ra*值按下式计算

$$Ra=\frac{1000\sum_{i=1}^{n}|y_i|}{M_yn}$$

2. 微观不平度十点高度*R′z*值的计算

如图5-29所示，按前述方法，确定参考轴*OO′*后，在记录图形上选取五个最高点（峰）和五个最低点（谷），分别量取它们至*OO′*轴的距离h_1、h_3、h_5、h_7、h_9和h_2、h_4、h_6、h_8、

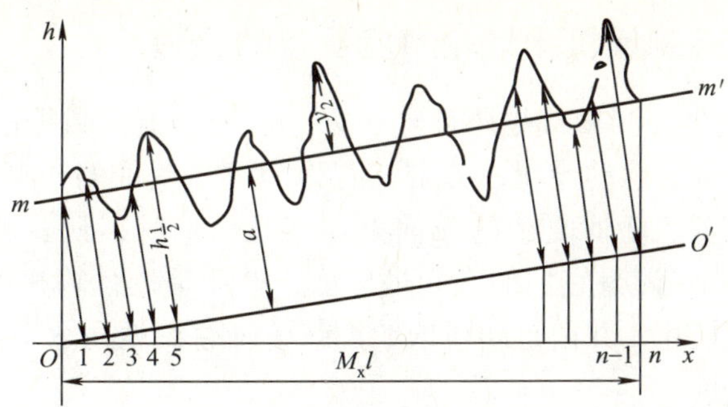

图 5-28　确定中线

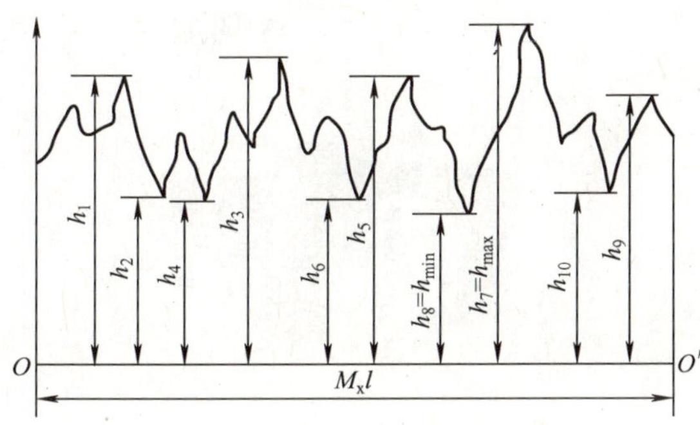

图 5-29　选择最高点和最低点

h_{10}（mm）。被测表面的 $R'z$（μm）值按下式计算

$$R'z = \frac{1000[(h_1 + h_3 + h_5 + h_7 + h_9) - (h_2 + h_4 + h_6 + h_8 + h_{10})]}{5M_y}$$

若需测量轮廓最大高度 Rz 值，则从上述各点至 OO'轴的距离 h_i（mm）中选取最大值 h_{max}与最小值 h_{min}，按下式计算 Rz（μm）值

$$Rz = 1000(h_{max} - h_{min})/M_y$$

课题四　三坐标测量机及其应用

【教学目标】

1）知识目标：掌握三坐标测量机的结构和组成，熟悉三坐标测量机的工作原理，掌握应用三坐标测量机测量面轮廓度误差的方法。

2）能力目标：能认识三坐标测量机的结构和组成及其工作原理，能用三坐标测量机测量面轮廓度误差。

【教学重点和难点】

教学重点：掌握三坐标测量机的结构和组成。

教学难点：用三坐标测量机测量面轮廓度误差。

【课题导入】 三坐标测量机测量轮廓度误差的原理

如图 5-30 所示，三坐标测量机是用计算机采集、处理测量数据的新型高精度自动测量仪器。它有三个互相垂直的运动导轨，分别装有作为测量基准的光栅，并有高精度测量头，可测空间各点的坐标位置。任何复杂的几何表面与几何形状，只要测量机的测头能够瞄准（或感受）到的地方，均可测得它们的空间坐标值，然后借助计算机经数学运算可求得待测的几何尺寸和相互位置尺寸，并由打印机或绘图仪清晰直观地显示出测量结果。

图 5-30 三坐标测量机外形图

用三坐标测量机测量轮廓度误差时，应先按图样要求，建立与理论基准一致的工件坐标系，以便实测数据同理论设计数据进行比较，然后用测头连续跟踪扫描被测表面，计算机按给定节距采样，记录表面轮廓坐标数据。出于记录的是测头中心的坐标轨迹，需由计算机补偿一个测头半径值，才能得到实际表面轮廓坐标数据。最后同计算机内事先存入的设计数据比较，测得轮廓度误差值。

【知识储备】

三坐标测量机是近几十年发展起来的一种高效的、新型的、现代大型精密仪器，它广泛地用于机械制造、电子、汽车和航空航天等工业中，可以进行零件和部件的尺寸、形状及相互位置的检测，例如箱体、导轨、涡轮和叶片、缸体、凸轮、齿轮、形体等空间型面的测量。还可用于划线、定中心孔、光刻集成电路等，并可对连续曲面进行扫描及制备数控机床的加工程序等。由于它的通用性强、测量范围大、精度高、效率高、性能好、能与柔性制造系统相连接，已成为一类大型精密仪器，故有“测量中心”之称。

提示： 三坐标测量机综合应用了电子技术、计算机技术、精密测量技术和激光干涉技术等先进技术，主要包括测量系统、控制系统、坐标显示系统和数据输出系统等。

三坐标测量机的基本结构主要由机床部分（包括工作台、底座、立柱和支架等）、传感器部分和数据处理系统三大部分组成，如图 5-31 所示。

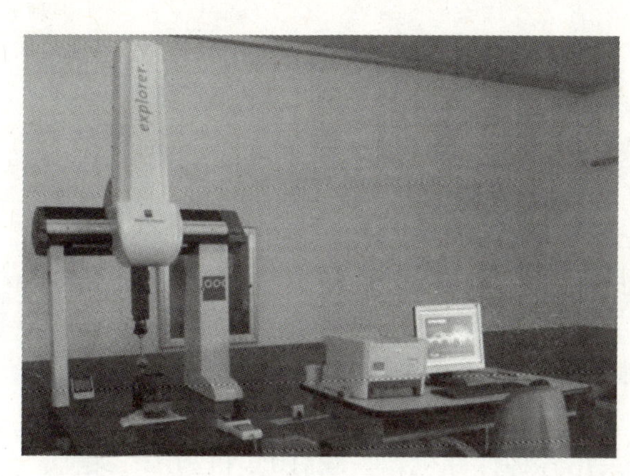

a)

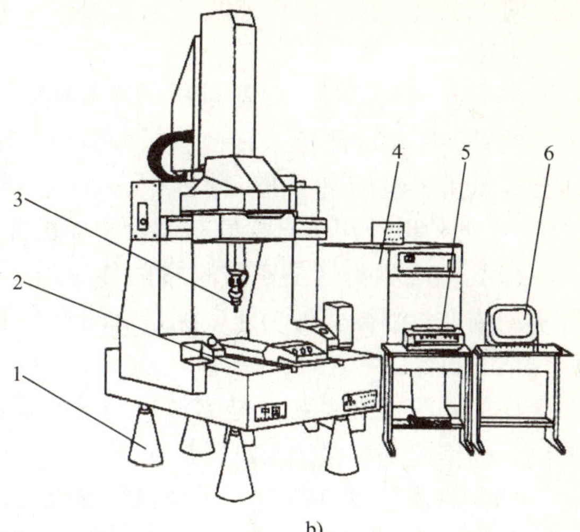

b)

图 5-31　三坐标测量机

a）三坐标测量机外形图　b）三坐标测量机结构图

1—支架　2—工作台　3—测头　4—控制柜　5—打印机　6—数据处理计算机

一、三坐标测量机的结构和组成

1. 结构

三坐标测量机主要是比较被测量与标准量，并将比较结果用数据表示出来。三坐标测量机需要 3 个方向的标准器（标尺），利用导轨实现沿相应方向的运动，还有三维测头对被测量进行探测和瞄准。此外，测量机还具有数据处理和自动检测等功能，需由相应的电气控制系统与计算机软硬件实现。

三坐标测量机的结构形式有：移动桥式、固定桥式、龙门式、悬臂式、水平臂式、立柱式、卧镗式和仪器台式等。

2. 组成

三坐标测量机由主机、测头和电气系统三大部分组成。主机包括框架结构、标尺系统、导轨、驱动装置、平衡装置和转台与附件；电气系统包括电气控制系统、计算机硬件部分、测量及软件和打印与绘图装置。

（1）框架结构　框架是测量机的主体机械结构架子。它是工作台、立柱、桥框、壳体等机械结构的集合体。

（2）标尺系统　它是决定仪器精度的一个重要环节。三坐标测量机所用的元器件有线纹尺、精密丝杠、感应同步器、光栅尺、磁尺及数显电气装置等。

（3）导轨　是测量及实现三维运动的重要部件。测量机多采用滑动导轨、滚动轴承导轨和气浮导轨，而以气浮静压导轨为主要形式。气浮导轨包括气源、稳压器、过滤器、气管、分流器等一套气动装置。

（4）驱动装置　是测量机的重要运动机构，可实现机动和程序控制伺服运动的功能。在测量机上一般采用的驱动装置有丝杠螺母、滚动轮、钢丝、齿型带、齿轮齿条、光轴滚动轮等传动，并配以伺服马达驱动。

（5）平衡部件　主要用于 Z 轴框架结构中。它的功能是平衡 Z 轴的重量，使 Z 轴上下运动时无偏重干扰，使检测时 Z 向测力稳定。Z 向平衡装置有重锤、发条或弹簧、气缸活塞杆等类型。

（6）转台与附件　是测量机的重要附件，它使测量机增加一个转动运动的自由度，便于某些种类零件的测量。转台包括分度台、单轴回转台、万能转台（二轴和三轴）和数控转台等。用于坐标测量机的附件很多，一般指基准平尺、角尺、步距规、标准球体（或立方体）、测位以及用于自检的精度检测样板等。

（7）三维测头　是三维测量的传感器，它可在三个方向上感受瞄准信号和微小位移，以实现瞄准与测微两种功能。测量机的测头主要有硬测头、电气测头、光学测头，还有测头回转体等附件。

（8）电气控制系统　是测量机的电气控制部分，具有单轴与多轴联动控制、外围设备控制、通信控制和保护与逻辑控制等。

（9）计算机硬件部分　三坐标测量机可以采用各种计算机，一般有 PC 机和工作站等。

（10）测量机软件　包括控制软件与数据处理软件。这些软件可进行坐标变换与测头校正，生成探测模式与测量路径，可用于基本几何元素及其相互关系的测量，形状与位置误差测量，齿轮、螺纹与凸轮的测量，曲线与曲面的测量等。具有统计分析、误差补偿和网络通信等功能。

（11）打印与绘图装置　此装置可根据测量要求打印出数据、表格，也可绘制图形，为测量结果的输出设备。

二、三坐标测量机的工作原理

三坐标测量机主要是通过测头（传感器）接触或不接触工件表面，获得测量信息，由计算机进行数据采集，通过运算并与预先存储的理论数据相比较，然后输出测量结果。首先将各种几何元素的测量转化为这些几何元素上一些点集坐标位置的测量，在测得这些点的坐标位置后，再由软件按一定的评定准则算出这些几何元素的尺寸、形状和相对位置等。

三、三坐标测量机的测量系统

标尺系统，也称为测量系统，是坐标测量机的重要组成部分。它直接影响坐标测量机的精度、性能和成本。测量系统可以分为机械式测量系统、光学式测量系统和电气式测量系统。

1. 机械式测量系统

1）精密丝杠加微分鼓轮式测量系统。

2）精密齿条及齿轮式测量系统。

3）滚轮直尺式测量系统。

2. 光学式测量系统

1）光学读数刻度尺式测量系统。

2）光电显微镜和金属刻尺式测量系统。它是一种把光电显微镜作为瞄准装置进行自动瞄准标尺（金属尺或玻璃尺）的测量系统。由光电瞄准和细分读数两部分组成。

3）光栅测量系统。它是由一个定光栅和一个动光栅合在一起作为检测元件，靠它产生莫尔条纹来检测位移值的测量系统。通常长光栅安装在坐标机的固定部件上，为标尺光栅。

4）光学编码测量系统。它是一种绝对码测量系统。

5）激光干涉测量系统。它是现有测量系统中精度最高的一种系统，有单频激光干涉仪和双频激光干涉仪两种类型。

3. 电气式测量系统

有感应同步器式测量系统和磁栅测量系统两种形式。

四、三坐标测量机的测头

提示：坐标测量机是用测头来拾取信号的。

三坐标测量机的功能、工作效率、精度与测头密切相关。没有先进的测头就无法发挥测量机的功能。如图 5-32 所示，测头按结构原理分为机械式、光学式和电气式等。机械式主要用于手动测量，光学式多用于非接触测量，电气式多用于接触式的自动测量。由于坐标测量机的自动化要求，新型测头主要采用电学与光学原理进行信号转换。

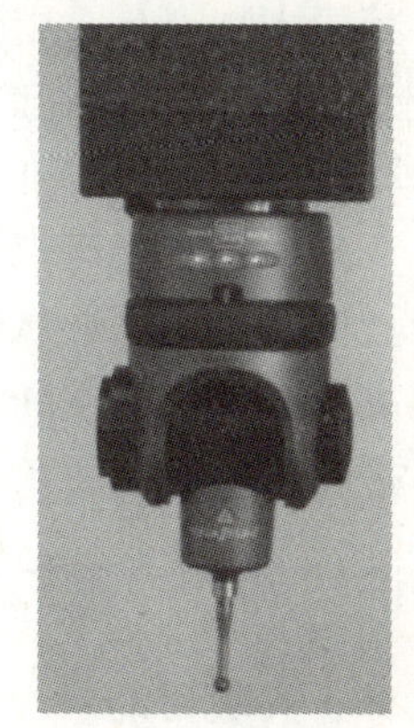

图 5-32　三坐标测量机的测头外形图

1. 机械式测头

机械式测头即硬测头，多用于精度不太高的小型测量机中。有圆锥测头、圆柱形测头、球形测头、回转式半圆和回转式四分之一柱面测头、盘形测头、凹圆锥测头、点测头、V 形块测头及直角测头等。

2. 电气测头

电气测头多采用电触、电感、电容、应变片、压电晶体等作为传感器来接收测量信号，可以达到很高的测量精度。电气测头中的开关测头只作瞄准之用，模拟测头既可进行瞄准又具有测微功能。开关测头有电触式开关测头、压电式开关测头、应变片式测头和振动式触发测头。电触式开关测头是利用电触头的开关进行瞄准的，它主要用于“飞跃”测量中。所谓“飞跃”测量就是在检测零件时，测头缓缓前进，当过“零点”时，测头自动发信号，不待测头停止运动或退回，就已经“瞄准”完毕。压电式开关测头是利用压电晶体的压电效应发信号的。压电效应是将机械测量力转换成电信号。测工件时，只要有很小的测量力即可被压电晶体感知，并发出瞄准信号，因此压电式开关测头比电触式开关测头的灵敏度高。模拟式电气测头有二维电感测头、三层式三维电感测头、套装式三维电感测头和膜片式三维电感测头。

3. 光学测头

在多数情况下，光学测头与被测物体没有机械接触。因此，光学测头上既无测量力也无摩擦力。目前在三坐标测量机上应用的光学测头分为五类：

（1）一维测头　如三角法测头、激光聚焦测头、光纤测头等。

（2）二维测头　主要是各种视像测头。

（3）二维加一维测头　是在二维测头基础上，再增加对焦功能，使它能实现三维测量。

（4）三维测头　如用莫尔条纹技术形成等高线进行条纹技术的测头、体视式测头。

（5）接触式测头　是首先利用测端拾取工件表面位置信息，然后用光学原理进行转换的测头。

五、三坐标测量机的软件

1. 三坐标测量机软件系统

三坐标测量机软件系统从本质上分为两种：一种是可编程序式，另一种是菜单驱动式。

（1）可编程式坐标测量机软件系统　具有程序语言解释器和程序编辑器；用户根据软件提供的指令对测量任务进行联机或脱机编程。软件系统添加、删除和重组测量过程十分方便；可以对三坐标测量机的动作进行细微的控制；可以对所测工件自动进行合格性判定或自动分选，不合格工件或有超差危险时，可自动报警或适时地反馈给柔性制造系统（FMS）或计算机集成制造系统（CIMS）。该类软件系统适合于具有较高文化程度的高级用户使用。

（2）菜单驱动式坐标测量机软件系统　用户通过点菜单的方式实现软件系统预先确定的各种不同测量任务。

其最大特点是：由于作为人机界面的菜单可做得图文并茂，操作者更易于学习和理解，适合于具有一定专业知识的技术人员、操作人员使用。

2. 基本几何要素的数据处理

三坐标测量机有点位、自定中心和扫描等多种探测模式，但无论是用何种模式，都是为了把被测要素表面形状信息数值化，即“采样”。三坐标测量机通过测量程序测到的只是一系列离散测量点的空间坐标值，必须依据一定的数学模型对这些离散坐标点集进行数据处理，提取出代表该要素的几何特征量，才能得到所需的测量结果。

【知识拓展】　用三坐标测量机测量面轮廓度误差的实验

一、实验目的

了解三坐标测量机的测量原理、方法以及计算机采集测量数据和处理测量数据的过程。

二、测量步骤

1）如图 5-33 所示安装工件和测头。

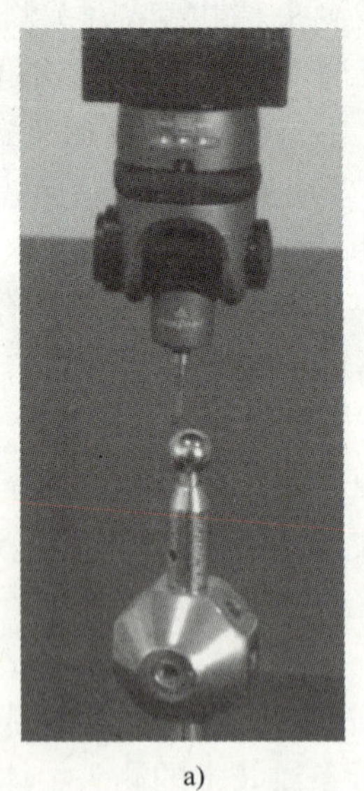

a）

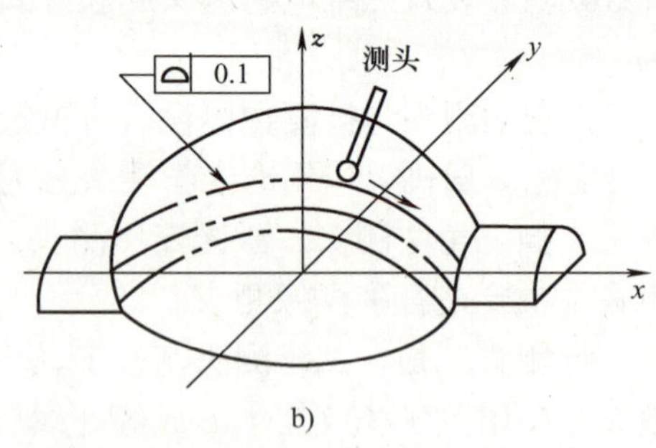

b）

图 5-33　安装工件和测头

a）外形图　b）原理图

2）接通电源、气源，打开计算机、打印机和绘图仪。

3）建立工件坐标系和指定测量条件。

4）数据采样。

5）数据处理：

PRG　41：定节距指定——给定所要求的数据格式和范围。

PRG　42：打印处理后的数据。

6）公差比较：

PRG　30：从盘上调入设计数据文件。

PRG　31：将实测数据同设计数据相比，得轮廓度误差值。

7）轮廓绘图：

PRG　50：指定作图形式——实体图（或展开图）。

PRG　51：指定作图原点。

PRG　53：指定作图放大倍率。

PRG　61：绘图。

PRG　60：画辅助线。

具体程序内容说明见表5-6。

表5-6　程序内容说明

程　序	内容说明
PRG　1200	输入所用测头直径，以便在补偿测量数据时用
PRG　2000	指定 XY 平面为测量平面
PRG　10	平面校正：用三点确定基准面，再加一点需输入指定测头半径补偿方向
PRG　11	原点指定：通过测两点，取其中点为坐标原点
PRG　12	X 轴校正：通过测两点，使 X 轴通过其中点
PRG　2200	指定 ZX 平面为测量平面
PRG　22	给定采样节距（0.04～30mm），采用连续扫描形式，让测头在轮廓表面上慢移动，计算机自动采集数据
PRG　20	指定测量形状类型：三维型
PRG　21	测头半径补偿方向指定

课题五　数控机床精度的检测

【教学目标】

1）知识目标：熟悉位置公差的检测方法与数控机床精度的种类，掌握数控车床和镗铣床的几何精度、切削精度检验项目及方法，以及重复定位精度的检验方法。

2）能力目标：能测量数控车床和镗铣床的几何精度、切削精度、重复定位精度。

【教学重点和难点】

测量数控车床和镗铣床的几何精度、切削精度、重复定位精度的方法。

【课题导入】 位置公差的检测方法

一、直线度的测量方法

1. 长度测量法（比较法）——平尺法

如图 5-34 所示，在垂直平面内测量，平尺放在两个量块上（支点在平尺全长的 2/9 处），指示器安装在具有三个接触点的支座上，并沿导向平尺作直线移动进行测量，三个接触点中的一个接触点应位于垂直触及平尺的指示器表杆的延伸线上。

首先调整量块高度，使平尺两端的读数大致相同；再移动支座，通过指示器测出被检线相对于平尺的偏差（可均匀或任意分配测量点）；然后用合适的比例将读数直接用图形表示出来，如图 5-35 所示；最后，通过确定一条代表线 A_1B_1 来处理测量结果。线段 M_1、M_2 所代表的数值即为经过处理后的直线度偏差。

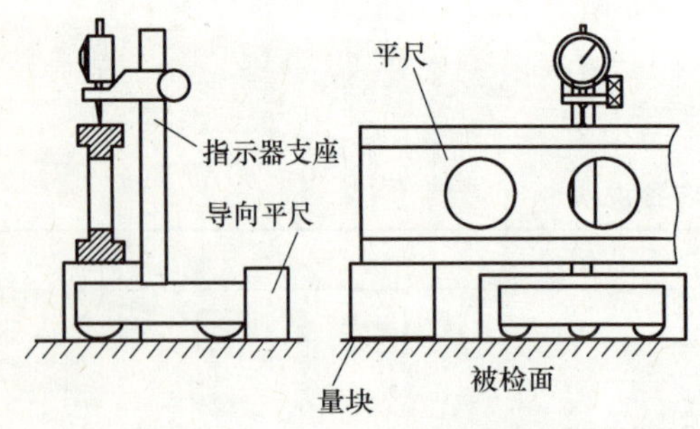

图 5-34 平尺法测量示意图

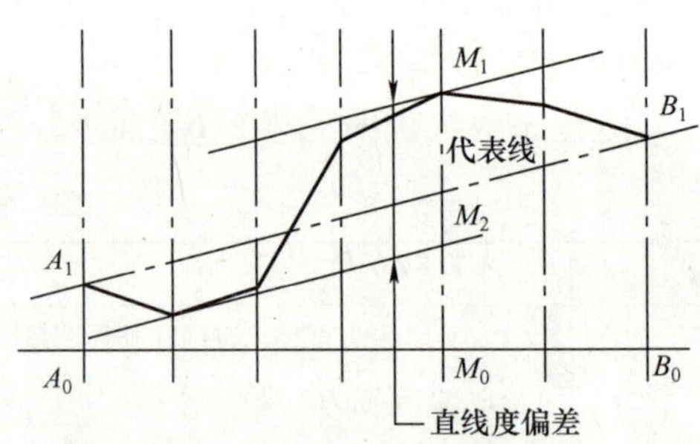

图 5-35 平尺法数据处理示意图

在水平面内测量时，只需将平尺水平放置，其余方法、步骤与在垂直平面内测量时相同。

2. 角度测量法

如图 5-36a 所示，可用水平仪测量实际轮廓在垂直平面内的直线度误差。

首先将被测实际轮廓的长度等分为五段，每一段就是一个节距，再把桥板长度调整为节距长度，把水平仪固定在桥板上；然后，沿被测实际轮廓一段接一段地移动桥板进行测量。数据处理比较直观的是用图解法。如图 5-36b 所示，首先在坐标纸上以横坐标表示被测实际轮廓的长度，按相应的测量节距等分为五段，再以纵坐标表示以“格”为单位的误差值。然后，根据测得的水平仪读数值（单位为“格”，表示角度差）在坐标纸上按累计法进行点图：由零点开始，点 A 读数为零，但与零点仍在同一水平线上；点 B 比点 A 高两格（+2），点 C 比点 B 高一格（+1）……将点 A、B、C、D、E 连接起来，即得被测实际轮廓的直线

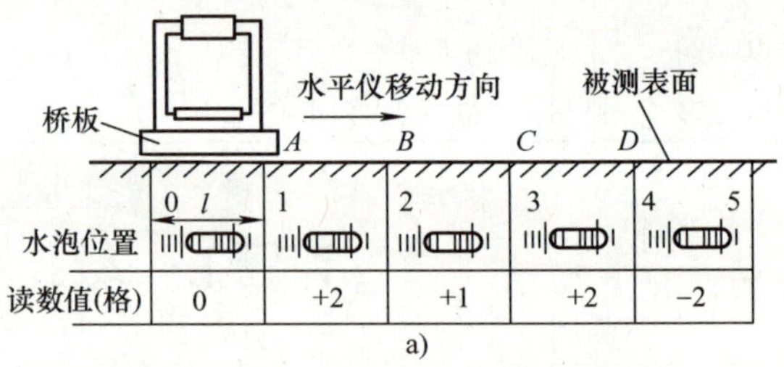

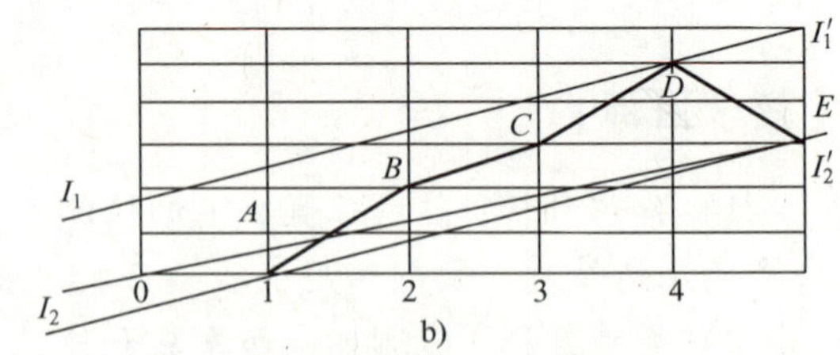

图 5-36 角度测量法示意图

度误差曲线；按最小区域法或两端点连线法评定出以“格”为单位的直线度误差值；最后进行单位换算，即可获得以线性值表示的直线度误差值。

提示：水平仪仅可检查垂直平面内的直线度。

二、平面度

在规定的测量范围内，当所有点被包含在与该平面的总方向平行并相距给定值的两个平面内时，则认为该平面是平的。确定平面域代表的面的总方向，是为获得平面度的最小偏差，通常采用的方法有：在一个被检平面内适当选择三点（如果平面靠近边缘部分存在无关紧要的局部缺陷，可以忽略不计）或按划分的点用最小二乘法计算平面。

平面度的测量方法有如下两种：

（1）用平尺测量平面度（用移动平尺测量所得的一组直线 如图 5-37 所示，首先在检验面上选 *A*、*B* 和 *C* 点作为零位标记，将三个等高量块放在这三点上，这三个量块的上表面就确定了与被检面作比较的基准面。然后将平尺置于点 *A* 和点 *C* 上，并在检验面点 *E* 处放一可调量块，使其与平尺的下表面接触。这时，量块 *A*、*B*、*C*、*E* 的上表面均在同一表面上。再将平尺放在点 *B* 和点 *E* 上即可找到点 *D* 的偏差。在点 *D* 放一可调量块，并将其上表面调到由已经就位量块的上表面所确定的平面中。将平尺分别放在点 *A* 和点 *D* 及点 *B* 和点 *C* 上，即可找到被检面上处于点 *A* 和点 *D* 之间及点 *B* 和点 *C* 之间的各点的偏差。处于点 *A* 和点 *B* 之间及点 *C* 和点 *D* 之间的偏差可用同样的方法找到。

（2）用精密水平仪测量平面度（矩形表面） 如图 5-38 所示，基准平面由两条直线 *OMX* 和 *OO′Y* 确定，此时，点 *O*、*M* 和 *O′* 是被检面上的三个点，直线 *OX* 和直线 *OY* 最好互相垂直，并分别平行于被测面的轮廓边。测量从被测面上的一个角 *O* 沿 *OX* 方向开始。按直线度的“角度测量法”中所规定的方法测量直线 *OA* 和 *OC* 每条线的轮廓，再测量直线 *O′A′*、*O″A″* 和 *CB* 纵向线的轮廓，以覆盖整个表面。必要时，可沿直线 *MN*、*M′N′* 等作追加测量，以证实上述测量。

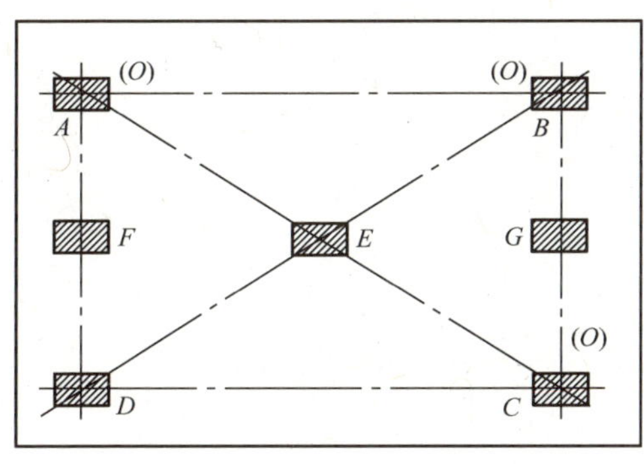

图 5-37 平尺测量平面度示意图

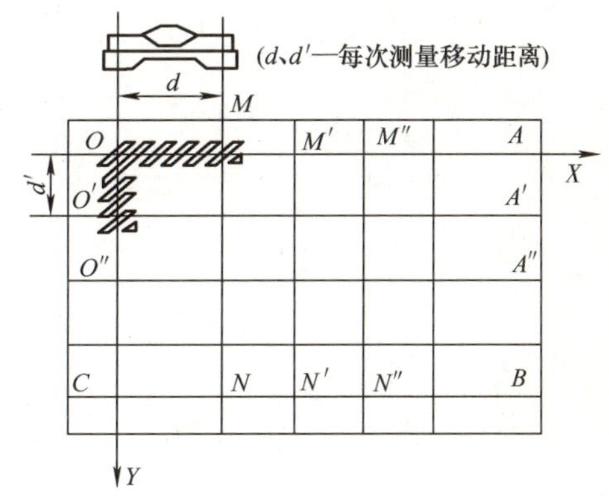

图 5-38 精密水平仪测量平面度示意图

三、平行度

平行度是用以控制被测要素相对于基准要素的方向成 0°（或距离差值为 0）的要求。两个面的平行度的测量方法有如下两种：

（1）平尺和指示器法　如图5-39所示，指示器安装在具有平底面并与导向平尺接触的支座上，支座在一个平面上按规定的范围移动，测头沿第二个平面滑动。

（2）精密水平仪法　如图5-40所示，水平仪放在跨连在两个被比较的平面的桥板上，沿两平面移动，依次读数，取读数（角度值）中的最大差值作为角度平行度误差，然后将其乘以 L 变为线性值的平行度误差。

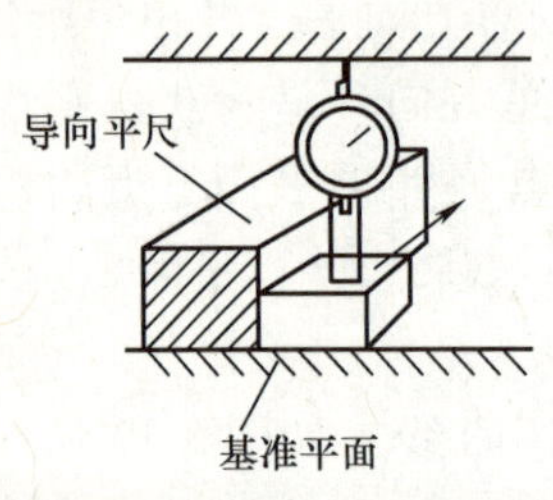

图5-39　平尺和指示器法

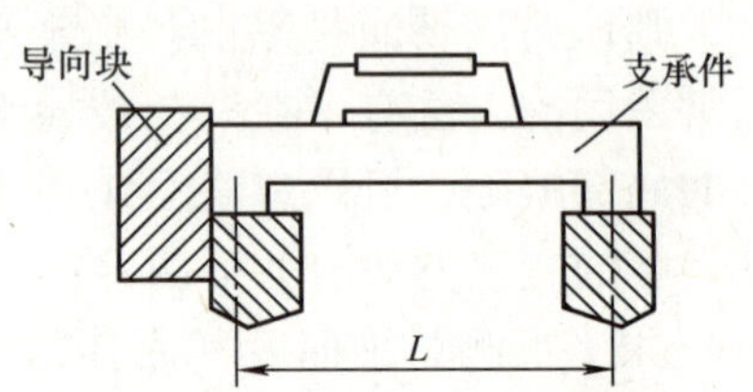

图5-40　精密水平仪法

四、垂直度

垂直度是用以控制被测要素相对于基准要素的方向成90°的要求。平面对直线的垂直度的测量方法，对于旋转的轴可以采用图5-41所示的方法。将带有指示器的角形表杆装在轴上，并将指示器的测头调至平行于旋转轴线。当轴旋转时，指示器便画出一个圆，其圆平面垂直于旋转轴线，被测平面与圆平面之间的平行度偏差可以通过指示器测头在被测平面上摆动的检查方法测得。轴旋转一周，指示器读数的最大差值即为垂直度偏差。如果规定了测量平面（AA，BB），则分别在每个测量平面内记录指示器在相隔180°的两个位置上的读数差值。为消除测量误差，可在第一次检验后，将检具相对于轴转过180°再重复检验一次。

互成90°的两平面的垂直度的测量方法。如图5-42所示，将圆柱形角尺放在其中一个平面上，再将指示器沿另一个平面移动，并在规定距离内记录读数；圆柱形角尺移动180°后重新测量一次，并记录读数；取两次测得的读数的平均值。

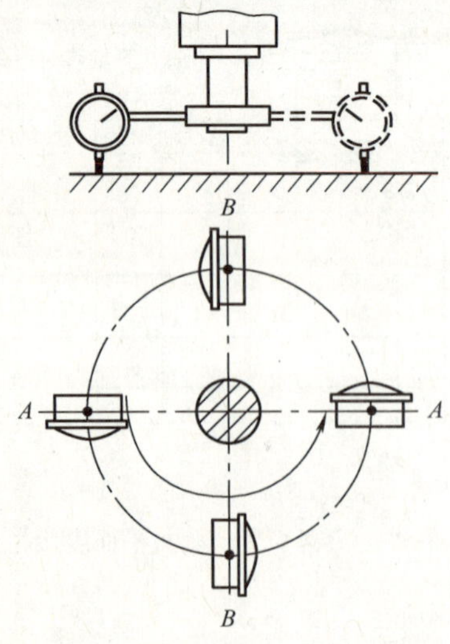

图5-41　平面对直线垂直度的测量

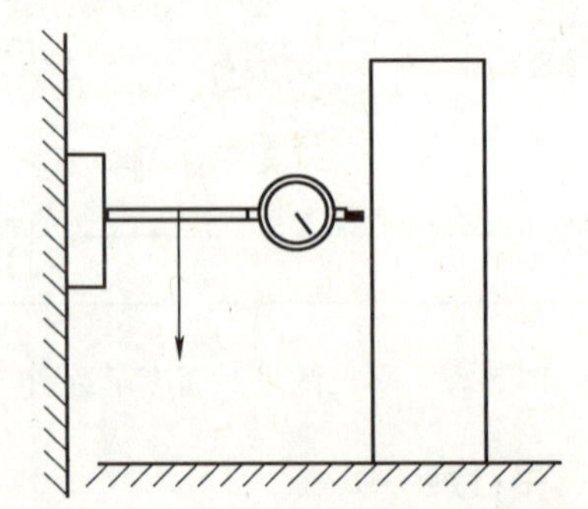

图5-42　平面对平面垂直度的测量

对于其他形式的垂直度，其测量方法与前述两种垂直度测量方法的原理相同，均将垂直度转换为平行度进行测量。

【知识储备】

数控机床加工精度的高低最终是要靠机床本身的精度来保证的，数控机床精度包括几何精度和切削精度。另一方面，数控机床各项性能指标的好坏及数控功能能否正常发挥将直接影响到机床的正常使用。

一、数控机床精度分类

提示： 数控机床的加工精度主要体现在以下四个方面：①工件精度：表现在前一工序留下的误差，还有工件的结构工艺性及刚性不足等条件下产生的误差；②夹具精度：主要是夹具的定位精度及夹具结构的合理性与刚性等因素；③刀具精度：刀具本身的尺寸精度、几何形状精度及其磨损等；④量具精度：取决于量具等级。

数控机床的加工精度包括：静态精度和动态精度。而静态精度又包括几何精度和定位精度。几何精度包括基准面精度、主轴运转精度、直线运动精度；定位精度包括直线定位精度、分度精度、重复定位精度、失动（空程）。动态精度即随动精度包括速度误差、加速度误差、位置误差。工件精度又从工艺装备精度反映出来，它包括刀具精度、量具精度、夹具精度。

总之，数控机床的静态和动态精度主要包括三个方面：几何精度、定位精度、随动（跟随或伺服）精度。

（1）几何精度　指机床基准部件的几何形状精度、尺寸精度及空间位置精度等所组成的精度，即在机床不切削情况下的静态精度。常用千分表、平尺、检验棒、精度天平仪、自准直尺、激光干涉仪及电子水平仪等检查。

几何精度包括以下三种：

1）基准面精度：指工作台表面的平面度、导轨的直线度等。

2）主轴回转精度：主轴的径向圆跳动、轴向窜动等。

3）直线运动精度：平行度、垂直度、同轴度、不相交度等（主要是空间精度方面）。

（2）定位精度　指机床运动件达到某种要求位置的精度。它是数控机床的重要指标之一。在一般机床中仅卧式镗床及坐标镗床才有此精度要求。为避免工件、刀具、夹具系统的影响，通常定位精度也是在不切削条件下进行测量的。它也属于静态精度的一种。定位精度主要有直线定位精度、分度精度、重复定位精度、失动四项。

（3）随动（跟随或伺服）精度　在连续轮廓控制系统的数控机床中，随动精度是指指令位置与机床运动轨迹之间的相近程度，随动精度取决于跟随误差（或速度误差）与动态误差（或加速度误差）的大小。

二、几何精度检测

1. 数控机床精度检验方法

（1）数控机床精度检验的试验　对数控机床进行精度检验时，经常要通过如空载检验、负载检验、主轴检验及进给检验等多面的试验。

1）空载试验。数控机床的无负载试验的目的是测试数控装置的可靠性、机床主运动系统及进给系统运行的可靠性、精度及稳定性、噪声、温升、电力消耗、爬行及振动等的各项指标。空载试验分以下两种情况：

① 单项试验。主要解决一些关键或核心的问题，如主轴温升超标，工作台爬行，划线所得几何角度分析等。此时可单独编写专门程序进行试验。

② 综合试验。全面考验数控机床。可编写一个考验程序进行划线工作，或设计一个样件进行试切。程序应包括该装置的主要功能（如主轴的转速）的自动变换、起动、停车、反向、进给速度的切换。

2）数控系统装置（包括输入装置、如光电阅读机、键盘及输入接口的硬件装置等）的试验。

试验内容如下：

① 稳定性试验。两周内不少于10次以上的通断电试验（每次间隔2～3 h）。通电后应连续运行4h（1次），12h（2次），8～10h（7次）。不出故障，CRT显示正常，输出正常。

② 正、负温试验。通常在-5℃～28℃介质温度下应正常运行。但数控机床大多数在介质温度为20℃±2℃情况下长期使用。

③ 湿度试验。夏季相对湿度最大时达70%～80%左右时，数控装置应在短时间内（5～8h）不出任何问题。

3）主轴系统的试验。主要是测试主轴系统运行可靠性及噪声大小、温升、振动及电力消耗，必须在全速度范围内进行。每级速度运转时间应达到升温至平衡状态，并测定其功率消耗。

4）进给系统的试验。进给系统的空载运行试验目的在于检查传动机构的可靠性及平稳性，应在全速度范围内进行。检查在低速时是否有爬行现象，最高速进给时（包括快进）机构有无振动及噪声过大，同时要测试功率消耗是否在正常范围内。

5）负载运转试验。数控机床负载运转试验的目的如下：①几何角度分析；②传动及运动时的运转稳定性；③噪声指标低于65dB；④功率测试；⑤工作表面质量测试；⑥超载能力。

另外，数控机床负载运转也分为单项试验及综合试验两类：单项试验主要解决如定位精度、超载时的电力消耗或达到表面粗糙度要求时的切削用量；综合试验是全面考验数控机床的总体性能，必须专门设计供试验用的切削样件。

（2）数控机床精度检验常用的方法

提示：直接法、样件法和间接法都是数控机床进行精度检验时常用的方法。

1）直接法：以测量被加工工件的精度来评价机床的精度。这种方法是综合性质的，不大容易区分出误差存在的实际环节，因此，多用在数控机床生产厂家的产品出厂检验。

2）样件法（或称为跟踪法）：本方法实质上是先设计并精确制造一个标准样件，安装在被测的数控机床工作台上代替被加工的工件。在机床刀具所装的主轴或刀夹上改装一个位移测头，用预先编好的样件加工程序驱动机床，使测头所走的轨迹理论上应与样件加工表面轮廓相一致。但实际上将反映出轨迹上的误差，通过测头传感器将信号输给一套测试仪器，通过计算机数据处理，再通过绘图仪绘出试件形状，从而进行分析比较。

试件跟踪法是一种静态精度的综合检验，它易于实现检验的自动化。关键是需要设计和制造一个标准样件并要有一套测试装备。如图 5-43 所示，一个数控镗铣床的检验试件可以检验孔间距、表面平直度、垂直厚度等。图 5-44 所示为一套自动测量、记录和显示装置的示意图。

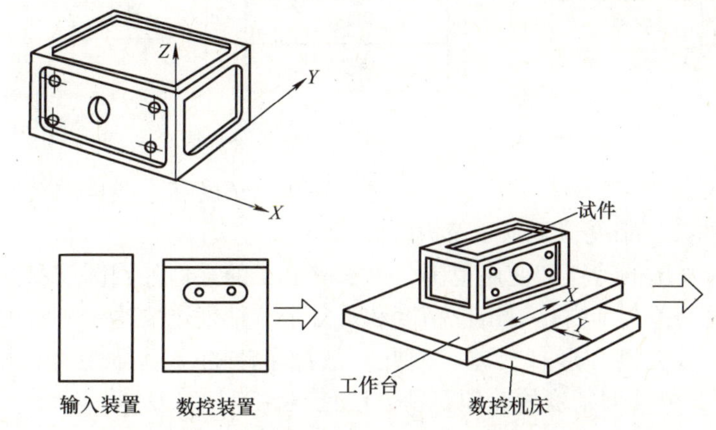

图 5-43　镗、铣床精度检验试件及过程示意图

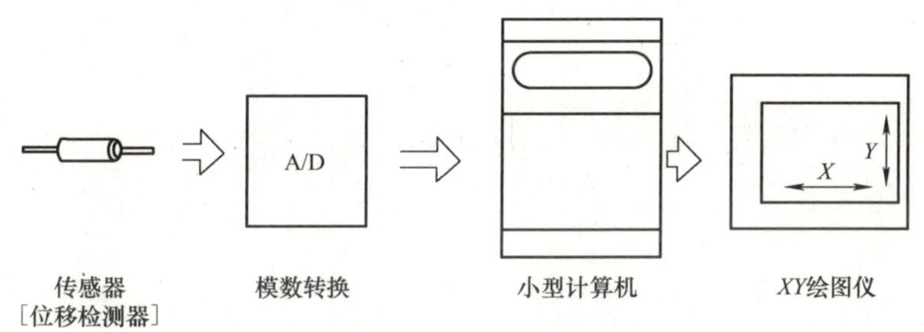

图 5-44　自动测量、记录和显示装置的示意图

（3）间接法　测量机床本身的精度来评价数控机床的精度是最常用的一种方法，但考虑到机床本身而没有考虑到加工时的一些影响，故称为间接法。间接法主要用于数控机床的几何精度、定位精度检验。随动精度和加工精度大多采用直接法进行检查。

2. 影响数控机床的几何精度的因素

数控机床在切削加工过程中，由于受力、热等外界因素的影响使机床零部件产生一定程度的变形，从而影响到机床的几何精度。图 5-45 所示为影响几何精度的各种外界因素。

通常影响数控机床几何精度的因素可分为两大部分：

（1）内部因素　即机床本身的因素，如导轨直线度、工作台面的平面度等。

（2）外部因素　即机床以外的因素，如切削力（刀具、夹具等力）、热变形影响等。

由于数控机床的几何精度测试是在静态下进行的，因此必须在检验前预先运转机床，待升温、润滑等状态趋于稳定后才能进行。而在静态下对数控机床的几何精度的检验，只能通过试切样件来进行。这时要力求避免样件本身、刀具、夹具等造成的影响，即样件形状与结

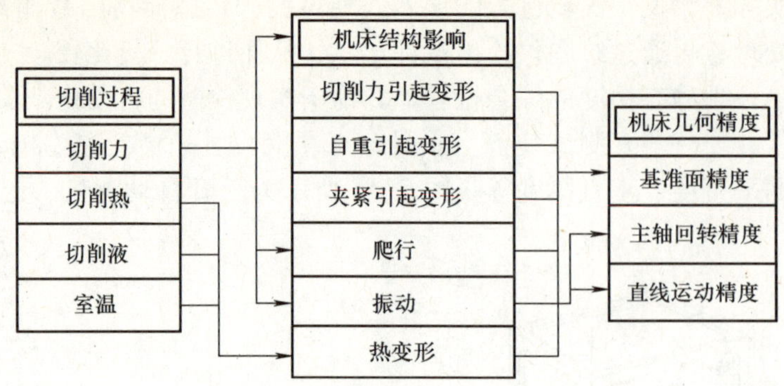

图 5-45　影响几何精度的各种外界因素

构应不易受力、热变形的影响。其中，振动对主轴回转精度和直线运动精度影响较大。

3. 数控车床的几何精度检验项目及方法

根据数控车床加工的特点和使用范围，要求其加工的零件外圆圆度和圆柱度、加工平面的平面度在要求的公差范围内；对定位精度和重复定位精度也要达到一定的精度等级，以确保被加工零件的尺寸精度和形状公差。因此，数控车床的每个部件均有相应的精度要求。CJK6032-1 数控车床的几何精度检验项目及方法见表 5-7。

表 5-7　CJK6032-1 数控车床的几何精度检验项目及方法

序号	简　图	检验项目	检验工具	公差/mm	检验方法
G1		纵向导轨调平后，床身导轨在垂直平面内的直线度	精密水平仪	0.020（凸）	如图所示，水平仪沿 Z 轴向放在溜板上，按直线度的角度测量法，沿导轨全长等距离地在各位置上检验；记录水平仪读数，并用作图法计算出床身导轨在垂直平面内的直线度误差
		横向导轨调平后，床身导轨的平行度	精密水平仪	0.04/1000	如图所示，水平仪沿 X 轴向放在溜板上，在导轨上移动溜板，记录水平仪读数，其读数最大差值即为床身导轨的平行度误差
G2		溜板移动在水平面内的直线度	指示器和检验棒，或指示器和平尺（测量范围内的尺寸 $D_e \leqslant$ 2000mm）	$D_e \leqslant 500$ 时，0.01；$500 < D_e \leqslant 1000$ 时，0.02	如图所示，将直检验棒顶在主轴和尾座顶尖上，检棒长度最好等于机床最大顶尖距；再将指示器固定在溜板上，指示器水平触及检验棒母线；全程移动溜板，调整尾座，使指示器在行程两端读数相等，用直线度的平尺测量法检测溜板移动在水平面内的直线度误差

（续）

序号	简　　图	检验项目	检验工具	公差/mm	检验方法
G3	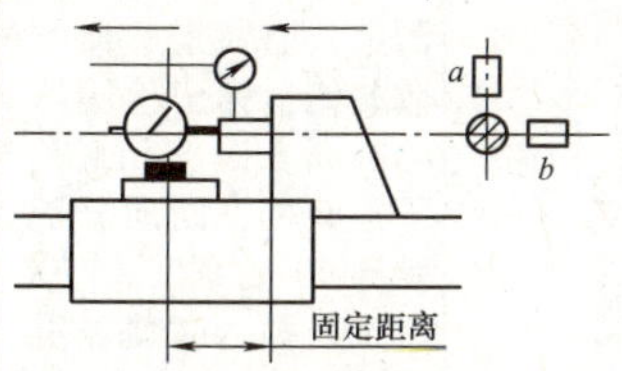 第二指示器用来作基准，保持溜板和尾座的相对位置	垂直平面内尾座移动对溜板移动的平行度 水平平面内尾座移动对溜板移动的平行度	指示器	D_e ≤ 1500 时，0.03；在任意 500mm 测量长度，0.02	如图所示，将尾座套筒伸出后，按正常工作状态锁紧，同时使尾座尽可能地靠近溜板，把安装在溜板上的第二个指示器相对于尾座套筒的端面调整为零；溜板移动时，也要手动移动尾座直至第二指示器读数为零，使尾座与溜板相对距离保持不变。按此法使溜板和尾座全行程移动，只要第二指示器读数始终为零，则第一指示器相应指示出平行度误差。或沿行程在每隔 300mm 处记录第一指示器读数，指示器读数的最大差值即为平行度误差。第一指示器分别在图中 a、b 位置测量，误差单独计算
G4	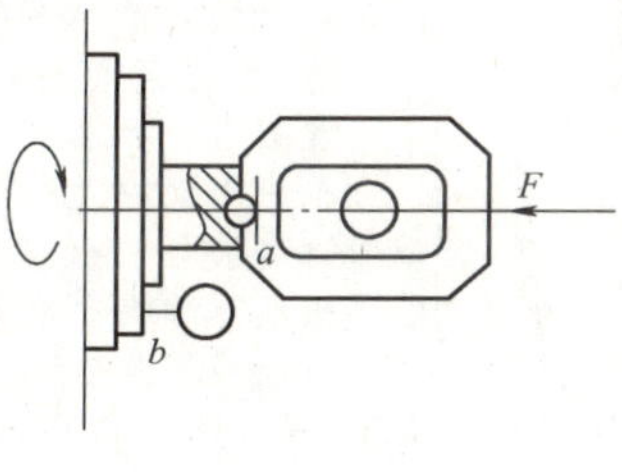	主轴的轴向窜动 主轴轴肩支承面的跳动	指示器和专用装置	0.010（包括周期性的轴向窜动） 0.020（包括周期性的轴向窜动）	如图所示，用专用装置在主轴轴线上加力 F（F 的值为消除轴向间隙的最小值），把指示器安装在机床固定部件上，然后使指示器测头沿主轴轴线分别触及专用装置的钢球和主轴轴肩支承面；旋转主轴，指示器读数最大差值即为主轴的轴向窜动误差和主轴轴肩支承面的跳动误差
G5	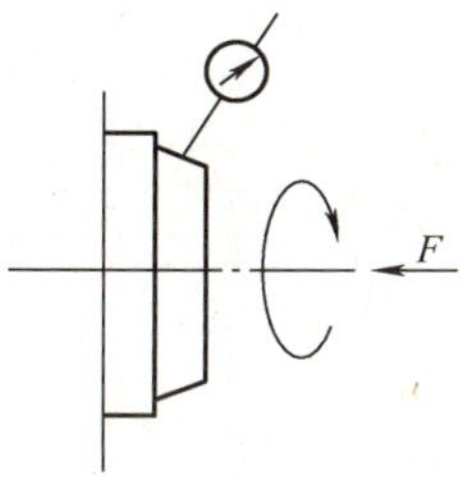	主轴定心轴颈的径向跳动	指示器和检验棒	0.01	如图所示，用专用装置在主轴轴线上加力 F（F 的值为消除轴向间隙的最小值），把指示器安装在机床固定部件上，使指示器测头垂直于主轴定心轴颈并触及主轴定心轴颈；旋转主轴，指示器读数最大差值即为主轴定心轴颈的径向跳动误差

（续）

序号	简图	检验项目	检验工具	公差/mm	检验方法
G6	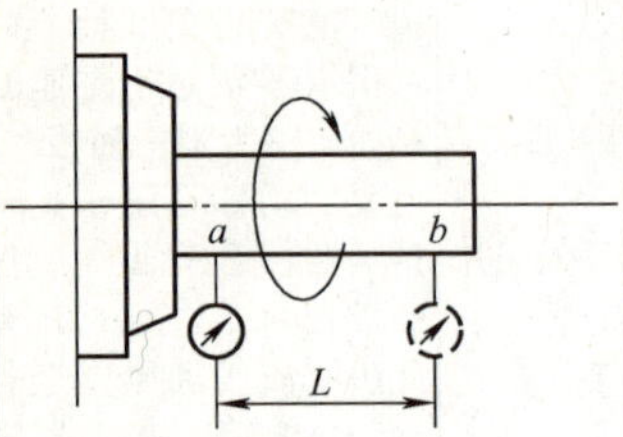	靠近主轴端面主轴锥孔轴线的径向跳动	指示器和检验棒	0.01	如图所示，将检验棒插在主轴锥孔内，把指示器安装在机床固定部件上，使指示器测头垂直触及被测表面，旋转主轴，在 a、b 位置分别测量，记录指示器的最大读数差值。标记检验棒与主轴的圆周方向的相对位置，取下检验棒，同向分别旋转检验棒 90°、180°、270°、360°后重新插入主轴锥孔，在每个位置分别检测。取 4 次检测的平均值即为主轴锥孔轴线的径向圆跳动误差
		距主轴端面 L（$L=300$mm）处主轴锥孔轴线的径向跳动		0.02	
G7	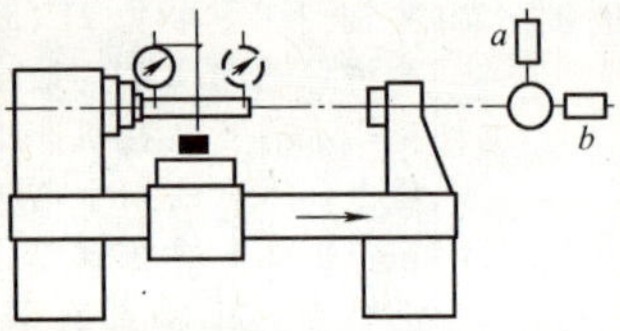	垂直平面内主轴轴线对溜板移动的平行度	指示器和检验棒	0.02/300（只许向上偏）	如图所示，将检验棒插在主轴锥孔内，把指示器安装在溜板（或刀架）上，然后：①使指示器测头在垂直平面内垂直触及被测表面（检验棒），移动溜板，记录指示器的最大读数差值及方向，旋转主轴 180°，重复测量一次，取两次读数的算术平均值作为在垂直平面内主轴轴线对溜板移动的平行度误差；②使指示器测头在水平平面内垂直触及被测表面（检验棒），按上述①的方法重复测量一次，即得水平平面内主轴轴线对溜板移动的平行度误差
		水平平面内主轴轴线对溜板移动的平行度		0.02/300（只许向前偏）	
G8	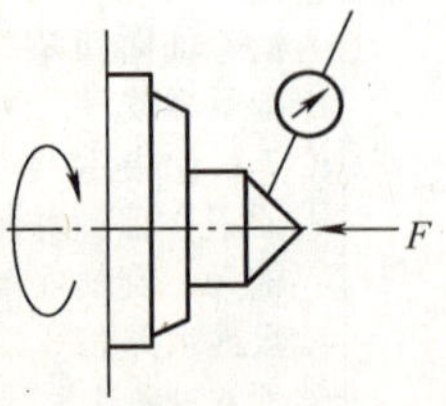	主轴顶尖的跳动	指示器和专用顶尖	0.015	如图所示，将专用顶尖插在主轴锥孔内，用专用装置在主轴轴线上加力（力 F 的值为消除轴向间隙的最小值）；把指示器安装在机床固定部件上，使指示器测头垂直触及被测表面，旋转主轴，记录指示器的最大读数差值

（续）

序号	简 图	检验项目	检验工具	公差/mm	检验方法
G9	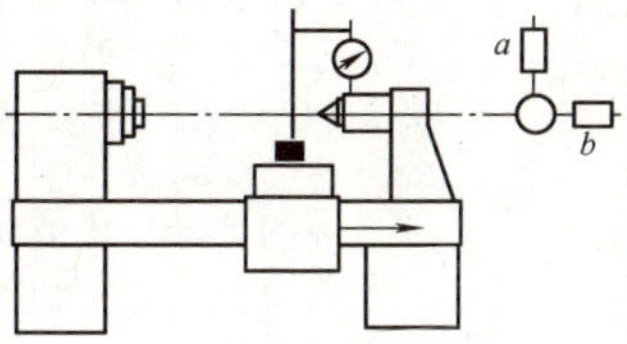 a b	垂直平面内尾座套筒轴线对溜板移动的平行度	指示器	0.015/300（只许向上偏）	如图所示，将尾座套筒伸出有效长度后，按正常工作状态锁紧。指示器安装在溜板（或刀架）上，然后：①使指示器测头在垂直平面内垂直触及被测表面（尾座套筒），移动溜板，记录指示器的最大读数差值及方向，即得在垂直平面内尾座套筒轴线对溜板移动的平行度误差；②使指示器测头在水平平面内垂直触及被测表面（尾座套筒），按上述①的方法重复测量一次，即得在水平平面内尾座套筒轴线对溜板移动的平行度误差
		水平平面内尾座套筒轴线对溜板移动的平行度		0.01/100（只许向前偏）	
G10	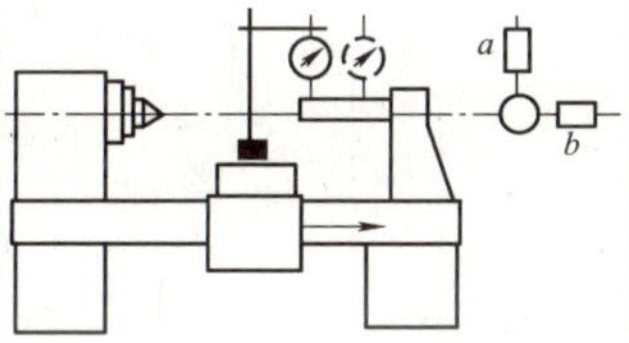 a b	垂直平面内尾座套筒锥孔轴线对溜板移动的平行度	指示器和检验棒	0.03/300（只许向上偏）	如图所示，尾座套筒不伸出并按正常工作状态锁紧，将检验棒插在尾座套筒锥孔内，指示器安装在溜板（或刀架）上，然后：①把指示器测头在垂直平面内垂直触及被测表面（尾座套筒），移动溜板，记录指示器的最大读数差值及方向，取下检验棒，旋转检验棒180°后，重新插入尾座套筒锥孔，重复测量一次，取两次读数的算术平均值作为在垂直平面内尾座套筒锥孔轴线对溜板移动的平行度误差；②把指示器测头在水平平面内垂直触及被测表面，按上述①的方法重复测量一次，即得在水平平面内尾座套筒锥孔轴线对溜板移动的平行度误差
		水平平面内尾座套筒锥孔轴线对溜板移动的平行度		0.03/300（只许向前偏）	
G11	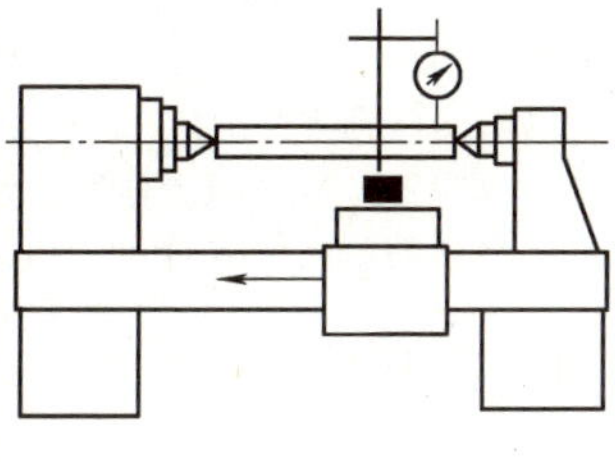	床头和尾座两顶尖的等高度	指示器和检验棒	0.04（只允许尾座高）	如图所示，将检验棒顶在床头和尾座两顶尖上，把指示器安装在溜板（或刀架）上，使指示器测头在垂直平面内垂直触及被测表面（检验棒），然后移动溜板至行程两端，移动小滑板（*X*轴），记录指示器在行程两端的最大读数值的差值，即为床头和尾座两顶尖的等高度。测量时注意方向

（续）

序号	简　图	检验项目	检验工具	公差/mm	检验方法
G12	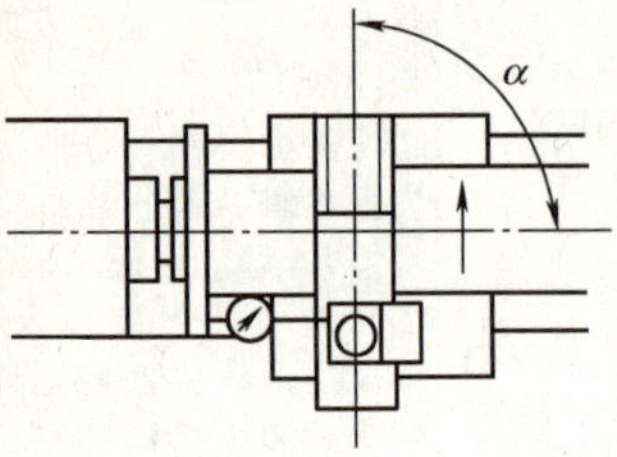 α	横刀架横向移动对主轴轴线的垂直度	指示器和圆盘或平尺	0.02/300（α>90°）	如图所示，将圆盘安装在主轴锥孔内，指示器安装在刀架上，使指示器测头在水平平面内垂直触及被测表面，（圆盘）再沿 X 轴向移动刀架，记录指示器的最大读数差值及方向；将圆盘旋转180°，重新测量一次，取两次读数的算术平均值作为横刀架横向移动对主轴轴线的垂直度误差
G18	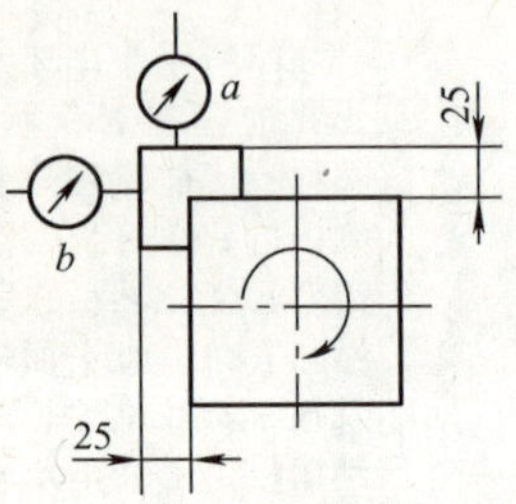 a, b, 25, 25	X 轴方向回转刀架转位的重复定位精度	指示器和检验棒（或检具）	0.005	如图所示，把指示器安装在机床固定部件上，使指示器测头垂直触及被测表面（检具），在回转刀架的中心行程处记录读数，用自动循环程序使刀架退回，转位360°，最后返回原来的位置，记录新的读数。误差以回转刀架至少回转三周的最大和最小读数差值计。对回转刀架的每一个位置都应重复进行检验，并对每一个位置指示器都应调到零
		Z 轴方向回转刀架转位的重复定位精度		0.01	
G19	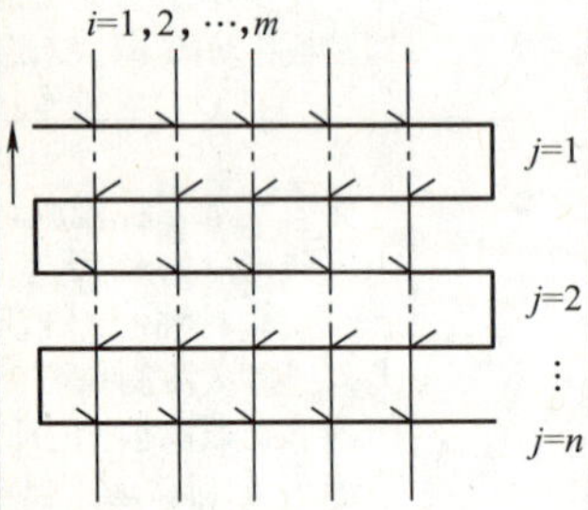 $i=1, 2, \cdots, m$; $j=1$; $j=2$; ⋮; $j=n$	Z 轴重复定位精度（R）	激光干涉仪（或线纹尺，读数显微镜，或专用检具）、步距规	0.02	检验方法：测量时，将步距规置于工作台上，并将步距规轴线与 Z（或 X）轴轴线相平行，令 X 轴回零；将杠杆千分表固定在主轴箱上（不移动），表头接触在 P_0 点，表针置零；用程序控制工作台按标准循环图移动，移动距离依次为 P_1、P_2、…、P_i，表头则依次接触到 P_1、P_2、…、P_i点，表盘在各点的读数则为该位置的单向位置偏差。按标准循环图测量5次，将各点读数（单向位置偏差）记录在记录表中
		Z 轴反相差值（B）		0.02	
		Z 轴定位精度（A）		0.04	
		X 轴重复定位精度（R）		0.02	
		X 轴反相差值（B）		0.013	
		X 轴定位精度（A）		0.03	

（续）

序号	简图	检验项目	检验工具	公差/mm	检验方法
P1	b_{min}=10	精车圆柱试件的圆度（靠近主轴轴端的检验试件的半径变化）	圆度仪或千分尺	0.005	精车试件（试件材料为45钢，正火处理，刀具材料为YT30）外圆 *D*，用千分尺测量靠近主轴轴端的检验试件的半径变化，取半径变化最大值近似作为圆度误差；用千分尺测量每一个环带直径之间的变化，取最大差值作为该项误差
		切削加工直径的一致性（检验零件的每一个环带直径之间的变化）		300mm 长度上为 0.03	
P2	（b_{min}=10）	精车端面的平面度	平尺和量块（或指示器）	ϕ300mm 上为 0.025（只许凹）	精车试件端面（试件材料：HT150，180～200HBW，外形如图；刀具材料：YG8），使刀尖回到车削起点位置，把指示器安装在刀架上，指示器测头在水平平面内垂直触及圆盘中间，负 *X* 轴方向移动刀架，记录指示器的读数及方向；用终点时读数减起点时读数除 2 即为精车端面的平面度误差；数值为正，则平面是凹的
P3		螺距精度	丝杠螺距测量仪或工具显微镜	任意 50mm 测量长度上为 0.025	可取外径为 50mm、长度为 75mm、螺距为 3mm 的丝杠作为试件进行检测（加工完成后的试件应充分冷却）
P4	（试件材料：45钢）	精车圆柱形零件的直径尺寸精度（直径尺寸差）	杠杆卡规和测高仪（或其他量仪）	±0.025	用程序控制加工圆柱形零件（零件轮廓用一把刀精车而成），测量其实际轮廓与理论轮廓的偏差
		精车圆柱形零件的长度尺寸精度		±0.035	

注：表中检测方法参照 JB/T 7421.1—2006《铣钻床 第 1 部分 精度检验》。

4. 数控铣床的几何精度检验项目及方法

数控铣床的三个基本直线运动轴构成了空间直角坐标系的三个坐标轴，因此三个坐标应相互垂直。ZJK7532A-2 数控铣钻床的几何精度检验方法及项目见表 5-8。

提示：铣床的几何精度均围绕着“垂直”和“平行”展开。

表 5-8　ZJK7532A-2 数控铣钻床的几何精度检验方法及项目

序号	简　图	检验项目	公差/mm	检验工具	检验方法
G0	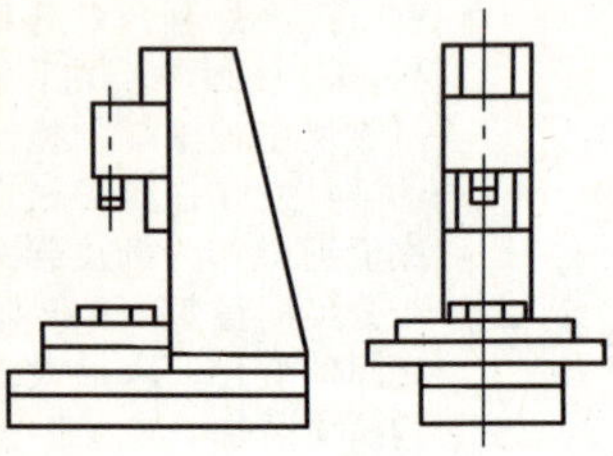	机床调平	0.06/1000	精密水平仪	将工作台置于导轨行程中间位置，将两个水平仪分别沿 X 和 Y 坐标轴置于工作台中央，调整机床垫铁高度，使水平仪水泡处于读数中间位置；分别沿 Y 和 X 坐标轴全行程移动工作台，观察水平仪读数的变化，调整机床垫铁高度，使工作台沿 Y 和 X 坐标轴全行程移动时水平仪读数的变化范围小于 2 格，且读数处于中间位置即可
G1	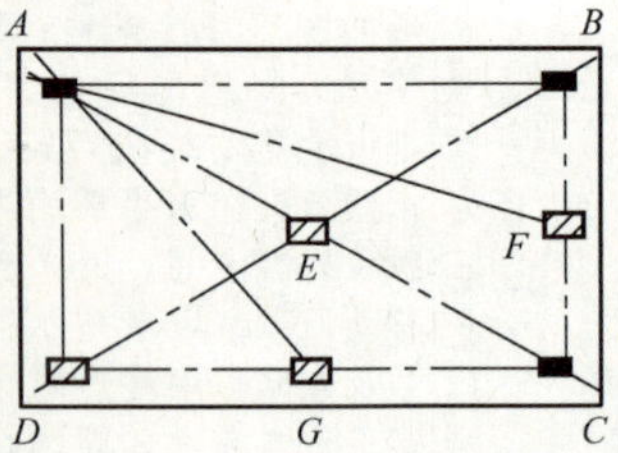 A B E F D G C	工作台面的平面度	0.08/全长	指示器、平尺、可调量块、等高块、精密水平仪	用平尺测量平面度的方法检测工作台面的平面度误差
G2	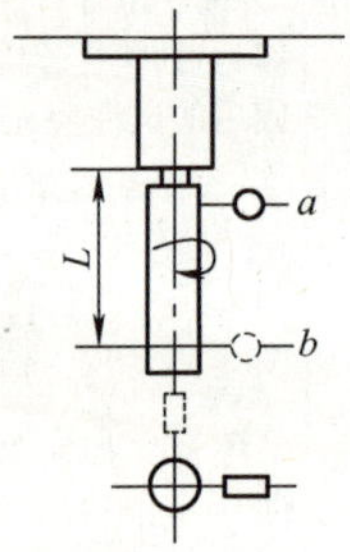 a L b	靠近主轴端部主轴锥孔轴线的径向圆跳动	0.01	检验棒、指示器	如图所示，将检验棒插在主轴锥孔内，指示器安装在机床固定部件上，指示器测头垂直触及被测表面，旋转主轴，记录指示器的最大读数差值，在 a、b 位置处分别测量。标记检验棒与主轴的圆周方向的相对位置，取下检验棒，同向分别旋转检验棒 90°、180°、270°、360°后重新插入主轴锥孔，在每个位置分别检测。取 4 次检测的平均值为主轴锥孔轴线的径向圆跳动误差
		距主轴端部 L（$L=100$）处主轴锥孔轴线的径向圆跳动	0.02		
G3	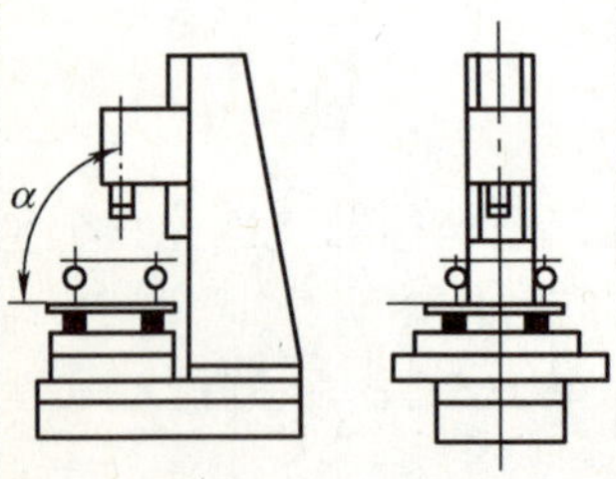 α	YZ 平面内主轴轴线对工作台面的垂直度	0.05/300（$\alpha \leqslant 90°$）	平尺、可调量块、指示器、专用表架	利用平面对直线垂直度的测量方法检测主轴轴线对工作台面的垂直度误差
		XZ 平面内主轴轴线对工作台面的垂直度			

（续）

序号	简　　图	检验项目	公差/mm	检验工具	检验方法
G4	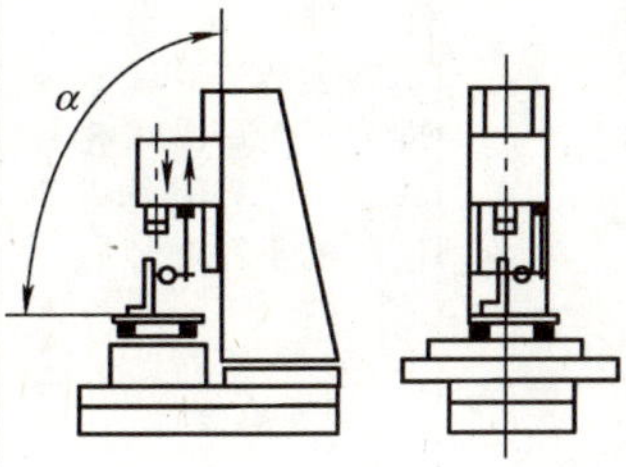	*YZ* 平面内主轴箱垂直移动对工作台面的垂直度	0.05/300（$\alpha \leqslant 90°$）	等高块、平尺、角尺、指示器	利用互成90°的两平面的垂直度的测量方法。如图所示，将等高块沿 *Y* 轴向放在工作台上，平尺置于等高块上，将角尺置于平尺上（在 *YZ* 平面内），指示器固定在主轴箱上，指示器测头垂直触及角尺，移动主轴箱，记录指示器读数及方向，其读数最大差值即为在 *YZ* 平面内主轴箱垂直移动对工作台面的垂直度误差；同理，将等高块、平尺、角尺置于 *XZ* 平面内重新测量一次，指示器读数最大差值即为在 *XZ* 平面内主轴箱垂直移动对工作台面的垂直度误差
		XZ 平面内主轴箱垂直移动对工作台面的垂直度	0.05/300		
G5	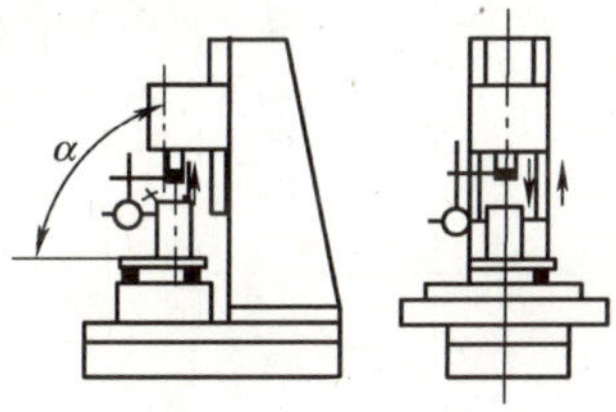	*YZ* 平面内主轴套筒垂直移动对工作台面的垂直度	0.05/300（$\alpha \leqslant 90°$）	等高块、平尺、角尺、指示器	利用互成90°的两平面的垂直度的测量方法。如图所示，将等高块沿 *Y* 轴方向放在工作台上，平尺置于等高块上，将圆柱角尺置于平尺上。并调整角尺位置使角尺轴线与主轴轴线同轴；指示器固定在主轴上，指示器测头在 *YZ* 平面内垂直触及角尺，移动主轴，记录指示器读数及方向，其读数最大差值即为在 *YZ* 平面内主轴垂直移动对工作台面的垂直度误差；同理，指示器测头在 *XZ* 平面内垂直触及角尺重新测量一次，指示器读数最大差值为在 *XZ* 平面内主轴方向垂直移动对工作台面的垂直度误差
		XZ 平面内主轴套筒垂直移动对工作台面的垂直度	0.05/300		
G6	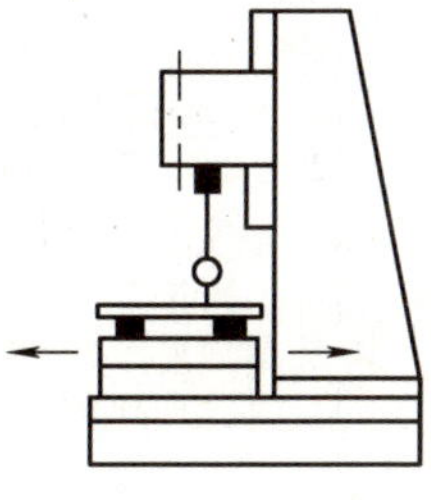	工作台 *X* 坐标轴方向移动对工作台面的平行度	0.056/全长	等高块、平尺、指示器	如图所示，将等高块沿 *Y* 轴方向放在工作台上，平尺置于等高块上，把指示器固定在主轴箱上，使指示器测头垂直触及平尺，*Y* 轴方向移动工作台，记录指示器读数，其读数最大差值即为工作台 *Y* 轴方向移动对工作台面的平行度；将等高块沿 *X* 轴方向放在工作台上，*X* 轴方向移动工作台，重复测量一次，其读数最大差值即为工作台 *X* 轴方向移动对工作台面的平行度
		工作台 *Y* 坐标轴方向移动对工作台面的平行度	0.04/全长		

（续）

序号	简　图	检验项目	公差/mm	检验工具	检验方法
G7	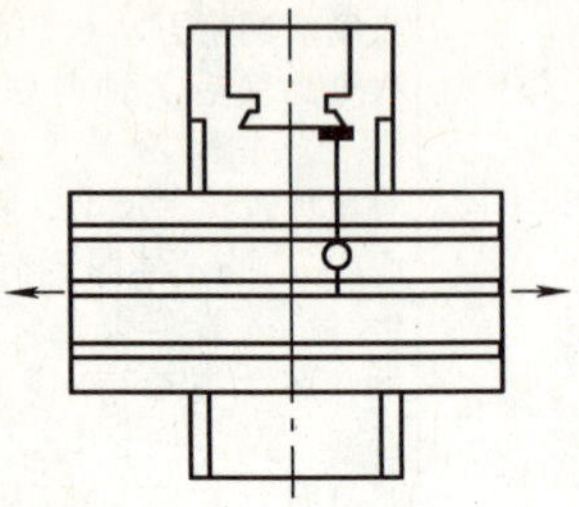	工作台沿 X 坐标轴方向移动对工作台面基准（T 形槽）的平行度	0.03/500	指示器、表架	如图所示，把指示器固定在主轴箱上，使指示器测头垂直触及基准（T 形槽），X 轴方向移动工作台，记录指示器读数，其读数最大差值即为工作台沿 X 坐标轴方向移动对工作台面基准（T 形槽）的平行度误差
G8	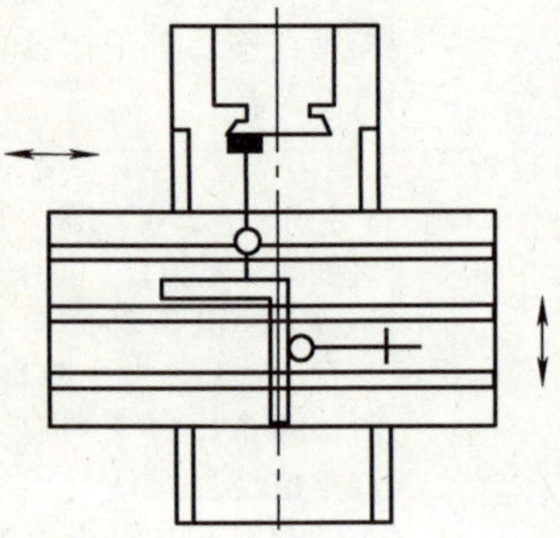	工作台 X 坐标轴方向移动对 Y 坐标轴方向移动的工作垂直度	0.04/500	角尺、指示器	如图所示，工作台处于行程中间位置，将角尺置于工作台上，把指示器固定在主轴箱上，使指示器测头垂直触及角尺（Y 轴方向），Y 轴方向移动工作台，调整角尺位置，使角尺的一个边与 Y 轴轴线平行，再将指示器测头垂直触及角尺另一边（X 轴同），X 轴方向移动工作台，记录指示器读数，其读数最大差值即为工作台 X 坐标轴方向移动对 Y 坐标轴方向移动的工作垂直度误差
G9	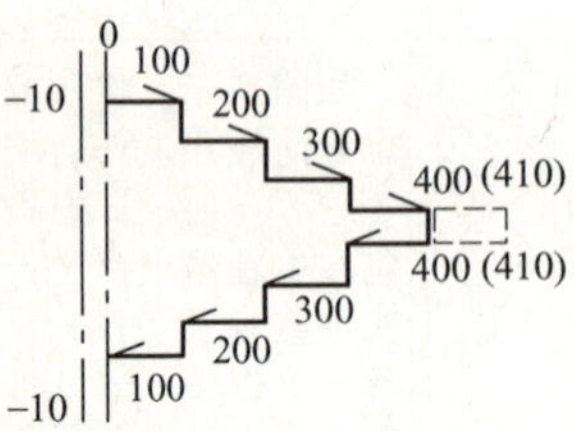 0 −10　100　200　300　400 (410) 400 (410)　300　200 −10　100	X 坐标轴直线运动的定位精度（A）	0.06	激光干涉仪（或专用检具）	以铣床 X 轴定位精度的测量为例。测量时，将步距规置于工作台上，并将步距规轴线与 X 轴轴线相平行，令 X 轴回零；将杠杆千分表固定在主轴箱上（不移动），表头接触在 P_0 点，表针置零；用程序控制工作台按标准循环图移动，移动距离依次为 100、200、…、P_i（400），表头则依次接触到 100、200、…、P_i（400）点，表盘在各点的读数则为该位置的单向位置偏差。按标准循环图测量 5 次，将各点读数（单向位置偏差）记录在记录表中
		X 坐标轴直线运动的重复定位精度（R）	0.03		
		X 坐标轴直线运动的反向差值（B）	0.03		

（续）

序号	简　图	检验项目	公差/mm	检验工具	检验方法
G10	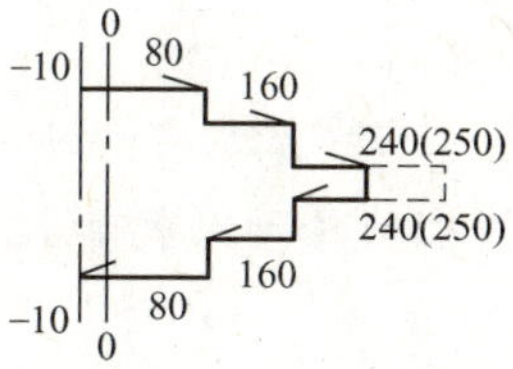	Y坐标轴直线运动的定位精度（A）	0.06	激光干涉仪（或专用检具）	同上
		Y坐标轴直线运动的重复定位精度（R）	0.03		
		Y坐标轴直线运动的反向差值（B）	0.03		
G11	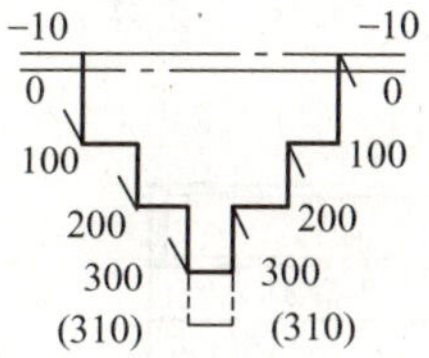	Z坐标轴直线运动的定位精度（A）	0.06	激光干涉仪（或专用检具）	同上
		Z坐标轴直线运动的重复定位精度（R）	0.03		
		Z坐标轴直线运动的反向差值（B）	0.03		
P1	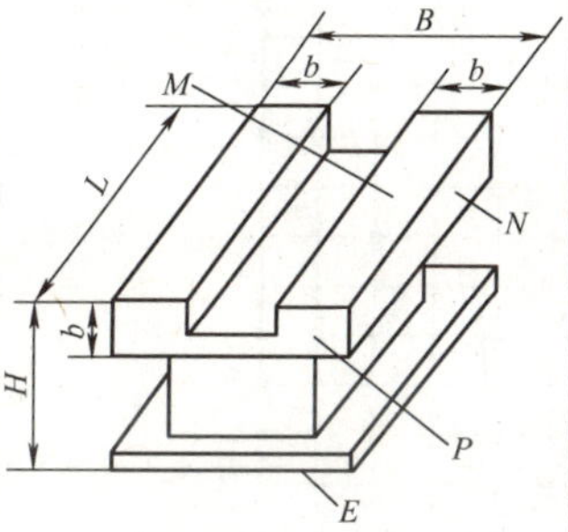	M面平面度	0.025	平尺、量块	M面平面度的检测，用平尺测量平面度的方法检测工作台面的平面度误差
		M面对加工基面E的平行度	0.030	千分尺、角尺	M面与加工基面的平行度的检测，按照平尺和指示器法测量
		N面对M面的垂直度	0.030/50	角尺、量块、平板	垂直度的检测参照互成90°的两平面的垂直度的测量方法
		P面对M面的垂直度			
		N面对P面的垂直度			
P2	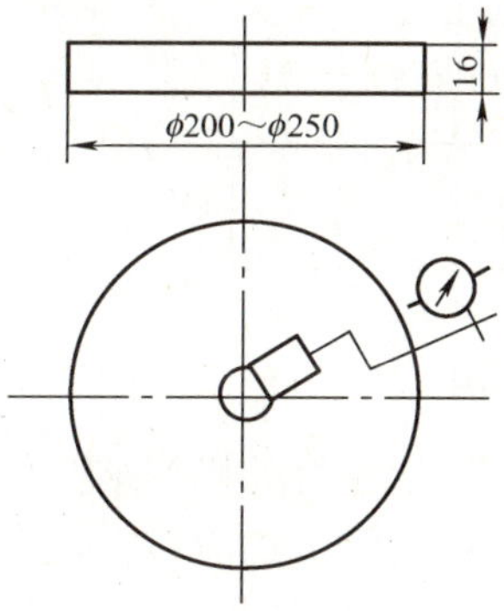	圆度	0.04	指示器、专用检具（或圆度仪）	在对试件的圆度进行检测前，要先用X、Y坐标轴的圆弧插补程序对圆周面进行精铣（刀具：ϕ25mm立铣刀），并检测其表面粗糙度。如图所示，将指示器固定在主轴上，使指示器测头垂直触及加工后的外圆面，转动主轴，微调工件的位置，使主轴轴线与工件圆心同轴，记录指示器读数，其最大差值即为圆度误差

注：1. 表中检测方法参照JB/T 8324.1—1996《简式数控卧式车床　精度》。

2. 在对有关项目进行检测前，先用自动程序加工各面（刀具为ϕ25mm立铣刀，试件材料为HT200），具体要求是：沿X轴方向对E面进行精铣，接刀处重叠约5～10mm；然后分别沿X、Y轴方向对M、Z、P面进行精铣。

三、定位精度检测

数控机床定位精度是指机床各坐标轴在数控装置控制下运动所能达到的位置精度。它可以理解为机床的运动精度，精度的大小取决于数控系统和机械传动系统的综合误差，它将直接反映加工工件所能达到的精度。

1. 影响数控机床定位精度检验的主要因素

提示： 影响定位精度的主要环节是机床的进给系统，其中包括机械传动结构和控制电路系统两部分。

数控机床进给系统的结构对定位精度的影响与设计中采用的随动装置的类型有关，开环系统、闭环系统和半闭环系统的影响因素各不相同，如图 5-46 所示。例如在闭环系统中，由于有位移检测装置，免除了丝杠螺母副精度对定位精度的影响，而在开环系统中则有较大影响等。

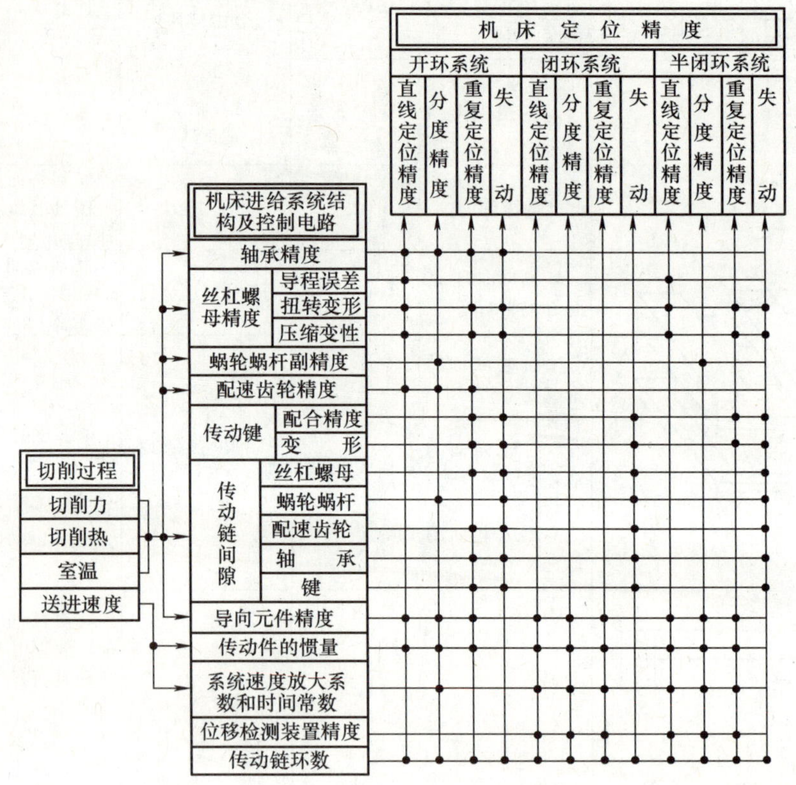

图 5-46　机床进给系统结构对定位精度的影响

此外，影响数控机床随动精度的因素可以分成两大部分，即进给系统的机械结构部分及控制电路部分。数控机床的几何精度、定位精度、随动精度以及加工精度均应该在依据工作区而确定的检验区内进行检验。

2. 数控机床定位精度检验项目

数控机床定位精度检验项目主要有：直线定位精度、分度定位精度、失动量、重复定位精度、零点定位精度和脉冲步距精度等。

> **提示：** 定位精度检验项目应根据数控机床类型而选择，比如在某些数控机床中，没有回转工作台，或其旋转运动时，无需检验分度定位精度。

（1）对数控机床进行直线定位精度检验的方法和步骤

1）直线运动定位精度。是在空载条件下测量的。测量仪器为激光干涉仪，对于一般用户也可采用标准刻度尺，配以光学读数显微镜进行比较测量。

其测量方法如图 5-47 所示。按照标准规定：任意 300mm 测量长度上的定位精度，普通级是 0.02mm，精密级是 0.01mm。

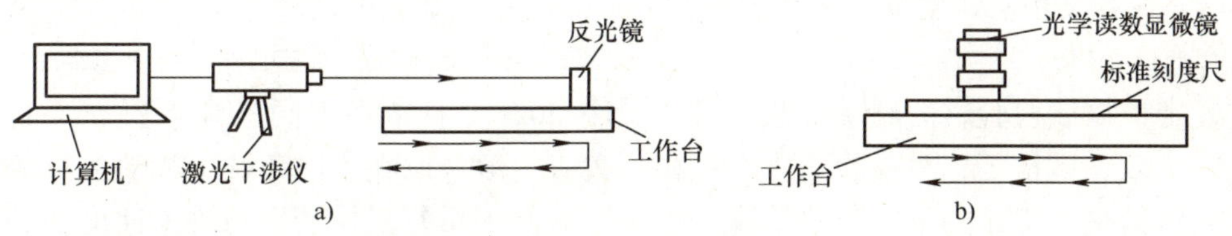

图 5-47　机床直线运动精度检测

a）激光测量　b）标准尺比较测量

2）直线运动重复定位精度。重复定位精度是反映轴运动稳定性的一个基本指标，决定加工工件质量的稳定性和误差的一致性。重复定位精度普通级为 0.016mm，精密级为 0.010mm。

具体步骤：

① 在行程全长上选若干测量点，一般行程在 500mm 以下的，每 50mm 为一测量点。行程在 500mm 以上者，每 100mm 为一测量点。若行程很长，则测量点的间隔可以取得更大一些，因此间隔范围可在 50～200mm 之间选取。

② 以不同的进给速度移动工作台，测量各测量点的精度，而后综合各测量点的误差范围即可评价该机床的直线定位精度。

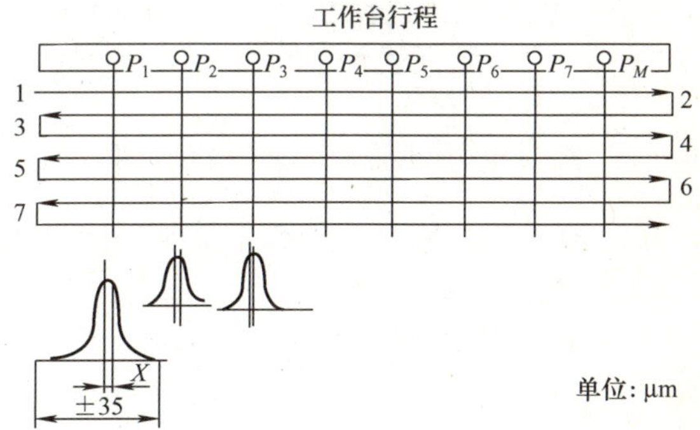

图 5-48　双向移动图

测量时有两种移动方式：

单向移动式：这种方式在测量中不包括“失动”项目。

双向移动式：这种方式在测量中包括了“失动”产生的影响，如图 5-48 所示。

测量中重复次数越多时，则测量精度越高（比较准确）。但通常最多不超过 7 次（按美国机床制造商协会标准规定为 7 次），因为次数过多，工作量太大。

一般数控机床的直线定位精度在 ±0.015～0.02mm 范围内。

（2）数控机床分度精度测量　分度精度就是带回转运动工作台的数控机床的回转运动

的定位精度，其检验方法与直线定位精度的检验方法相同。

一般数控机床的分度精度为 ±20″，对于特殊固定角度的转台为 ±5″。测量点的选择可以选 5°～30°，也可以选取特殊角 15°、30°、45°、60°、75°、90°、…、360°，视机床实际工作情况的要求而定。

（3）数控机床重复定位精度的测量　重复定位精度是指对某一测量点的多次重复测量的结果，如图 5-49 所示。对测量点进行 N 次反复测定，记录其实测值，与给定值比较后，得出每次测量的误差值 X_0，求出误差平均值 X_c 与均方根差值 σ，则 $X_c \pm 3\sigma$ 便是该测量点的重复定位精度。同样，重复定位精度也有直线和回转运动两类。重复定位精度可以说明精度的稳定性，是一项与定位精度同样重要的指标。

提示： 一般数控机床重复定位精度为 ±0.01mm 或 ±10″。

重复定位精度检验时的测量次数一般为 25～50，并且应在不同条件下检查，如变化进给速度、负载、质量等，故检验的工作量相当大。一般选取在不同条件下检验的重复定位精度的最大值为整个机床的重复定位精度。也可以分析出重复定位精度与进给速度的关系，以便选择。

（4）数控机床失动误差的测量　失动误差是在工作台进行反向移动时测量的。如图 5-50 所示，先将工作台向右移动，用单个脉冲（点动）控制，可用千分表指出其移动量之后将运动反向，如果系统有失动误差，则此时虽然已发出单个脉冲指令，而工作台并不产生反向移动的反应，只是到某一个脉冲时，工作台才有开始移动的反应。

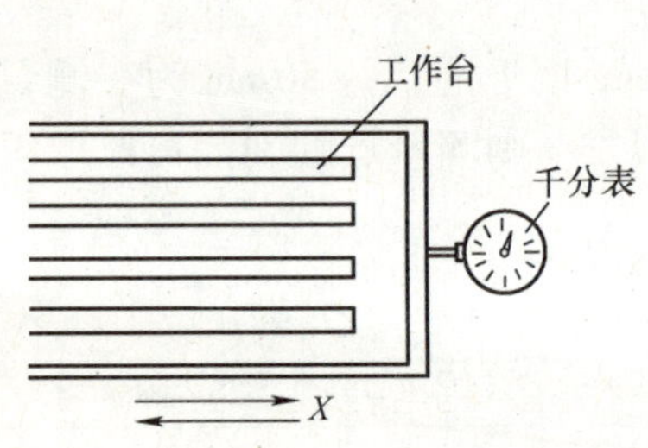

图 5-49　重复定位精度测量方法图

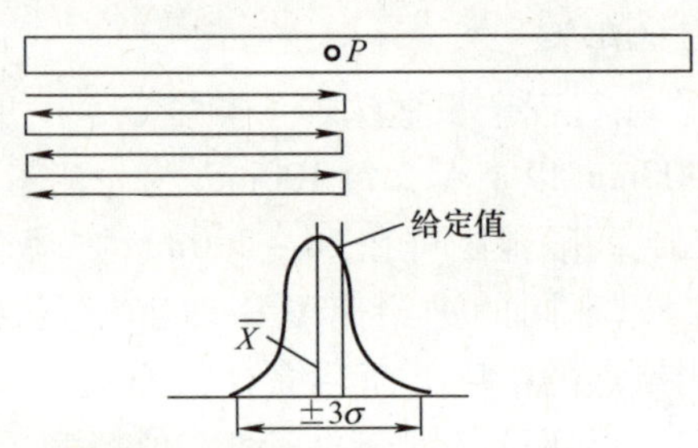

图 5-50　失动量误差测量方法图

记录下工作台在反向到几个脉冲才开始响应的，用脉冲数乘以脉冲当量，即可得出“死区”范围。

提示： 一般数控机床的失动量为 0.01mm 或 ±10″。

失动量的测定实际上是在测量定位精度时，若采用往复移动工作台（或回转工作台）来测量，由于这种情况下有反向运动，故给定值与实际值之间的差值就包含了失动量误差。若将双面测量的结果分别处理，则可得正向运动时各测量点的误差平均值 $X_{1(正)}$，以及反向运动时的各测量点的误差平均值 $X_{1(反)}$，将这两个平均值相乘得到的差值即为失动量。

图 5-51 所示为定位误差与失动量之间的关系，采用精度曲线法之一来测量定位精度时，

可分别画出正向及反向的精度曲线，很清楚地就可看出失动量的位置。从图 5-52 也同样可以很明显地看出失动量。

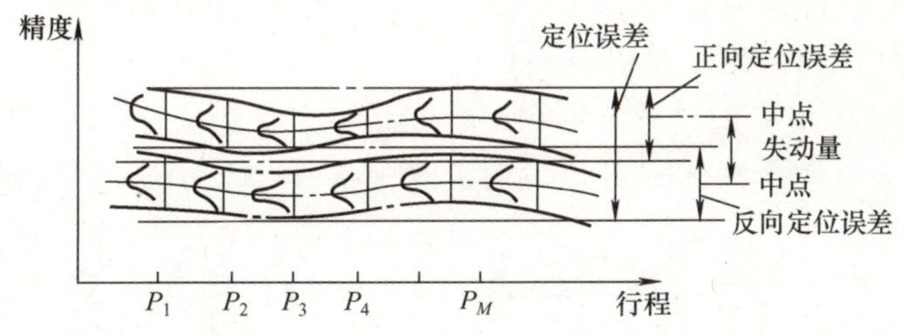

图 5-51　定位误差与失动量关系图

如图 5-53 所示，用分配曲线法测量失动量，可知其总的分配曲线是由两个分配曲线叠加而成的，失动量就是两个分配曲线中心之间的距离。

在数控机床精度检验中，如果要分析精度情况，应该测出其失动量；作为机床出厂标准，在定位精度中应包含失动量；不过此时的定位精度一定要求是要两个方向往复运动的测量值，否则将不够精确。

如图 5-53 所示，两个方向的曲线分别为正向定位误差分配曲线与反向定位误差分配曲线。

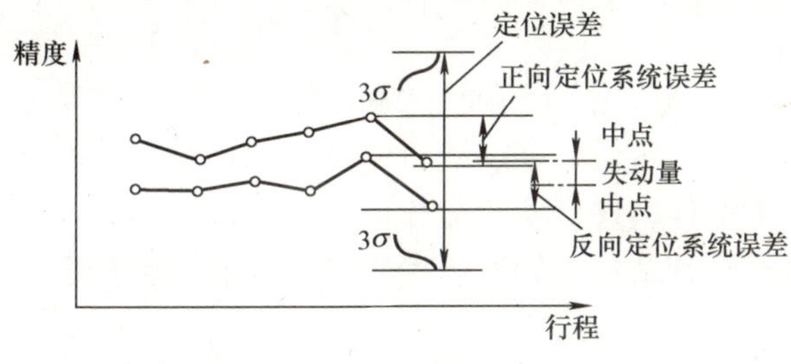

图 5-52　失动量测量图

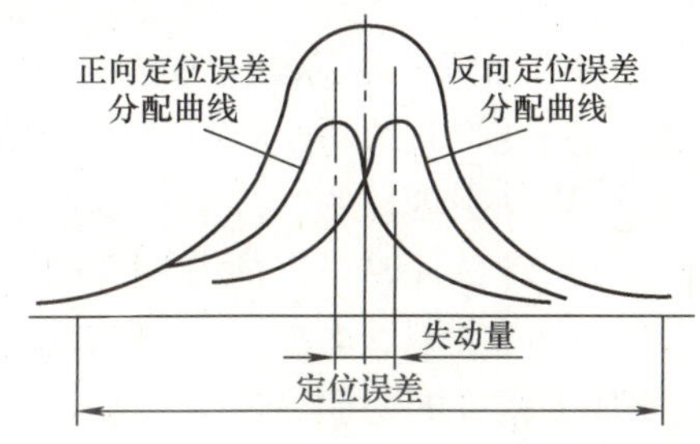

图 5-53　分配曲线测量失动量图

（5）数控机床的零点复原精度的测量方法　由于数控机床的坐标原点（通常也称为原点）即为零点，每次加工完毕后，机床各项运动都归回零点，因此下一次加工时，也总是由零点开始运动的。这样，对编程来说就有了一个基准点。而当批量生产时，零点的复原精度将会影响刀具与工件的相对位置。零点复原精度测定是由 5 ~7 个不同位置，以快速进给进行试验，检测和记录其定位精度，并对记录下的数据进行处理。

（6）数控机床的脉冲步距精度的测量　数控机床在早期产品中，以及在经济型的数控机床中都存在着步进系统。对这种伺服系统中的步距精度测量就是测量脉冲步距误差的大小。

由于步进电动机存在着步距误差，因此将点动脉冲数选得比步进电动机转一周的步距数还多，看是否有周期变化，如果恰好与步进电动机转一周的步距数成周期变化，就知道是步进电动机步距精度的影响，如果步距精度正好和丝杠转一周的步距数成周期变化，则知道是滚珠丝杠内螺距精度的影响，所以脉冲步距精度是测量进给系统作少量移动的精度。为了能测定全行程的脉冲步距精度，故应在行程两端及中央等处进行测量。

(7) 数控机床定位误差测量应注意的问题　由于数控机床的定位误差是多方面因素造成的，有时是因滚珠丝杠和齿轮传动造成的周期性误差，有时是热变形造成的非周期性误差，因此进行定位精度测量时，若选择的测量点正好与误差的周期一致，则周期误差有可能测量不出来，这时所测得的定位精度就不正确。

提示：在全行程上选择测量点时，最好不用等距位置，而应是变距甚至是随机的位置。

四、切削加工精度检测

数控机床切削加工精度检验又称动态精度检验，是在切削加工条件下，对机床几何精度和定位精度的一项综合考核。

提示：切削加工精度检验可分单项加工精度检验和加工一个标准的综合性试件精度检验两种。

切削加工精度不仅反映了机床的几何和定位精度，同时还包括了试件的材料、环境温度、刀具性能以及切削条件等各种因素造成的误差，故在加工过程中应尽量减小这些因素的影响。

1. 切削加工精度的检验方法

加工精度检验项目是数控机床产品出厂时，必须进行的项目之一。检验方法通常是通过切削特殊试件来进行的。加工精度可以反映机床的定位精度、随机精度和几何精度等的综合精度。在设计试件时，应能分别反映出误差则更佳，这样便于分析误差因素。

对于不同类型的数控系统，其检验项目将随其功能而异。下面以轮廓控制型数控系统为例说明加工精度的检验方法。

如图 5-54 所示，对于连续轮廓控制系统的数控机床，进行加工精度检验时，试件由多种几何体组成。

最上层是正菱形几何体，通过这一几何形体可以检验两坐标联动时，刀具移动形成的轨迹，得出直线位置精度结果，如平行度、垂直度、直线度等。此外，它还可以检查超程和欠程，如图 5-55 所示。

第二层是一个圆，通过这一几何形体可检验出机床的圆度（通过测量圆周和中心孔之间的距离）。

第三层是一个正方形，它是两个坐标交替运动所形成的，通过它可以检查平行度、垂直度和直线度等，同时也可以检查超程与欠程。正方形的四角有 4 个孔，通过它可以检查孔间距离以及孔的圆度（即孔直径变化量）。

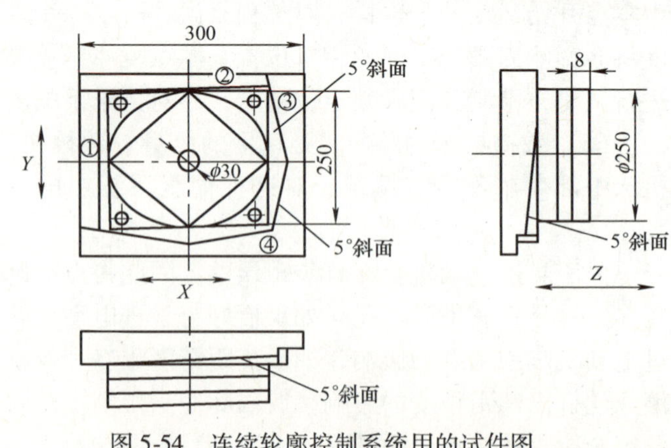

图 5-54　连续轮廓控制系统用的试件图

第四层是小角度与小斜率面，面①是由 Y、Z 两个坐标形成的 5°斜面；面②是由 X、Z 两坐标形成的 5°斜面；面③是由 X、Y 两坐标形成的两个 5°斜面，其中 X 有反向面；面④是由 X、Y 两坐标所形成的两个 5°斜面，其中 Y 有反向面。小角度的切削是由两个坐标同时运动而形成的。但其特点是一个坐标进给很快，而另一个坐标进给却很慢，条件比较严格。

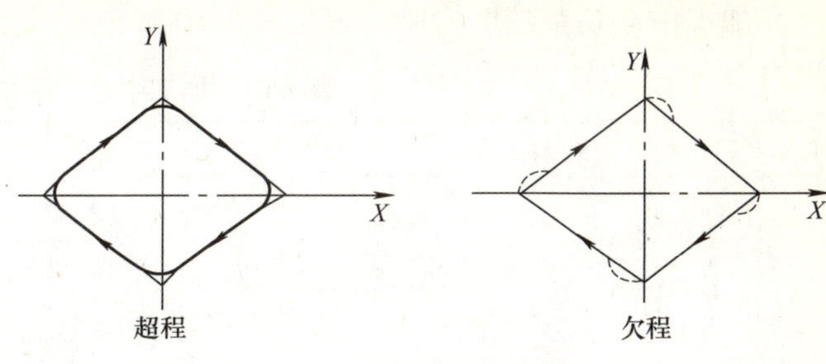

图 5-55　超程、欠程检测图

通过它可以检查平面度、斜度及定位精度中的周期误差。由于一个坐标运动极慢，有时甚至是单脉冲，故可以检验和考验工作台的灵敏度及可靠性，以及受力变形造成的失动量、脉冲步距误差等。

试件一般采用铝合金或铸铁，主要是因其切削性能较好。当然采用钢件也可以，但切削起来比较费劲，造成其他（非主要因素）因素影响较大，误差分析比较困难。

2. 举例说明

以下举出一个连续控制系统数控镗铣床检验加工精度的例子，其检验项目、公差以及加工样件的简图，见表 5-9。

表 5-9　连续轮廓控制系统数控镗铣床加工精度检验项目表

序号	检验项目	公差/mm	
1	平面度	0.02/（300×300）	接刀 300
2	接刀台阶	0.015	
3	平行度	0.02/200	
4	垂直度	0.02/200	
5	直线度	0.01/200	
6	圆度	0.06	
7	小角度切削偏差	0.06/300	5°
8	孔间距	0.025/200	
9	孔径偏差	0.02/ϕ30	

加工中心切削精度检验内容见表5-10。

表5-10 加工中心切削精度检验表

序号	检测内容		检测方法	公差/mm	实测误差
1	镗孔精度	圆度	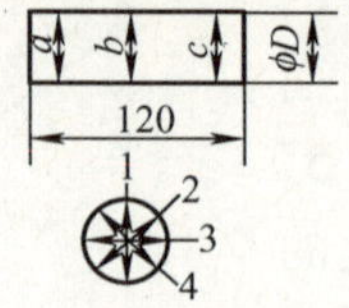 a b c φD 120 1 2 3 4	0. 01	
		圆柱度		0. 01/100	
2	端铣刀铣平面精度	平面度	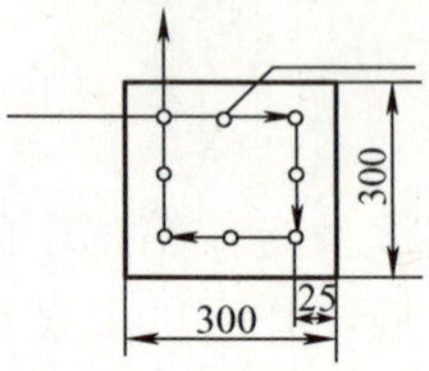 300 300 25	0. 01	
3	端铣刀铣侧面精度	垂直度	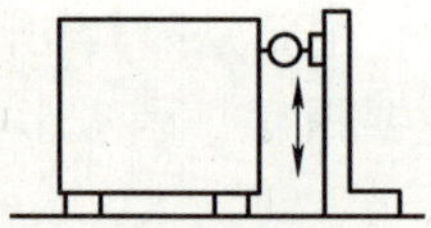	0. 02/300	
		平行度		0. 02/300	
4	镗孔孔距精度	X轴方向	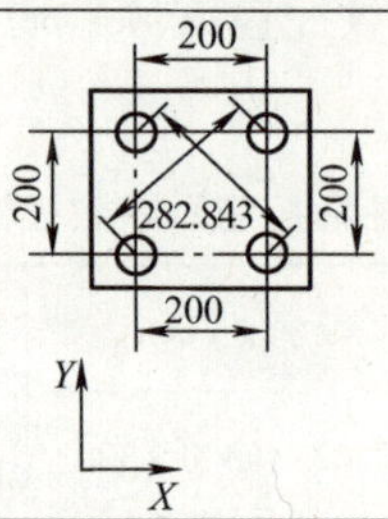 200 200 200 282.843 200 Y X	0. 02	
		Y轴方向			
		对角线方向		0. 03	
		孔径偏差		0. 01	
5	立铣刀铣削四周面精度	直线度	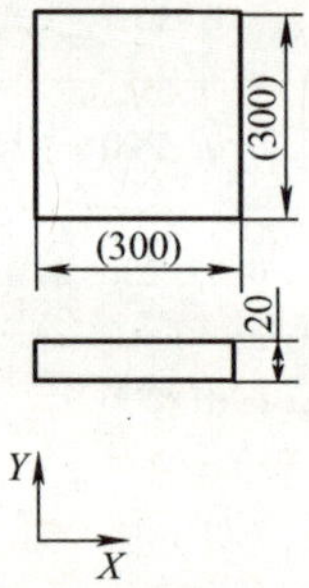 (300) (300) 20 Y X	0. 01/300	
		平行度		0. 02/300	
		轮廓度		0. 03	
		垂直度		0. 02/300	
6	两轴联动铣削直线精度	直线度	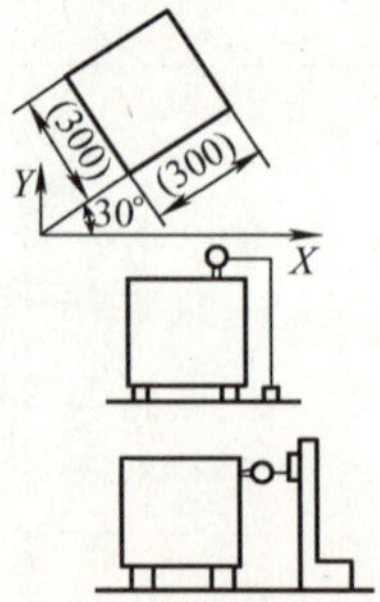 (300) (300) Y 30° X	0. 015/300	
		平行度		0. 03/300	
		垂直度		0. 03/300	

（续）

序号	检测内容		检测方法	公差/mm	实测误差
7	立铣刀铣削圆弧精度		Y X ϕ250 20	0.02	

【知识拓展】　数控车床几何精度的测量实验

一、实验目的与要求

1）熟悉数控车床几何精度、工作精度的检测项目及标准要求。

2）掌握数控车床几何精度、工作精度的检测方法。

二、实验仪器与设备

1）CJK6032-1 型数控车床一台。

2）平尺（400mm，0 级；1000mm，0 级）两只。

3）方尺（400mm × 400mm × 40mm，0 级）一只。

4）直检棒（ϕ80mm × 500mm）一只。

5）莫氏锥度检验棒（No. 5 × 300mm，No. 3 × 300mm）两只。

6）顶尖两个（莫氏 5 号，莫氏 3 号）。

7）百分表两只。

8）磁性表座两只。

9）水平仪（200mm，0.02/1000）一只。

10）等高块三只。

11）可调量块两只。

12）指示器两只。

三、数控车床的精度要求

根据数控车床加工的特点和使用范围，要求其加工的零件外圆圆度和圆柱度、加工平面的平面度在要求的公差范围内；对定位精度和重复定位精度也要达到一定的精度等级，以保证被加工零件的尺寸精度和形状公差。因此，数控车床的每个部件均有相应的精度要求，CJK6032-1 型数控车床的具体精度要求见表 5-11。

四、实验内容

1. 准备工作

机床检验前，必须将机床安装在适当的基础上，并将机床调平。其目的是为了获得机床良好的静态稳定性。

温度状态：因为主轴运转时的发热将会引起机床位置和形状的变化，故应将机床空转一段时间使机床达到稳定的温度，以尽可能在正常温升状态下检测、评定机床的精度。

2. 几何精度检验

数控车床的几何精度检验按表 5-11 所列的项目和方法进行，检验对象为 CJK6032-1 型数控车床（检验次序可不按检验项目的顺序进行）。检验后，记录检验结果，填入表5-11中。

表5-11　CJK6032-1型数控车床几何精度检验

机床型号	机床编号	环境温度	检　验　人	实验日期

<table>
<tr><th>序号</th><th colspan="2">检验项目</th><th>公差/mm</th><th>检验工具</th><th>实测值/mm</th></tr>
<tr><td rowspan="2">G1</td><td rowspan="2">导轨调平</td><td>① 床身导轨在垂直平面内的直线度</td><td>0.020（凸）</td><td></td><td></td></tr>
<tr><td>② 床身导轨在水平平面内的平行度</td><td>0.04/1000</td><td></td><td></td></tr>
<tr><td>G2</td><td colspan="2">溜板移动在水平面内的直线度</td><td>$D_c \leqslant 500$ 时，0.015；
$500 < D_c \leqslant 1000$ 时，
0.02</td><td></td><td></td></tr>
<tr><td rowspan="2">G3</td><td colspan="2">① 垂直平面内尾座移动对溜板移动的平行度</td><td rowspan="2">$D_c \leqslant 1500$ 时，0.03；
在任意500mm测量
长度上为0.02</td><td></td><td></td></tr>
<tr><td colspan="2">② 水平平面内尾座移动对溜板移动的平行度</td><td></td><td></td></tr>
<tr><td rowspan="2">G4</td><td colspan="2">① 主轴的轴向窜动</td><td>0.010</td><td></td><td></td></tr>
<tr><td colspan="2">② 主轴轴肩支承面的跳动</td><td>0.020</td><td></td><td></td></tr>
<tr><td>G5</td><td colspan="2">主轴定心轴颈的径向跳动</td><td>0.01</td><td></td><td></td></tr>
<tr><td rowspan="2">G6</td><td colspan="2">① 靠近主轴端面主轴锥孔轴线的径向圆跳动</td><td>0.01</td><td></td><td></td></tr>
<tr><td colspan="2">② 距主轴端面 L（$L=300$mm）处主轴锥孔轴线的径向跳动</td><td>0.02</td><td></td><td></td></tr>
<tr><td rowspan="2">G7</td><td colspan="2">① 垂直平面内主轴轴线对溜板移动的平行度</td><td rowspan="2">0.02/300
（只许向上向前偏）</td><td></td><td></td></tr>
<tr><td colspan="2">② 水平平面内主轴轴线对溜板移动的平行度</td><td></td><td></td></tr>
<tr><td>G8</td><td colspan="2">主轴顶尖的跳动</td><td>0.015</td><td></td><td></td></tr>
<tr><td rowspan="2">G9</td><td colspan="2">① 垂直平面内尾座套筒轴线对溜板移动的平行度</td><td>0.015/100
（只许向上向前偏）</td><td></td><td></td></tr>
<tr><td colspan="2">② 水平平面内尾座套筒轴线对溜板移动的平行度</td><td>0.01/100
（只许向上向前偏）</td><td></td><td></td></tr>
<tr><td rowspan="2">G10</td><td colspan="2">① 垂直平面内尾座套筒锥孔轴线对溜板移动的平行度</td><td rowspan="2">0.03/300
（只许向上向前偏）</td><td></td><td></td></tr>
<tr><td colspan="2">② 水平平面内尾座套筒锥孔轴线对溜板移动的平行度</td><td></td><td></td></tr>
<tr><td>G11</td><td colspan="2">床头和尾座两顶尖的等高度</td><td>0.04（只许尾座高）</td><td></td><td></td></tr>
<tr><td>G12</td><td colspan="2">横刀架横向移动对主轴轴线的垂直度</td><td>0.02/300（$\alpha > 90°$）</td><td></td><td></td></tr>
<tr><td rowspan="2">G18</td><td colspan="2">① X 轴方向回转刀架转位的重复定位精度</td><td>0.005</td><td></td><td></td></tr>
<tr><td colspan="2">② Z 轴方向回转刀架转位的重复定位精度</td><td>0.01</td><td></td><td></td></tr>
<tr><td rowspan="2">P1</td><td colspan="2">① 精车圆柱试件的圆度</td><td>0.005</td><td></td><td></td></tr>
<tr><td colspan="2">② 精车圆柱试件的圆柱度</td><td>0.03/300</td><td></td><td></td></tr>
<tr><td>P2</td><td colspan="2">精车端面的平面度</td><td>直径为300mm时，
0.025（只许凹）</td><td></td><td></td></tr>
<tr><td>P3</td><td colspan="2">螺距精度</td><td>任意50mm测量
长度上为0.025</td><td></td><td></td></tr>
<tr><td rowspan="2">P4</td><td colspan="2">① 精车圆柱形零件的直径尺寸精度（直径尺寸差）</td><td>±0.025</td><td></td><td></td></tr>
<tr><td colspan="2">② 精车圆柱形零件的长度尺寸精度</td><td>±0.035</td><td></td><td></td></tr>
</table>

3. 工作精度的检验

按表5-7所列的工作精度检验项目和方法加工试切件，并按表5-7中提供的检验方法进行检验，记录检验结果，填入表5-11中。

五、实验总结

本次实验介绍了常用几何误差的概念和基本检验方法，并且以CJK6032-1型数控车床为例，介绍了它的基本结构、精度检测项目、标准要求和精度检验方法。机床是机械加工的工作母机，其所有结构、精度要求的目的均是为了保证被加工零件的精度。因此，在完成本实验，达到实验目的的基础上，应进一步分析每一项几何精度的检验项目对机床工作精度造成的影响。

六、实验报告

1）整理并记录实验数据根据表5-7所列检验项目（导轨在垂直平面内的直线度）的检验方法，将检验结果记录在表5-12中。

表5-12　数控车床导轨在垂直平面内的直线度

位置	1	2	3	4	5
水平仪读数					

2）绘制导轨在垂直平面内的直线度误差曲线。

3）计算导轨在垂直平面内的直线度误差。

4）完成表5-11、表5-12。

5）试分析数控车床“主轴轴线对溜板移动的平行度”的误差对精车外圆圆柱度误差的影响。

6）试分析数控车床“横刀架横向移动对主轴轴线的垂直度”误差对精车端面的平面度误差的影响。

【单元小结】

本单元主要讲解了合像水平仪测量导轨直线度的方法步骤，用电动轮廓仪测量表面粗糙度值的方法；测量的定义和特性、方法以及测量误差与数据处理的方法。同时介绍了万能工具显微镜、表面粗糙度测量仪、轮廓投影仪、圆度仪、激光干涉仪等测量仪器的结构和使用方法。讲解了三坐标测量机的结构和组成及工作原理以及应用三坐标测量机测量面轮廓度误差和位置公差。介绍了游标卡尺、高度游标卡尺、深度游标卡尺、外径千分尺、内径千分尺、深度千分尺、百分表的结构及使用方法。介绍了数控机床精度的种类，数控车床和镗铣床的几何精度、切削精度检验项目及方法，以及重复定位精度的检验方法。

【单元训练】

一、填空题

1. 三坐标测量机的测头有：________、________、________。

2. 数控机床的静态和动态精度主要包括三个方面：________、________、________（跟随或伺服）精度。

3. 数控机床几何精度包括三种：

（1）________：指工作台表面的平面度、导轨的直线度等。

（2）________：主轴的径向圆跳动、轴向窜动等。

（3）________：平行度、垂直度、同轴度、不相交度等（主要是空间精度方面）。

4. 影响数控机床几何精度的因素可分为两大部分：________、________。

5. 影响定位精度的主要环节是机床的进给系统，其中包括________和________两部分。

6. 数控机床定位精度检验项目主要有：________定位精度、________定位精度、________、________定位精度、________定位精度和________精度等。

二、简答题

1. 什么是测量？测量的方法有哪些？

2. 什么是测量误差？分哪些种类？

3. 测量数据怎样处理？

4. 说明游标卡尺、高度游标卡尺、深度游标卡尺、外径千分尺、内径千分尺、深度千分尺、百分表的结构及使用方法。

5. 说明万能工具显微镜、表面粗糙度测量仪、轮廓投影仪、圆度仪、激光干涉仪等测量仪器的结构以及使用方法。

6. 说明三坐标测量机的结构和组成及其工作原理。怎样用三坐标测量机测量面轮廓度误差？

7. 三坐标测量机的测量系统分哪几种？

8. 直线度、平面度、平行度、垂直度误差怎样测量？

9. 数控机床精度检验项目有哪些？

10. 数控机床精度检验常用的方法有哪些？

11. 举例说明数控车床和铣床的几何精度检验项目及方法。

12. 数控机床直线运动定位精度和重复直线运动定位精度怎样测量？

13. 怎样检测切削加工精度？

单元六　检测技术的应用

课题一　检测技术基础

【教学目标】

1）知识目标：了解检测的基本概念及检测装置的基本特性。掌握检测系统的组成及检测的基本方法。

2）能力目标：能根据被检测物体的要求和特性，合理选择检测装置。

【教学重点和难点】

教学重点：掌握检测系统的组成和基本特性。

教学难点：检测装置的基本方法和特性。

【课题导入】

在机械制造行业中，通过对机床的许多静态、动态参数如工件的加工精度 、床身振动等进行在线检测，从而控制加工质量。在化工、电力等行业中，如果不随时对生产工艺过程中的温度、压力、流量等参数进行自动检测，生产过程就无法控制甚至会产生危险。在交通领域，一辆现代化汽车装备的传感器就有十几种，分别用以检测车速、方位、转矩、振动、油压、油量、温度等。在国防科研中，检测技术用得更多，许多尖端的检测技术都是因国防工业需要而发展起来的。例如，研究飞机的强度，就要在机身、机翼上贴上几百片应变片并进行动态测量。在导弹、卫星的研制中，检测技术就更为重要，必须对它们的每个构件进行强度和动态特性的测试。随着自动控制理论、计算机技术的迅速发展，检测技术已应用到生产和生活的各个领域。

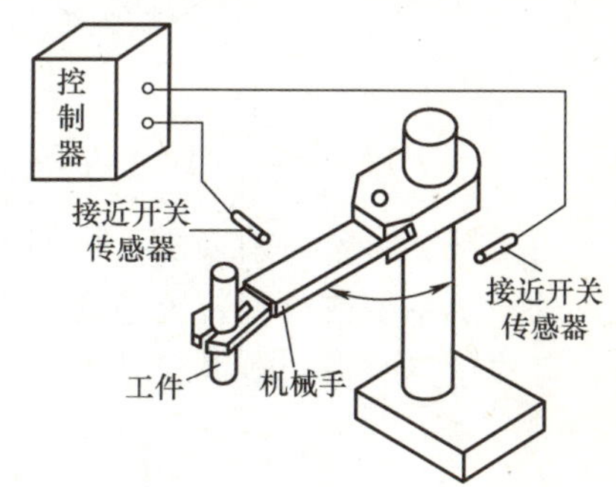

图 6-1　机械手运动限位的控制示意图

在自动化生产线中使用着各种各样的机械手，它们不停地从事着搬运工件的工作。为保证机械手抓取及放置工件的准确性，往往采用接近开关传感器的方法对它们的运动定位。图 6-1 所示为机械手运动限位的控制示意图。传感器分别设置在机械手需要限位的位置，当机械手臂左右靠近接近开关传感器时，传感器感知到机械手臂的接近，并在达到规定的检出距离时输出控制信号，经执行机构使机械手停止运行或反方向退回。

【知识储备】

检测是指含有检查、测量等比较宽广意义的测量，是利用各种物理效应和被测量的物理性质，选择合适的方法与手段，将人类的生产、科研、生活等活动中的有关信息，通过检验与测量的方法赋予定性或定量结果的过程。检测要借助于检测装置，并需通过合适的实验方法和必要的数学处理。通常所讲的检测是指使用专门的工具，通过实验比较和计算等手段，找出被测参数的量值或判定被测参数的有无。能够自动地完成这一处理过程的技术称为自动检测。对生产过程和运动对象实施定性检查和定量测量的技术称为工程检测技术。

检测技术是研究如何获取被测参数信息的一门科学，涉及数学、物理学、化学、生物学、材料学、机械学、电子学、信息学和计算机科学等很多学科。

一、检测的方法

（1）按测量手段分　直接测量、间接测量、综合测量。

（2）按测量方式分　偏差式测量、零位式测量、微差式测量。

（3）按传感器与被测对象是否直接接触分　接触式测量、非接触式测量。

（4）根据对象变化的特点分　静态测量、动态测量。

二、检测系统的组成

目前，越来越多的检测系统与计算机、执行机构配合组成自动控制与监视系统，完成某些生产过程控制。其典型实例如图 6-2 所示，工件的直径参数经传感器快速检测，经信号处理电路送入计算机，计算机对该参数进行一系列的运算、比较、判断、发出控制信号，送至研磨盘控制器，控制研磨盘的水平运动，完成工件的加工，同时将有关参数送到显示器显示出来。

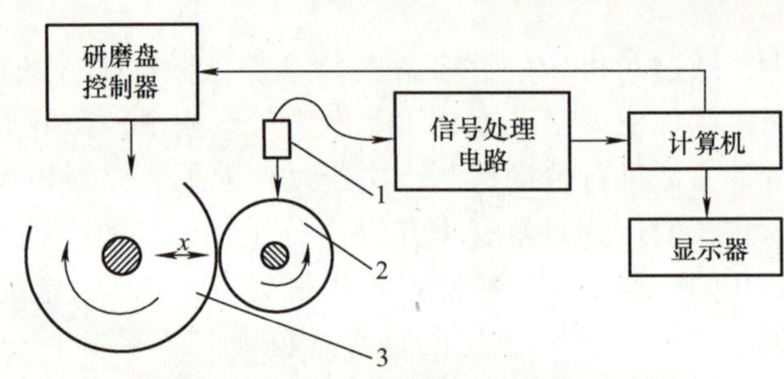

图 6-2　工业检测控制系统

1—传感器　2—被研磨工件　3—研磨盘

由于被测对象复杂多样，检测方法和检测技术的结构也不尽相同。根据实例可知，一个完整的检测系统或检测装置通常是由传感器、测量电路和显示记录装置等部分组成的，通过它们完成信息获得、转换、处理和显示。自动检测系统的组成如图 6-3 所示。

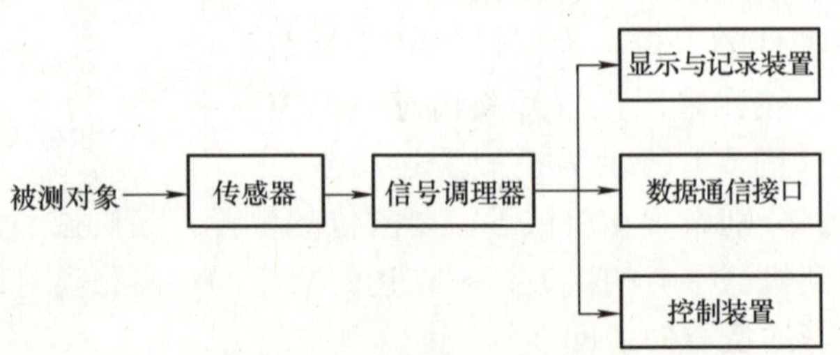

图 6-3　自动检测系统的组成

1. 传感器

提示：传感器处于被测对象与测试系统的接口位置，是一个信号变换器，是检测系统的重要组成部件。

它直接从被测对象中提取被测量的信息，感受其变化并变换成便于测量的其他量。例如，将速度变换成电压，将应变变换成电阻，将流量变换成压力等。

2. 信号调理器

信号调理器又称中间转换器，它的作用是将传感器的输出信号进行放大、转换和传输等，使其适合于显示、记录、数据处理或控制。例如测量电桥、滤波器、放大器、V/F 变换器、V/I 变换器、交流/直流变换器等。

3. 输出环节

输出环节包含显示和打印记录装置、数据通信接口和控制执行器装置等，从而使检测系统不仅用于检测，还能完成控制和保护操作等功能。

三、检测装置的基本特性

我们所称的检测装置，有时是指由众多环节组成的复杂的检测装置，有时是指检测装置的各组成环节，例如传感器、放大器、各种中间变换器、记录器、甚至一个简单的 RC 滤波单元等，我们也常将“装置”称为“系统”。

当被测量不随时间变化或变化缓慢时，输出量 Y 和输入量 X 之间的关系称为检测装置的静态特性，可以用代数方程表示。当被测量随时间迅速变化时，输出量 Y 和输入量 X 之间的关系称为检测装置的动态特性。

1. 检测装置的静态特性

检测装置处于静态情况下，它的输入量 X 和输出量 Y 都与时间无关。若以 X 为横坐标，Y 为纵坐标，则画出的图形称为检测装置的特性曲线。理想的线性检测系统其特性曲线的斜率 k 为常数，特性曲线方程为 $Y = kX$。实际检测系统其特性曲线并不是理想的直线。检测装置的静态特性就是在静态测量情况下描述实际检测系统与理想定常数线性系统的接近程度。常用的静态特性指标介绍如下。

（1）灵敏度　灵敏度表示的是检测装置对输入信号变化的一种反应能力。当输入信号变化 ΔX 后，若引起输出信号的变化为 ΔY，则定义灵敏度 S 为

$$S = \frac{\Delta Y}{\Delta X}$$

若 S 为常数，即对于不同的输入信号值，对应的灵敏度值不变，则该装置是线性的，特性曲线是一条直线。若 S 不为常数，表示特性曲线是一条曲线，说明不同的输入量对应的灵敏度大小是不同的，通常用一条理论直线代替实际特性曲线，理论直线的斜率作为检测装置的平均灵敏度，平均灵敏度也称仪器灵敏度。若不特别指明，所谓灵敏度就是指仪器灵敏度。

灵敏度的量纲取决于输入、输出量的量纲。当输入量与输出量的量纲相同时，则灵敏度是一个无量纲的数，常称之为“放大倍数”。应该指出，灵敏度越高，测量范围越窄，检测装置的稳定性也就越差，因此应合理选择检测装置的灵敏度，而不是灵敏度越高越好。

(2) 线性度　线性度用来表示检测装置的实际特性曲线与理论直线靠近（或称偏离）的程度。检测装置的实际静态特性曲线往往不是直线，由于使用和生产上的原因，经常把曲线当作直线对待，这就是线性化。由此而产生的误差称为线性化误差。把线性化得到的这条直线称理论直线。实际曲线与理论直线之间的最大偏差 δ 和满量程输出值 Y_{max} 之比称线性度。即

$$\varepsilon_L = \frac{|\delta|}{Y_{max}} \times 100\%$$

确定理论直线较常用的有两种方法：端点连线、最小二乘法拟合。

在检测过程中，人们总希望检测装置具有比较好的线性，为此总要设法消除或减少检测装置中的非线性因素。

(3) 回程误差　回程误差也称为回差或迟滞。它是描述检测装置的输出同输入方向有关的特性。

当输入量在增大和减小的过程中，对于同一输入量会得到大小不等的输出量，在全部测量范围内这个差别的最大值称回程误差，用满量程的百分数表示。即

$$\varepsilon_H = \frac{h_{max}}{Y_{max}} \times 100\%$$

产生回程误差的原因可归纳为系统内部各种类型的摩擦、间隙以及某些机械材料（如弹性元件）和电磁材料（如磁性材料）的滞后特性。实际检测装置的回程误差越小越好。

(4) 精确度　精确度也就是常说的精度。它是反映检测装置系统误差和随机误差的综合评定指标，用来表示检测装置给出接近于被测量真值的示值能力。

检测装置的精度等级是用来表达该装置在符合一定的计量要求情况下，能保持其误差在规定的极限范围内。多数的电工、热工仪表采用引用误差的形式来表示其精度等级。

(5) 稳定性和漂移　稳定性是指检测装置在规定条件下保持其检测特性恒定不变的能力。通常在不明确影响量时，稳定性是指检测装置不受时间变化影响的能力。

检测装置的检测特性随时间的缓慢变化（即输入量不变，但输出量会随着时间的变化而变化）称为漂移。常用“输出变动量/时间”来表示。

零漂：当输入量 $X=0$ 时产生的漂移；动漂：当输入量 X 为某一定值时产生的漂移。产生漂移的主要原因有两个方面：一方面是仪器自身结构参数的变化；另一方面是周围环境的变化（如温度、湿度等）对输出的影响，最常见的漂移是温漂。

2. 检测装置的动态特性

在动态检测中，人们观察到的输出量的变化，不仅受到被测对象动态特性的影响，同时也受到检测装置动态特性的影响，是两者综合影响的结果。也可以这样理解，当一个输入量经过检测系统的“传递”后，再由它输出时，由于受到检测系统本身特性的影响，使得输入量原来的状态产生了变化，其变化的程度即是检测系统的动态特性。

提示：检测系统的动态特性常用“传递函数”来描述。

四、检测的基本方法

为获得被测对象的真值（真实信息）需要对被测对象进行检测。要采用适当的变换原

理，选用合适的测量工具、设备，设计合理的测量方案，即选择合理的检测方法。常用的检测方法如下。

1. 直接按物理定律检测法

它是把从被测对象中取得的一部分能量作用到检测元件上，在检测元件上使其按一定的物理定律转换成易于测量和传输的量，再对这一经变换所得的量进行直接测量，其结果代表了被测对象的值。

按是否需要外加辅助能源，这种方法又可分为两种形式：

（1）无需辅助能源的直接变换式　是从被测对象取得部分能量作用到检测元件上，从检测元件得到反应被测量大小的输出值。

如图 6-4 所示，设被测量为 x，输出值为 y，则有 $y=f(x)$。例如水银温度计测恒温箱内温度，x 表示被测温度，y 为水银柱高度。温度计插入被测箱内吸收热量后，水银膨胀，即热能转为机械能。水银柱高代表了热能即温度的大小。

（2）需要辅助能源的调制变换式　反应被测对象输出值 y 的能量由两部分组成，一部分从被测对象获取，另一部分由辅助能源供给。输出值 y 仅由被测量决定，辅助能源的加入是为了便于检测。如图 6-5 所示，例如用霍尔元件测磁场，片状霍尔元件垂直放置于被测磁场中，给霍尔元件通电流，即加入辅助能源。霍尔元件在垂直于电流方向和磁场方向的端面上，出现电位差，即材料的霍尔效应。

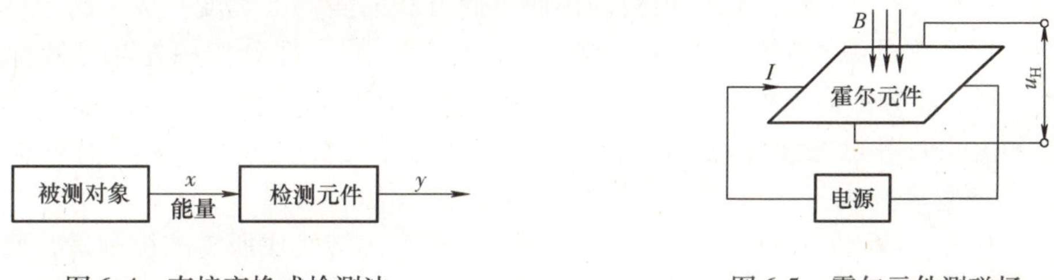

图 6-4　直接变换式检测法　　图 6-5　霍尔元件测磁场

2. 探查型检测法

对于这种检测方法，其检测系统的输入信号，是由探查部件发生的探查信号与被测物体的被测量以某种规律变换而成的，如图 6-6 所示。例如用超声波探测密闭容器液位，如图 6-7 所示。超声波发生器发出的超声从容器底部发射，经被测液体至其上表面，再由被测液体上表面反射回来，由超声波探测器所接收。

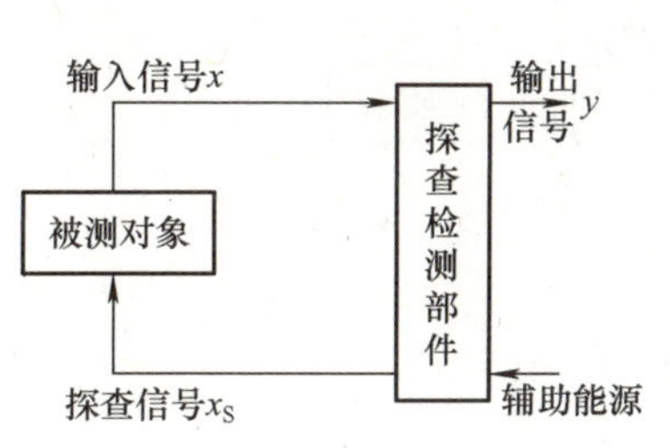

图 6-6　探查型检测系统

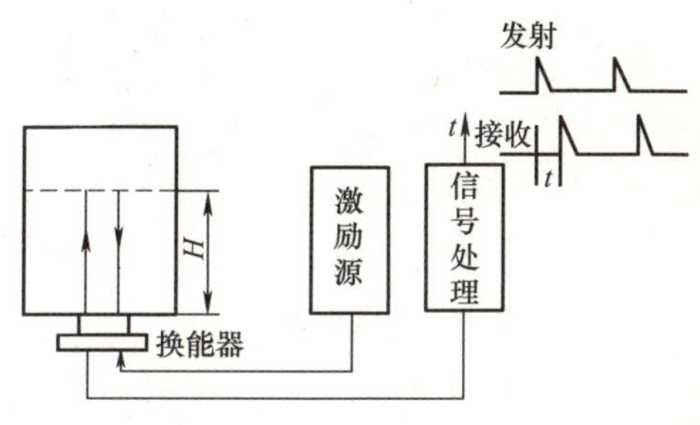

图 6-7　超声液位检测系统

3. 比较型检测法

这种方法是将被测量 x 与标准量 N 进行比较而实现对被测量的测量，如图 6-8 所示。具体方案有三种。

（1）平衡法　即把被测量与同类标准量进行直接比较，若有差值，则调整标准量直至与被测量达到平衡，此时标准量的示值就代表被测量的大小。例如用平衡电桥测电阻，如图 6-9 所示。当用来指示电桥平衡状态的检流计 G 指零时，被测电阻 R_x 值由可调标准电阻 R_N 的值与固定电阻 R_1、R_2 的比值决定，即 $R_x = R_N R_2 / R_1$。平衡法中指零机构越灵敏准确，测量就越准确。

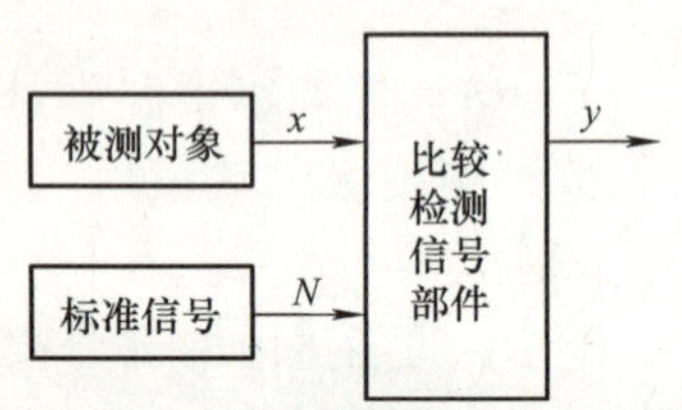

图 6-8　比较型检测系统

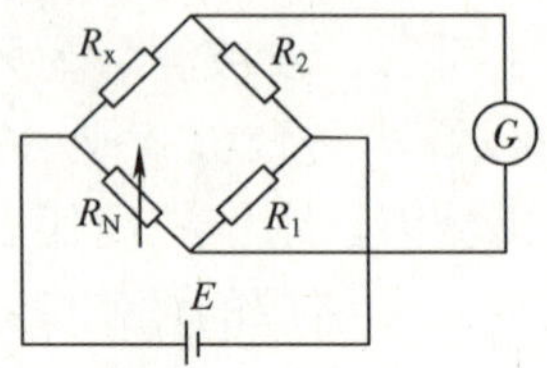

图 6-9　平衡电桥

（2）偏差法　当测量仪表用指针相对于刻度线的位移（偏差）来直接表示被测量大小时，这种方法就是偏差法。使用偏差法时，指针式仪表内没有标准量具，而只有经标准量具标定过的刻度尺，因刻度尺不能做得很精确，所以此方法的测量准确度一般不高于 0.5%。

（3）微差法　它是偏差法与平衡法的组合。被测量 x 的大部分作用先与已知标准量的作用相抵消，剩余部分即两者的差值 $d = x - s$。再由偏差法测量差值。微差法总使差值 d 很小（微差之名由此而得）。因此即使对差值的测量不是很准确，但最终结果却仍很准确。

4. 信息处理型检测法

使用这种方法对被测对象进行检测时，检测量不是直接转换成所需的被测量，而是经过对检测所得信息进行处理分析后，才能得到所需的被测量的检测方法，其原理如图 6-10 所示。例如用相关法检测旋转体的转速，测量原理如图 6-11 所示。

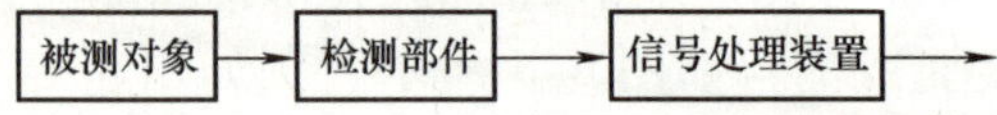

图 6-10　信息处理型检测法原理

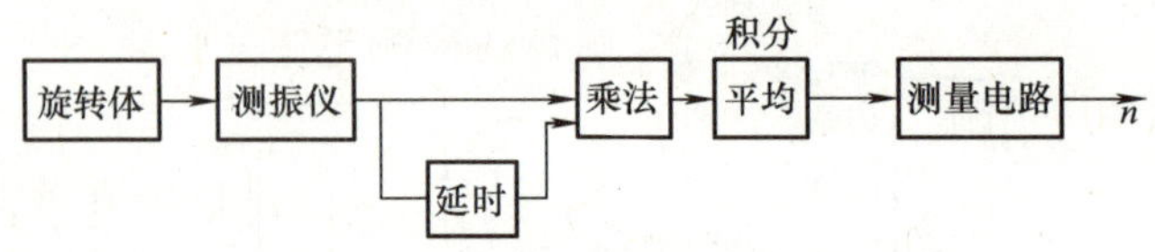

图 6-11　相关法转速测量原理

检测方法的选择应由被测类型、被测量的现场条件（环境条件）及量程范围、反应速度、测量准确度等要求来决定。

课题二　数控机床中常用的检测装置

【教学目标】

1）知识目标：熟悉数控机床的检测装置的要求及分类，掌握数控机床中常用的传感器及检测装置的应用。

2）能力目标：能说明数控机床中常用的传感器与检测装置的结构及原理。

【教学重点和难点】

教学重点：掌握数控机床常用传感器及其检测装置的结构和工作原理。

教学难点：数控机床常用传感器及其检测装置的工作原理。

【课题导入】

数控系统的位置控制是将插补计算的理论位置与实际反馈位置相比较，用其差值去控制进给电动机。而实际反馈位置的采集，则是由一些位置检测装置来完成的。位置检测装置是由检测元件（传感器）和信号处理装置组成的。数控机床常用的检测装置有旋转变压器、感应同步器、脉冲编码器、光栅、磁栅等。

对于采用半闭环控制的数控机床，其闭环路内不包括机械传动环节，位置检测装置一般采用旋转变压器，或高分辨率的脉冲编码器，装在进给电动机或丝杠的端头，旋转变压器（或脉冲编码器）每旋转一定角度，都严格地对应着工作台移动一定的距离。测量了电动机或丝杠的角位移，也就间接地测量了工作台的直线位移。

对于采用闭环控制系统的数控机床，直接测量工作台的直线位移，可采用感应同步器、光栅、磁栅等位置检测装置。由工作台直接带动感应同步器的滑动尺移动，同时与装在机床床身上的定尺配合，测量出工作台的实际位移值。

【知识储备】

一、数控机床对检测装置的要求与分类

位置测量装置的作用是检测位移和速度，发送反馈信号，构成闭环或半闭环控制。数控机床的加工精度主要由检测系统的精度决定。位移检测系统能够测量的最小位移量称为分辨率。分辨率不仅取决于检测元件本身，也取决于测量线路。

1. 数控机床对检测装置的要求

1）高可靠性和高抗干扰性。受温度、湿度的影响小，工作可靠，精度保持性好，抗干扰能力强。

2）满足精度和速度要求。位置检测装置的分辨率应高于数控机床的分辨率一个数量级。位置检测装置最高允许的检测速度应为数控机床的最高运行速度，在数控装置位置检测接口电路中，常对反馈信号进行倍频处理，以进一步提高测量精度。

3）使用维护方便，适合机床运行环境。

4）成本低。

2. 数控机床的检测方式

对于不同类型的数控机床，因工作条件和检测要求不同，可以采用不同的检测方式。

按测量基点的类型分：增量式和绝对式；按输出信号的形式分：数字式和模拟式；按位置检测元件的运动形式分：回转型和直线型；按接触的方式分：接触式测量（光栅、接触式编码器）和非接触式测量（如双频激光干涉仪、光电编码器等）。

（1）增量式和绝对式

1）增量式。增量式检测方式只测量位移增量，测量单位为0.01mm，每移动一个测量单位就发出一个测量信号。其优点是检测装置比较简单，任何一个对中点都可以作为测量起点。在轮廓控制的数控机床上大都采用这种方式。在增量式检测系统中，移距是靠对测量信号计数后读出的，一旦计数有误，此后的测量结果将全错。另外，在发生故障时（如断电等）不能再找到事故前的正确位置，事故排除后，必须将工作台移至起点重新计数才能找到事故前的正确位置。

2）绝对式。绝对式测量方式对于被测量的任意一点位置均由固定的零点作基准。

提示：绝对式测量每一个被测点都有一个相应的测量值。

（2）数字式和模拟式

1）数字式检测是将被测的量以数字的形式来表示。测量信号为电脉冲，可以直接把它们送入数控装置进行比较、处理。其特点：

① 被测量量化后转换成脉冲个数，便于显示处理。

② 测量精度取决于测量单位，与量程基本无关。

③ 检测装置比较简单。脉冲信号抗干扰能力强。

2）模拟式检测是将被测量用连续的变量来表示，如电压变化、相位变化等。在大量程内作精确的模拟式检测在技术上有较高要求，数控机床中模拟式检测主要用于小量程测量，如感应同步器的一个节距（2mm）内的信号相位变化等。其特点：

① 直接对被测量进行检测，无须量化。

② 在小量程内可以实现高精度测量，技术成熟。

③ 可用于直接检测和间接检测。

（3）直接检测和间接检测

1）直接检测：对机床的直线位移用直线型检测装置测量，称为直接检测。其测量精度主要取决于测量元件的精度，不受机床传动精度的直接影响。但检测装置要与行程等长，这对大型数控机床来说，是一个很大的限制。

2）间接检测：对机床的直线位移采用回转型检测元件测量，称为间接检测。间接检测可靠方便，无长度限制。缺点是在检测信号中加入了直线转变为旋转运动的传动链误差，从而影响检测精度。因此，为了提高定位精度，常需要对机床的传动误差进行补偿。

3. 数控机床的位置检测装置

数控机床常用的位置检测装置分类见表6-1。

表 6-1　位置检测装置分类

位移方式 \ 检测方式	数字式		模拟式	
	增量式	绝对式	增量式	绝对式
回转式	脉冲编码器 圆光栅	绝对式脉冲编码器	旋转变压器 圆感应同步器 圆磁栅	三速圆感应同步器
直线式	直线光栅 激光干涉仪	多通道透射光栅	直线感应同步器 磁尺	三速感应同步器 磁尺

二、数控机床上常用的检测装置

1. 旋转变压器

旋转变压器是一种间接测量装置，由于它具有结构简单、动作灵敏、工作可靠、对环境条件要求低、输出信号幅度大和抗干扰能力强等特点，所以在连续控制系统中得到了普遍使用，常应用于数控机床测量角位移。

（1）旋转变压器的结构　旋转变压器又称同步分解器，它是一种控制用的微电机。旋转变压器的结构类似于二相绕线式交流电动机，由于转子绕组引出方式的不同，分为有刷式和无刷式两种结构形式，如图 6-12 所示。这两种结构的共同处是都有定子和转子两大部分，它们分别由定子铁心、定子绕组和转子铁心、转子绕组组成。定子和转子的铁心由铁镍软磁合金或硅钢薄板冲成的槽状片叠成，它们的绕组分别嵌入各自的铁心内。有刷式旋转变压器的转子绕组是通过滑环和电刷的滑动接触而引出的，其结构简单，体积小。由于电刷与滑环的接触是机械滑动式，故可靠性差，寿命也短。无刷式旋转变压器的结构比有刷式旋转变压器多一个附加变压器。附加变压器的一次侧和二次侧铁心及其绕组是环形的，分别固定在转子轴和壳体上。旋转变压器本体的转子绕组与附加变压器一次绕组连在一起，可以使旋转变压器本体转子绕组的电信号通过附加变压器一次侧与二次侧绕组的电磁耦合，由附加变压器二次侧绕组送出。这一结构避免了有刷式旋转变压器存在的容易造成接触不良的缺陷，提高了工作的可靠性及使用寿命，但其体积、质量、成本都相应地有所增加。

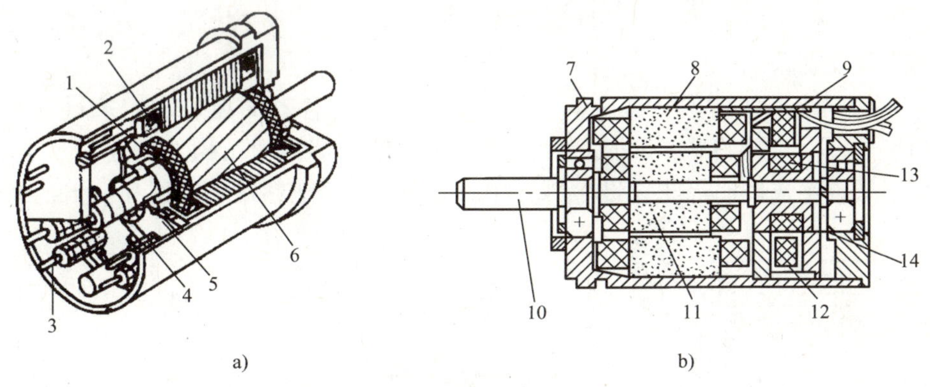

图 6-12　旋转变压器的结构形式

a）有刷式旋转变压器　b）无刷式旋转变压器

1、11—转子绕组　2、8—定子绕组　3—接线柱　4—电刷　5—整流子　6、10—转子
7—壳体　9—附加定子　12—附加二次绕组　13—附加一次绕组　14—附加转子线轴

常见的旋转变压器一般有两极绕组和四极绕组两种结构形式，两极绕组定子各有一对磁极，四极绕组则有两对磁极。此外，还有多极式旋转变压器，用于高精度绝对式检测系统。

通常应用的旋转变压器为二极旋转变压器，其定子和转子绕组中各有互相垂直的两个绕组。另外，还有一种多极旋转变压器，也可以把一个极对数少的和一个极对数多的两种旋转变压器做在一个磁路上，装在一个机壳内，构成“粗测”和“精测”电气变速双通道检测装置，用于高精度检测系统和同步系统。

（2）旋转变压器的应用 应用旋转变压器作位置检测元件，由测量旋转变压器二次绕组的感应电动势 E_2 的幅值或相位的变化，可知 θ 角（转子偏转角）的变化。如果将旋转变压器装在数控机床的丝杠上，当 θ 角从0°变化到360°时，表示丝杠上的螺母走了一个螺距，这样就间接地测量了丝杠的直线位移（螺距）的大小。

在数控机床伺服系统中，旋转变压器往往用来测量机床的主轴及伺服轴的运动等。测全长时，可加一只计数器，累计所走的螺距数，折算成位移总长度。为区别正反向，再加一只相敏检波器以区别不同的转向。另外，还可以用3个旋转变压器按100:10:1的比例相互配合串接，组成精、中、粗3级旋转变压器测量装置。这样，如果转子以半周期直接与丝杠耦合（即“精”同步），结果使丝杠发生10mm位移，则“中”测旋转变压器工作范围为100mm内，“粗”测旋转变压器的工作范围为1000mm内。为了使机床滑板按要求值到达一定位置，须用电气转换电路，在实际值不断接近要求值的过程中使旋转变压器从“粗”转换到“精”，最后位置检测精度由“精”旋转变压器决定。

2. 感应同步器

提示： 感应同步器是一种数字电磁式位移检测元件，按其结构特点一般分为直线式和旋转式两种类型。

直线式感应同步器用于测量直线位移，由定尺和滑尺组成；旋转式感应同步器用于角位移测量，由转子和定子组成。感应同步器具有检测精度比较高、抗干扰能力强、工作可靠、寿命长、维护方便、成本低、工艺性好等优点，广泛应用于数控机床及各类机床数显仪表、自动化测量和控制系统中。

（1）感应同步器的结构 感应同步器是由可以相对移动的滑尺和定尺（对于直线式）或转子和定子（对于旋转式）组成的。直线式感应同步器截面结构如图6-13所示。基板材料一般采用低碳钢或玻璃等非导磁材料。在加工后的基板上粘贴绝缘层和铜箔，绝缘层和铜

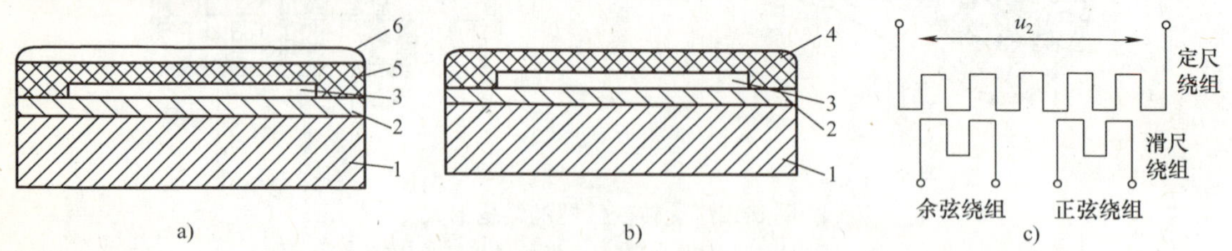

图6-13 直线式感应同步器截面结构及绕组图形

a）滑尺 b）定尺 c）定尺与滑尺绕组的对应关系

1—基板 2—绝缘层 3—导片 4—耐腐绝缘层 5—绝缘粘合剂 6—铝箔

箔要求厚度均匀和平整。一般在保证绝缘强度条件下，绝缘层越薄越好（<0.1mm），铜箔厚度为0.04~0.05mm。采用玻璃基板时用真空蒸镀铝或银，然后再用光刻和化学腐蚀工艺将铜箔或铝膜蚀刻成需要的图形。最后进行表面防护处理，在滑尺表面贴上一层铝箔，以防止静电感应。

直线式感应同步器定尺和滑尺绕组的节距相等，均为$2f$，这是衡量感应同步器精度的主要参数，工艺上要保证其节距的精度。一块标准型感应同步器定尺长度为250mm，节距为2mm，其绝对精度可达2.5μm，分辨率可达0.25μm。

直线感应同步器有标准型、窄型和带型几种形式，标准型感应同步器是其中精度最高的一种，使用也最广泛；窄型感应同步器的定尺和滑尺宽度都只有标准的一半，主要用于位置受到限制的场合。因它的宽度窄，所以耦合情况不如标准型，精度也较低。当设备上的安装面不易加工时，可采用带型感应同步器，定尺绕组用照相腐蚀法印制在钢带上，滑尺预先安装好，调整好并封装在一个盒子里，通过支架与机体连接。由于钢带两端固定点可随设备伸缩，故能减小由于热变形而产生的测量误差。

典型的直线感应同步器的定尺长度为250mm，分布着周期W为2mm的连续绕组。滑尺长100mm，分布着交替排列的两个绕组——正弦绕组和余弦绕组，它们的周期相等，相位差为90°，即位置上相差$W/4$的距离。

当量程较大时，可将标准型和窄型感应同步器的定尺拼接使用，带型定尺不需要拼接，但由于其刚性较差，机械安装参数不易保证，其测量精度也比标准型低。各种直线式感应同步器的尺寸和精度见表6-2。

表6-2 直线式感应同步器的尺寸和精度

种类	定尺尺寸/mm	滑尺尺寸/mm	测量周期/mm	精度/μm
标准型	250×58×9.5	100×73×9.5	2	1.5~2.5
窄型	250×30×9.5	74×35×9.5	2	2.5~5
带型	(200~2000)×19	—	2	10

当工作台移动时，滑尺相对于定尺移动。滑尺和定尺要用防护罩罩住，以防止铁屑、油污和切割液等东西落到器件上，从而影响正常工作。由于感应同步器的检测精度比较高，故对安装有一定的要求，安装时要保证定尺安装面与机床导轨面之间的平行度要求，如这两个面不平行，将引起定、滑尺之间的间隙变化，从而影响检测灵敏度和检测精度。

（2）感应同步器在数控机床闭环系统中的应用　随着机床自动化程度的提高，机床控制技术已发展到CNC（计算机数控）、MNC（微机数控）、DNC（直接数控，也称群控）、FMS（柔性制造系统）等阶段。这些控制系统的发展，也离不开精确的位移检测元件。由于感应同步器具有抗干扰能力强、可靠性高、对环境的适应性较强、重复精度高、结构坚固、维护简单等一系列优点，使其成为数控机床闭环系统中位移检测元件之一，受到国内外的普遍重视。

1）定位控制系统。在自动化加工和控制中，往往要求加工件或控制对象按给定的指令移动位置，这是位置控制系统所应具有的基本功能。定位控制仅要求控制对象按指令进入要求的位置，对运动的速度无特定的要求。在加工过程中，主要实现坐标的点到点的准确定位。比较典型的是应用于卧式镗床、坐标镗床和镗铣床在切削加工前刀具的定位过程。

2）随动控制系统。是在机床主动部件上安装检测元件，发出主动位置检测信号，并用它作为控制系统的指令信号，而机床的从动部件，则通过从动部件的反馈信号和主动部件间始终保持着严格的同步随动运动。由于感应同步器具有很高的灵敏度，只要自动控制系统和机械传动部件处理得当，使用感应同步器为检测元件的精密同步随动系统可以获得很高的随动精度。

3. 磁栅传感器

磁栅传感器是近年来发展起来的新型检测元件。磁栅传感器具有制作简单、复制方便、易于安装和调整、测量范围宽（从几十毫米到数十米）、不需要接长、抗干扰能力强等一系列优点，因而在大型机床的数字检测、自动化机床的自动控制及扎压机的定位控制等方面得到了广泛应用。

（1）磁栅的组成及类型

1）磁栅的组成。磁栅传感器是由磁栅（简称磁尺）、磁头和检测电路组成的。如图 6-14 所示，磁尺是用非导磁性材料作尺基，在尺基的上面镀一层均匀的磁性薄膜，然后录上一定波长的磁信号。磁信号的波长又称节距，用 W 表示。在 N 极与 N 极、S 极与 S 极重叠部分磁感应强度最强，但两者极性相反。目前，常用的磁信号节距为 0.05mm 和 0.20mm 两种。

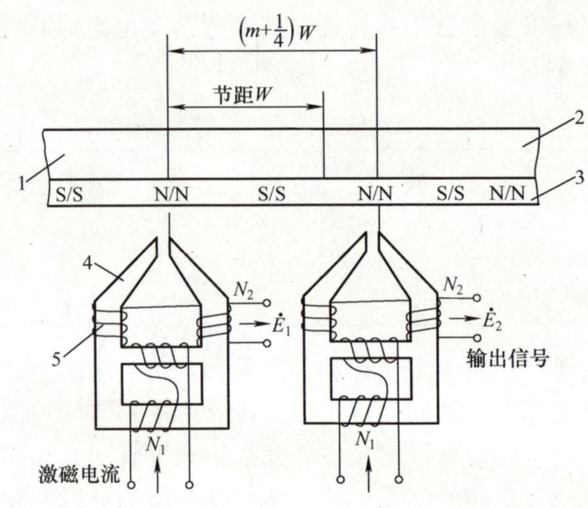

图 6-14　磁栅传感器工作原理示意

1—磁尺　2—尺基　3—磁性薄膜　4—磁头　5—铁心

磁头可分为动态磁头（又名速度响应式磁头）和静态磁头（又名磁通响应式磁头）两大类。动态磁头在磁头与磁尺间有相对运动时，才有信号输出，故不适用于速度不均匀、时走时停的机床。而静态磁头就是在磁头与磁栅间没有相对运动也有信号输出。

2）磁栅的类型。磁栅分为长磁栅和圆磁栅两类。前者用于测量直线位移，后者用于测量角位移。长磁栅可分为尺形、带形和同轴形三种形式，如图 6-15 所示。一般用尺形磁栅传感器，当安装面不好安排时，可采用带形磁栅传感器。同轴形磁栅传感器的结构特别小巧，可用于结构紧凑的场合。

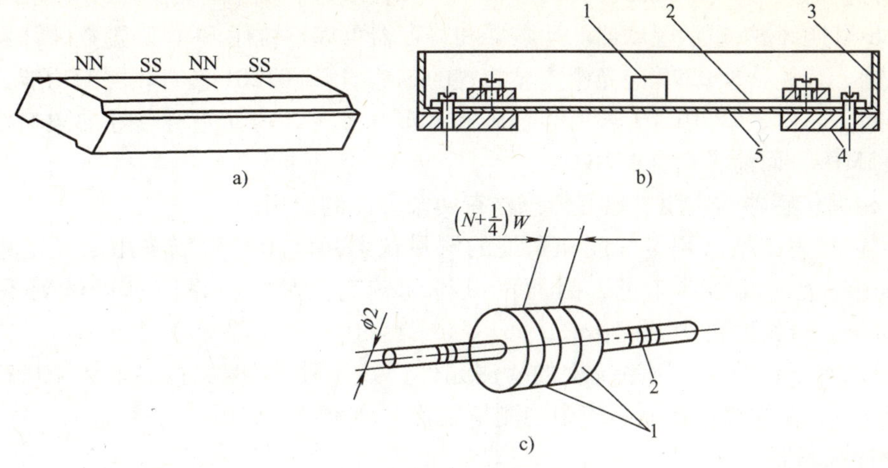

图 6-15　长磁栅传感器的类型

a）尺形传感器　b）带形磁栅传感器　c）同轴形磁栅传感器

1—磁头　2—磁栅　3—屏蔽罩　4—基座　5—软垫

（2）磁栅数显装置　磁栅数显装置的结构示意图如图 6-16 所示，下面简要介绍国产光栅数显装置的 LSI 芯片对应完成的功能。这些芯片再配两片驱动器和少量的电阻、电容，即可组成一台磁栅数显表。

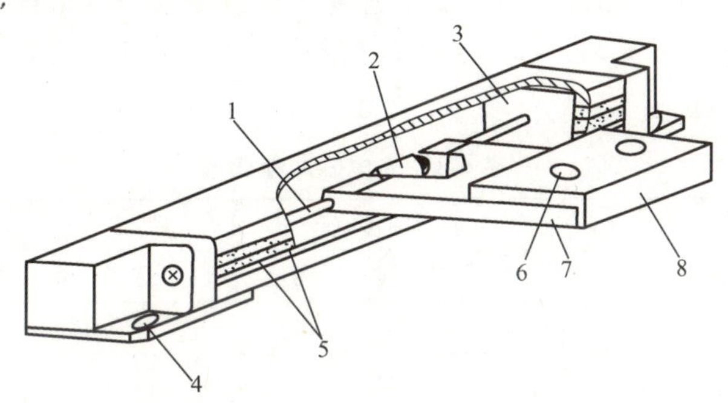

图 6-16　磁栅数显装置的结构示意图

1—磁性标尺　2—磁头　3—固定块　4—尺体安装孔　5—泡沫垫　6—滑板安装孔

7—磁头连接板　8—滑板

1）磁头放大器（SF023）。它是连接磁尺和数显表的一个部件，其主要功能是：两只磁头输入信号的放大（即通道 A 和通道 B），通道 B 信号移动相位 90°，通道 A 和通道 B 信号求和放大，补偿两只磁头特性所需的调整和来自数显表供给两只磁头的励磁信号。

2）磁尺检测专用集成芯片（SF6114）。该芯片的主要功能是：对磁尺励磁信号的低通滤波和功率放大；供给磁头励磁信号；对磁头放大器输出信号经滤波后进行放大、限幅、整形为矩形波；接受反馈控制信号对磁尺检出信号进行相位微调。

3）磁尺细分专用集成芯片（SIM-011）。该芯片的主要功能是：对磁尺的节距 W = 200μm 实现 200 或 40 或 20 等分的电气分割，从而获得 1μm、5μm、10μm 的分辨力（最小显示值）。

4）可逆计数芯片（WK50395）。该芯片是带有比较寄存器和锁存器的P沟道MOS六位十进制同步可逆计数/显示驱动器。计数器和寄存器可以逐位用BCD码置数，计数器具有异步清零功能。芯片WK50395与光栅数显装置的芯片HKE701201具有相同的功能，但两者制造工艺不同。芯片HKE701201采用的是硅栅CMOS工艺，因而它有较好的频响特性，最高频率可达2MHz，而前者只有1MHz。

（3）磁栅传感器的应用　磁栅传感器有两个方面的应用。

1）可以作为高精度测量长度和角度的测量仪器用。由于可以采用激光定位录磁，而不需要采用感光、腐蚀等工艺，因而可以得到较高的精度，目前可以做到系统精度为±0.01mm/m，分辨力可达1～5μm。

2）可以用于自动化控制系统中的检测元件（线位移）。例如在三坐标测量机、数控机床及高精度重、中型机床控制系统中的测量装置上均得到了应用。

4. 脉冲编码器

提示： 脉冲编码器是一种旋转式脉冲发生器。

（1）脉冲编码器的分类　它把机械转角变成电脉冲，是一种常用的角位移传感器。脉冲编码器分光电式、接触式和电磁感应式三种。光电式的精度与可靠性都优于其他两种，因此数控机床上只使用光电式脉冲编码器。由霍尔效应构成的电磁感应或脉冲发生器也有用作速度检测的。光电脉冲编码器按每转发出的脉冲数的多少来分，又有多种型号。数控机床上最常用的光电脉冲编码器见表6-3。根据数控机床滚珠丝杠的螺距来选用相应的脉冲编码器。

表6-3　光电脉冲编码器

脉冲编码器	每转脉冲移动量/mm	每转脉冲移动量/in
2000/（P/r）	2，3，4，6，8	0.1，0.15，0.2，0.3，0.4
2500/（P/r）	5，10	0.25，0.5
3000（P/r）	3，6，12	0.15，0.3，0.6

注：1in＝25.4mm。

为了适应高速、高精度数字伺服系统的需要，先后又发展了高分辨率的脉冲编码器，见表6-4。

表6-4　高分辨率脉冲编码器

脉冲编码器	每转脉冲移动量/mm	每转脉冲移动量/in
20000/（P/r）	2，3，4，6，8	0.1，0.15，0.2，0.3，0.4
25000/（P/r）	5，10	0.25，0.5
30000（P/r）	3，6，12	0.15，0.3，0.6

（2）脉冲编码器的结构　光电脉冲编码器的组成如图6-17a所示，该编码器通过十字联轴器与伺服电动机连接，它的法兰盘固定在电动机端面上，罩上防护罩，构成完整的驱动部件。

提示： 光电脉冲编码器基本的结构就是一种光电盘。

如图 6-17b 所示，在一个圆盘的圆周上分成相等的透明与不透明部分，圆盘与工作轴一起旋转。同时还有一个固定不动的扇形薄片与圆盘平行放置，并制作有辨向狭缝（或狭缝群）。圆光栅的基体是玻璃圆盘，表面用真空镀膜法镀上一层不透光的金属膜，再涂上一层均匀的感光材料，用照相腐蚀工艺制成等距的透光和不透光相间的辐射状线纹，相邻的两个透光和不透光线纹构成一个节距 W。当光线通过这两个作相对运动的圆盘透光与不透光部分时，光电元件接受到的光通量也时大时小地连续变化（近似于正弦信号），经放大、整形电路的变换后变成脉冲信号。通过计量脉冲的数目和频率，即可测出高精度脉冲编码器要求提高光电盘圆周的等分狭缝的密度，实际上变成了圆光栅线纹。在圆盘里圈不透光圆环上刻有一条透光条纹，用来产生一转一个脉冲信号 Z，Z 为基准脉冲，或称零点脉冲。它是用来产生机床的基准点的。通常，数控机床的机械参考点与各轴的脉冲编码器发生 Z 相脉冲的位置是一致的。指示光栅上有两组线纹 A 和 B，每组线纹的节距与圆光栅的节距相同，但 A、B 两组线纹彼此错开 1/4 个节距，A、B 两组线纹与旋转圆光栅配合产生两路脉冲 A 和 B 用于计数和辨向。

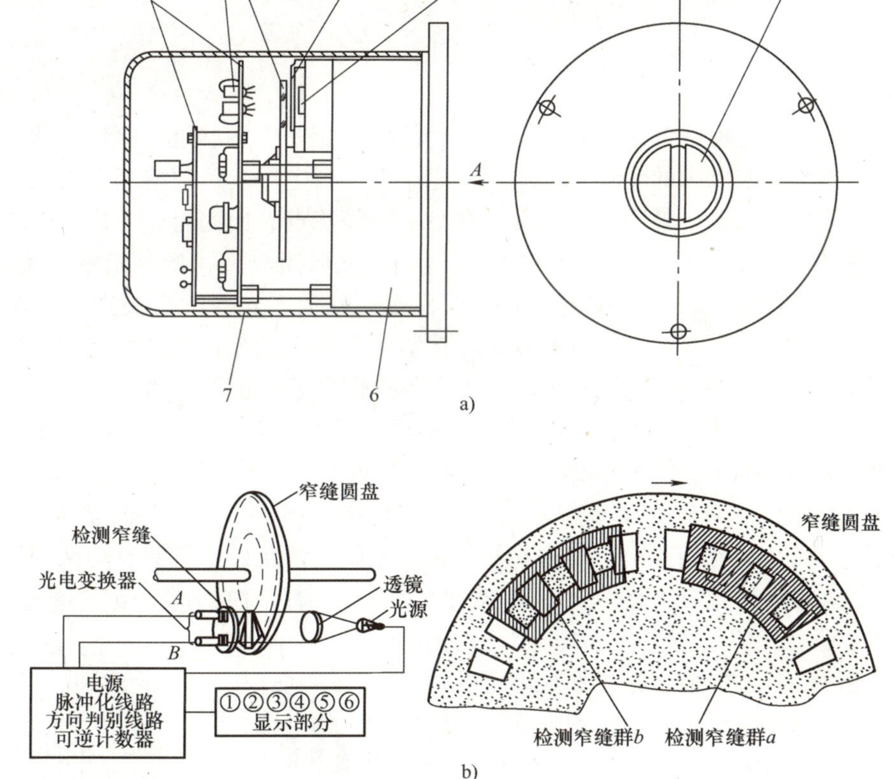

图 6-17　光电脉冲编码器

a）组成图　b）结构示意图

1—印制电路板　2—光源　3—圆光栅　4—指示光栅　5—光电池组　6—底座　7—防护罩　8—轴

（3）数控机床主轴位置编码器

1）主轴位置编码器的特点。光电脉冲编码器其线纹是 1024 条/周或 2048 条/周，经 4 倍频细分电路为 4096P/r，是二进制的倍数，输出信号波幅为 5V。

2）主轴位置编码器的作用。

① 在数控铣床和加工中心换刀时，用于主轴准停。使主轴定向控制准停在某一固定位置上，以便在该处进行换刀等动作。只要数控系统发出 M19 指令，利用装在主轴上的位置编码器（通过 1∶1 的齿轮传动）输出的信号使主轴准停在规定的位置上，如图 6-18 所示。

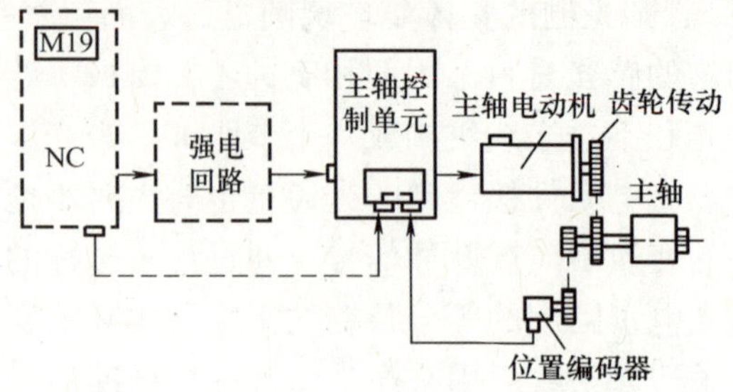

图 6-18 用位置编码器的主轴定向准停图

② 在车床上使主轴和进给轴达到同步，按主轴正、反转两个方向使工件定位，作为车削螺纹的进刀点和退刀点，利用 Z 相脉冲作为起点和终点的基准，保证不乱扣（A、B 相差 90°，Z 相为一圈的基准信号，产生零点脉冲）。

（4）手摇脉冲发生器

1）特点。原理同脉冲编码器，每转产生 1000 个脉冲，每个脉冲移动 1μm 的距离，信号波幅为 +5V。

2）作用：①慢速对刀用；②手动调整机床用。

5. 光栅传感器

应用于数控机床的检测传感装置还有光栅传感器，光栅传感器是光电传感器的一个特殊应用，一般应用于数控机床的闭环传动中，固定于工作台上用于位置检测。由于光栅测量具有结构简单、测量精度高、易于实现自动化和数字化等优点，因而得到了广泛的应用。

（1）光栅的结构和类型　光栅主要由标尺光栅和光栅读数头（指示光栅）两部分组成。标尺光栅固定在活动部件上，如在机床的工作台或丝杠上。光栅读数头则安装在固定部件上，如在机床的底座上。当活动部件移动时，读数头和标尺光栅也就随之作相对的移动。

1）光栅尺。标尺光栅和光栅读数头中的指示光栅构成光栅尺，如图 6-19 所示。

提示： 长的一块为标尺光栅，短的一块为指示光栅。

两光栅上均匀地刻有相互平行、透光和不透光相间的线纹，这些线纹与两光栅相对运动的方向垂直。从图 6-19 上光栅尺线纹的局部放大部分来看，白的部分 b 为透光线纹宽度，黑的部分 a 为不透光线纹宽度，设栅距为 τ，则 $\tau = a + b$，一般光栅尺的透光线纹和不透光线纹宽度是相等的，即 $a = b$。常见标尺光栅的线纹宽度为 25 线/mm、50 线/mm、100 线/mm、125 线/mm、250 线/mm。

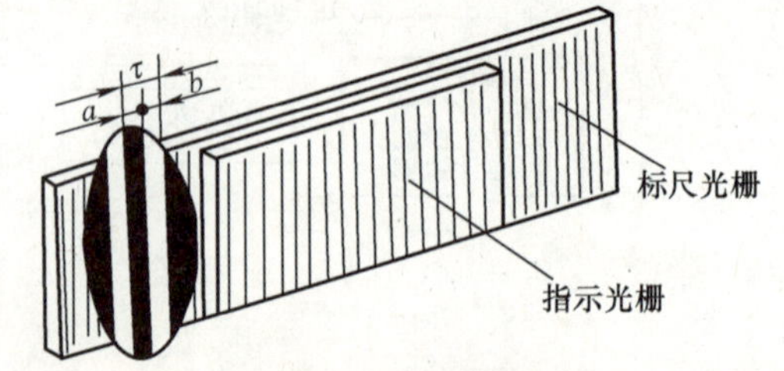

图 6-19 光栅尺

2）光栅读数头。由光源、透镜、标尺光栅、指示光栅、光敏元件和驱动电路组成，如

图 6-20 所示。光栅读数头的光源一般采用白炽灯。白炽灯发出的光线经过透镜后变成平行光束，照射在光栅尺上。由于光敏元件输出的电压信号比较微弱，因此必须首先将该电压信号进行放大，以避免在传输过程中被多种干扰信号所淹没、覆盖而造成失真。驱动电路的功能就是实现对光敏元件输出信号进行功率放大和电压放大。

光栅读数头的结构形式常见的按光路形式分有：垂直入射式读数头、分光读数头及反射读数头等，其结构分别如图 6-20a、b、c 所示。

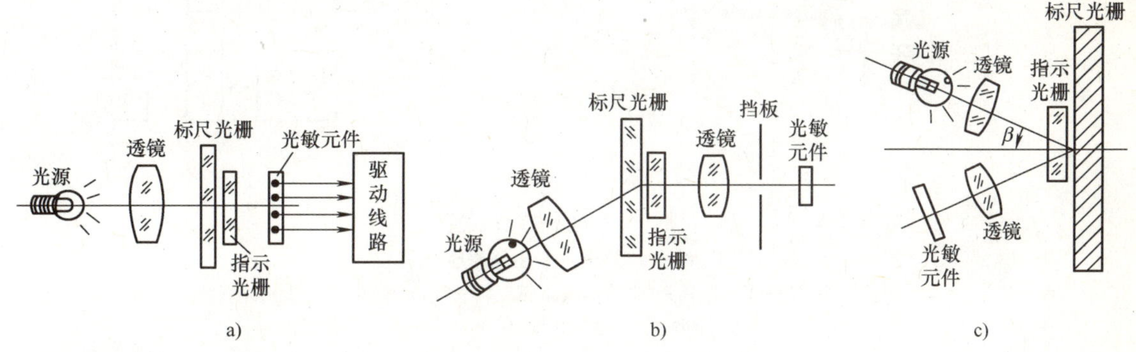

图 6-20　光栅读数头

a）垂直入射式读数头　b）分光读数头　c）反射读数头

光栅按其形状和用途可以分成长光栅和圆光栅两类，长光栅用于长度测量，又称直线光栅，圆光栅用于角度测量；按光线的走向可分为透射光栅和反射光栅。

（2）光栅传感器的工作原理

1）莫尔条纹。光栅是利用莫尔条纹现象来进行测量的。莫尔条纹是指两块光栅叠合时，出现光的明暗相间的条纹。

如图 6-21 所示，两块栅距相等的光栅叠合在一起，并使它们的刻线之间的夹角为 θ，当两光栅相互移动时，在指示这时光栅上就会出现若干条明暗相间的条纹，这就是莫尔条纹。莫尔条纹具有以下重要特性：消除光栅刻线的不均匀误差、位移的放大特性、移动特性。

2）辨向原理。在实际应用中，被测物体的移动方向往往不是固定的。无论主光栅向前或向后移动，在一固定点观察时，莫尔条纹都是作明暗交替变化的。因此，只根据一条莫尔条纹信号，无法判别光栅移动方向，不能正确测量往复移动时的位移。为了辨向，需要两个一定相位差的莫尔条纹信号来确定。

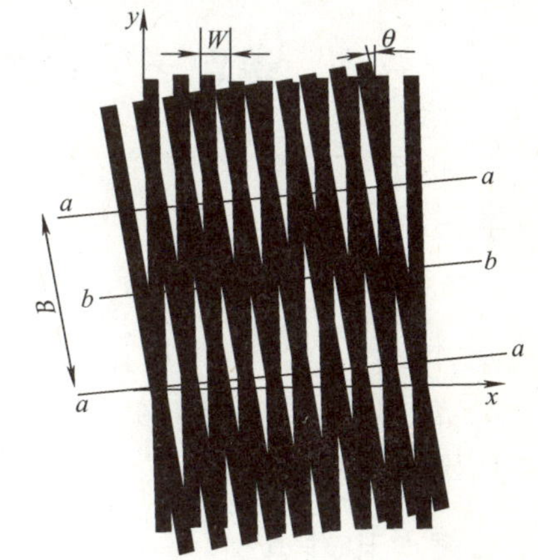

图 6-21　等距形成的莫尔条纹（$\theta \neq 0$）

x—光栅移动方向　y—莫尔条纹移动方向　W—栅距　B—莫尔条纹间距　a—刻线宽度　b—缝隙宽度

（3）光栅数显装置　光栅数显装置的结构示意图和电路原理框图如图 6-22 所示。在实际应用中对于不带微处理器的光栅数显装置，完成有关功能的电路往往由一些大规模集成电路（LSI）芯片来实现。下面简要介绍国产光栅数显装置的 LSI 芯片的功能。这套芯片共分三片，再配两片驱动器和少量的电阻、电容，即可组成一台光栅数显表。

1）光栅信号处理芯片（HKF710502）。主要功能是：完成从光栅部件输入信号的同步、整形、细分、辨向、加减控制、参考零位信号的处理、记忆功能的实现和分辨力的选择等。

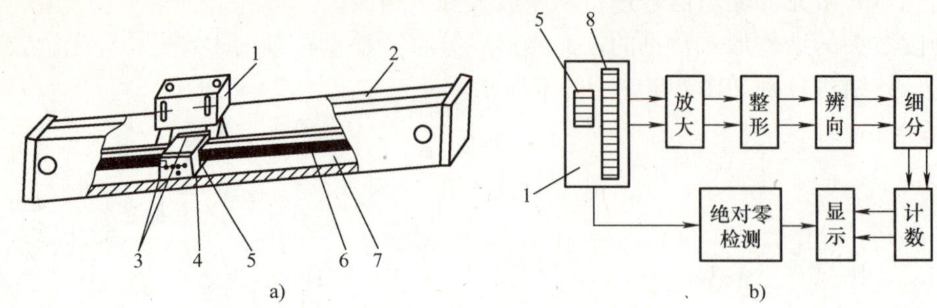

图 6-22　光栅数显装置

a）结构示意图　b）电路原理框图

1—读数头　2—壳体　3—发光接受线路板　4—指示光栅座　5—指示光栅　6—光栅刻线　7—光栅尺　8—主光栅

2）逻辑控制芯片（HKE701314）。主要功能是：为整机提供高频和低频脉冲、完成BCD 译码、XJ 校验以及超速报警。

3）可逆计数与零位记忆芯片（HKE701201）。主要功能是：接受从光栅信号处理芯片传来的计数脉冲，完成可逆计数；接受参考零位脉冲，使计数器确定参考零位的数值，同时也完成清零、置数、记忆等功能。

（4）光栅传感器的应用　由于光栅传感器测量精度高、动态测量范围广、可进行无接触测量、易实现系统的自动化和数字化，因而在机械工业中得到了广泛的应用。特别是在量具、数控机床的闭环反馈控制、工作母机的坐标测量等方面，光栅传感器都起着重要作用。光栅传感器通常作为测量元件应用于机床定位、长度和角度的计量仪器中，并用于测量速度、加速度、振动等。

课题三　检测技术在数控机床中的应用

【教学目标】

1）知识目标：熟悉在线检测与计算机质量控制的原理、切削过程刀具磨损与破损的在线检测、工件尺寸精度的自动检测。

2）能力目标：能理解在线检测与计算机质量控制的原理、切削过程刀具磨损与破损的在线检测、工件尺寸精度的自动检测。

【教学重点和难点】

在线检测与计算机质量控制、切削过程刀具磨损与破损的在线检测、工件尺寸精度的自动检测。

【课题导入】　计算机质量控制

由于柔性制造系统（FMS）和计算机集成制造系统（CIMS）的不断开发和应用，计算机辅助质量控制也有了相应的发展。其主要组成部分为计算机辅助检验（CAI）和计算机辅助试验（CAT）。这是计算机与传感器相结合的产物，使在线检测和控制的应用日益普及。在计算机辅助质量控制系统中，涉及诸多硬件设备和软件。计算机辅助质量控制系统中，通常采用的硬件和软件见表6-5。

表6-5　计算机辅助质量控制系统的硬件和软件

硬件	测量仪器、传感器、量具、检验夹具、测试台、坐标测量机、计算机、过程控制辅助设备、测量总线系统
软件	数据获取和控制、数据估算和操作、自学质量控制策略、销售质量评估、操作软件、操作系统、编程辅助、编辑、通信程序

在线质量控制系统可以采用具有实时能力的小型或微型计算机作为控制用计算机，如图6-23所示。系统将产品或加工过程的特征值或尺寸参数送到计算机与控制标准进行比较，如需要就发出一个新的调整信息给加工过程，以满足质量控制要求。

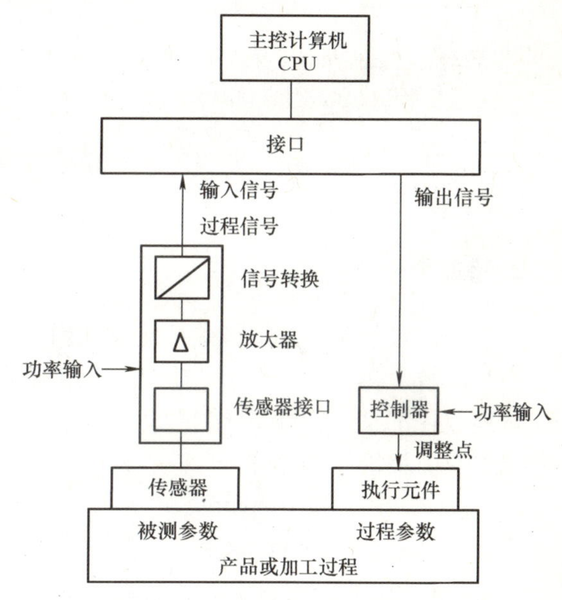

图6-23　计算机在线质量控制系统

机械加工零件的质量、几何参数及表面层的物理性质（如残余应力、硬化层等）都与其加工设备和过程状态有密切关系。传统生产中的质量检测大多是离线（off-line）进行的，属于事后测量或检验，是一种被动的质量控制。一旦发现问题，不合格品已经造成，不能起到预测和预防作用，不能防止不合格品的发生。而采用质量控制预测可通过检测手段对一系列加工后的工件进行测量和数据处理，使之不仅能判断已完工的工件是否合格，且对下一个即将获得的工件质量进行预测，使系统的控制装置对预测结果作出反应，从而积极主动地防止不合格品的出现。为了进行质量控制预测，必须选择适当和可靠的判据作为评定系统是否正常的依据。在大批量生产中，可采用工件的几何尺寸为判据，而在CNC或FMS中，由于工件多变，批量不大，一般以刀具寿命为判据。

1. 以工件的几何尺寸为依据

通常在自动化机床上用三维测头，在FMS柔性加工系统中配置坐标测量机或专门的检测工作站进行在线尺寸自动测量等。均以尺寸为判据，同时用计算机进行数据处理以完成质量控制预测工作。图6-24所示为在数控车床上用三维测头对工件孔尺寸进行自动测量。测头在计算机的控制下，由参考位置进入测量点。计算机记录测量结果并进行处理，测头自动复位。图中的箭头表示测头中心移动方向。

2. 以刀具磨损为判据

在数控机床或 FMS 中，加工零件的批量较小，故采用直接测量工件尺寸为质量预测判据来调整机床较困难。较好的办法是以刀具磨损量为预测加工质量的评定依据。图 6-25 所示为镗刀磨损量测量示意图。刀具首先被停在测量位置，然后将测量装置移近刀具，并将与刀具接触，磨损传感器从刀柄的参考表面上测取读数，切削刃与参考表面间两次相邻的读数变化即表示刀具磨损量。测量过程和测量值的计算过程均由计算机控制完成。

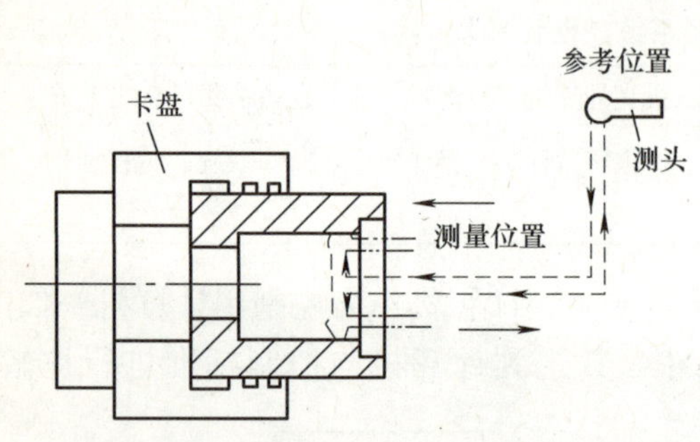

图 6-24　在数控车床上用三维测头对工件孔尺寸进行自动测量

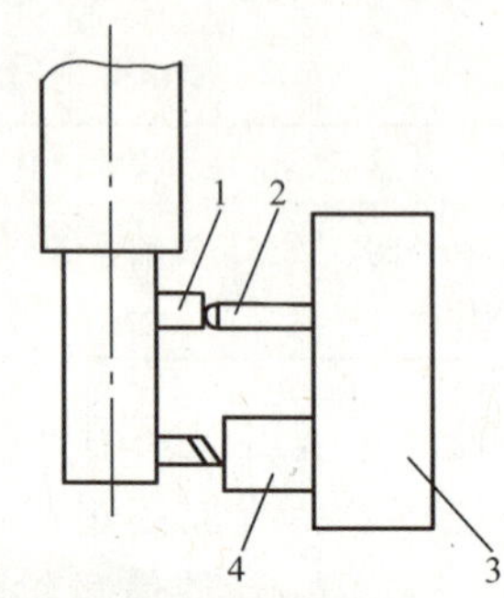

图 6-25　镗刀磨损量测量示意图

1—参考表面　2—磨损传感器　3—测量装置　4—刀具触头

在线检测的发展和应用使我国的测量技术跨上了一个新的台阶，为产品的质量控制奠定了基础。

【知识储备】

一、切削过程刀具磨损与破损在线检测

在目前自动化生产环境中，生产过程主要是靠计算机来控制的，所以产品质量监控和过程稳定性监控都是十分重要的问题。具体监控包括加工过程状态监控、产品质量监控和环境参数及安全监控等几大部分。

提示： 在众多的监测对象中，一般把自动换刀装置、刀具的磨损及破损、工件加工尺寸精度的超差等作为监测重点。

刀具的磨损及破损的在线检测方法如下。

1. 刀具磨损与破损在线自动检测的方法

因数控机床的切削加工具有功率大、切削用量大、切削速度高、刀具材料新及工件多为难加工材料等特点，使得加工过程中的危险性比普通机床大得多。其中因刀具失效而造成的故障停机率约占总故障率的 22.4%，所以刀具状态（如磨损、破损、刀具与工件的接触状态）的实时监控便成了重大技术关键。

（1）切削过程中发生的物理现象及刀具监控原理　在切削过程中，工件在切削力的作用下，产生剪切断面，在刀具的前面和后面产生摩擦磨损，于是就产生切削阻力，产生振动噪声，在剪切断面与刀具前面产生声发射（AE）波。切削力的大部分能量转变成切削过程

的热量，使刀具在高温下的物理性质发生了一定的改变。这些将使被加工工件的尺寸及表面粗糙度都发生变化。

刀具磨损量可以通过适当的传感方式进行测量，例如测量刀具与切屑接触长度的变化及刀具和被切削材料接触长度的变化而直接测量出来。

刀具的破损可以通过传感器来测量，因为刀具在破损时会产生一种弹性波，这种弹性波是固体在产生塑性变形和破损时释放出的能量转换成声波的形式传播出来的。这种物理现象称为声发射（AE）现象，如果在刀具主轴内部装 AE 传感器，就可将刀具破损时产生的特有声波电压信号拾取下来，作为刀具破损的检测信号。

此外，如反映刀具状态的切削力（扭矩），主电动机功率、电流，切削振动与噪声等参数都可以通过安装在机床上的相应传感器，将这种传感信号采集下来，作为刀具状态的监测信号。

（2）刀具磨损、破损在线自动检测的方法　因为刀具的磨损监测是无人化加工、柔性制造系统、计算机集成制造系统及其他金属切削自动化中的关键技术难题之一，故国内外众多学者提出了许多监控刀具磨损和破损的方法，有探针法、光学法、放射性处理法、气动测量法、电阻法、图像法、电动机功率或电流法、切削力（扭矩）法、声发射法、振声法、切削温度法、表面粗糙度法及工件尺寸法等。在这些方法中，有些已在数控机床上得到了应用，有些还需要进一步研究完善才能用于实际，根据国内外的研究结果和实际使用情况分析，以下几种方法有比较好的发展前景。

1）电动机功率或电流法。这种方法通过检测机床电动机功率或电流的变化来监测刀具的工作状态，其主要优点是传感器的安装简单易行，尤其是电流法，有电流易获取、可靠性高等特点。

2）声发射法。这种方法是利用 AE 传感器检测刀具破损时释放出的弹性波来监测刀具的工作状态的，其最大的优点是抗干扰能力强，受切削参数和刀具几何参数的影响较小，对刀具破损非常敏感。其应用难点在于信息处理方法和传感器的安装。

3）切削力法。切削力信号是切削过程最直接的反映，对刀具的磨损、破损非常敏感，其应用的最大障碍是传感器的安装问题。

4）光学法。这种方法包括光导纤维法等，是借助于刀具磨损后面反光条件的变化来识别刀具的磨损程度；或用光电开关来检测刀具尺寸，判断刀具是否发生折断或破损。其优点是可靠性较高，可以检测磨损量；缺点是难以进行实时监测，对刀头的清洁状态要求较高，传感器安装困难。

5）图像法。采用工业电视机监视，用电视摄像机摄取切削刃部分的图像，并存储，然后经过计算机图像处理，可以在屏幕上直接显示出刀具磨损后的形状和尺寸。

（3）刀具寿命管理监测系统　刀具寿命即刀具耐用度，通过累计刀具加工时间，可间接了解刀具的状态。刀具寿命管理是刀具磨损监控中最基本、最普遍的一种方法，其监测的参数主要有以下几种：①累计刀具切削时间；②在刀具设定寿命期间内，累计加工工件数；③加工后测量工件尺寸；④每次加工后用专用传感器测量工件尺寸。当累计时间达到预先设定的刀具寿命时，控制系统发出换刀信号，机床作出如下反应：中断加工作业，或完成正在加工的工件后停机，或自动更换刀具，或报警。通过这种寿命监控，可以避免因刀具过度损伤而带来的不良后果。这种监测系统中的主要仪器有两个定时器和一个计数器。

1）总定时器。总定时器用来累计总的加工时间，可以随时通过键盘输入指令，读出当前的计时累计值，也可对计时器清零。总定时器阈值可以通过键盘预置。加工中，当计时累计值达到或超过阈值时，面板上的总计量指示灯亮，同时总定时器输出继电器吸合，接通报警指示装置。

2）分节定时器。控制系统有若干节，每节可预置一把刀具的监控数据。分节定时器用来累计每节的加工时间，其监控过程与总定时器相同。此种分节定时器适用于加工中心。

3）计数器。计数器用在刀具有效寿命时间内对加工工件的计数。通过键盘设定在某一分节（即某把刀）的计数，该节每使用一次，则计数器加 1。计数值可通过键盘指令读出或清零，也可用键盘预置计数阈值。当计数值超限时，计数指示灯亮，同时计数器输出继电器吸合，接通报警指示。

（4）切削过程刀具磨损与破损的监测信号分析　振动信号是一种信息载体，其突出优点是频响范围宽，对切削过程中的异常现象反应敏感，受环境条件限制较少，检测装置比较简单，安装灵活，调整方便，在生产条件下容易实现。选择刀杆垂直方向振动加速度作为原始特征信号，用加速度传感器拾取。切削过程刀具磨损与破损监测和分析系统示意图如图 6-26 所示。

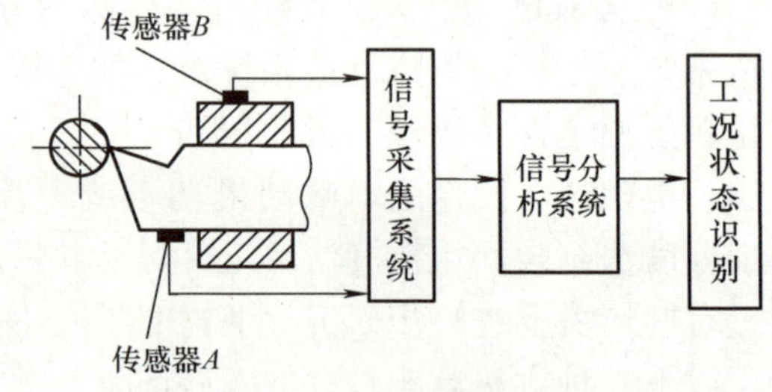

图 6-26　切削过程刀具磨损与破损监测和分析系统示意图

（5）刀具磨损与破损的声发射监控法

1）声发射（AE）信号的产生。在金属切削过程中产生声发射信号的信号源有：工件的断裂、工件与刀具的摩擦、切屑的变形、刀具的破损及工件的塑性变形等，在切削过程中会产生非常丰富的声发射信号，它的频率范围在几十千赫至几兆赫。AE 信号可分为突发型和连续型两种。

突发型 AE 信号是在表面开裂时产生的，其信号幅值较大，各声发射事件之间间隔时间较长，如由刀具的异常磨损、破损时释放的弹性波能量转换成声音传播，主要发出非周期的 AE 信号。连续型声发射信号幅值较低，事件发生的频率较高，以致难于区分为单独事件。如由固体材料的弹塑性变形和正常切削发出的 AE 信号。

提示：AE 信号的监测是一种动态无损检测技术。

它提供了工件、刀具等状态变化的有关信息，故可以根据 AE 信号来判断结构内部的损伤程度且声发射源往往就是材料破损的位置。AE 信号对切削过程状态变化的有关参数非常敏感，可以在结构破坏之前早期预报。

2）AE 信号监测的特点。

① AE 信号是反映构件缺陷的动态信息，而超声波、红外探伤等得到的只是静态信息。

② AE 信号不受物体位置的限制，所以，对传感器安装位置限制较少。

③ AE 信号只接收由材料本身发射的超声波。

④ 灵敏度高，故障在萌芽时期就有 AE 信号发射出来。

⑤ 不受材料的限制。

3）AE 信号的基本特征和分析方法。

① AE 信号的基本特征表现在：AE 信号上升时间很短，约 10^{-8} ~ 10^{-4}s，信号的重复性很高；AE 信号有很宽的频率范围，从次声到超声（30MHz）；AE 信号一般是不可逆的，即具有不复现性。同一试件在同一条件下产生 AE 信号只有一次；AE 信号的产生不仅与宏观因素有关，而且与微观因素有关，所以，具有随机性；AE 信号的机理各式各样，且频率范围又宽，所以，AE 信号具有一定的模糊性；抗干扰能力强，AE 信号受切削参数和刀具几何参数的影响较小。

② AE 信号一般用压电式传感器拾取，经放大、滤波后，由计算机或波形分析仪进行分析，常用的分析方法有：计算法，包括振铃计数、事件计数、脉宽计数等；幅值分析，分析其幅值；频谱分析，分析各频率分量的组成；能量分析，对声发射信号的均方根值、总能量等进行分析。

4）AE 信号监测系统。刀具破损的 AE 信号监测系统框图如图 6-27 所示。

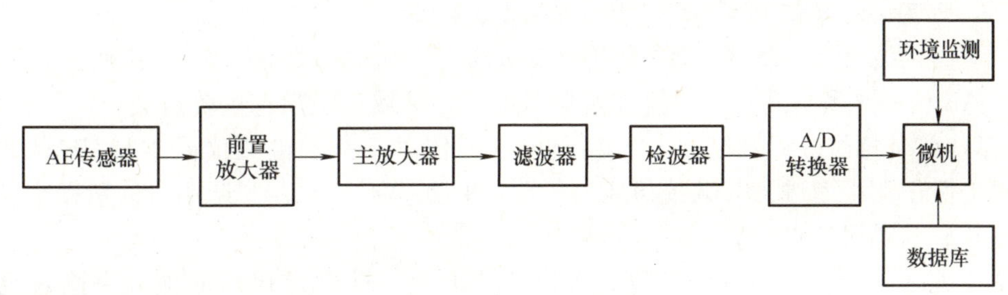

图 6-27　刀具破损的 AE 信号监测系统框图

① AE 传感器。切削过程中产生的 AE 信号一般分布在几十到几百千赫范围内，而刀具破损的 AE 信号频率分布更窄些，因此，AE 传感器应选择为谐振式窄带传感器。传感器的安装是 AE 信号监控法的难题。传感器安装的最理想的地方是刀具上，因为只有刀具本身材料产生的 AE 信号才是最敏感的。一般对数控车削加工来说，还可以直接安装在车刀刀杆的后端部，但对旋转刀具的铣削、钻削等加工的数控机床和自动换刀加工中心及车削中心等就不能安装在刀具上了，这时，必须解决 AE 信号的传播问题，即必须将 AE 信号从动态旋转刀具上过渡到静止的传感器上。实践证明，磁流体作为 AE 信号的传导介质用于检测刀具旋转及自动换刀的加工中心上的刀具破损时，AE 信号是最理想的。因为 AE 信号经过磁流体介质比经过水、机油、切削液等传播后有幅度衰减最小、时间滞后较小、持续时间较短等优点。另外，磁流体具有吸附作用，便于安装。图 6-28 所示为 AE 信号的拾取装置。

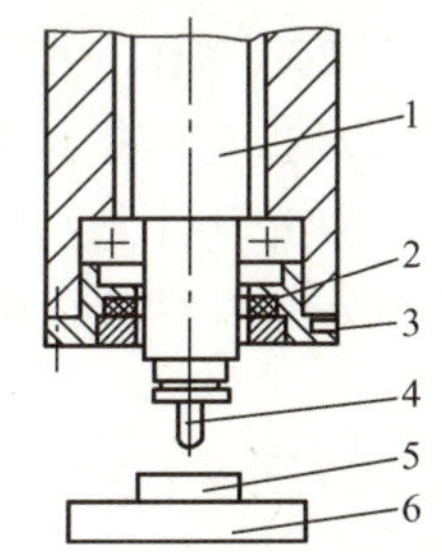

图 6-28　AE 信号的拾取装置
1—主轴　2—磁流体　3—AE 传感器
4—刀具　5—工件　6—工作台

② 前置放大器、滤波器和检测器。从 AE 传感器来的 AE 信号是很微弱的电信号，其幅值约几微伏至几十微伏，应进行前置放大。并用带通滤波器选取需要的 AE 信号，滤掉干扰信号，滤波频率的范围通常约 80 ~ 300kHz。包络检波电路的作用是将 AE 信号的频率降下来，得到一个低频的 AE 包络信号，以适应 A/D 转换器的响应时间，进行计算机处理。

③ 可编程序放大器。在切削过程中，AE 信号的大小还与切削用量、工件材料、刀具种类及材料有关，为了更好地使监控系统适应各种工序及各种切削用量的情况，应用可编程序放大器将 AE 信号调节到适当幅度以使计算机判别。可编程序放大器直接由计算机控制。

④ A/D 转换器。为了能够利用计算机识别刀具状况，必须将 AE 的模拟信号用 A/D 转换器转换成数字信号，A/D 转换器的采样频率根据检波后的 AE 信号频率而定，同时要考虑计算机的内存响应速度，一般采样周期为 10μs。

⑤ 计算机。在计算机中配有与数控机床交互的接口以便通信，并可以得到数控加工程序使用的刀具状态信息。在计算机中有刀具数据库和加工过程随机数据库，记录当时刀具参数，加工时的切削参数，信号放大倍数及阈值。

提示： 计算机是监控系统的控制心脏，根据应用环境的不同，选择工业控制机或单片机。

⑥ 环境电参数监测。对机床周围电网及机床电动机信号监测，辅助判别由刀具不工作时产生的 AE 信号来源并将此 AE 信号区别出来，会对减少误判有重要意义。

5）刀具破损监控过程及结果。刀具监控仪工作时，首先检测仪器本身是否工作正常，若各模块工作正常，而进入与数控机床通信阶段时工作不正常，则调用自诊断程序检测仪器错误位置并显示错误信息代码。

与数控机床通信后，将刀具参数存入刀具数据库（非数控机床应由人来输入机床上的刀具信息），将加工用量及其他相应信息存入加工过程随机数据库，监控仪根据该信息选择放大倍数及阈值。

在监控工作阶段，系统根据已选择的放大倍数和阈值，控制并调节 AE 信号的大小，将阈值与计算机采样值进行比较并判断刀具状态。当发现刀具异常时，将记录下来的 AE 信号波形及刀具数据等显示在显示器上，并输出报警信号及控制信号。

上述声发射法监控刀具破损仪可用于普通车、铣、钻床，也可用于数控机床及加工中心，其车刀破损检出率大于 98%，钻头磨损检出率大于 97%，铣刀破损检出率大于 90%。

2. 刀具磨损与破损检测技术的综合应用

在实际加工设备上刀具的破损检测方法往往不止采用一种技术，而是综合采用几种技术，以实现高的刀具破损检出率。下面介绍一个适用于镗铣加工中心的刀具磨损与破损检测系统。

如图 6-29 所示，系统由 STD 总线、电动机功率检测处理模块、声发射信号检测处理模块、无线电式小孔加工刀具（钻头、丝锥）保护装置、环境参数监测装置、报警电路、机床控制电路等组成。

在加工中心开始加工之前，该监控系统处于等待接收主控机命令和参数的状态，当主控机下达加工命令后，监控系统向主控机获取刀具信息（包括刀具编号、类型、磨损程度等）、加工参数（切削量、进给量、切削速度等）及其他有关参数信

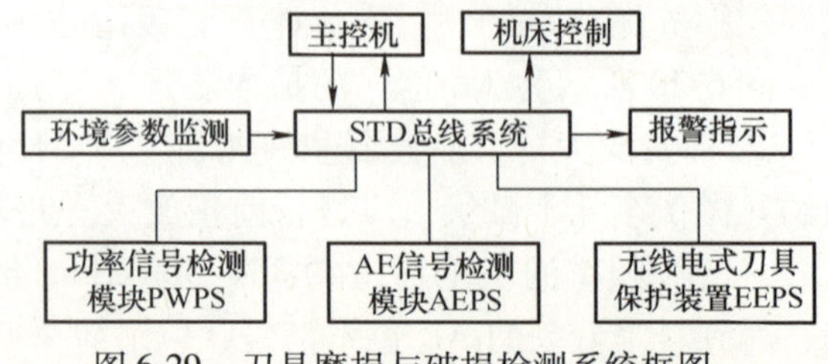

图 6-29　刀具磨损与破损检测系统框图

息，并选择监控方案和监控程序、监控阈值。然后，系统进入监控状态。电动机功率检测处理模块实时采集主电动机和进给电动机的电压、电流信号并计算出功率变化的特征参数，送给 STD 总线系统；同时，AE 信号检测处理模块实时采集加工过程中的 AE 信号进行分析处理，将所得到的特征参数也送给 STD 总线系统；环境监测系统主要是监测电网电压的变化和非正常冲击、振动，为主控机提供检测参数修正数据。主控机接收到 PWPS、AEPS 模块所输入的特征参数后，依据环境变化、刀具参数、切削用量对特征参数进行修正计算，并进行综合判断以识别刀具是否发生非正常损坏或达到急剧磨损阶段，如果是利用通信程序向主控机提供换刀信息，同时向机床控制系统提供控制信号并发出报警信号，否则，一直处于监控状态直到接收到加工完成信号。

当使用小钻头、小丝锥等小孔加工刀具时，由于电动机功率、AE 信号均较小，检测较为困难，故采用保护刀夹来保护刀具，在刀夹中装有力矩限制装置和无线电信号发生装置，一旦力矩超过设定极限，即发出无线电信号，当主控机接收到无线电信号后，利用中断响应方式控制 STD 总线系统发出控制、停机、报警信号，以避免刀具破损和折断在工件中造成零件报废。

电动机功率检测处理模块由 8098 单片机和霍尔电流传感器、变压器组成。霍尔电流传感器用于检测主电动机及进给电动机的电流，变压器用于检测主电动机及各进给电动机的电压，单片机根据各电动机的电流和电压，计算出各电动机的瞬时功率，进行滤波处理，求出电动机功率信号的静态、动态特征值。

AE 传感器安装在主轴箱上，信号传递采用磁流体信号传导技术，刀具磨损时的 AE 信号经刀具、刀柄传递到机床主轴上，然后由磁流体传导到 AE 传感器，这样就解决了传感器的安装和 AE 信号的传导问题，提高了信噪比和信号检测的灵敏度。AE 信号检测处理模块如图 6-30 所示。

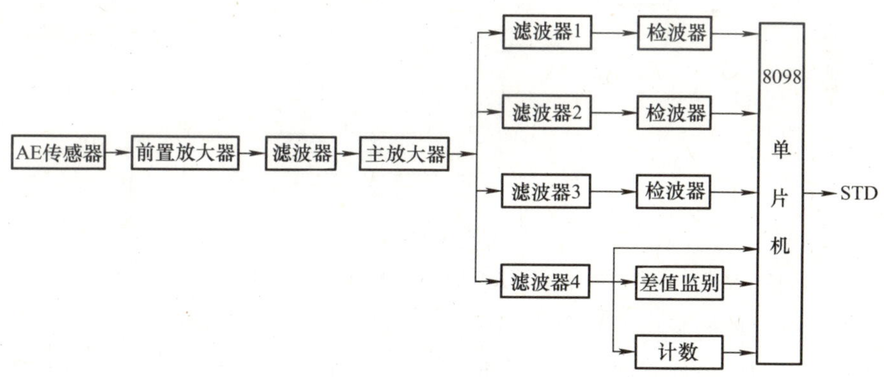

图 6-30 AE 信号检测处理模块

AE 传感器检测到的信号经前置放大器、滤波器、主放大器处理后，分别送给滤波器 1（10～100kHz）、滤波器 2（100～300kHz）和滤波器 3（300～800kHz）相检波器。滤波器 1、滤波器 2、滤波器 3 得到的信号经各自对应的检波器后送给 8098 单片机系统计算能量比加权值，而滤波器 4 得到的信号则一方面送给 8098 单片机进行幅值鉴别、脉宽鉴别，另一方面进行计数相差值判别，然后由 8098 单片机进行综合处理，并传给 STD 总线系统。

该系统具有以下特点：

1）采用多传感器、多参数综合监控并根据加工条件、环境参数进行修正的方法，提高系统工作的可靠性。

2）对不同的刀具采用不同的监控模型和监控程序，提高系统监控的可靠性与适应能力，降低误报率和漏检率。

3）采用小尺寸保护装置，拓宽了监控系统的应用范围，可避免小刀具破损折断使工件报废。

二、工件尺寸精度的自动检测

1. 坐标测量机检测技术

在零件的加工制造过程中，对零件加工精度的检测是保证加工质量的重要手段。测量零件的工具可以使用传统的卡尺、百分表、千分尺等，也有现代的自动测量装置如三坐标测量机。

提示： 零件精度检测过程分为工序间（循环内检测）和最终工序检测。循环内检测可实现加工精度的在线、实时补偿；最终工序检测可实现对产品质量的最终检验与统计分析。

三坐标测量机的测头多种，有接触式的、自动变换的、光学的、激光的和模拟的等测头。测量机测量装置可以根据感应式、光学式或机械式测量原理进行测量，测量测头在三个主坐标轴的任一轴上的行程。

数控机床除了使用可编程序的数控三坐标测量机实现零件几何精度检测外，还可以利用数控机床和加工中心上的位置检测系统实现循环内检测。其基本原理如图 6-31 所示。

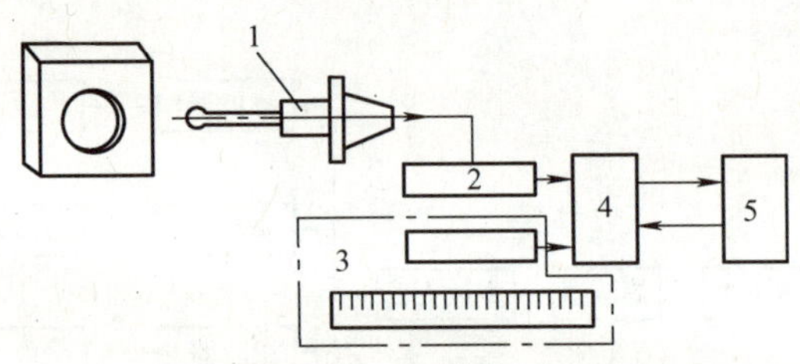

图 6-31　检测原理框图

1—测头　2—接收器　3—测量尺　4—控制测量模块　5—机床数控系统

测头 1 为一个三维触觉传感器，它的柄部结构与刀杆一样，可以装入机床主轴中，也可由换刀机械手放入刀库。测量时其运动由程序控制。测头与工件表面刚一接触就发出信号给接收器 2，控制测量模块 4 开始记录该机床坐标位置（起点坐标）。当测头与另一侧表面接触时，发出记录终点坐标信号。通过两次接触之间机床坐标位置的差值，即可测出被测表面尺寸。这样，数控加工中心实质上成了一台临时三坐标测量机。整个系统通过测量模块与机床数控系统进行通信。为了方便测头的装卸，测头与接收器之间采用无线通信较为理想。这种测头称为“雷里肖”测头，一些较为高级的数控机床和加工中心已配有这种测头及相应的控制软件。

测头信号的无线传输方式有电磁波发送和红外线传递等方式，但在工业环境中，多选用抗干扰较强的红外线传递方式。采用无线信号传递的传感器内部应是有源的，同时有相应的控制电路。因此，电池选配、信号发送、接收方式的合理选择是其重要内容。无线测头的内部工作电路框图如图 6-32 所示，6 个发光管均布在测头上，信号由它们向 360°全方位传递。

使用机床定位装置结合二级或三级测头进行尺寸循环检测，具有如下功能：①监测加工极限情况；②磨损补偿；③根据基准而确定工件位置；④根据基准点补偿尺寸变化；⑤进行尺寸的自动检测。

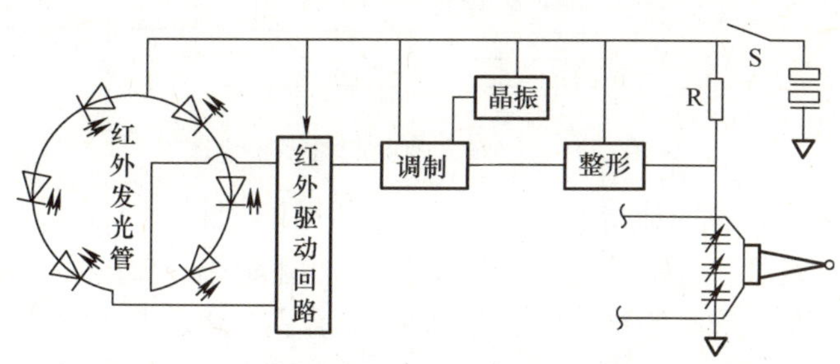

图 6-32　无线测头的内部工作电路框图

2. 机器人辅助测量技术

三坐标测量机作为系统中的主要检测设备可以实现产品的下线终检，尽管测量机功能强、精度高，但各种测量都在其上进行是不经济的，它会增加生产的辅助时间，降低生产率，特别是下线终检产品不合格会造成产品的报废。因此希望每个加工单元（设备）都配备相应的检测装置和系统，并能够实现工序间和循环内在线尺寸检验。在镗铣加工中心的高级数控系统都配备高精度测头，测头可根据需要从刀库调到主轴上形成简易三坐标测量机，且有配套软件支持测量。另外，目前对于小批量、变尺寸自动在线尺寸测量还比较困难，主要是由于车削加工中心内部空间狭小，工作环境较差，内部不宜放置测量仪器和装置。

为了解决测量过程中必须有人干预的问题，实现生产过程的自动化，出现了能进行辅助测量的在线机器人。

工业机器人自问世以来，发展十分迅速。其应用领域也不断扩大。机器人在测量中的应用也越来越受到重视，机器人测量具有在线、灵活、高效等特点，可以实现对零件 100% 的测量。机器人测量分直接测量和间接测量。直接测量称为绝对测量，它要求机器人具有较高的运动精度和定位精度，因此，造价也较高。间接测量又称辅助测量，特点是在测量过程中机器人坐标运动不参与测量过程，它的任务是模拟人的动作将测量工具或传感器送至测量位置，这种测量方法有如下特点：

1）机器人可以是一般的通用工业机器人，如在车削自动线上，机器人可以在完成上下料工作后进行测量，而不必为测量专门设置一个机器人，使机器人在线具有多种用途。

2）对传感器和测量装置要求较高，由于允许机器人在测量过程中存在运动或定位误差，因此传感器或测量仪具有一定的智能和柔性，能进行姿态和位置调整并独立完成测量工作。

【知识拓展】　机器人辅助测量系统的应用

图 6-33 所示为由 MOTMANK-30（六轴）通用工业机器人、AST-386 计算机、传感器三

个主要部分组成的一个机器人辅助测量系统。系统中机器人末端执行器夹持传感器，模拟人的测量动作将传感器送至测量位置。计算机是系统信息转换和控制中心，负责采集传感器的信号并对其进行处理，同时和机器人上的 PLC 接口交换信息控制机器人的起停、运动路线和工作任务的变换。当机器人运动到确定位置后发出信号，通知计算机开始采集传感器提供的测量信号，完成测量后机器人复位。

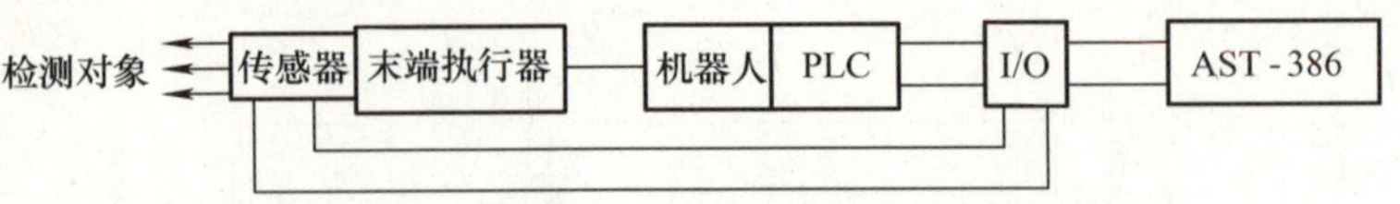

图 6-33　机器人辅助测量系统框图

（1）利用专用测量装置完成外径尺寸测量　利用通用机器人进行测量，由于机器人定位精度较低，要求传感器有一定的柔性和适应性，而且能作必要的姿势和方位调整，以免因为传感器的定位误差而影响测量结果，专用传感器就是为满足上述要求而设计的。如图 6-34 所示，传感器的测量方法为接触测量，与工件接触的部分为指状结构，称其为指尺。上、下指尺分别由两个步进电动机通过齿轮副、千分丝杠驱动，既可相向运动，也可反向运动。指尺根部设有精密接触开关用来判断指尺与工件的位置关系，使用中允许被测工件的尺寸大于或小于测量装置设定的尺寸。

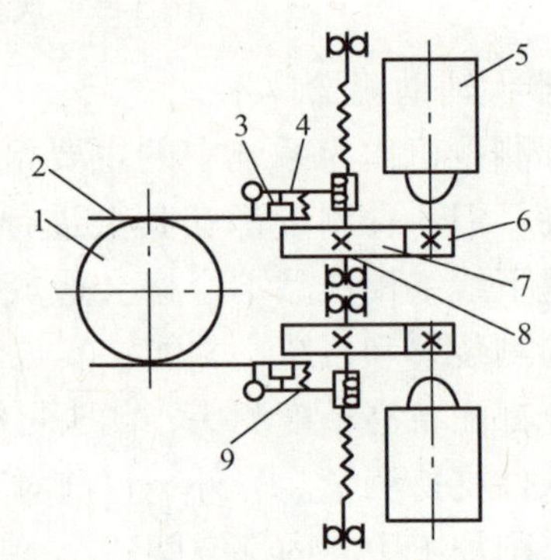

图 6-34　专用测量装置原理示意图

1—工件　2—指尺　3—接触开关　4—触头
5—步进电动机　6、7—齿轮副　8—千分丝杠　9—弹簧

测量时，两指尺在步进电动机的驱动下调整位置，使两指尺恰好在一定测量力下反映被测工件的实际尺寸。为提高测量精度，测量时采用相对浮点测量，即首先检测一个与被测件尺寸近似的标准件，并以此尺寸为基准在相同的测量条件下测量被测件，以此减小或消除传感器系统误差。

（2）利用通用传感器组合实现机器人辅助测量　测量系统所用的传感器由两个电涡流传感器和两个电容传感器及相应的变换器组成，电容传感器的检测精度比电涡流传感器的高，而电涡流传感器的检测范围较大。在检测中采用多传感器的引导法和互补法，即首先用检测范围较大的电涡流传感器获得较粗略的信息，然后引导机器人运动调整传感器同被测工件的位置，再用一组较精密的电容传感器进行精确测量。

提示：在使用前先进行传感器的校准和间距标定。

测量时一组电涡流传感器先通过工件，由于机器人的运动和定位误差可能使工件偏离传感器中心，计算机根据检测结果使机器人作平移运动来调整传感器与工件的位置，以便用第二组传感器进行精密测量。这种方法适合对定尺寸工件的测量。机器人测量用组合传感器如图 6-35 所示。

（3）利用V形块的自定心功能及线性传感器实现机器人辅助测量　不同直径的工件在一定角度的V形块上其中心位置不同，而且上下端母线的位置也会变化。其测量原理如图6-36所示。

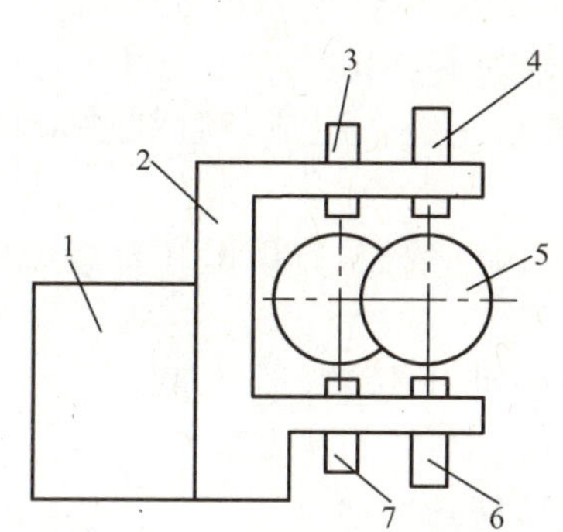

图6-35　机器人测量用组合传感器
1—手抓握持部　2—支架　3、7—电容传感器
5—工件　4、6—电涡流传感器

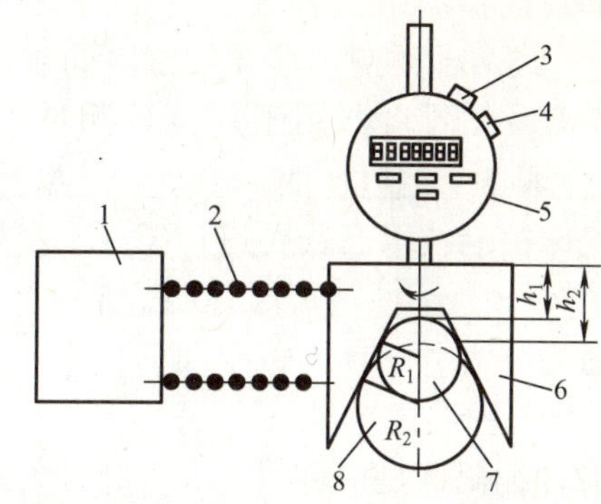

图6-36　利用V形块及线性传感器组成的机器人测量系统
1—手抓握持部　2—弹簧　3—电源　4—信号输出
5—线性传感器　6—V形块　7—被测件　8—标准件

显然

$$(h_1 + R_1)\sin\alpha = R_1$$
$$(h_2 + R_2)\sin\alpha = R_2$$

整理得

$$h_1 - h_2 = (1 - \sin\alpha)(R_1 - R_2)/\sin\alpha$$

式中，R_1、R_2分别为标准件和被测件的半径；h_1、h_2为传感器测量的线性尺寸。

测量精度取决于V形块的形状精度和线性传感器的精度，用这种方法可以实现一定尺寸范围的测量。当α确定后可以根据第一次测量标准件的R_1、h_1及测得的h_2得到被测工件的半径R_2，这种方法在实际工作中已得到应用。

为了保证V形块的定心功能，机器人末端执行器到V形块需要由弹簧过渡，以增加测量装置的柔性，克服机器人定位误差对测量的影响。

【单元小结】

本单元讲解了检测的基本概念与检测装置的基本特性，以及检测系统的组成与检测的基本方法；说明了数控机床的检测装置的要求与分类，以及数控机床中常用检测装置的应用；论述了在线检测与计算机质量控制、切削过程刀具磨损与破损的在线检测、工件尺寸精度的自动检测方法。

【单元训练】

一、填空题

1. 检测装置的特性包括：________和________。

2. 数控机床的检测方式按测量基点的类型分有：________和________；按输出信号的形式分有：________和________；按位置检测元件的运动形式分有：________型和________型；按接触的方式分有：________式测量和________式测量。

3. 旋转变压器是一种________测量装置，又称________，它是一种控制用的________。分为________式和________式两种结构形式。常见的旋转变压器一般有________绕组和________绕组两种结构形式，两极绕组定子各有一对磁极，四极绕组则有两对磁极。

4. 感应同步器是一种数字电磁式位移检测元件，按其结构特点一般分为________式和________式两种类型。直线式感应同步器用于测量直线位移，由________和________组成；旋转式感应同步器用于角位移测量，由________和________组成。直线感应同步器有________型、________型和________型几种形式。

5. 机床控制技术已发展到 CNC（________），MNC（微机数控），DNC（直接数控，也称________），________（柔性制造系统）等阶段。

6. 磁栅分为________磁栅和________磁栅两类。磁栅可分为________形、________形和同轴形等三种形式。

7. 脉冲编码器是一种________脉冲发生器。它把机械转角变成________，是一种常用的角位移传感器。脉冲编码器分________式、________式和________式三种。光电脉冲编码器基本的结构就是一种________。

8. 光栅主要由________光栅和光栅________（指示光栅）两部分组成。光栅读数头由________、________、________、________和驱动电路组成。

9. 刀具寿命管理监测系统中的主要仪器有________和一个________。

10. 零件精度检测过程分为________（循环内检测）和________。________可实现加工精度的在线、实时补偿；________检测实现对产品质量的最终检验与统计分析。

11. 机器人测量分________测量和________测量，直接测量称为绝对测量，间接测量又称辅助测量。

二、简答题

1. 什么是检测？检测的方法有哪些？
2. 检测系统的组成有哪些？
3. 检测装置的基本特性是什么？
4. 检测的基本方法有哪些？
5. 数控机床对检测装置的要求有哪些？数控机床常用检测装置有哪些？
6. 说明旋转变压器、感应同步器、磁栅、光栅、编码器的结构以及它们的应用。
7. 数控机床主轴位置编码器的作用是什么？
8. 什么是莫尔条纹？
9. 进行质量控制预测评定系统是否正常选择的判据有哪些？
10. 计算机在线质量控制的方法有哪几种？
11. 刀具磨损在线自动检测的方法是什么？
12. 举例说明刀具磨损与破损检测技术怎样应用。
13. 工件尺寸精度的自动检测方法有哪些？
14. AE 信号的基本特征和分析方法是什么？
15. 说明刀具磨破损的 AE 信号监测系统的组成。
16. 说明机器人辅助测量系统的应用。

参 考 文 献

[1] 罗振壁，刘卫国等. 企业流程设计与现代质量管理 [M]. 北京：团结出版社，2003.
[2] 楼维能. 现代质量管理实用指南 [M]. 北京：企业管理出版社，2002.
[3] 李晓春，曾瑶. 质量管理学 [M]. 北京：北京邮电大学出版社，2002.
[4] 李景元. 质量管理员 [M]. 北京：企业管理出版社，2002.
[5] 尤建新，张建同，杜学美. 质量管理学 [M]. 北京：科学出版社，2003.
[6] 杰夫坦南特，等. 西格玛设计 [M]. 吴源俊，等译. 北京：电子工业出版社，2002.
[7] 李昌禧，等. 测量、控制与管理一体化技术 [M]. 北京：国防工业出版社，2004.
[8] 尤丽华. 测试技术 [M]. 北京：机械工业出版社，2002.
[9] 赵熙萍. 机械精度设计与检验基础实验指导书 [M]. 哈尔滨：哈尔滨工业大学出版社，2002.
[10] 杨有君. 数字控制技术与数控机床 [M]. 北京：机械工业出版社，1999.
[11] 张宏建，蒙建渡. 自动检测技术与装置 [M]. 北京：化学工业出版社，2004.
[12] 高晓平. 先进制造管理技术及其应用 [M]. 北京：机械工业出版社，2005.
[13] 华茂发，谢骐. 机械制造技术 [M]. 北京：机械工业出版社，2004.
[14] 张靖，刘少强. 检测技术与系统设计 [M]. 北京：中国电力出版社，2002.
[15] 王侃夫. 数控机床故障诊断与维护 [M]. 北京：机械工业出版社，2000.
[16] 郑华耀. 检测技术 [M]. 北京：机械工业出版社，2004.
[17] 孙传友，孙晓斌. 感测技术基础 [M]. 北京：电子工业出版社，2001.
[18] 刘伟. 传感器实训教程 [M]. 南京：东南大学出版社，2003.
[19] 姚毅军. 自动检测与转换技术 [M]. 北京：电子工业出版社，2003.
[20] 劳动和社会保障部、中国就业培训技术指导中心组织. 加工中心操作工（中级技能、高级技能）[M]. 北京：中国劳动社会保障出版社，2001.
[21] 黄惟公，曾盛绰. 机械工程测试技术与信号分析 [M]. 重庆：重庆大学出版社，2002.
[22] 王仲生. 智能检测与控制技术 [M]. 西安：西北工业大学出版社，2002.
[23] 任建平，白恩远，王位元，等. 现代数控机床故障诊断及维修 [M]. 北京：国防工业出版社，2002.
[24] 郭咸纲. G管理模式——中国企业管理制度经典 [M]. 广州：广州经济出版社，2002.
[25] 夏庆观. 数控机床故障诊断 [M]. 北京：机械工业出版社，2004.
[26] 解太林. 自动检测技术 [M]. 北京：高等教育出版社，2002.
[27] 梁国明，张保勤. 常用量具的使用和保养270问 [M]. 北京：国防工业出版社，2004.
[28] 张柱银. 数控原理与数控机床 [M]. 北京：化学工业出版社，2003.
[29] 俞立钧. 机械精度设计基础与质量保证 [M]. 上海：上海科学技术文献出版社，2002.
[30] 孙汉卿，等. 数控机床维修技术 [M]. 北京：机械工业出版社，2001.
[31] 郭连湘. 公差配合与技术测量实验指导书 [M]. 北京：化学工业出版社，2004.
[32] 黄杰. 图解质量管理一本通 [M]. 北京：中国经济出版社，2011.
[33] 江艳玲，林岳儒. 品质精细化管理 [M]. 深圳：天海出版社，2011.
[34] 孙少雄，邱杰. 制造业6S精益管理 [M]. 北京：机械工业出版社，2011.
[35] 日本能率协会咨询中心. 高效能方法整理、分析和解决问题 [M]. 北京：东方出版社，2006.
[36] 张少玲，李威灵. ISO9001：2008质量管理体系标准图解教程 [M]. 广州：广东省经济出版社，2010.
[37] 吴建伟，祝天敏. ISO9000：2008认证通用教程 [M]. 北京：机械工业出版社，2010.